Patrícia Ramos Braick

Mestre em História das Sociedades Ibero-Americanas e Brasileira
pela Pontifícia Universidade Católica do Rio Grande do Sul (PUC/RS).
Professora do Ensino Médio em Belo Horizonte, MG.

ESTUDAR HISTÓRIA

Das origens do homem à era digital

9

1ª edição

Moderna

Moderna

Coordenação editorial: Maria Raquel Apolinário, Nubia Andrade e Silva
Edição de texto: Nubia Andrade e Silva, Ana Claudia Fernandes, Pamela Shizue Goya, Maria Raquel Apolinário, Carlos Eduardo de Almeida Ogawa, Edmar Ricardo Franco, Eduardo Augusto Guimarães
Assessoria didático-pedagógica: Sandra Machado Ghiorzi, Nelson Bacic Olic, Bianca Barbagallo Zucchi, Paulo Ferraz de Camargo Oliveira, Carina Marcondes Ferreira Pedro, Eliane Tavelli Alves, Thiago Boim, Joana Acuio, Liliane Souza Amaral, Maria Lúcia Pompein Pessoa
Preparação de texto: Mitsue Morrisawa
Assistência editorial: Rosa Chadu Dalbem
Coordenação de *design* e projetos visuais: Sandra Botelho de Carvalho Homma
Projeto gráfico e Capa: Mariza de Souza Porto
Arte e fotografia: *Constructors*, pintura de Fernand Léger, 1950 © Francis G. Mayer/Corbis/Latinstock/© Léger, Fernand/Licenciado por AUTVIS, Brasil, 2011 - Henie Onstad Kunstsenter, Bærum
Coordenação de produção gráfica: André Monteiro, Maria de Lourdes Rodrigues
Coordenação de arte: Maria Lucia Couto
Edição de arte: Renata Susana Rechberger
Edição de infografias: William Hiroshi Taciro (coordenação), Daniela Máximo, Fernanda Fencz
Ilustrações: Paulo Manzi, Roko, Vicente Mendonça,
Cartografia: Alessandro Passos da Costa, Fernando José Ferreira
Coordenação de revisão: Elaine Cristina del Nero
Revisão: Afonso N. Lopes, Ana Cortazzo, Ana Maria C. Tavares, Luís M. Boa Nova, Márcia Leme, Maristela S. Carrasco, Nancy H. Dias
Pesquisa iconográfica: Aline Chiarelli, CamilaD'Angelo, Etoile Shaw, Leonardo de Sousa Klein, Odete Ernestina Pereira
As imagens identificadas com a sigla CID foram fornecidas pelo Centro de Informação e Documentação da Editora Moderna.
Coordenação de *bureau*: Américo Jesus
Tratamento de imagens: Arleth Rodrigues, Bureau São Paulo, Fabio N. Precendo, Pix Art, Rodrigo Fragoso, Rubens M. Rodrigues, Wagner Lima
Pré-impressão: Alexandre Petreca, Everton L. de Oliveira Silva, Hélio P. de Souza Filho, Marcio H. Kamoto
Coordenação de produção industrial: Wilson Aparecido Troque
Impressão e acabamento: Coan Gráfica

Dados Internacionais de Catalogação na Publicação (CIP)
(Câmara Brasileira do Livro, SP, Brasil)

Braick, Patrícia Ramos
Estudar história : das origens do homem à era digital / Patrícia Ramos Braick. – 1. ed. – São Paulo : Moderna, 2011.

Obra em 4 v. para alunos do 6º ao 9º ano.
Bibliografia.

1. História (Ensino fundamental) I. Título.

11-04672 CDD-372.89

Índices para catálogo sistemático:
1. História: Ensino fundamental 372.89

ISBN 978-85-16-07101-1 (LA)
ISBN 978-85-16-07102-8 (LP)

EDITORA MODERNA LTDA.
Rua Padre Adelino, 758 - Belenzinho
São Paulo - SP - Brasil - CEP 03303-904
Vendas e Atendimento: Tel. (0_ _11) 2602-5510
Fax (0_ _11) 2790-1501
www.moderna.com.br
2013
Impresso no Brasil

1 3 5 7 9 10 8 6 4 2

Apresentação

Os livros da coleção **Estudar história** foram feitos para os jovens alunos do século XXI, que, como você, vivem em um mundo conectado pela internet e pelos telefones celulares, dominado pelas imagens e pela explosão de informações que chegam via *web*. São tantos os conteúdos armazenados nos 130 milhões de *sites* disponíveis até o momento na internet que, quando você vai pesquisar um assunto, fica desorientado com a imensidão de opções que aparecem.

E você, admirado com esse mundo tecnológico, se pergunta: "Para que serve a escola?"; "Por que preciso estudar?"; "Por que é importante estudar história?". Algumas respostas você mesmo daria: "Para dominar o uso da nossa língua, aprender a resolver problemas, ler e compreender textos etc.". Tudo isso está correto. Mas hoje, diante de tantas novidades da ciência e da indústria, a escola tem também o desafio de ajudá-lo a ser sujeito e não objeto das novas tecnologias.

Com isso, queremos dizer, por exemplo, que não basta saber operar as ferramentas de pesquisa na internet. É necessário, sobretudo, saber avaliar e selecionar criticamente as informações armazenadas para utilizá-las corretamente no cotidiano. Em outras palavras, o uso das novas tecnologias deve ajudá-lo a analisar e comparar textos e imagens, a formular hipóteses e argumentos, a confrontar ideias e a ouvir e a aprender com os outros.

Foi pensando em tudo isso que desenvolvemos os livros desta coleção. Aqui você vai encontrar diferentes tipos de leitura, tirinhas, sugestões de filmes, roteiros para navegação em *sites*, infográficos, entre muitas outras coisas que vão ampliar seu gosto pela leitura, instigar sua curiosidade pelo conhecimento e ajudá-lo a atuar criticamente na sociedade, compreendendo a importância de ser um cidadão solidário, tolerante, participativo e amigo da natureza.

Um ótimo estudo!

A organização do seu livro

Este livro está dividido em 15 capítulos. Veja abaixo as diversas partes que compõem o seu livro.

Abertura de capítulo

Dupla de páginas com imagens e textos instigantes que permitem a reflexão e o debate em sala de aula. O presente é relacionado com o tema do capítulo trazendo o estudo da história para mais perto do seu dia a dia.

Boxes

Ao longo do livro você encontrará vários tipos de boxes: **Saiba mais** (textos que ampliam e enriquecem o texto didático), **Biografia** (com detalhes da vida de personagens anônimos e famosos da história), **Navegue neste *site*** (roteiros de passeios virtuais em *sites* de diversas instituições) e **Vale a pena assistir** (dicas de filmes que enriquecem e problematizam o aprendizado dos temas).

Questões

Mapas, fotografias, textos e ilustrações podem estar acompanhados de questões que complementam e ampliam o conhecimento.

Glossário

As palavras que podem trazer mais dificuldade para serem compreendidas estão em boxes com explicações ao lado do texto.

Amplie seu conhecimento

Nesta seção, você terá contato com materiais diversos (ilustrações, mapas, infográficos e textos), que tratam de um tema com um pouco mais de profundidade. Ao final, as questões irão ajudá-lo a extrair o máximo da leitura.

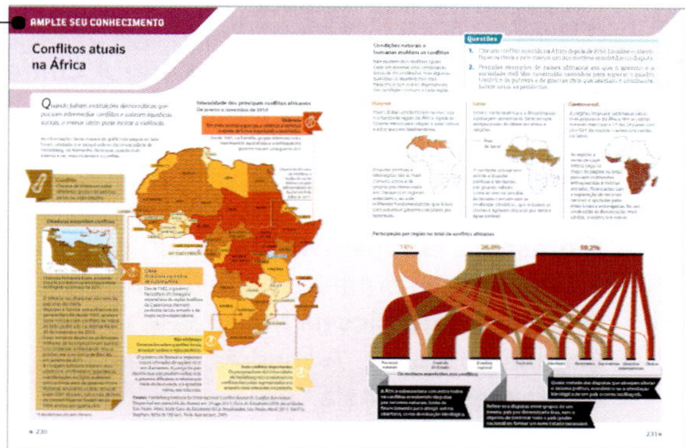

Enquanto isso...

Você sabia que na Copa do Mundo de 1950, disputada no Brasil, a seleção canarinho perdeu a final para o Uruguai? Nesta seção você irá estudar um pouco mais sobre importantes acontecimentos históricos em diferentes países e estados brasileiros, além de conhecer povos e culturas que surgiram próximos no tempo, mas em lugares diferentes.

Atividades

As propostas de atividades estão divididas em dois grupos: em **Compreender os conteúdos** você terá a oportunidade de revisar os pontos principais do capítulo; no **Ampliar o aprendizado** você irá interpretar textos, estabelecer relações entre conceitos, fazer pesquisas e analisar diferentes tipos de obras de arte na seção **História feita com arte**.

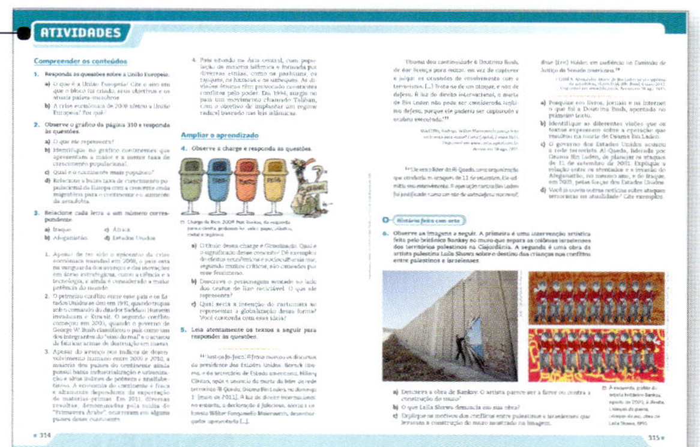

Avalie o seu aprendizado

Nesta seção você vai rever os conteúdos tratados nos capítulos realizando diferentes tipos de atividades. Com a ficha de autoavaliação, você vai perceber quais estudos foram bem aproveitados e quais não ficaram claros e precisam ser retomados.

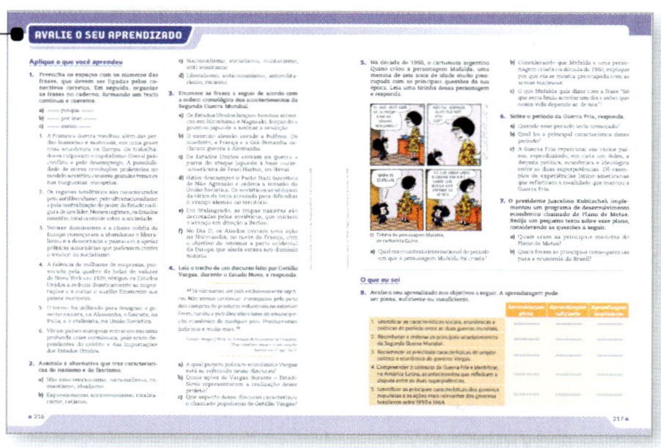

Sumário

HULTON ARCHIVE/GETTY IMAGES

REPRODUÇÃO - FUNDAÇÃO MARIA LUISA E OSCAR AMERICANO, SÃO PAULO

REPRODUÇÃO - KRÖLLER-MÜLLER MUSEUM, OTTERLO

FRANK HURLEY/SSPL/GETTY IMAGES - AUSTRALIAN WAR MEMORIAL CANBERRA

CAPÍTULO 4 A PRIMEIRA GUERRA MUNDIAL, 76

ALINARI/OTHER IMAGES

CAPÍTULO 5 A REVOLUÇÃO RUSSA, 96

HULTON-DEUTSCH COLLECTION/ CORBIS/LATINSTOCK

CAPÍTULO 6 ENTRE DUAS GUERRAS, 110

AKG-IMAGES/ALBUM/LATINSTOCK

CAPÍTULO 7 A SEGUNDA GUERRA MUNDIAL, 132

AP/GLOWIMAGES

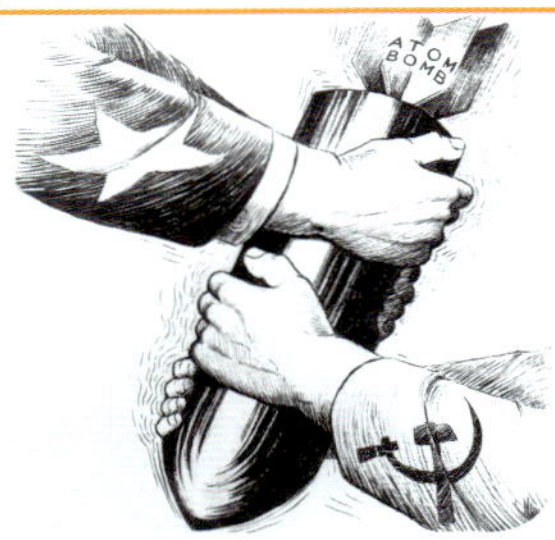

BY PERMISSION OF THE MARCUS FAMILY - BIBLIOTECA DO CONGRESSO, WASHINGTON

INDAIASSÚ LEITE/ AGÊNCIA O GLOBO

MICHAEL NICHOLSON/ CORBIS/LATINSTOCK

CYNTHIA BRITO/ OLHAR IMAGEM

AP/GLOWIMAGES

SALOMON CYTRYNOWICZ/PULSAR IMAGENS

JAY DIRECTO/AFP

CAPÍTULO

1

O imperialismo na Ásia e na África

Futebol e preconceito

"O futebol francês foi tomado por um escândalo de racismo. Denúncias [...] apontam que a Federação Francesa de Futebol orientou clubes e escolinhas a limitarem a entrada de negros e árabes em suas equipes de base para que a próxima geração seja 'branca' e 'europeia'. A reação da federação foi de negar categoricamente a acusação. Mas, pressionada pelo governo, ordenou investigação no que promete ser o maior escândalo de racismo no futebol europeu. [...]

Zidane, o maior astro da história do país, é muçulmano e filho de argelinos. Outros [...] também são do Magreb e da África. A reportagem acusou Laurent Blanc, técnico da seleção, de ser favorável à decisão. [...] O técnico foi obrigado a convocar coletiva para dizer que as revelações são falsas."

CHADE, Jamil. *Site* revela que França quer cota para negros e imigrantes na base. *O Estado de S. Paulo*, 30 abr. 2011. Disponível em www.estadao.com.br. Acesso em 16 ago. 2011.

(1) Jogadores da seleção francesa de futebol alinhados para a execução dos hinos nacionais, antes do amistoso contra o Brasil realizado em Paris, em 2011; (2) Memorial Vitória, na cidade de Calcutá, Índia, em foto de 2009; (3) Religiosos europeus em passeio carregados em liteiras por nativos, 1912; (4) Grupo de guerreiros zulus com roupas e escudos tradicionais, na África do Sul, em 1888.

(1)

PATRICK KOVARIK/AFP

2

DBIMAGES/ALAMY/OTHER IMAGES

Observe a foto dos jogadores da seleção de futebol da França na página ao lado. Você sabe dizer por que eles têm origens tão diferentes? Por qual motivo a Federação Francesa de Futebol quer limitar a participação de negros e árabes no futebol do país?

E as fotos desta página? Você consegue explicar quais processos históricos permitiram que cenas como essa acontecessem? Por que há um monumento à rainha Vitória, soberana da Inglaterra no século XIX, na Índia?

Neste capítulo você vai estudar como a França, a Inglaterra e outras nações europeias estabeleceram, no século XIX, grandes impérios ultramarinos, o tipo de relação que tinham com suas colônias e as ideias que serviram de justificativa para esse domínio.

3

ARCHIVES CHARMET/THE BRIDGEMAN ART LIBRARY/GRUPO KEYSTONE

4

BETTMANN/CORBIS/LATINSTOCK

MARY EVANS PICTURE LIBRARY/OTHER IMAGES

Mulheres trabalham em central telefônica da cidade de Nova York, Estados Unidos, em foto de 1910.

A Segunda Revolução Industrial

A partir da segunda metade do século XIX, o processo de industrialização se intensificou em regiões como Grã-Bretanha, França, Alemanha, Bélgica e Holanda e expandiu-se para os Estados Unidos e o Japão. Esse período, conhecido como **Segunda Revolução Industrial**, caracterizou-se pelo desenvolvimento de inovações técnicas aplicadas à indústria, aos transportes e às comunicações, acompanhadas pelo uso de novos tipos de energia, como a eletricidade e os derivados do petróleo. Veja, a seguir, alguns inventos desse período.

- **Processo Bessemer**. O inventor britânico Henry Bessemer desenvolveu um processo de produção de aço que consistia em injetar ar frio no ferro fundido. O procedimento ficou conhecido como Processo Bessemer e tornou a fabricação de aço mais rápida e barata. O aço passou a ser utilizado na construção de prédios, pontes e viadutos e nos trilhos ferroviários.
- **Dínamo**. Inventado por volta de 1870, o dínamo é um aparelho que converte energia mecânica em energia elétrica. A eletricidade gerada pelos dínamos era utilizada para iluminar ruas e praças e em processos industriais. O uso doméstico da eletricidade se popularizou apenas no final do século XIX com a invenção da lâmpada incandescente, que transformava a energia elétrica em energia luminosa.
- **Motor de combustão interna**. Essa máquina transformava energia química em movimento por meio da queima de combustíveis derivados do petróleo. Os motores de combustão interna passaram a ser utilizados na indústria, em meios de transporte, como navios e trens, e possibilitaram o desenvolvimento de inventos como o automóvel.
- **Telégrafo e telefone**. O telégrafo era um aparelho que transmitia e recebia mensagens a longa distância, por meio de sinais elétricos. Já o telefone convertia o som em pulsos elétricos, que eram transmitidos por cabos. Inicialmente, os telefones só funcionavam em pares, ou seja, com um fio ligado diretamente a outro. Porém, a criação de centrais telefônicas possibilitou a comunicação entre um número maior de pessoas.

Como você pôde ver, essas inovações permitiram uma grande expansão da atividade industrial e tiveram impacto importante nos transportes, nas comunicações e nas relações existentes entre as nações industrializadas do período.

THE GRANGER COLLECTION/OTHER IMAGES

Cartaz do edifício *Home Insurance Building*, de 1885. Construído em Chicago entre 1884 e 1885, é considerado o primeiro arranha-céu do mundo, com 10 andares e 42 metros de altura. Também foi um dos primeiros edifícios a utilizar aço em sua estrutura.

A era dos oligopólios

Até meados do século XIX, as empresas familiares eram responsáveis por grande parte da produção industrial. Porém, essa situação mudou com o desenvolvimento tecnológico e o aumento da produtividade. Para competir em um mercado cada vez mais agressivo, algumas empresas formaram trustes, cartéis ou *holdings*.

O **truste** é a união de várias empresas que se fundem com o objetivo de controlar todo o processo produtivo, desde a obtenção das matérias-primas até a venda da mercadoria. Já o **cartel** é o acordo estabelecido entre empresas diferentes com o objetivo de dividir o mercado e combater a concorrência. ***Holding***, por sua vez, é a participação de uma empresa como principal acionista e controladora de várium grande grupo econômico, que reúne empresas de diferentes setores.

Quando um número limitado de empresas domina determinado ramo do mercado, cria-se uma situação conhecida como **oligopólio**. Em um mercado aberto, as empresas competem entre si oferecendo preços mais baixos por suas mercadorias para atrair os consumidores. Essa competição estimula a concorrência e favorece os consumidores, que podem adquirir mercadorias a um preço mais baixo e de melhor qualidade. Porém, numa situação de oligopólio, a competição entre as empresas é limitada, reduzindo as opções do cliente que vai adquirir um produto ou serviço.

Ainda hoje, grandes empresas adquirem empresas menores ou em dificuldades, ou se unem para formar grandes conglomerados econômicos. Bancos, empresas do setor alimentício ou de transportes, por exemplo, formam oligopólios que diminuem a concorrência e prejudicam os consumidores.

Foi também nesse período que os bancos assumiram papel ainda mais importante na economia. Muitas instituições financiavam diversos tipos de empresas e acabaram se tornando acionistas com poder de veto nas decisões desses empreendimentos.

REPRODUÇÃO - BIBLIOTECA PÚBLICA DE NOVA YORK, NOVA YORK

Sede da *United States Trust Corporation*, em Nova York, em ilustração de 1891. Biblioteca Pública de Nova York, Estados Unidos. Fundada em 1885, ela é a mais antiga *holding* dos Estados Unidos e controla várias outras subsidiárias que prestam diversos tipos de serviços bancários. Essa *holding* também ajudou a financiar a construção de estradas de ferro e do Canal do Panamá.

THE GRANGER COLLECTION/OTHER IMAGES

A história se repete: os barões ladrões da Idade Média e os barões ladrões de hoje, charge norte-americana de 1889. A expressão "barões ladrões" era utilizada na Idade Média para se referir à nobreza corrupta. Na charge, a expressão é usada para caracterizar o controle dos trustes sobre a sociedade e o governo.

Questão

- Você sabe se na região em que você vive a oferta de algum produto ou a prestação de algum tipo de serviço é objeto da prática de oligopólio? Você sabe quais são as consequências desse processo para a economia da sua região?

Vila operária em Kensington High Street, em Londres, Inglaterra, em foto de 1895. Muitas famílias operárias viviam em cortiços superlotados, em condições sanitárias precárias. Note que as habitações eram unidas umas às outras, e possuíam as janelas quebradas.

A expansão imperialista

Os avanços técnicos desenvolvidos ao longo do século XIX permitiram o aumento da produção de mercadorias industrializadas. No entanto, a partir de 1870, a grande oferta de produtos e os baixos índices de consumo provocaram uma queda nos lucros das empresas. Acredita-se que em algumas regiões da Europa os preços tenham caído mais de 40%.

Para tentar solucionar o problema, as grandes potências econômicas do período adotaram uma série de medidas protecionistas, que restringiram a entrada de mercadorias industrializadas em seus países. Além disso, iniciaram um processo de expansão territorial em diferentes regiões, especialmente na África e na Ásia, em busca de investimentos mais lucrativos, novas fontes de matérias-primas e novos mercados consumidores.

Esse processo de expansão territorial das potências industrializadas é conhecido como **imperialismo** ou **neocolonialismo**. O avanço imperialista foi encabeçado por grandes empresas oligopolistas e Estados nacionais interessados em alcançar grandes lucros, utilizando o mínimo de recursos possíveis. Além disso, com a expansão imperialista, essas nações pretendiam minimizar as tensões sociais causadas pela crise econômica.

Fabricação de caixas de chá em Bengala (território atualmente dividido entre Índia e Bangladesh), em foto de 1920. Biblioteca Britânica, Inglaterra.

As regiões colonizadas desempenharam um papel econômico importante para as metrópoles: elas constituíam grandes reservas de mão de obra para a exploração das matérias-primas locais, como recursos de origem animal, vegetal e mineral, e serviam também de mercado consumidor para os produtos manufaturados que as metrópoles produziam.

O "fardo" do homem branco

Apenas fatores econômicos, porém, não explicam a dominação da África e da Ásia pelas potências industrializadas. Apelos políticos, emocionais e ideológicos também foram utilizados para justificar a expansão territorialista dessas nações.

Muitos intelectuais consideravam o colonialismo algo benéfico para os povos da África e da Ásia, vistos como "atrasados" do ponto de vista tecnológico e cultural. Aos olhos dos europeus, por exemplo, as instituições políticas e econômicas e o desenvolvimento industrial da Europa indicavam a "superioridade" do homem branco.

Nesse período, era muito frequente a ideia de que os homens brancos tinham não o direito, mas o dever de levar aos cantos mais longínquos do planeta o modo de vida e os valores praticados no Ocidente. Dessa forma, retirariam os povos africanos e asiáticos da suposta "barbárie" em que viviam e os inseririam na chamada civilização. Essa ideia ficou conhecida como o "fardo" do homem branco.

O texto a seguir é o trecho de um discurso do poeta e escritor Victor Hugo. O pensador, que nasceu e viveu no século XIX, faz neste texto uma análise do continente africano.

Discurso de Victor Hugo

"O Mar Mediterrâneo é um lago de civilização; com certeza, não é por acaso que o Mar Mediterrâneo tem por um lado das suas margens o velho universo e no outro o universo ignorado, isto é, de um lado toda uma civilização, e do outro toda uma barbaridade. [...] A África não tem história; uma espécie de legenda vasta e escura a oculta. [...] Chegou a hora do ilustre grupo de nações uni-vos, ide para o sul. Lá está, diante de vós, esse bloco de areia e de cinzas, esse monte inerte e passivo, que há seis mil anos é um obstáculo para a marcha universal. Deus oferece a África à Europa. Tomai-a não pelo canhão, mas pelo arado; não pelo sabre, mas pelo comércio; não pela batalha, mas pela indústria; não pela conquista, mas pela fraternidade. Passai aos vossos sobejos para a África e, ao mesmo tempo, resolvei vossas questões sociais, transformai vossos proletários em proprietários. Ide, agi! Fazendo estradas, portos, cidades; crescei, cultivai, colonizai, multiplicai."

Victor Hugo, discurso pronunciado no 31º aniversário da abolição da escravidão, em Paris, no dia 18 de maio de 1879. HUGO, Victor Marie. *Les châtiments*. Paris: Nationale, 1885. p. 478. (tradução nossa)

Questões

1. Como o autor descreve o continente africano?
2. Na sua opinião, por que Victor Hugo diz que Deus oferece a África à Europa?
3. Além do interesse civilizador do colonialismo europeu destacado por Victor Hugo, que outro objetivo fica evidente no discurso do romancista?

THE GRANGER COLLECTION/OTHER IMAGES

Capa do jornal francês *Le Petit Journal*, de 1911. A ilustração na capa do jornal mostra a França representada por uma figura feminina, e afirma que ela levará ao Marrocos a civilização, a prosperidade e a paz.

Barbárie
Selvageria.

Explorando o interior da África

Até cerca de 1880, algumas regiões do interior do continente africano eram praticamente desconhecidas pelos europeus. Porém, exploradores de toda a Europa, movidos pela curiosidade e pela busca por riquezas e glória, se lançaram à África. Eles atravessaram o Deserto do Saara e o Deserto da Líbia, subiram os cursos dos rios e penetraram no interior do continente.

Muitos viajantes descreveram suas explorações em cartas e memórias que relatavam com detalhes as riquezas naturais das regiões percorridas. Esses exploradores enfrentaram muitos obstáculos, como as doenças tropicais, a fome, a sede, o escorbuto, a hostilidade de alguns grupos nativos e os roubos.

David Livingstone, explorador de origem escocesa, descobriu o Lago Nyassa e o Tanganica, assim como as quedas do Rio Zambeze. Richard Burton, viajante inglês, percorreu o continente na companhia de caravanas árabes, vestido como um deles, passando despercebido entre a população local.

Missionários de diversas denominações religiosas cristãs acompanhavam essas expedições. Os discursos civilizatórios do período difundiam a ideia de que a fé cristã, o ensino sobre o perdão e a doçura ajudariam a combater as "práticas selvagens" e a salvar a alma dos nativos.

Biografia

David Livingstone (1813-1873) foi um médico e missionário escocês que explorou a região do Deserto do Kalahari e o sudeste da África. No início, Livingstone tinha a intenção de divulgar o cristianismo e o modo de vida ocidental para as populações africanas. Com o tempo, dedicou-se a explorar as características naturais do continente, principalmente a flora, que registrou em artigos, cartas e diários de viagem. Livingstone também estudou doenças como a disenteria e a febre tifoide e criou um medicamento que combatia a febre e os calafrios, sintomas da malária.

David Livingstone, pintura de Alexander Craig, de 1878. Real Sociedade Geográfica, Inglaterra.

AKG-IMAGES/ALBUM/LATINSTOCK - ROYAL GEOGRAPHICAL SOCIETY, LONDRES

TAL/RUE DES ARCHIVES/OTHER IMAGES

Transporte de peças do navio *Faidherbe*, durante a missão exploratória Congo-Nilo, comandada pelo major francês Jean-Baptiste Marchand, 1896-1899.

AKG-IMAGES/ALBUM/LATINSTOCK

Xilogravura do século XIX representando a Conferência de Berlim, realizada entre representantes de treze países europeus, além dos Estados Unidos e do Império Otomano.

A Conferência de Berlim

O continente africano motivou grandes rivalidades entre as principais potências industrializadas do século XIX. Um tratado assinado entre Grã-Bretanha e Portugal, que reconhecia o monopólio comercial português na embocadura do Rio Congo, provocou indignação geral entre as nações europeias.

Para evitar um conflito de grandes proporções, representantes de quinze potências resolveram se reunir para estabelecer as regras de ocupação do continente africano. Organizaram, então, a **Conferência de Berlim**, realizada entre novembro de 1884 e fevereiro de 1885.

Na ata geral da conferência definiu-se um regulamento internacional para a ocupação do continente africano. Também foram resolvidas as questões relativas ao comércio na bacia do Rio Congo e foi aprovada a **política do interior**, proposta pelo chanceler da Alemanha Otto von Bismarck. Nessa conferência ficou decidido que toda nação estabelecida em algum ponto do litoral africano deveria expandir suas fronteiras em direção ao interior, o mais longe possível.

Por último, foi recomendado às grandes potências que ajudassem a extinguir a prática da escravidão no continente e a levar a "civilização" aos povos africanos por meio da educação e da atividade missionária.

A Conferência de Berlim marcou o início da corrida para a África. Longe de apaziguar as rivalidades, a conferência as atiçou mais ainda. França e Grã-Bretanha entraram em choque, em 1898, por Fachoda, no Sudão; França e Alemanha disputaram o Marrocos em 1905 e 1911.

Saiba mais

O Congo Belga

O Congo, atual República Democrática do Congo, foi colonizado pela Associação Internacional do Congo, empresa fundada pelo rei da Bélgica, Leopoldo II.

Apesar da fachada humanitária, a associação era um grande empreendimento econômico, que tinha por objetivo explorar mercadorias de alto valor comercial encontradas na região.

A mão de obra local era recrutada à custa do terror e da mutilação física, que tornaram a história da colonização do Congo uma das mais violentas de que já se teve notícia.

Por pressão da opinião pública, em 1908, o Congo tornou-se colônia do Reino da Bélgica, adotando a denominação de Congo Belga.

ULLSTEIN BILD/OTHER IMAGES

Coletores de borracha do Congo, que tiveram suas mãos cortadas por não cumprirem as cotas exigidas pelos colonizadores, em foto de 1907.

O colosso de Rhodes, charge inglesa de 1892 que satiriza o plano de Cecil John Rhodes de construir uma ferrovia que se estenderia da África do Sul ao Egito. A obra faz referência ao Colosso de Rodes, gigantesca estátua de Hélios, deus grego do Sol, construída na entrada da ilha grega de Rodes, entre 292 e 280 a.C.

A dominação britânica na África

O Império Britânico constituía um conjunto de territórios subordinados à Coroa britânica que podiam ter a condição de domínios, colônias ou protetorados. No século XIX era o maior império constituído até então, estendendo-se por territórios que cobriam cerca de 22% das terras emersas do globo.

A entrada formal da Grã-Bretanha na África ocorreu em 1875, quando o governo britânico comprou uma parte do Canal de Suez, canal marítimo que liga o Mar Mediterrâneo ao Mar Vermelho, do chefe egípcio Ismael Pacha. Dessa forma, o Império Britânico assegurou o controle de uma via marítima estratégica, que facilitava o acesso de navios provenientes da Europa à Península Arábica e à Índia.

Buscando alargar o perímetro de segurança do canal, os britânicos anexaram o Vale do Nilo e partiram em direção ao Sudão, território onde ocorreu um confronto militar com a França, em 1898. O episódio, conhecido como **Incidente de Fachoda**, ocorreu na cidade de Fachoda (atual Kodok, no recém-criado país do Sudão do Sul), local onde França e Grã-Bretanha pretendiam construir uma ferrovia. O incidente foi resolvido em 1904, com um acordo diplomático entre os dois países.

Para explorar o continente africano, a Coroa britânica contou com o apoio dos chefes locais. O modelo de colonização adotado foi baseado na ideia de "dividir para dominar", que consistia em incentivar conflitos entre as tribos com o objetivo de dificultar uma possível união entre elas. O comércio era administrado por companhias privadas, que possuíam o estatuto de representantes do governo britânico.

Saiba mais

Protetorados, domínios e colônias

Protetorado é um Estado subordinado a uma potência, o qual, mesmo nessa condição, pode manter algumas instituições e a nacionalidade de seus habitantes. A potência dominadora assume a gestão da diplomacia, do comércio exterior e, eventualmente, do exército.

Domínio refere-se a um território que mantém relativa autonomia política, mas que responde ao centro do império em questões de política externa e comércio internacional. Por exemplo, foram domínios britânicos, em diferentes momentos: Canadá, Austrália, Nova Zelândia, Terra Nova (parte do atual Canadá), União Sul-Africana e Estado Livre da Irlanda.

Colônia é um território administrado por um Estado que se localiza em uma região distante geograficamente, mas que mantém um domínio estável sobre esse território no aspecto econômico, político e cultural.

HULTON-DEUTSCH COLLECTION/CORBIS/LATINSTOCK

Prisioneiros bôeres no regimento britânico de Cornish, em Dunnyside, no que é hoje a África do Sul, 1899-1902.

A Guerra dos Bôeres

A região que hoje corresponde à África do Sul começou a ser colonizada pelos europeus no século XVII. Os primeiros colonizadores eram holandeses, e seus descendentes ficaram conhecidos como **bôeres**. Os britânicos começaram a chegar à região no século seguinte e, por volta de 1895, quase todo o sul do continente africano estava sob domínio britânico, exceto a República do Transvaal e a República do Estado Livre de Orange, que continuavam sob o domínio dos bôeres.

Os interesses imperialistas britânicos sobre as terras bôeres, ricas em ouro e pedras preciosas, levaram a uma série de conflitos entre britânicos e bôeres. Um dos mais violentos, a **Segunda Guerra dos Bôeres**, eclodiu em 1899. Os britânicos acreditavam que venceriam a guerra rapidamente, mas foi preciso um poderoso exército para subjugar os bôeres. A paz, assinada em 1902, reconheceu a vitória britânica e transformou as terras bôeres em colônias da Grã-Bretanha.

Campos de concentração na África

Durante a Guerra dos Bôeres, oficiais britânicos criaram centros de retenção e confinamento de presos que ficaram conhecidos como **campos de concentração**. Militares e civis, homens e mulheres de todas as idades, foram aprisionados nesses locais.

Os encarcerados eram submetidos a péssimas condições sanitárias, alimentação precária e forçados a executar diferentes tipos de trabalho. A mortalidade nos campos de concentração era altíssima, principalmente entre as crianças.

J. TRIM AND GRAY BROTHERS/ALINARI/OTHER IMAGES

Mineração de diamantes na região que hoje corresponde à África do Sul, c. 1884.

A DOMINAÇÃO ESTRANGEIRA NA ÁFRICA EM 1902

Fonte: HERNANDEZ, Leila Leite. *A África na sala de aula*: visita à África contemporânea. São Paulo: Selo Negro, 2005. p. 68.

O imperialismo português

Após a independência de sua principal colônia, o Brasil, Portugal concentrou na África suas ambições coloniais. No final do século XIX, o governo português adotou medidas que tinham como objetivo reforçar o poder econômico e político sobre suas colônias africanas. Uma dessas medidas foi o incremento da agricultura de gêneros tropicais com o objetivo de fixar colonos e colonizados nos territórios que dominava. Dessa forma, o governo português atendia às pressões externas por uma efetiva ocupação de suas colônias.

Contudo, o maior problema enfrentado pela administração das colônias era a difícil situação econômica da metrópole, o que tornava os domínios coloniais portugueses vulneráveis à ação das demais metrópoles europeias. Para se proteger, Portugal manteve o histórico de boas relações que tinha com a Grã-Bretanha e a apoiou em diversos conflitos, como a Primeira Guerra Mundial. As colônias portuguesas na África foram as últimas a se tornarem independentes da metrópole.

Vista da cidade de Lourenço Marques, em Moçambique, em foto de 1905. A cidade, capital moçambicana, mudou seu nome para Maputo em 1975, quando o país conquistou sua independência de Portugal.

Gravura de 1896 , publicada na revista *The Graphic*, que mostra oficiais britânicos obrigando o rei ashanti Prempeh I e a rainha-mãe a realizar a tradicional reverência ashanti, segundo a qual uma pessoa deve se ajoelhar diante de seu superior e colocar a cabeça entre suas pernas em sinal de submissão.

África: movimentos de resistência

Entre 1880 e 1914, diversos movimentos de contestação à dominação colonial europeia eclodiram na África. O fim da soberania de muitos Estados africanos, a repressão às manifestações culturais e religiosas tradicionais, o confisco de terras e a exploração econômica foram algumas das razões que motivaram revoltas locais, às vezes violentas, contra colonizadores de diversas nacionalidades.

Revolta Maji-Maji (1905-1907)

Até 1914, o que é hoje a Tanzânia foi palco do maior desafio ao colonialismo europeu na África oriental. O povo nativo maji-maji, liderado por Kinjikitile Ngwale, organizou um movimento que uniu vinte grupos étnicos, historicamente diversos, contra a exploração colonial alemã. O levante foi o primeiro de grande escala ocorrido no continente, pois atingiu 26 mil quilômetros quadrados.

O trabalho forçado na cultura do algodão, a expulsão de suas terras e lares, a cobrança de altos impostos e os maus-tratos foram as causas imediatas da revolta. Os maji-majis não eram contra a produção algodoeira, mas contra todo tipo de cultura que ameaçasse sua economia doméstica, já que eram obrigados a deixar suas próprias áreas de cultivo para trabalhar nas empresas agrícolas estrangeiras.

A rebelião estourou em julho de 1905 e a primeira vítima foi o próprio fundador do movimento, que acabou sendo enforcado. O pai de Ngwale assumiu a liderança da revolta, que foi violentamente reprimida pelas autoridades alemãs.

O movimento dos maji-majis contra a exploração colonial foi vencido, mas o regime alemão foi obrigado a abandonar a cultura algodoeira e a promover algumas reformas na estrutura colonial, sem contudo abandonar a natureza violenta e predatória de sua colonização.

Rebelião Ashanti (1890-1900)

Na Costa do Ouro (atual Gana), os colonizadores britânicos enfrentaram, entre 1890 e 1900, forte resistência do povo ashanti. Os britânicos depuseram os tradicionais chefes ashantis e designaram outros, que não foram reconhecidos pelos nativos. Esses novos líderes eram obrigados a cobrar altas indenizações individuais por revoltas ocorridas anteriormente.

Além disso, os britânicos exigiram que o representante escolhido pela Coroa se sentasse no "tamborete de ouro", maior símbolo sagrado do povo ashanti e instrumento que legitimava o poder de seus soberanos.

Indignados, os ashantis enfrentaram os colonizadores em violentas batalhas para defender sua liberdade, soberania e cultura. Os guerreiros ashantis contavam com o apoio das mulheres, que também participavam das lutas.

As rebeliões chegaram ao fim após a violenta repressão britânica e a prisão, em 1900, de Nana Yaa Asantewaa, rainha de Edweso, líder do movimento. A reação britânica às rebeliões ashantis tornou-se um símbolo da brutalidade que os colonizadores eram capazes de praticar para garantir a exploração das riquezas africanas.

AKG-IMAGES/ALBUM/LATINSTOCK

Xilogravura colorizada que representa britânicos contrabandeando ópio na China, c. 1850.

A presença europeia na China

Os contatos regulares da China com os europeus se intensificaram no início do século XVI, quando os portugueses obtiveram o monopólio do comércio no porto de Cantão. Anos depois, os portugueses instalaram uma feitoria em Macau, que servia de entreposto para as trocas comerciais entre chineses e europeus. Os produtos chineses mais cobiçados na Europa eram a seda, os tecidos de algodão e o chá, fornecidos por uma companhia chinesa que tinha o monopólio do comércio com o exterior.

Durante três séculos, os contatos comerciais com os europeus pouco ou nada afetaram a tradicional sociedade chinesa. Os rituais da corte, visando engrandecer a figura do imperador, sobreviveram à chegada dos europeus. A administração imperial continuou sob a responsabilidade dos **mandarins**, funcionários públicos altamente eruditos e preparados intelectualmente para o cargo. A mentalidade capitalista de acumulação ainda não havia se estabelecido na China.

A dominação britânica na China

A expansão imperialista, iniciada no século XIX, alterou completamente a relação dos chineses com os europeus. A Grã-Bretanha tomou a iniciativa, por meio da Companhia das Índias Orientais. Com o objetivo de aumentar seus lucros na região, a companhia passou a estimular o consumo de ópio pelos chineses, que tinha sido proibido no país. O governo chinês reagiu destruindo as caixas de ópio contrabandeadas pelos britânicos.

Começava, assim, o primeiro conflito armado entre a Grã-Bretanha e a China. As **Guerras do Ópio**, ocorridas entre 1830 e 1842 e, mais tarde, entre 1856 e 1860, foram encerradas com a vitória britânica. A China foi obrigada a assinar uma série de acordos comerciais que garantiam o acesso dos ocidentais a portos chineses, a livre circulação no território de mercadores europeus e missionários cristãos, entre outros privilégios concedidos aos cidadãos britânicos. Além disso, o governo chinês teve de entregar Hong Kong para a Grã-Bretanha.

A DOMINAÇÃO IMPERIALISTA NA ÁSIA E NA OCEANIA (INÍCIO DO SÉCULO XX)

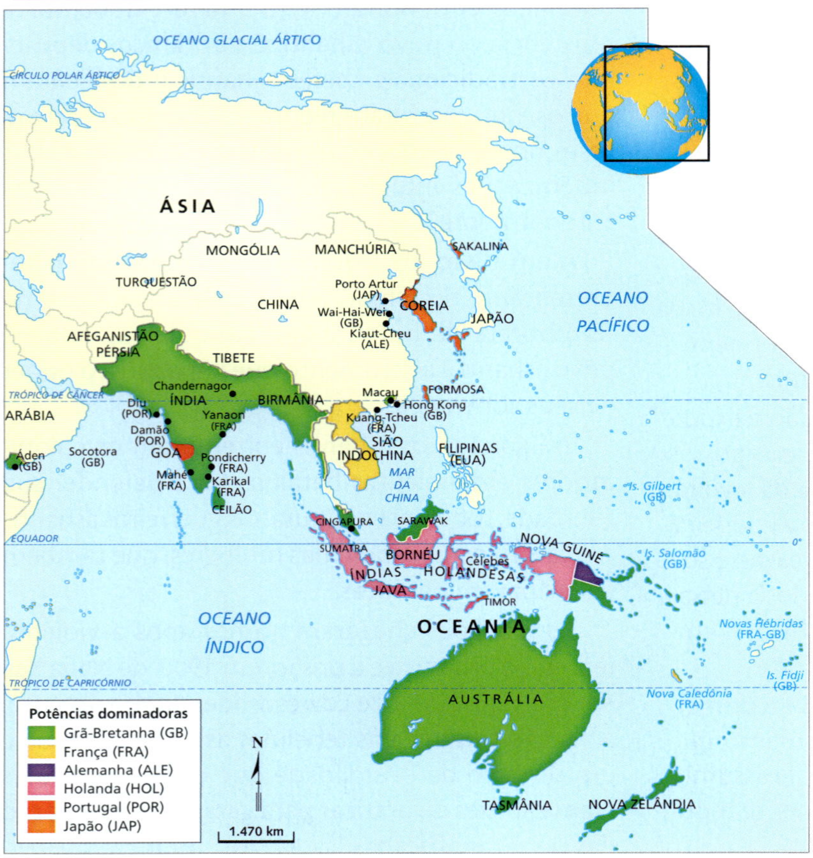

ALESSANDRO PASSOS DA COSTA

Fonte: PARKER, Geoffrey. *Atlas Verbo de história universal*. Lisboa: Verbo, 1997. p. 113.

A resistência chinesa

A dominação estrangeira na China, contudo, não foi tranquila. Camponeses, artesãos e setores nacionalistas, descontentes com os acordos humilhantes impostos pelos ocidentais, exigiam do governo ações para recuperar a soberania chinesa.

A insatisfação com o imperialismo ocidental se transformou em luta armada na **Guerra dos Boxers**, ocorrida entre 1898 e 1901. Os boxers eram camponeses miseráveis e moradores pobres das cidades que enfrentavam dificuldades crescentes de sobrevivência.

Inconformados com a intervenção imperialista e a crescente presença de estrangeiros em seu território, os boxers fundaram a **Sociedade dos Punhos Harmoniosos e Justiceiros**, um agrupamento secreto e nacionalista que tinha a tarefa de combater a presença de europeus e a difusão de sua cultura na China.

As primeiras ações dos boxers foram atos de sabotagem, como a destruição de linhas telegráficas e de ferrovias e a perseguição aos missionários cristãos, representantes simbólicos dos ocidentais. Cartazes elaborados na época revelam o caráter nacionalista e xenófobo da revolta.

Os levantes foram se expandindo até que, em junho de 1900, os boxers cercaram o bairro das embaixadas ocidentais em Pequim, e durante 55 dias isolaram o bairro, ameaçando civis estrangeiros, soldados e cristãos chineses que lá habitavam ou trabalhavam. Até mesmo a imperatriz Cixi passou a apoiar o movimento e oficialmente declarou guerra às potências externas.

A reação ocidental foi rápida e violenta: 20 mil soldados de uma frente de nações (Grã-Bretanha, Japão, Rússia, França, Alemanha e Estados Unidos) saquearam Pequim e mataram milhares de boxers e membros do exército imperial chinês que apoiavam o levante. A imperatriz Cixi e o imperador fugiram para territórios vizinhos e só retornaram em 1902.

Os acordos formalizados no Protocolo de Pequim, em 1901, impuseram o pagamento de pesadas indenizações aos dominadores, autorizaram a permanência de tropas estrangeiras no país, proibiram a importação de armamentos e levaram à execução dez autoridades chinesas que haviam apoiado a rebelião.

AKG-IMAGES/ALBUM/LATINSTOCK - SAMMLUNG ARCHIV F.KUNST & GESCHICHTE, BERLIM

Rebeldes boxers sabotam ferrovia que une Pequim a Hong Kong, na China, representados em capa do jornal francês *Le Petit Parisien*, em 1900. Arquivo Kunst & Geschichte, Alemanha.

Xenófobo
Aquele que manifesta intolerância ou aversão aos estrangeiros ou à cultura estrangeira.

VARMA/RUE DES ARCHIVES/OTHER IMAGES

Charge de John Bull que satiriza a divisão do território chinês entre Grã-Bretanha, Rússia, França, Alemanha, Estados Unidos e Japão, após a Guerra dos Boxers, c. 1901.

Osman Ali Khan presta homenagem ao rei George V e à rainha Maria, em Délhi, na Índia, 1911.

O Império Britânico na Índia

Os domínios do Império Britânico na Índia abrangiam os territórios dos atuais Índia, Paquistão, Sri Lanka, Bangladesh, Birmânia (atual Mianmar) e uma pequena parte do Iêmen (a colônia de Aden). O domínio britânico nesta parte do globo se estendeu de meados do século XIX até 1947, quando ocorreu a independência da Índia.

Em 1858, o Parlamento britânico transferiu o poder político detido pela Companhia das Índias para a Coroa. O Império Britânico, então, passou a administrar diretamente a maior parte da Índia, controlando o restante do Império Indiano por meio de tratados combinados com reis e príncipes locais.

Os ingleses estabeleceram a ordem interna nessas regiões, mantendo-a de maneira eficaz. Além disso, criaram um sistema uniformizado de administração civil e judiciária, padronizaram o sistema de pesos e medidas e adotaram a rupia indiana como moeda única.

Nesse período, a Grã-Bretanha introduziu no mercado indiano os tecidos produzidos nas indústrias inglesas. A produção artesanal indiana foi seriamente prejudicada, causando a ruína econômica das comunidades tradicionais da Índia, que dependiam do artesanato têxtil para sobreviver. Veja, a seguir, como o pensador alemão Karl Marx analisou a dominação britânica na Índia.

A Índia entre a barbárie e a civilização

"Os invasores ingleses quebraram os ofícios de tecelagem dos indianos e destruíram suas rocas. A Inglaterra começou por excluir os tecidos de algodão indianos do mercado europeu; depois ela se pôs a exportar para o Hindustão [Império Indiano] o fio e enfim inundou de tecidos de algodão a pátria dos tecidos de algodão. De 1818 a 1836 as exportações de fios da Grã-Bretanha para a Índia aumentaram na proporção de 1 para 5.200. [...]

Ora, por mais triste que seja do ponto de vista dos sentimentos humanos ver essas miríades de organizações sociais patriarcais [as comunidades familiares], inofensivas e laboriosas se dissolverem [...], não devemos esquecer que essas comunidades *villageoisies* idílicas, malgrado seu aspecto inofensivo, foram sempre uma fundação sólida do despotismo oriental. [...]

Não devemos esquecer que essas pequenas comunidades carregavam a marca infame das castas e da escravidão, [...] origem de um culto grosseiro da natureza cujo caráter degradante se traduzia no fato de que o homem, mestre da natureza, caiu de joelhos em adoração a Hanuman, o macaco, e a Sabbala, a vaca.

É verdade que a Inglaterra, ao provocar uma revolução social [...], era guiada pelos interesses mais abjectos e agia de uma maneira estúpida para atingir seus objetivos. Mas a questão não é essa. Trata-se de saber se a humanidade pode cumprir seu destino sem uma revolução fundamental na situação social da Ásia. Senão, quaisquer que fossem os crimes da Inglaterra, ela foi um instrumento da história ao provocar esta revolução."

MARX, Karl. A dominação britânica na Índia. *New York Daily Tribune* [10 jun. 1853]. Disponível em www.marxists.org. Acesso em 9 ago. 2011.

Questões

1. Que avaliação Karl Marx fez sobre a destruição das comunidades tradicionais indianas? Justifique sua resposta.

2. Marx reconhece a violência da dominação britânica na Índia. Mesmo assim, na visão dele, essa violência foi necessária. Por quê? Você concorda com esse ponto de vista?

ENQUANTO ISSO...

A Londres vitoriana

A construção do Império Colonial Britânico ocorreu durante o longo reinado da rainha Vitória (1837-1901), conhecido como **era vitoriana**. As profundas transformações sociais e econômicas que marcaram esse período ficaram evidentes na expansão e no desenvolvimento da cidade de Londres. Ao final do século XIX, a capital britânica tinha uma população de cerca de 5 milhões de habitantes.

A metrópole londrina expressava, ao mesmo tempo, a prosperidade britânica e as contradições sociais relacionadas ao processo de industrialização. Assim, paralelamente ao crescimento urbano, a criminalidade também aumentou. As ruas de Londres tornaram-se lugares perigosos, especialmente à noite. Em 1888, prostitutas de um bairro pobre da cidade foram brutalmente mutiladas e assassinadas. Os jornais começaram a chamar o assassino de Jack, o Estripador.

Em busca da identificação do criminoso, até hoje desconhecido, a polícia procurou o renomado médico Joseph Bell. Ele era famoso por suas qualidades analíticas e dedutivas e pelo uso de métodos científicos.

Um dos alunos de Bell era o escocês Arthur Conan Doyle. Inspirando-se nos métodos de seu professor, Conan Doyle criou um dos mais famosos personagens da literatura, o detetive Sherlock Holmes. O trecho a seguir exemplifica o minucioso método analítico de Holmes.

Questões

1. O que foi a era vitoriana?
2. O que provavelmente mudaria ou poderia permanecer igual nas histórias de Sherlock Holmes se esse personagem tivesse sido criado nos dias atuais?

“ – [...] Mas isto aqui não é uma brincadeira de mau gosto.

– Tem certeza?

– Tudo indica que não é. Corpos da sala de anatomia recebem injeções de um fluido conservante. Estas orelhas não o têm. São frescas, também. Foram arrancadas com um instrumento sem muito corte, o que dificilmente aconteceria se tivesse sido feito por um estudante de medicina – ele usaria o conservante líquido, e não o sal grosso. Repito que nós não temos aqui uma travessura de estudantes, mas estamos frente a um crime grave.”

DOYLE, Arthur C. A caixa de papelão. *Sherlock Holmes*: edição completa. Rio de Janeiro: Agir, 2007. p. 740.

JAMES VALENTINE/ALINARI/OTHER IMAGES

Ponte sobre o Rio Tâmisa, em Londres, Inglaterra, c. 1880. A capital britânica era o cenário principal das histórias de Sherlock Holmes.

Os franceses na Ásia

O Império Francês teve seu apogeu no período de 1919 a 1939, quando controlava cerca de 9% das terras emersas do globo. Segundo maior império de seu tempo, ele era formado por territórios em regiões da África, da Ásia (Indochina) e da Oceania.

O colonialismo francês baseava-se no conceito de **assimilação cultural.** De acordo com essa ideia, os nativos que abandonassem os próprios hábitos e adotassem a cultura e os valores praticados na França poderiam ser considerados cidadãos franceses.

A colonização francesa na Indochina

A expansão francesa na Ásia iniciou-se com a conquista do Reino do Vietnã, seguida do Reino do Camboja e dos principados do Laos, entre 1860 e 1867. Progressivamente, os franceses avançaram em direção ao norte, onde estava a China, a verdadeira ambição colonial da França.

Para dominar a população desses territórios, os franceses incitaram rivalidades interétnicas e elegeram colaboradores que eram enviados aos *fronts* de batalha para enfrentar seus compatriotas em nome da "civilização" francesa. O processo, chamado de "pacificação", se estendeu de 1883 a 1896 e causou um grande número de mortes.

Reis legítimos foram substituídos por governantes indicados pelo Estado francês; porém, ao assumirem o poder, esses reis acabavam descartados. Os altos postos da administração colonial eram ocupados por funcionários franceses. Aos indochineses restavam os cargos nos escalões inferiores da administração.

A exploração econômica

Na Ásia, os franceses cultivavam arroz, chá e café, plantavam seringueira, da qual retiravam o látex, e extraíam carvão. Para realizar as plantações, os franceses expulsaram as famílias camponesas de suas terras. Esses camponeses se viram obrigados a trabalhar para os colonizadores e, em muitos casos, foram submetidos a condições degradantes.

Os métodos cruéis de dominação praticados pelos franceses causaram revolta em diversos grupos que viviam na Indochina. Com períodos de maior ou menor intensidade, em lugares diferentes do território, trabalhadores, estudantes ou a elite política que se formava organizaram rebeliões e protestos contra o domínio colonial francês.

CORBIS/LATINSTOCK

Trabalhadores em colheita de chá na Indochina francesa, em foto de 1930.
A Península da Indochina compreende os atuais países do Vietnã, Laos e Camboja.

O Japão da era Meiji

O Japão manteve seu mercado fechado às potências ocidentais até meados do século XIX. No entanto, pressionados pelos Estados Unidos, que já realizavam negócios com a China, os japoneses abriram os portos do país aos norte-americanos e, posteriormente, aos europeus.

A penetração de mercadorias estrangeiras desestabilizou a ordem feudal que caracterizava o Japão. Durante centenas de anos, o poder no Japão era exercido por grandes famílias de proprietários rurais, lideradas pelo **xogum**, chefe político e militar. O regime do xogunato só se encerrou em 1868, quando o poder dos xoguns foi transferido para o imperador Mitsuhito, que subiu ao trono com o nome de **Meiji**.

O imperador Meiji iniciou uma série de reformas que modificaram profundamente a sociedade japonesa. Essas reformas incluíam o incentivo à industrialização, a criação de grandes unidades de produção agrícola, a centralização administrativa do país com a abolição das antigas províncias feudais e a modernização das forças armadas.

As mudanças econômicas possibilitaram a criação dos *zaibatsus* como Mitsubishi, Sumitomo, Yasuda e Mitsui, que controlavam o comércio, a indústria e o sistema financeiro. Para ampliar os negócios, o governo assegurou o equilíbrio entre a importação e a exportação de produtos. Assim, com essa solução tipicamente capitalista, o Japão transformou-se em uma potência imperialista da Ásia.

No final do século XIX e começo do século XX, o Japão já disputava territórios e influência na Ásia com as grandes potências industrializadas da época. O Japão venceu duas guerras importantes no período, a primeira contra a China, entre 1894 e 1895, e na qual obteve o domínio sobre Taiwan, e a segunda contra a Rússia, entre 1904 e 1905, pelo domínio sobre a região chinesa da Manchúria. As práticas imperialistas do Japão duraram até o fim da Segunda Guerra, em 1945.

DIOMEDIA - COLEÇÃO PARTICULAR

O imperador Meiji, em gravura de Edoardo Chiossone, 1888. Meiji governou o Japão até a sua morte, em 1912. Seu governo foi fundamental para a modernização da sociedade japonesa.

Zaibatsu
Grande grupo econômico, controlado por uma família poderosa, que concentrava as atividades industriais e financeiras e tinha fortes laços com o governo japonês.

Vale a pena assistir

O último samurai
Nacionalidade: EUA
Direção: Edward Zwick
Ano: 2003
Duração: 154 min

O capitão Nathan Algren, veterano da Guerra Civil Americana, é contratado por empresários interessados em estabelecer lucrativos tratados comerciais com o governo japonês. Algren deveria treinar o exército imperial e ajudar no combate aos samurais, vistos como resquícios do feudalismo japonês. Durante um conflito entre o exército e um grupo de samurais, Algren é capturado. Ao longo do confinamento, o capitão passa a respeitar a cultura japonesa, as tradições dos samurais e a repudiar o esforço modernizador das autoridades japonesas.

WARNER BROS./EVERETT COLLECTION/GRUPO KEYSTONE

Cena do filme *O último samurai*.

ATIVIDADES

Compreender os conteúdos

1. **A Segunda Revolução Industrial caracterizou-se pelo desenvolvimento de uma série de inovações técnicas. Cite algumas dessas inovações e comente a importância delas para as potências industrializadas do século XIX.**

2. **Explique as razões econômicas, políticas e sociais que levaram as potências industrializadas a iniciar sua expansão imperialista na segunda metade do século XIX.**

3. **Complete o esquema a seguir sobre a Conferência de Berlim.**

Conferência de Berlim

- Objetivos: ______
- Consequências: ______

4. **Relacione o tipo de colonização a seguir às características listadas abaixo.**

1. Colonização portuguesa.
2. Colonização britânica.
3. Colonização francesa.

a) Sua ofensiva imperialista na China despertou a reação nacionalista de setores da população, que se rebelaram contra a dominação econômica e cultural estrangeira promovendo ações de sabotagem e declarando guerra contra as potências ocidentais.

b) Baseava-se no conceito de assimilação cultural. Segundo essa ideia, uma vez que os nativos abandonassem suas práticas tradicionais e sua cultura poderiam ser considerados cidadãos da metrópole.

c) A presença dos colonizadores nessa parte da África datava do século XV, quando instalaram as primeiras feitorias na costa atlântica do continente. A base econômica dessa colonização foi o cultivo de gêneros tropicais.

d) Expulsou as populações locais das terras que ocupavam tradicionalmente e as obrigou a trabalhar na extração de carvão e látex e no cultivo de café, chá e arroz.

e) Dominou regiões nos atuais territórios de Índia, Paquistão, Sri Lanka, Bangladesh, Birmânia e Iêmen. Controlava diretamente a maior parte desses territórios. O restante era administrado por reis e príncipes locais por meio de tratados.

5. **Analise as afirmativas a seguir e indique a alternativa correta.**

I. A exploração econômica dos colonizadores e a sua intolerância com as práticas culturais dos nativos levaram muitos povos africanos a se rebelar contra o imperialismo europeu.

II. A Revolta Maji-Maji, ocorrida na África Oriental Alemã, foi um exemplo da luta anticolonial dos africanos e da repressão dos colonizadores contra os movimentos de resistência local.

III. A Revolta Ashanti foi um movimento contra a violência do colonialismo britânico e a imposição, por parte dos colonizadores, de chefes que não tinham o reconhecimento dos ashantis.

IV. Os boxers formaram na China uma organização secreta cristã de cunho nacionalista. O movimento pregava o fim das heresias, como o uso de incensos e o culto a Buda.

V. Ao assumir o trono japonês, o imperador Meiji promoveu reformas modernizadoras na sociedade japonesa, como o fortalecimento do poder dos xoguns e o isolamento do Japão em relação ao exterior.

a) Apenas I está correta.
b) Apenas I, II e V estão corretas.
c) Apenas I e IV estão corretas.
d) Apenas I, II e III estão corretas.
e) Apenas IV e V estão corretas.

Ampliar o aprendizado

6. **Analise o texto a seguir e observe as imagens para responder às questões.**

> "Esquecia-se o administrador que era servindo o branco que o negro havia de assimilar melhor os hábitos da nossa gente; que era trabalhando nos campos que o negro modificaria os processos primitivos das culturas para se desprender dos velhos costumes."

RODRIGUES, Manuel Calanga. *Romance.* Lourenço Marques: Minerva Central, 1955. p 64.

UNIVERSAL IMAGES GROUP/GETTY IMAGES

FOTOTECA/LEEMAGE/OTHER IMAGES

À esquerda, o casal britânico Alfred e Dorothy Tamlin à mesa, com dois servos africanos na Costa do Ouro (atual Gana), c. 1918. Ao lado, propaganda de sabão alvejante inglês, de 1907, com os dizeres "Usaremos Chlorinol e ficaremos como o negro branco."

a) Por que, segundo o texto, os negros deveriam servir aos brancos?

b) Relacione o texto com a principal justificativa utilizada pelas nações industrializadas para legitimar o imperialismo na África e na Ásia.

c) Identifique nas imagens os elementos que mostram o modo como os africanos foram subjugados pelos europeus.

d) O que mais chamou sua atenção nas imagens? Justifique.

e) Com um colega, criem uma marca de sabonete ou de outro produto. Elaborem um material publicitário de lançamento da marca com uma mensagem de crítica ao preconceito e à intolerância cultural.

História feita com arte

7. A charge ao lado é uma produção francesa do final do século XIX e representa as principais potências industrializadas do período. Da esquerda para a direita estão: Grã-Bretanha (rainha Vitória), Alemanha (Guilherme II), Rússia (Nicolau II), República Francesa (Marianne) e Japão (Mitsuhito). Em pé, atrás dos personagens, está representada a China. Observe a imagem para responder às questões a seguir.

a) Explique o conteúdo da charge.

b) Como a China foi representada na imagem? Aponte uma provável intenção do artista ao escolher representá-la dessa forma.

c) Relacione a charge ao estudo feito neste capítulo sobre a dominação estrangeira na China.

d) Como a população chinesa reagiu diante da dominação imperialista?

e) Atualmente, a situação da China nas relações com o exterior pode ser representada por essa charge? Por quê? Converse com os colegas sobre o assunto.

ARTMEDIA/HERITAGE/OTHER IMAGES

O bolo chinês, ilustração de Henry Meyer publicada no jornal francês *Le Petit Journal*, de 16 de janeiro de 1898.

CAPÍTULO

2

O Brasil da Primeira República

O que é república?

Você sabe o que é uma república? Muitos brasileiros que assistiram à proclamação da república, em 15 de novembro de 1889, não tinham a menor ideia do que isso significava. Um observador chegou a dizer que o povo assistiu a tudo "bestializado", sem entender o que estava acontecendo.

Apesar de não aparentar grande mudança para muitas pessoas, a república iniciou uma nova fase na vida política do Brasil. Foi criada uma Constituição com características diferentes, novos partidos políticos foram fundados e implantou-se um novo sistema eleitoral.

A. RIBEIRO - COLEÇÃO GEORGE ERMAKOFF

Na economia, o café continuou a ser o principal produto de exportação brasileiro. No entanto, a venda da borracha proveniente da região amazônica também ganhou importância, assim como a nascente indústria brasileira.

Nesse período, houve muitas revoltas contra o poder do restrito grupo que comandava o país e mobilizações de trabalhadores que organizaram sindicatos e lutaram por melhores condições de vida e trabalho.

Quando estudamos esse período, certas questões são particularmente importantes: como viver de forma republicana? Quais foram as principais alterações no sistema político e econômico brasileiro? Houve alguma transformação no mundo do trabalho? São essas e outras questões que você vai estudar neste capítulo. Elas devem ser sempre discutidas, mesmo hoje, até mesmo para não continuarmos assistindo a tudo “bestializados”.

Operários descem a Ladeira do Carmo em passeata durante a greve de 1917, foto publicada na revista *A Cigarra*. Arquivo do Estado de São Paulo.

Propaganda do Café Excelsior em cartão-postal do início do século XX.

Rua da Assembleia, na cidade do Rio de Janeiro, início do século XX. Note que, naquela época, carros de tração animal e veículos motorizados circulavam pelas ruas.

Alegoria à proclamação da república e à partida da família imperial, detalhe de pintura anônima do século XIX. Fundação Maria Luisa e Oscar Americano, São Paulo.

República Velha? República Oligárquica?

Durante muito tempo, a fase inicial da república brasileira foi chamada de "República Velha". O termo nasceu após 1930, quando um movimento armado liderado por Getúlio Vargas derrubou os grupos políticos e sociais que então comandavam o país. Os novos governantes definiram seu tempo como "República Nova" e trataram o período anterior como "velho", "ultrapassado", "encerrado".

Outra expressão usada para designar os primeiros tempos republicanos do Brasil é "República Oligárquica". Esse termo enfatiza o fato de que o poder, naquele período, se concentrava nas mãos das oligarquias estaduais, ou seja, das grandes e poderosas famílias latifundiárias.

O nascimento de nossa república

No dia 15 de novembro de 1889, a república foi proclamada no Brasil. O ex-imperador Pedro II e sua família foram obrigados a partir para o exílio em Portugal. O país passava pela primeira grande mudança de forma de governo desde a proclamação de sua independência.

Os republicanos estavam divididos em vários grupos. Alguns, como o advogado Silva Jardim, propunham transformações mais radicais, com a abertura de espaços na política para a atuação popular. Outros, como o jornalista Quintino Bocaiúva, defendiam mudanças mais moderadas e limites para a participação política da sociedade.

Existia também um terceiro grupo, composto de positivistas liderados por Benjamin Constant, que eram partidários da instauração de uma "ditadura republicana" controlada por militares.

No embate entre esses grupos, prevaleceu a moderação e o interesse de manter a ordem social vigente. Os militares, que lideraram a proclamação da república, assumiram o comando do governo provisório, instituído após a queda da monarquia.

Cartão-postal contendo a imagem do Marechal Deodoro da Fonseca, um dos líderes da proclamação da república e o primeiro presidente do Brasil.

O governo Deodoro da Fonseca

A chefia do governo provisório foi assumida pelo marechal Deodoro da Fonseca, um dos líderes da proclamação da república. O novo governo era composto de representantes das várias tendências republicanas, exceto os radicais. Ele dissolveu as Assembleias Provinciais e as Câmaras Municipais e destituiu os presidentes de província. Iniciava-se um processo de reorganização do poder político, que não impediu o domínio das oligarquias locais, mas assegurou sua obediência ao novo regime.

O novo governo convocou eleições para a Assembleia Constituinte, que elaborou um projeto constitucional. Em fevereiro de 1891, nascia a primeira Constituição do Brasil republicano. A Assembleia, transformada em Congresso Nacional, também escolheu, por eleição indireta, Deodoro da Fonseca como presidente constitucional e o marechal Floriano Peixoto como vice.

A forte centralização política nas mãos do presidente, porém, desagradou os setores oligárquicos regionais, que defendiam maior autonomia para os estados. Além disso, exigiam uma participação mais ativa na definição dos rumos econômicos do Brasil, que, desde 1890, vivia uma profunda crise financeira, conhecida como **Encilhamento**.

As dificuldades políticas levaram Deodoro a dissolver o Congresso e a defender reformas constitucionais que lhe assegurassem maiores poderes, o que desagradou ainda mais os opositores do governo. Pressionado, Deodoro acabou renunciando à presidência em novembro de 1891.

REPRODUÇÃO

Capa de *O encilhamento*, romance de Visconde de Taunay, publicado em folhetins da *Gazeta de Notícias*, Rio de Janeiro, em 1893.

Especulação financeira
Operação comercial sobre o mercado de capitais ou câmbio com o objetivo de obter lucros.

Saiba mais

O Encilhamento

No início de 1890, Rui Barbosa, ministro da Fazenda do governo provisório, apresentou uma proposta de reforma financeira que ampliava o volume de papel-moeda em circulação no país. A medida visava facilitar o pagamento dos trabalhadores assalariados, cujo número havia aumentado com o fim da escravidão. Outro objetivo era expandir o crédito para a agricultura e, principalmente, para a indústria, favorecendo a diversificação da economia nacional e, ao mesmo tempo, obtendo apoio político do empresariado industrial.

O impacto da política econômica de Rui Barbosa foi, porém, muito negativo. Com a facilidade de crédito, muitas empresas, várias delas "fantasmas", como bancos, companhias industriais e firmas comerciais, começaram a surgir. As ações dessas empresas eram negociadas na bolsa de valores e o valor delas aumentava continuamente. Essa situação levou muitos empresários a transferir os investimentos da produção para o mercado financeiro, gerando uma enorme especulação financeira. A corrida à bolsa de valores provocou euforia no início. Porém, como as empresas não cresciam na mesma proporção do preço de suas ações, e muitas delas já tinham encerrado suas atividades, a crise logo estourou. O valor da moeda despencou e a inflação cresceu rapidamente. Muitas empresas faliram e, consequentemente, o desemprego aumentou. O socorro do governo a algumas dessas empresas esvaziou os cofres públicos.

REPRODUÇÃO - MUSEU HISTÓRICO NACIONAL, RIO DE JANEIRO

Rui Barbosa, em foto de 1918. Museu Histórico Nacional, Rio de Janeiro.

A solução para a crise foi estabelecida pelo presidente Campos Salles, que estabeleceu uma série de medidas econômicas, como a renegociação da dívida externa do país com os credores, a retirada do excedente de papel-moeda em circulação, a reorganização do sistema bancário e a redução dos gastos públicos.

Os três poderes na Constituição de 1891

- **Executivo**
  Presidente da república e presidente de estado
- **Legislativo**
  Deputados federais e senadores
- **Judiciário**
  Juízes e ministros do Supremo Tribunal Federal

A Constituição de 1891

A primeira Constituição republicana, aprovada em fevereiro de 1891, possuía muitas características liberais. Ela afirmava o direito à igualdade, à liberdade, à segurança e à propriedade privada a todos os brasileiros e estrangeiros que viviam no país. Segundo a Constituição, o Brasil era uma república federativa e presidencialista e se dividia em unidades administrativas denominadas estados.

Os estados tinham autonomia para elaborar suas próprias constituições e estabelecer a maneira como elas deveriam se organizar, desde que estas não desrespeitassem os princípios definidos na Constituição nacional. Eles também podiam criar seus próprios impostos e obter empréstimos diretamente do exterior, sem intermediação do governo federal.

Na nova Constituição, os poderes foram divididos em executivo, legislativo e judiciário, "harmônicos e independentes entre si". O poder moderador, estabelecido na Constituição do império, deixou de existir. Os ocupantes dos principais cargos do executivo e do legislativo deviam ser eleitos por voto direto. Como a Constituição não estabelecia a maneira como o voto deveria ser feito, o voto aberto prevaleceu na maior parte das eleições. O direito de voto, porém, era limitado aos cidadãos brasileiros maiores de 21 anos e alfabetizados. Soldados, religiosos e mendigos não votavam. A Constituição não fazia referência ao voto feminino, o que significava, pela tradição, que as mulheres estavam impedidas de votar.

A Constituição de 1891 também estabeleceu a separação entre Estado e Igreja e criou mecanismos de registro civil, como as certidões de nascimento, de casamento e de óbito.

REPRODUÇÃO - INSTITUTO DE ESTUDOS BRASILEIROS - IEB/USP, SÃO PAULO

Honra à América! Viva a República!, gravura de Pereira Neto publicada na *Revista Illustrada*, em 1891. Instituto de Estudos Brasileiros (IEB/USP), São Paulo. Em destaque, no centro da imagem, Floriano Peixoto e Deodoro da Fonseca.

Guarnição no Morro do Castelo, durante a Revolta da Armada (1893-1894), 1894. Fundação Biblioteca Nacional, Rio de Janeiro.

A república se consolida

O marechal Floriano Peixoto assumiu a presidência em 1891 e se esforçou para controlar a inflação e recuperar a economia. Apesar de as novas medidas não terem resolvido a crise econômica, algumas delas levaram o governo a obter algum apoio popular, sobretudo entre trabalhadores pobres da capital federal. O controle dos preços dos aluguéis e de alguns alimentos e a isenção de impostos nas vendas de carne, por exemplo, atenuaram os protestos populares contra a nascente república.

Floriano consolidou o regime republicano por meio da centralização política e do comando rigoroso das forças armadas. Ele enfrentou as duas principais manifestações do período: a **Revolta da Armada** e a **Revolução Federalista**. Nos dois casos, a repressão foi violenta e o governo republicano mostrou sua disposição de não tolerar mobilizações oposicionistas.

A Revolta da Armada explodiu em setembro de 1893. Os oficiais da marinha do Rio de Janeiro recusavam o domínio do exército e a limitada participação da armada na política brasileira. Insatisfeitos, eles se rebelaram e exigiram novas eleições. Os conflitos se prolongaram até março de 1894 e incluíram o bombardeio da cidade do Rio de Janeiro pelos encouraçados da marinha.

Encouraçado
Navio de guerra de grande porte, dotado de poderosa artilharia e protegido por forte couraça.

A Revolução Federalista estourou no Rio Grande do Sul, em 1893. Os combates foram travados entre republicanos partidários de Floriano Peixoto, que defendiam o presidencialismo e a forte centralização, e federalistas, defensores de um Estado menos centralizado e parlamentarista. As lutas se estenderam pelo Rio Grande do Sul e atingiram os estados de Santa Catarina e Paraná. A revolta foi derrotada pelo governo, em 1895, deixando um saldo de aproximadamente 10 mil mortos.

Almas gêmeas: o falsário e a política, charge de J. Carlos para a capa da revista *O Malho*. Rio de Janeiro, 8 de julho de 1922. Fundação Biblioteca Nacional, Rio de Janeiro.

Café com leite

Em 1894, Prudente de Moraes ganhou as eleições pelo Partido Republicano Federal, tornando-se o primeiro presidente civil do Brasil. O partido, porém, não durou muito. Naquela época, os partidos estaduais predominavam e suas alianças determinavam os rumos da política nacional.

A principal aliança ocorria entre os setores oligárquicos mineiro e paulista. São Paulo, grande produtor de café, era a principal força econômica do país. Já Minas Gerais, produtor de leite, era o estado com o maior número de eleitores. Por esse motivo, muitos historiadores usam a expressão "**política do café com leite**" para definir o período.

Embora a associação entre as elites dos dois estados tenha sido fundamental, é equivocada a ideia de que mineiros e paulistas se alternavam na presidência. Os três primeiros presidentes civis, por exemplo, foram paulistas: Prudente de Moraes (1894-1898), Campos Salles (1898-1902) e Rodrigues Alves (1902-1906). A lista prossegue com:

- Affonso Penna, mineiro (1906-1909)
- Nilo Peçanha, fluminense (1909-1910)
- Hermes da Fonseca, gaúcho (1910-1914)
- Wenceslau Braz, mineiro (1914-1918)
- Delfim Moreira, mineiro (1918-1919)
- Epitácio Pessoa, paraibano (1919-1922)
- Arthur Bernardes, mineiro (1922-1926)

O último presidente da Primeira República, Washington Luís (1926-1930), era fluminense, mas fez toda sua carreira política em São Paulo.

Apesar de os políticos e os cafeicultores do estado de São Paulo e de Minas Gerais terem forte influência política durante a Primeira República, os acordos oligárquicos não se resumiram ao "café com leite". Pelo contrário, havia muitas divergências internas, e representantes de outros estados também governaram. O principal exemplo desse jogo político foi a chamada **política dos governadores**.

A colheita, fazenda Santa Gertrudes, pintura de Antonio Ferrigno, 1903. Museu Paulista da Universidade de São Paulo, São Paulo.

A política dos governadores

A política dos governadores ou política dos estados, arquitetada por Campos Salles, foi um sistema de alianças entre o governo federal e os governos estaduais, estes últimos controlados pelas oligarquias locais.

O governo federal procurava não interferir nas disputas locais e atribuía aos presidentes dos estados a definição dos seus representantes no Congresso. Tais representantes eram escolhidos em eleições diretas, quase sempre fraudulentas, e se comprometiam a apoiar a presidência.

J. CARLOS (JOSÉ CARLOS DE BRITO E CUNHA, 1884-1950) - FUNDAÇÃO BIBLIOTECA NACIONAL, RIO DE JANEIRO

A política do café com leite satirizada por J. Carlos na capa da revista *O Malho*, de 29 de janeiro de 1925. "Cardoso: — Ô Jeca, por que é que você não muda de refeição? Sempre a mesma coisa. Jeca: — Ó xentes! Mudá como? Não tem carioca...". Fundação Biblioteca Nacional, Rio de Janeiro.

A política dos estados

"A política dos estados, isto é, a política que fortifica os vínculos de harmonia entre os estados e a União, é, pois, na sua essência, a política nacional. É lá, na soma dessas unidades autônomas, que se encontra a verdadeira soberania da opinião. O que pensam os estados, pensa a União."

Campos Salles, Mensagem [3 maio 1902]. In: *Manifestos e mensagens*. São Paulo: Fundap/Imprensa Oficial do Estado de São Paulo, 2007. p. 201-202.

A **Comissão Verificadora de Poderes**, controlada por pessoas ligadas ao presidente e encarregada de diplomar os deputados eleitos, impedia que eventuais candidatos da oposição chegassem ao Congresso.

Por meio desses acordos, o governo central ganhava força, neutralizava os parlamentares da oposição e garantia a manutenção do controle político local pelas oligarquias estaduais.

O sistema articulava os diferentes estados da União; porém, os estados economicamente mais fortes tinham mais peso nas decisões. Dessa forma, apesar de não ter havido nenhum presidente de São Paulo por vinte anos, a oligarquia cafeeira paulista manteve-se hegemônica.

REPRODUÇÃO - ACERVO DANDA PRADO

A família Martinho Prado, uma das mais poderosas representantes da oligarquia cafeeira paulista da Primeira República. Foto de 1890.

REPRODUÇÃO - CASA DE OSWALDO CRUZ, RIO DE JANEIRO

Família do coronel Donnel, do município de Parnaguá, no Piauí, em foto de 1912. Casa de Oswaldo Cruz, Rio de Janeiro.

NEWTON SILVA

Venda de voto, charge de Newton Silva, 2009.

Questões

1. Qual é a crítica presente na charge?

2. Essa charge, produzida em 2009, pode ser relacionada às eleições durante a Primeira República no Brasil? Justifique.

3. Você tem conhecimento de prática de compra de votos nos dias atuais? Onde isso teria acontecido? Os responsáveis foram punidos?

Os coronéis e o voto

A figura dos coronéis, tão importantes na Primeira República, tinha origem na Guarda Nacional, criada em 1831, ainda no império, com a função de manter a ordem pública. As tropas, constituídas de cidadãos armados, eram lideradas por homens livres, proprietários de terra, que deveriam possuir uma renda que variava conforme o local. Assim, grandes fazendeiros ingressaram na Guarda Nacional e obtiveram o título de "coronel", posto que não tinha qualquer relação com o exército.

Durante o período republicano, mesmo depois que a Guarda Nacional foi submetida ao exército e desmobilizada, o termo "coronel" continuou a designar os homens poderosos dos municípios, proprietários de terras e influentes na política local.

Os coronéis estavam no topo da hierarquia política local. Eles mediavam conflitos, ofereciam proteção, escolhiam afilhados políticos, perseguiam oposicionistas e negociavam apoio a governantes estaduais e nacionais. Numa época em que o número de eleitores cresceu bastante, o poder dos coronéis também era uma forma de dominar o eleitorado local. As áreas controladas politicamente por eles ficaram conhecidas como **currais eleitorais**.

Nas eleições, os coronéis impunham seus candidatos aos eleitores que, de uma forma ou de outra, viviam sob o seu controle. Eles conseguiam os votos dos eleitores por meio da violência ou pela troca de favores, como roupas, alimentos, emprego etc. Como a lei não exigia o sigilo do voto, era mais fácil coagir o eleitorado. Essa prática ficou conhecida como **voto de cabresto**, e, por meio dela, os coronéis conseguiram guiar e controlar o eleitor.

A produção de café

Em 1838, ainda no período imperial, o café tornou-se o principal produto de exportação brasileiro. Com isso, os cafeicultores ampliaram seu poder e influência na política nacional. Com a instauração da república, os grandes cafeicultores praticamente tinham o Estado a serviço dos seus interesses.

No início do século XX, o consumo mundial de café cresceu bastante, chegando a atingir mais de 20 milhões de sacas anuais no final da década de 1920. Estados Unidos e Europa eram os principais consumidores, e o Brasil, o maior fornecedor.

Exportações de café (médias anuais, em milhares de sacas de sessenta quilos)

Anos	Consumo mundial	Exportações		Porcentagem do Brasil
		Brasileiras	Outros países	
1900-1909	16.300	12.400	3.900	76%
1910-1919	17.900	13.300	4.600	74,3%
1920-1929	21.200	13.800	7.100	65%

Fonte: FILHO, José Ribeiro de Araújo. Santos, o porto do café. Rio de Janeiro: IBGE, 1969. p. 144. In: LAPA, José Rodrigues do Amaral. *A economia cafeeira*. São Paulo: Brasiliense, 1986. p. 16.

O Convênio de Taubaté

O aumento da oferta de café no mercado internacional reduziu drasticamente o preço da mercadoria. Em 1906, representantes de São Paulo, Minas Gerais e Rio de Janeiro, principais estados produtores de café, se reuniram na cidade de Taubaté, no interior de São Paulo, para oficializar medidas que garantissem a manutenção dos lucros com a cafeicultura.

Nesse encontro ficou definido que o governo federal compraria o excedente de café com recursos obtidos de empréstimos internacionais e armazenaria o produto. Com isso, os cafeicultores garantiam o aumento da produção sem correr o risco de perda, e o governo passaria a controlar o volume das exportações, assegurando a estabilidade do preço do café no exterior.

Embarque de café no porto de Santos, c. 1900. Arquivo Público do Estado de São Paulo.

GUILHERME GAENSLY - ARQUIVO PÚBLICO DO ESTADO DE SÃO PAULO, SÃO PAULO

DANA MERRIL - ACERVO DO MUSEU PAULISTA DA UNIVERSIDADE DE SÃO PAULO, SÃO PAULO

Pelas de borracha aguardando as composições de carga da Ferrovia Madeira-Mamoré para serem transportadas, Rondônia, 1910. Museu Paulista da Universidade de São Paulo, São Paulo. Estima-se que 6 mil trabalhadores tenham morrido durante a construção da ferrovia, entre 1907 e 1912.

Açúcar, cacau e borracha

Apesar de o café ter liderado as exportações brasileiras nas primeiras décadas do século XX, o país também exportava outros produtos importantes, como açúcar, cacau e borracha.

A exportação brasileira do açúcar, importante no período colonial, enfrentava a concorrência das Antilhas e do açúcar de beterraba produzido na Europa. Nos anos 1920, porém, os engenhos do Nordeste conseguiram aumentar ligeiramente suas vendas para o mercado externo.

A comercialização do cacau, produzido no sul da Bahia, também ganhou força na passagem do século XIX para o XX. A produção desse artigo aproveitou sobretudo a mão de obra que antes era utilizada nos engenhos de açúcar.

A produção de borracha, por sua vez, expandiu-se entre 1903 e 1913, devido ao crescente processo de industrialização e, principalmente, à larga difusão do automóvel. Ela era muito utilizada para a fabricação de pneus e de instrumentos cirúrgicos e de laboratório. Em 1912, a exportação de borracha gerou tantos recursos quanto a do café. O látex, matéria-prima da borracha, era extraído de seringueiras na Amazônia e, no auge de sua exploração, chegou a atrair cerca de 300 mil brasileiros, principalmente nordestinos, para a região.

Saiba mais

A questão do Acre

O atual estado do Acre pertenceu à Bolívia até o começo do século XX. A corrida pela borracha, no entanto, levou muitos brasileiros a se estabelecerem na região no final do século XIX. Os conflitos entre bolivianos e brasileiros tornaram-se comuns e, em 1899, o espanhol Luis Gálvez Rodríguez de Arias aproveitou a situação para proclamar a independência do Acre. As lutas pelo controle do território prosseguiram até 1903, quando os governos do Brasil e da Bolívia assinaram um acordo de paz. O Acre passou a fazer parte do Brasil, que, em troca, cedeu terras do Mato Grosso, pagou 2 milhões de libras esterlinas e comprometeu-se a construir a Estrada de Ferro Madeira-Mamoré para facilitar o escoamento da produção boliviana de borracha.

Por um Brasil industrializado

Na Primeira República, os setores sociais hegemônicos do Brasil eram ligados basicamente à agricultura. Porém, houve também um expressivo aumento do número de indústrias, o que impulsionou a diversificação das atividades econômicas do país.

A industrialização brasileira foi beneficiada por recursos vindos de outros setores da economia. Muitos imigrantes e cafeicultores, por exemplo, deslocaram parte de seus ganhos para a instalação de indústrias e investiram em infraestrutura, construindo ferrovias, portos, estradas etc.

O Distrito Federal e o estado de São Paulo ofereciam as melhores condições para a industrialização. Além de capitais disponíveis e farta mão de obra, a existência de portos e ferrovias facilitava a circulação de pessoas e de mercadorias e o acesso às fontes de energia. O Porto de Santos, por exemplo, foi aprimorado, facilitando o atracamento dos navios e o escoamento de produtos. O resultado foi o crescimento industrial bastante forte entre 1907 e 1920 (observe as tabelas abaixo).

ACERVO ICONOGRAPHIA

Em primeiro plano, as instalações do Moinho Matarazzo, das Indústrias Reunidas Francisco Matarazzo, fundadas por imigrantes italianos. Bairro do Brás, na cidade de São Paulo, c. 1920.

A maioria dos estabelecimentos industriais era pequena, tinha poucos operários e abastecia apenas sua localidade. Algumas indústrias, no entanto, eram de grande porte e chegavam a empregar centenas de trabalhadores. Os setores têxtil e alimentício predominavam, além das fábricas de fumo, sapatos e chapéus.

Desde a primeira década do século XX havia investimentos nacionais e estrangeiros para a instalação de indústrias de cimento, ferro e papel. Essas novas iniciativas puderam crescer na década seguinte, quando a Primeira Guerra Mundial (1914-1918) dificultou a importação desses produtos, estimulando, assim, a produção interna.

Crescimento industrial no Distrito Federal (RJ)			
Ano	Número de empresas	Capital (em contos)	Número de operários
1907	662	167.120	34.850
1920	1.542	441.669	56.517
1929	1.937	641.661	93.525

Crescimento industrial em São Paulo			
Ano	Número de empresas	Capital (em contos)	Número de operários
1907	326	127.702	24.186
1920	4.145	537.817	83.998
1929	6.923	1.101.824	148.376

Fonte: SILVA, Sérgio. *Expansão cafeeira e origens da indústria no Brasil.* São Paulo: Alfa-Omega, 1976. p. 79.

REPRODUÇÃO - MUSEU DA CIDADE DE SALTO, SALTO

Operárias trabalhando na Fábrica Ítalo-Americana, na cidade de Salto, no estado de São Paulo, 1910. Museu da Cidade de Salto. Tanto os capitais quanto a mão de obra empregada na fábrica estavam relacionados com a imigração italiana.

Os trabalhadores imigrantes

Os imigrantes, que entravam em grande quantidade no país desde a década de 1880, eram a principal mão de obra utilizada nas indústrias. Entre 1889 e 1930, estima-se que o Brasil tenha recebido cerca de 3 milhões de estrangeiros. A maioria vinha da Europa, principalmente da Itália, de Portugal, da Espanha e da Alemanha. O primeiro grupo de imigrantes japoneses chegou ao Brasil somente em 1908.

A maior parte dos imigrantes veio para o Brasil atraída pelas promessas de trabalho e prosperidade nas fazendas de café de São Paulo, Minas Gerais e Rio de Janeiro. Muitos também se dirigiram ao sul do Brasil, onde foram se dedicar a pequenas lavouras e à criação de gado.

Com o tempo, muitos imigrantes que trabalhavam nos cafezais, descontentes com as condições de trabalho, resolveram tentar uma vida melhor nas cidades, onde havia mais oportunidades de trabalho.

A mão de obra imigrante

"Os cafeicultores, interessados em manter os salários baixos, constantemente reclamavam da falta de braços para a lavoura e promoviam a entrada de imigrantes numa escala muito superior às suas reais necessidades. Depois de passar pelo campo, muitos trabalhadores, sem esperanças de tornarem-se proprietários de terras, dirigiam-se para as cidades, proporcionando uma vasta oferta de força de trabalho para a indústria nascente. O excesso de ofertas permitia não só comprimir os ganhos salariais, como também impor condições de trabalho extremamente duras, que acabavam por comprometer a saúde do operário. Em certos setores, a utilização de mulheres e crianças contribuía para diminuir ainda mais os já parcos rendimentos."

LUCA, Tânia Regina de. *Indústria e trabalho na história do Brasil.* São Paulo: Contexto, 2001. p. 23.

Vale a pena assistir

Gaijin, caminhos da liberdade
Nacionalidade: BRA
Direção: Tizuka Yamasaki
Ano: 1980
Duração: 112 min

O filme conta a história de uma família japonesa que decide emigrar para o Brasil. Ao chegar aqui, esses japoneses começam a trabalhar na lavoura cafeeira, onde vão enfrentar os problemas decorrentes da sua condição de imigrantes. Preste atenção às dificuldades encontradas por eles e às condições de trabalho a que eram submetidos nas fazendas de café.

REPRODUÇÃO

Representantes dos trabalhadores reunidos no I Congresso Operário Brasileiro (COB), na cidade do Rio de Janeiro, em 1906. Acervo do Instituto Internacional de História Social, Holanda.

Mobilização operária

As condições de trabalho nas fábricas brasileiras eram muito precárias. Os trabalhadores eram submetidos a longas jornadas de trabalho, superiores a dez horas diárias, e recebiam baixos salários. O local de trabalho era insalubre e sem qualquer segurança. Além disso, os operários podiam ser demitidos a qualquer momento, sem direito a assistência; caso sofressem algum acidente, não recebiam indenização.

Como você pode ver, não havia uma legislação que oferecesse garantias ao trabalhador. Não existia seguro-desemprego, licença-maternidade, previdência social ou férias remuneradas. Descontentes com as condições de trabalho, os operários criaram suas próprias organizações de classe.

A maioria dos imigrantes vindos para o Brasil era politizada e já havia participado de mobilizações operárias em seus países de origem. Além disso, eles conheciam parte do pensamento social do século XIX e contribuíram para divulgar, no Brasil, ideias socialistas, anarquistas e socialistas revolucionárias (ou anarcossindicalistas), que influenciaram muito o nascente movimento operário brasileiro.

Em 1906, no Rio de Janeiro, ocorreu o **Primeiro Congresso Operário Brasileiro**. Esse congresso reuniu trabalhadores de várias partes do país e iniciou a luta pela organização de **sindicatos** livres e pela jornada de oito horas diárias de trabalho. Os sindicatos eram associações encarregadas de mobilizar os trabalhadores para obter melhorias em sua condição de vida. Por meio de assembleias e outros organismos de debate e tomada de decisões, os sindicatos definiam as reivindicações, as greves e as lutas dos operários por aumentos de salário, melhores condições de trabalho etc.

O anarquismo e o comunismo foram as correntes políticas mais influentes no movimento operário e sindical brasileiro da Primeira República, cada uma defendendo uma proposta diferente de organização dos trabalhadores (leia boxe ao lado).

Saiba mais

Anarquistas e comunistas

Os anarquistas combatiam qualquer forma de organização do Estado. Eles se dividiam em várias tendências, sendo o **anarcossindicalismo** a mais atuante. Os anarcossindicalistas defendiam a ação direta dos trabalhadores, por meio dos sindicatos, das greves e de outras formas de mobilização, e condenavam a participação em eleições, partidos políticos e em qualquer órgão do governo.

O comunismo no Brasil conquistou influência entre os trabalhadores, as classes médias e os intelectuais, principalmente depois da vitória da Revolução Socialista na Rússia, em 1917. Agrupados no **Partido Comunista do Brasil** (PCB), fundado em 1922, os comunistas defendiam a organização dos trabalhadores em um partido político e a formação de alianças com setores da burguesia para realizar reformas democráticas no Brasil.

ACERVO ICONOGRAPHIA/REMINISCÊNCIAS

Manifestação de trabalhadores no Largo do Palácio (hoje praça Pátio do Colégio), em São Paulo, durante a greve geral de 1917.

A greve geral de 1917

As greves eram uma das principais formas de luta dos trabalhadores durante a Primeira República. Já em 1900, as cidades do Rio de Janeiro e São Paulo assistiram a importantes paralisações de operários da indústria têxtil, de sapateiros e de cocheiros. Em 1907, ocorreram novas mobilizações.

A maior onda de greves ocorreu a partir de 1915 e culminou na greve geral de 1917, e envolveu várias cidades e setores, como o das indústrias, o do comércio e o dos transportes.

No dia 9 de julho de 1917, o sapateiro espanhol e militante anarquista José Martinez foi morto no bairro do Brás, em São Paulo, durante um confronto com a polícia. Seu enterro parou a cidade e desencadeou uma onda de protestos. Dias depois, São Paulo assistiu a saques de armazéns e depredação de bondes. Cerca de 70 mil trabalhadores entraram em greve.

As principais reivindicações levantadas pelos operários eram a diminuição da jornada de trabalho para oito horas diárias, o direito de organização sindical, o aumento do salário, o fim da exploração do trabalho dos menores de 14 anos e do trabalho noturno das mulheres, a libertação de todos os grevistas detidos pela polícia e a garantia de que nenhum operário seria demitido por ter participado da greve.

Os patrões se viram forçados a negociar com as lideranças operárias. Embora não tenham atendido a todas as reivindicações, aceitaram aumentar os salários e a não demitir os grevistas. A greve, então, se encerrou. Nem todas as promessas dos patrões foram cumpridas. Logo após a desmobilização dos trabalhadores, vários líderes perderam seus empregos e passaram a ser perseguidos.

Saiba mais

Caso de polícia?

As mobilizações operárias na Primeira República eram muito reprimidas. As lutas sociais, consideradas uma ameaça à sociedade, eram combatidas pelas forças policiais em nome da preservação da ordem. O último presidente do período, Washington Luís, teria afirmado que "a questão social é um caso de polícia". Não se sabe se ele de fato fez essa afirmação. Verdadeira ou não, a frase ilustra, de maneira clara, a forma como as reivindicações dos trabalhadores eram vistas pelos grupos que controlavam o poder político e econômico do Brasil.

REPRODUÇÃO - FUNDAÇÃO BIBLIOTECA NACIONAL, RIO DE JANEIRO

Policiais dispersam grevistas no Rio de Janeiro, durante a greve geral de 1917. Fotografia publicada na revista *Careta*, de 4 de agosto de 1917. Fundação Biblioteca Nacional, Rio de Janeiro.

A reforma da capital federal

Enquanto o Brasil se modernizava e se industrializava rapidamente, a capital federal apresentava muitos problemas de infraestrutura: instalações portuárias antigas, ruas estreitas que dificultavam a circulação de pessoas e mercadorias, problemas de habitação, falta de saneamento básico, além de epidemias de varíola, tifo e febre amarela.

Rodrigues Alves, eleito presidente em 1902, apresentou um programa de revitalização da cidade do Rio de Janeiro. O então prefeito Pereira Passos incumbiu-se de realizar as transformações que modernizariam a cidade.

No centro da capital, a maior parte da população pobre vivia precariamente em cortiços, habitações coletivas que abrigavam várias famílias. Nas obras de reurbanização da cidade, esses cortiços foram derrubados para dar lugar a avenidas largas, que imitavam o modelo adotado na cidade de Paris, após a reforma ocorrida na segunda metade do século XIX.

O projeto de sanificação do Rio de Janeiro foi liderado pelo médico sanitarista Oswaldo Cruz. Ele comandou ações de extermínio de ratos e outros vetores de doenças, como os mosquitos. Brigadas sanitárias visitavam as habitações populares e determinavam se os moradores podiam continuar a ocupá-las ou se elas deviam ser demolidas.

A expressão "bota abaixo", usada pelos funcionários que avaliavam as construções, tornou-se famosa e temida. Milhares de pessoas perderam repentinamente suas casas e tiveram de buscar novos locais para morar. Essa situação contribuiu para a formação de favelas, pois muitos dos antigos habitantes dos cortiços foram viver nas encostas dos morros ou na periferia da cidade, em condições ainda mais precárias.

J. CARLOS (JOSÉ CARLOS DE BRITO E CUNHA, 1884-1950)

Charge de J. Carlos publicada em 1904 representando Oswaldo Cruz e um agente sanitário.

Sanificação
Ato ou efeito de limpar, sanear, tornar salubre.

A Revolta da Vacina

Oswaldo Cruz , empenhado em combater a varíola, convenceu o Congresso a aprovar, em 1904, uma lei que determinava a vacinação obrigatória contra a doença. Essa medida era aparentemente sensata, dado o volume de mortes causadas pela varíola. A maneira como a vacinação foi realizada, no entanto, provocou uma das maiores revoltas que a cidade conheceu.

As brigadas sanitárias tinham autorização para recorrer à força na aplicação da vacina. Inúmeras denúncias de violência circularam pela cidade e instauraram o pânico entre a população, que desconhecia e temia os efeitos da vacina.

No dia 9 de novembro de 1904, a Revolta da Vacina, como ficou conhecida, estourou no centro do Rio: bondes incendiados, trilhos arrancados, conflitos civis, choques com a polícia. Alguns políticos e militares, críticos e oposicionistas do governo, tentaram assumir a liderança do levante, mas não foram seguidos pelos rebeldes. O governo desencadeou uma violenta repressão e conteve os insurgentes.

Avenida Rio Branco (antiga Avenida Central), no Rio de Janeiro, em foto de 1928. A avenida, construída durante a reforma urbana promovida pelo prefeito Pereira Passos, foi inaugurada em 1904.

KEYSTONE-FRANCE/GAMMA-KEYSTONE/GETTY IMAGES

REPRODUÇÃO - RAMIRO M DA COSTA & FILHOS/COLEÇÃO ELYSIO DE OLIVEIRA BELCHIOR

Esquina entre as ruas 1º de Março e Imperador Pedro II, no Recife, em cartão-postal de 1910.

A reforma urbana em Recife

No começo do século XX, em Recife, alguns comerciantes planejaram um ambicioso projeto de reforma urbana. O objetivo era ligar economicamente a região ao restante do país e transformar a cidade em um modelo de civilização.

Em 1913, o porto de Recife foi renovado. Em seguida, foram realizadas obras de saneamento, novas pontes e vias foram construídas, e a iluminação pública e o bonde elétrico foram instalados.

Todas essas reformas visavam modernizar a cidade e sofisticar os costumes da população, segundo os padrões da cultura europeia. Vestir-se elegantemente, ir ao cinema, frequentar confeitarias e cafés e estar atualizado sobre a vida cultural, por exemplo, fazia parte desse modelo.

Radiograma
Mensagem telegráfica transmitida pelo rádio.

A Revolta da Chibata

Em novembro de 1910, marinheiros de dois encouraçados atracados no Rio de Janeiro se rebelaram. Sob a liderança do marinheiro João Cândido, eles assumiram o controle dos navios e enviaram um radiograma exigindo o fim dos castigos corporais na marinha. Caso não fossem atendidos, eles iriam bombardear a capital federal. Eclodia, assim, a **Revolta da Chibata**.

As punições físicas eram antigas na marinha e, poucos dias antes da revolta, o marinheiro Marcelino Menezes havia recebido centenas de chibatadas diante do restante da tripulação. Além disso, outras questões vieram à tona, como os baixos soldos, a má alimentação e o trabalho excessivo.

Temendo o bombardeio da capital e sem condições de reprimir o movimento no mar, o governo do marechal Hermes da Fonseca aceitou negociar. Os castigos corporais foram proibidos e os rebeldes anistiados. Assim, os marinheiros se desmobilizaram e deixaram os navios.

O marechal, no entanto, não cumpriu sua parte no acordo. Dois dias após o fim da revolta, os líderes foram presos, fuzilados ou deportados para o Acre, forçados a trabalhar na extração do látex.

AUGUSTO MALTA - COLEÇÃO GEORGE ERMAKOFF, RIO DE JANEIRO

O marinheiro João Cândido (lendo o folheto), líder da Revolta da Chibata, em foto de 1910.

O Forte de Copacabana, oficialmente chamado Museu Histórico do Exército/Forte de Copacabana, Rio de Janeiro, em foto de 2009. Inaugurado em 1914, o edifício faz parte do patrimônio histórico da antiga capital do Brasil.

O levante dos tenentes

No dia 5 de julho de 1922, jovens oficiais do exército se rebelaram contra o governo e a política oligárquica que regia o Brasil. Eles partiram do Forte de Copacabana, no Rio de Janeiro, e avançaram pela margem da praia, com o objetivo de moralizar as instituições políticas. O movimento, porém, foi combatido pelas forças fiéis ao governo. A **Revolta dos 18 do Forte de Copacabana**, como ficou conhecida, deu início a uma série de mobilizações militares nos anos 1920: o **tenentismo**.

Em 1924, novos levantes em São Paulo e no Rio Grande do Sul mostraram que a insatisfação dos jovens oficiais prosseguia. Os tenentes defendiam maior papel político do exército, melhorias na educação pública e no sistema de justiça, autonomia dos estados, criação de legislação social, liberdade sindical e de imprensa, eleições livres e honestas, com voto secreto, e reforma tributária. No entanto, divergências internas entre os tenentes e a falta de formação política mais sólida por parte deles impediram o aprofundamento das propostas.

A Coluna Prestes

Os levantes de São Paulo e do Rio Grande do Sul foram violentamente reprimidos, mas geraram um novo movimento: a Coluna Miguel Costa-Prestes, ou simplesmente **Coluna Prestes**. Composta por participantes das duas revoltas e liderada por Luís Carlos Prestes, a Coluna escapou da repressão armada nos estados e avançou pelo interior do Brasil.

A Coluna Prestes chegou a reunir cerca de 1.600 membros e percorreu mais de 20 mil quilômetros entre 1925 e 1927. Herdeira do tenentismo, seu discurso insistia na crítica ao governo de Arthur Bernardes. Ela enfrentou tanto as tropas do exército que a combatiam quanto as milícias locais e os bandos armados. Em fevereiro de 1927, bastante fragilizada, a Coluna cruzou a fronteira brasileira com a Bolívia e lá depôs suas armas.

Integrantes da Coluna Prestes em Gaíba, na Bolívia, em 1927.

DALILA LUCIANA - COLEÇÃO SERGIO FADEL, RIO DE JANEIRO

SYLVIA SOUSA - PINACOTECA DO ESTADO DE SÃO PAULO, SÃO PAULO

À esquerda, *Roda de samba*, pintura de Emiliano Di Cavalcanti, 1929. À direita, *Tropical*, pintura de Anita Malfatti, 1916. Pinacoteca do Estado de São Paulo.

Biografia

Anita Catarina Malfatti nasceu em São Paulo, em 1889. Aos 21 anos, foi estudar na Alemanha, onde entrou em contato com as vanguardas europeias, afastando-se cada vez mais dos padrões artísticos vigentes no Brasil. A guerra na Europa a levou a continuar seus estudos nos Estados Unidos.

Em seu retorno ao Brasil, Anita organizou uma exposição de suas obras, mas uma crítica negativa escrita por Monteiro Lobato, publicada no jornal *O Estado de S. Paulo*, causou-lhe uma forte depressão, marcando sua carreira. Apesar disso, sua estética atraiu intelectuais e artistas, que a convidaram para participar da organização da Semana de Arte Moderna de 1922.

Anita faleceu em 1964, em uma chácara no município paulista de Diadema.

A Semana de Arte Moderna

Se a Primeira República manteve muito das práticas oligárquicas dos períodos colonial e imperial, excluindo a população pobre da vida política e da riqueza econômica, nas artes, porém, houve uma grande inovação. Nos dias 13, 15 e 17 de fevereiro de 1922, um grupo de artistas, escritores e intelectuais brasileiros realizou a **Semana de Arte Moderna**, no Teatro Municipal de São Paulo. O local abrigou mostras de artes plásticas, declamação de poesias, conferências, concertos e espetáculos de dança.

Entre os artistas que participaram do evento estavam os escritores Mário de Andrade e Oswald de Andrade, o compositor Heitor Villa-Lobos e pintores como Tarsila do Amaral, **Anita Malfatti** e Di Cavalcanti.

O objetivo da Semana de 1922 era surpreender e chocar, adaptando as propostas das vanguardas artísticas europeias, como o futurismo, o cubismo e o expressionismo, para o contexto brasileiro. Por conta disso, os artistas brasileiros foram chamados, a princípio, de "futuristas", mas posteriormente o movimento recebeu o nome de **modernismo**.

As obras apresentadas no evento rechaçavam e ridicularizavam a arte brasileira do final do século XIX e valorizavam temas da cultura popular nacional. Uma das consequências da Semana de Arte Moderna foi a valorização do patrimônio histórico e do folclore do Brasil.

A recepção da Semana de Arte Moderna pela população paulistana foi fria. Em geral, os críticos consideraram as intenções renovadoras dos vanguardistas uma brincadeira de jovens. O Brasil demoraria alguns anos para aceitar e celebrar a nova arte.

O arraial de Belo Monte

No final do século XIX, a Região Nordeste viveu uma crise econômica muito forte. A exportação do açúcar e do algodão declinou, e muitos engenhos faliram. As terras ainda produtivas concentraram-se nas mãos de grandes proprietários, em geral coronéis, e sobraram poucos empregos regulares para a população local. O Nordeste se viu, aos poucos, transformado numa área em que predominava a agricultura de subsistência.

No final dos anos 1870, um ciclo de secas devastou o sertão, provocando incontáveis mortes e emigrações. Muitos nordestinos, em busca de trabalho, se dirigiram para os seringais da Amazônia, para as fazendas de cacau no sul da Bahia ou para as regiões cafeeiras do Sudeste.

Antônio Vicente Mendes Maciel, mais conhecido como **Antônio Conselheiro**, apareceu em meio a esse cenário de devastação e pobreza. Nascido em Quixeramobim, no estado do Ceará, em 1830, Conselheiro peregrinou pelo sertão nordestino durante anos, pregando, aconselhando e conclamando a população a construir e a reformar cemitérios e igrejas. Muitos passaram a segui-lo nas andanças e a divulgar suas mensagens religiosas.

Em 1893, o grupo liderado por Antônio Conselheiro se fixou nas terras de uma antiga fazenda em **Canudos**, no norte da Bahia, às margens do Rio Vaza-Barris. O arraial, batizado de Belo Monte, cresceu rapidamente e reuniu muitos sertanejos famintos, sem emprego nem perspectivas de vida, e pessoas que fugiam das perseguições dos coronéis. O número de moradores de Canudos é incerto: alguns autores estimam que atingiu cerca de 10 mil; outros chegam a falar em 30 mil.

A população do arraial dedicava-se à agricultura, ao artesanato e à criação de animais. Toda a produção era dividida entre os membros da comunidade, e o excedente era vendido nas vilas e nas cidades vizinhas. O arraial passou a ser visto pela população da região como um local de liberdade, em meio à extrema pobreza que predominava no sertão.

FLÁVIO DE BARROS - INSTITUTO GEOGRÁFICO E HISTÓRICO DO BRASIL, IHGB, SALVADOR

Igreja Velha (de Santo Antônio), destruída durante a Guerra de Canudos, 24 de agosto de 1897. Instituto Histórico e Geográfico Brasileiro, Rio de Janeiro.

REPRODUÇÃO - FUNDAÇÃO BIBLIOTECA NACIONAL, RIO DE JANEIRO

Arraial de Canudos visto pela Estrada do Rosario, litografia de D. Urpia, 1897. Fundação Biblioteca Nacional, Rio de Janeiro.

Antonio Conselheiro: o santo guerreiro de Canudos, cordel de Rodolfo Coelho Cavalcanti, 1977. O cordel é um poema popular, de origem oral, que depois foi transcrito para folhetos. Trazida pelos portugueses, a tradição do cordel incorporou-se à cultura popular do Nordeste do Brasil.

A Guerra de Canudos

O crescimento de Canudos incomodou proprietários de terra, líderes da Igreja Católica e autoridades políticas, que consideravam o movimento uma ameaça ao regime de propriedade de terra, baseada no latifúndio, ao poder da Igreja e à república.

As notícias sobre Canudos chegaram até Salvador, capital do estado da Bahia, e ao Rio de Janeiro, capital federal. As pressões para que os governos agissem contra o arraial de Belo Monte cresceram, até que, em 1896, o governo da Bahia enviou a primeira expedição armada para o local. Antes de atingir a região, porém, os soldados foram cercados e desmobilizados pelos conselheiristas.

Em janeiro de 1897, o governo federal enviou, então, uma segunda expedição, que foi novamente derrotada. A terceira investida ocorreu dois meses depois e tornou-se famosa pela violência dos combates. O comando dessa expedição foi entregue ao coronel Moreira César, apelidado de "corta-cabeças" devido à violenta repressão usada para combater os rebeldes da Revolta da Armada e da Revolução Federalista. Mas essa expedição também foi derrotada, e o próprio Moreira César foi morto em combate.

A cada vitória, os seguidores do Conselheiro recolhiam as armas das tropas derrotadas e aumentavam sua capacidade de defesa. Eles não resistiram, porém, à quarta expedição. As forças federais iniciaram o ataque em junho de 1897 e, no início de outubro, tomaram e destruíram completamente o arraial.

REGIÃO DE CANUDOS

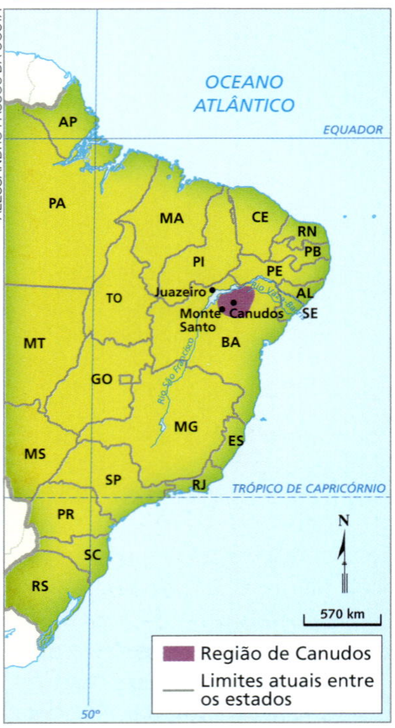

Fonte: *Saga*: a grande história do Brasil. São Paulo: Abril Cultural, 1981. p. 173.

Saiba mais

Bárbaros *versus* civilizados

Durante a Guerra de Canudos, os moradores da região foram chamados de selvagens que ameaçavam a civilização. Derrotá-los seria, portanto, o triunfo da civilização sobre a barbárie. Essa questão chegou a ser levantada na obra *Os sertões*, de Euclides da Cunha, uma das narrativas mais conhecidas sobre o conflito.

Capa de *Os sertões*, de Euclides da Cunha. 32. ed. Rio de Janeiro: Francisco Alves, 1984.

Euclides da Cunha viajou até Canudos para relatar a guerra. Ao chegar lá, viu que a ação dos "civilizados" mostrava uma brutalidade inimaginável. Homens, mulheres e crianças haviam sido massacrados, e as terras do arraial, queimadas e devastadas. Surpreso e chocado, Euclides, que tanto rejeitara Canudos, sintetizou sua amargura e suas dúvidas em *Os sertões*. O livro é dividido em três partes: na primeira, o autor faz uma narrativa sobre as condições geográficas do sertão nordestino; na segunda, analisa o perfil do sertanejo; e, na terceira, relata o conflito entre as forças republicanas e os conselheiristas. Ao final, o autor conclui com uma dúvida: será que a barbárie não estava dos dois lados da guerra?

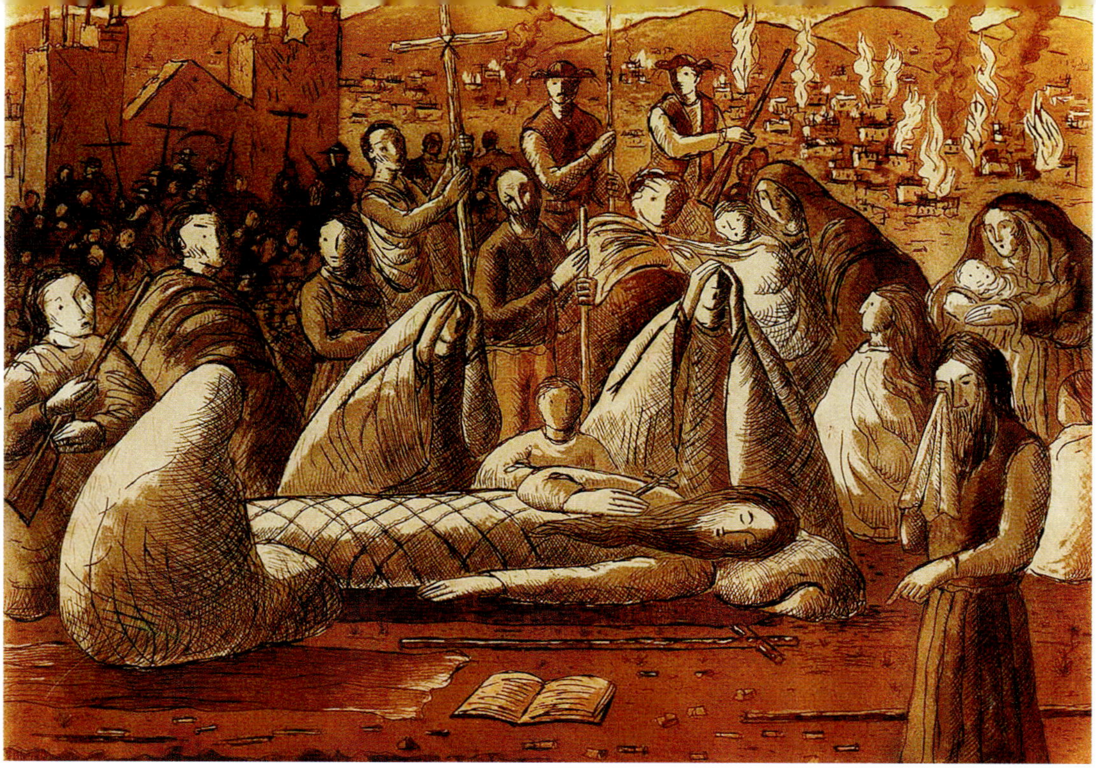

A morte de Antônio Conselheiro, pintura de Grover Chapman, 1977. Fundação Biblioteca Nacional, Rio de Janeiro.

As crianças de Canudos

Ao final da Guerra de Canudos foi criado o Comitê Patriótico da Bahia, que tinha o objetivo de prestar auxílio aos soldados que haviam participado do conflito. Mais tarde, os membros do Comitê também passaram a amparar os sertanejos, principalmente as crianças. O texto a seguir mostra o cenário devastado de Canudos e a realidade trágica das crianças que sobreviveram à guerra.

Crianças órfãs

"Em setembro de 1897, o jornalista Lélis Piedade, secretário do Comitê, viajara até o cenário do conflito [...]. Na visita, deparou-se com a paisagem desolada do sertão: casas abandonadas e saqueadas. Conversou com militares, padres, sertanejos, jagunços conselheiristas feitos prisioneiros, mulheres e crianças. [...] O secretário do Comitê presenciou também a prática de venda de crianças sertanejas, efetivamente órfãs ou separadas de suas famílias. [...]

O Comitê organizou uma comissão para localizar e recolher os menores e as mulheres da região. O trabalho teve início com os oficiais do exército, aos quais o Comitê solicitou que devolvessem as crianças que se encontravam em seu poder para que pudessem ser encaminhadas aos orfanatos ou restituídas às suas famílias. [...]

No entanto, diversas dessas crianças, apesar de localizadas, não foram devolvidas nem adotadas legalmente, pois já haviam sido convertidas em mão de obra para serviços domésticos. Outras foram simplesmente ocultadas ou enviadas para outros pontos do estado por seus patrões e donos, que tinham medo de perdê-las."

MONTEIRO, Vanessa Sattamini Varão. Órfãos do ódio. In: *Revista de História da Biblioteca Nacional*, n. 1, jul. 2005. Disponível em www.revistadehistoria.com.br. Acesso em maio 2011.

Questões

1. Por que o Comitê Patriótico da Bahia passou a amparar os sertanejos de Canudos?

2. Qual era a realidade das crianças de Canudos depois da destruição do arraial?

3. Segundo o relato, muitas crianças órfãs de Canudos não foram devolvidas, pois já tinham sido aproveitadas como mão de obra. Situações como essa ainda existem hoje no Brasil? O que deve ser feito caso alguém tenha conhecimento de crianças vivendo nessa situação?

Lampião e Maria Bonita, em foto de Benjamin Abrahão, publicada na *Revista Illustrada*, 1936.

Cangaço, uma guerra sem fim no sertão

A formação de bandos armados que percorriam o sertão nordestino é bem anterior à Primeira República. Esses bandos provavelmente nasceram da disputa entre famílias poderosas ou senhores de terras no final do século XVIII.

Os homens que compunham esses grupos eram chamados de **cangaceiros** e eram sustentados por chefes políticos locais. Mais tarde, porém, esses bandos já atuavam de maneira independente: eles atacavam as fazendas, saqueavam o comércio e matavam de acordo com suas regras e interesses próprios.

O cangaceiro que se tornou mais famoso foi Virgulino Ferreira da Silva, mais conhecido como **Lampião**. O bando de Lampião percorreu o sertão do final da década de 1910 até 1938, quando o líder foi morto pela polícia, numa emboscada realizada na Fazenda Angicos, interior do estado de Sergipe, local considerado seguro pelo bando de Lampião.

O cangaço do século XX foi um fenômeno complexo. Alguns autores o consideram uma reação rebelde, produto das dificuldades sociais e políticas da região, como a fome, a miséria, a seca, o desemprego e o coronelismo.

Embora agissem como bandidos, os cangaceiros eram muitas vezes vistos como heróis pelos sertanejos, principalmente por terem coragem de enfrentar a polícia e os coronéis locais. Por conta disso, em muitas ocasiões, eles foram protegidos pelas populações locais dos ataques das **volantes**, patrulhas criadas pelas polícias estaduais para combater os cangaceiros.

O cangaço perdeu força no início da década de 1940. A repressão dos governos se tornou mais eficiente e a criação de vagas de trabalho nas indústrias do Sudeste absorveu muitos sertanejos que encontravam no cangaço um meio de sobrevivência.

Saiba mais

Por que "cangaço"?

O nome cangaço origina-se do termo "canga", ou "cangalha", peça geralmente feita de madeira ou de ferro usada para prender o boi pelo pescoço. É provável que os cangaceiros tenham recebido esse nome porque carregavam um clavinote (espingarda curta) cruzando o corpo, como um boi preso a uma canga.

Crime no cangaço, pintura de Candido Portinari, 1951. Portinari produziu essa obra para o romance *Cangaceiros*, de José Lins do Rego.

ENQUANTO ISSO...

PASCAL POTIER/VISUAL/ZUMAPRESS.COM/GRUPO KEYSTONE

Fachada do *Grand Palais*, construído, juntamente com o *Petit Palais* e a *Ponte Alexandre III*, para abrigar a Exposição Universal de 1900. Paris, foto de 2011.

As exposições universais

As reformas urbanas na capital federal, em Recife e em outros centros urbanos do Brasil da Primeira República inspiravam-se na cultura europeia, de onde vinha o entusiasmo com as conquistas da ciência e da tecnologia naquele período.

As exposições universais expressavam perfeitamente o entusiasmo da "era do progresso". Entre a segunda metade do século XIX e a Primeira Guerra Mundial (1914-1918), foram realizadas diversas exposições universais, organizadas em cidades da Europa e dos Estados Unidos. A primeira delas aconteceu em 1851, no Palácio de Cristal, em Londres. Esse espaço foi construído para que o público se sentisse envolvido visualmente pelos símbolos da modernidade.

Uma das atrações desses eventos era a exibição de produtos de diferentes países, como máquinas industriais e utensílios domésticos. A intenção era demonstrar quanto a sociedade ocidental estava progredindo com o esforço de seu trabalho e de sua capacidade inventiva. Além disso, a arquitetura do espaço era monumental, contribuindo para seduzir o visitante.

"Vale ressaltar uma marca característica e derradeira das exposições: é seu caráter de celebração das efemérides nacionais ou internacionais. Reaparece aqui o nacionalismo revigorado pela expansão planetária dos impérios europeus, mesmo que o processo adquira contornos, no cenário das exibições, de entrelaçamento dos povos. A divisão social do trabalho mostra-se precisamente como divisão entre nações. Os estandes classificam não só produtos, mas, ao mesmo tempo, países."

HARDMAN, Francisco Foot. *Trem fantasma*: a modernidade na selva. São Paulo: Schwarcz, 1988. p. 60.

Uma das principais exposições universais ocorreu em 1900, em Paris, reunindo cerca de 80 mil expositores e 48 milhões de visitantes. Entre as principais atrações estavam as inovações nos meios de transporte, como a linha de metrô, o uso da eletricidade para iluminar os ambientes e as edificações do Grand Palais, do Petit Palais e da Ponte Alexandre III.

Questões

1. Que significado tinha, para a sociedade europeia da época, a realização das exposições universais?
2. O deslumbramento da sociedade europeia com a prosperidade econômica e com as inovações científicas e tecnológicas da Segunda Revolução Industrial chegou ao Brasil, influenciando as artes, os costumes das camadas médias e altas, a moda, os projetos de urbanização, o ensino e o cotidiano em geral. Na sua opinião, a sociedade brasileira atual ainda sofre influência de valores, gostos e hábitos culturais vindos de fora? Pense sobre isso e discuta o assunto com os colegas.

ATIVIDADES

Compreender os conteúdos

1. Leia as afirmativas a seguir e complete os quadros com os conectivos corretos para cada caso. Ao final, reescreva as frases, com os devidos conectivos, formando um texto contínuo.

1. A Primeira República também é conhecida como República das Oligarquias.
2. As oligarquias estaduais se comprometiam a garantir a eleição de candidatos alinhados ao governo federal.
3. Por meio da Política dos Governadores, por exemplo, as oligarquias estaduais tinham liberdade para definir seus representantes ao Congresso.
4. As famílias oligárquicas de cada estado, especialmente de São Paulo e de Minas Gerais, comandavam a vida política e econômica brasileira no período.
5. Para garantir a vitória dos candidatos das oligarquias, contava-se com a força dos coronéis, que usavam seu poder e influência nos municípios para controlar o voto do eleitor.
6. A Constituição não exigia o sigilo do voto; assim, a compra e a coerção do eleitor eram práticas comuns.
7. Criou-se um esquema de alianças integrando o governo federal, as oligarquias estaduais e o poder político local.

a) ▬ Em contrapartida ▬

b) ▬ Afinal ▬ para isso ▬

c) ▬ Além disso ▬ como ▬

2. Em seu caderno, copie e complete o texto a seguir com as palavras do quadro. Algumas palavras poderão se repetir.

Revolução Federalista – monarquistas
republicanos – Rio de Janeiro
marinha – Floriano Peixoto
capital federal – Revolta da Armada
Rio Grande do Sul

A ▬ explodiu em setembro de 1893. Oficiais da ▬ do ▬ rebelaram-se contra os ▬, principalmente por terem perdido cargos e privilégios no cenário político brasileiro. A ▬ foi bombardeada por rebeldes ▬ a bordo de navios de guerra da ▬ brasileira.

No ▬, a oposição entre grupos "pró e contra" os ▬ marcou um dos confrontos mais violentos do período: a ▬. As "mãos de ferro" do então presidente da república, ▬, confrontaram-se com os interesses regionais de grupos ▬. Os rebeldes foram derrotados em 1895.

3. Em seu caderno, defina os termos a seguir.

a) República das Oligarquias.

b) Voto de cabresto.

c) Política do café com leite.

d) Política dos governadores.

4. Sobre a Constituição de 1891, responda.

a) Quais foram as principais medidas estabelecidas na primeira Constituição republicana?

b) A Constituição de 1891 abriu espaço para o fortalecimento da elite agrária? Justifique.

5. Complete, em seu caderno, o quadro sobre a Guerra de Canudos.

Canudos	
Data e local	▬
Motivos	▬
Desfecho	▬

6. Elabore um pequeno texto sobre a Revolta da Vacina. Considere as seguintes questões.

a) Quando, onde e em que contexto ocorreu?

b) Como a revolta se desenvolveu?

c) Qual foi a reação do governo?

Ampliar o aprendizado

7. Leia o texto a seguir e responda às questões.

"Convicto de que a circulação monetária era insuficiente e, ademais, aberto a ideias de industrialização, [...] estabeleceu um mecanismo de bancos privados emissores, o que incitou ainda mais a especulação [...]."

GORENDER, Jacob. *A burguesia brasileira.* São Paulo: Brasiliense, 1986.

a) Identifique as principais características da economia brasileira na Primeira República.

b) Segundo o texto, que medida foi tomada pelo governo republicano para incentivar o crescimento da economia brasileira?

c) Qual foi o impacto dessa medida na economia brasileira?

8. Leia o texto sobre as condições de trabalho dos operários na Primeira República e responda às questões.

> "A maioria dos trabalhadores estava submetida a longas jornadas de trabalho – que nos primeiros anos do século XX atingiam 14 horas no Distrito Federal e 16 horas em São Paulo –, com poucas possibilidades de descanso e de lazer. Esses trabalhadores moravam em habitações precárias, como os cortiços; na periferia dos centros urbanos, padecendo problemas de transporte e de infraestrutura; ou, ainda, submetidos ao controle patronal, caso das vilas operárias das empresas. No caso de doença, invalidez ou desemprego, o trabalhador [...] via-se inteiramente desassistido e tinha sua sobrevivência ameaçada."

BATALHA, Claudio Henrique de Moraes. *O movimento operário na Primeira República*. Rio de Janeiro: Zahar, 2000. p. 11.

a) Segundo o texto, qual era a situação dos operários na Primeira República brasileira?

b) As péssimas condições de vida e de trabalho no Brasil levaram os operários à mobilização. Explique as formas de luta criadas pelos trabalhadores, destacando a greve geral de 1917.

c) Na sua opinião, as condições de trabalho no Brasil mudaram? Justifique.

História feita com arte

9. As pinturas a seguir representam personagens de dois movimentos políticos e sociais que contestaram os dirigentes da Primeira República brasileira.

REPRODUÇÃO AUTORIZADA POR JOÃO CANDIDO PORTINARI - COLEÇÃO PARTICULAR, RIO DE JANEIRO

TARSILA DO AMARAL EMPREENDIMENTOS - ACERVO ARTÍSTICO-CULTURAL DOS PALÁCIOS DO GOVERNO DO ESTADO DE SÃO PAULO

À esquerda, *Coluna Prestes*, pintura de Candido Portinari, 1950. À direita, *Operários*, pintura de Tarsila do Amaral, 1933. Palácio do Governo do Estado de São Paulo.

a) Identifique o movimento social e político representado na pintura de Portinari. Como o artista pintou esse movimento? O quadro transmite uma visão positiva ou negativa desse acontecimento? Justifique.

b) Identifique o grupo social representado na pintura de Tarsila do Amaral e descreva as suas características.

c) A obra *Operários* foi feita por Tarsila do Amaral, pintora que participou da Semana de Arte Moderna de 1922. O que foi e quais eram as propostas desse evento? Como os artistas que participaram da Semana de 1922 ficaram conhecidos?

CAPÍTULO 3

A Europa e a América antes da Primeira Guerra

Revolução no cotidiano

Você imagina como seria o seu cotidiano sem energia elétrica? O desenvolvimento tecnológico que permitiu o uso prático da eletricidade só ocorreu na segunda metade do século XIX, provocando uma grande revolução no cotidiano das pessoas que viviam nas cidades.

Entre as décadas de 1870 e 1910, a lâmpada, o telefone, o ferro de passar roupa, o forno elétrico, os aquecedores, os aspiradores de pó e os aparelhos que gravavam e reproduziam sons passaram a fazer parte dos lares urbanos mais abastados da Europa, facilitando a vida das pessoas de uma forma nunca antes imaginada. Você consegue identificar alguns desses produtos nas imagens desta abertura?

Essas conquistas tecnológicas geraram um clima de euforia e otimismo na população europeia. Mesmo quem não tinha acesso a essas invenções acreditava em um futuro mais próspero, seguro e confortável.

Do outro lado do Atlântico, as conquistas tecnológicas da Segunda Revolução Industrial também chegavam a alguns países, como Estados Unidos e Argentina.

Você sabia que a primeira linha de metrô em Buenos Aires, a capital argentina, foi inaugurada em 1913, mais de sessenta anos antes da linha 1 em São Paulo, a mais antiga do Brasil?

Não pense, porém, que tudo era otimismo na América. Em 1910, estourou no continente uma das revoluções populares mais importantes do século XX. Se você não sabe onde foi, vai descobrir neste capítulo.

FOTOS: SSPL/GETTY IMAGES / ILUSTRAÇÕES: PAULO MANZI

Um período de otimismo e tensão

AKG-IMAGES/ALBUM/LATINSTOCK - BIBLIOTECA NACIONAL DA FRANÇA, PARIS

Charge publicada no jornal *L'Illustration*, 1885. Biblioteca Nacional da França. O chanceler alemão Otto von Bismarck foi representado dividindo a África como se fosse um bolo.

O final do século XIX, na Europa e nos Estados Unidos, foi marcado pelo crescimento de muitos centros urbanos, por invenções tecnológicas revolucionárias surgidas com o progresso da ciência e pelo surgimento de novas expressões artísticas que romperam com a estética que predominava até aquele momento. Além disso, nesse período, a burguesia adotou um novo estilo de vida, em que se notavam hábitos cada vez mais luxuosos, como frequentar cafés, bailes, teatros e parques. Esses locais de entretenimento e de sociabilidade tornaram-se moda e conferiam *status* social às pessoas que os frequentavam. Nesse cenário repleto de novidades, o novo século era aguardado com bastante otimismo.

No entanto, em meio a esse clima de euforia, um observador mais atento poderia notar certo clima de tensão. Isso porque as principais potências europeias da época disputavam fontes de energia e de matérias-primas, mercados consumidores para seus produtos industrializados e para investimento de capitais excedentes, o que as levaria a estabelecer domínios coloniais na Ásia e na África. Enquanto isso, na América, os Estados Unidos emergiam como potência mundial e buscavam participar dessa corrida por mercados, influência e poder. Na América Latina, o processo de modernização criava ou agravava contradições sociais e econômicas, e vivia uma sequência de conflitos e disputas sociais e políticas.

Saiba mais

Belle Époque

O termo *Belle Époque* (Bela Época) foi criado logo após a Primeira Guerra Mundial (1914-1918) para designar o período que vai de 1871 a 1914. Após a guerra, o mundo observava o panorama de destruição que o conflito havia deixado e lembrava, com nostalgia, os anos de otimismo vividos anteriormente. Por esse motivo, a passagem do século XIX para o século XX foi vista como um período de grande progresso e prosperidade, superior ao pós-guerra, sendo, portanto, chamado de *Belle Époque*.

ARCHIVES CHARMET/THE BRIDGEMAN ART LIBRARY/GRUPO KEYSTONE - BIBLIOTHÈQUE HISTORIQUE DE LA VILLE DE PARIS, PARIS

Hotel Meurice, litogravura francesa de autoria desconhecida, 1909. Biblioteca Histórica da Cidade de Paris, França. Você consegue identificar na pintura alguns elementos que caracterizaram a *Belle Époque*?

Contrastes na economia

Economistas, industriais e proprietários de terras europeus do final do século XIX afirmavam repetidamente que o continente vivia uma longa e assustadora depressão econômica. Eles lamentavam a queda de preços e a diminuição dos lucros no comércio causadas pelos graves problemas que atingiam a produção agrícola.

O preço do trigo, por exemplo, valia em 1894 um terço do seu valor em 1867. A produção vinícola da França, vítima de pragas nas plantações, diminuiu dois terços de 1875 a 1889. Famintos e sem terras, camponeses rebelaram-se em vários locais (como na Irlanda e na Sicília) e migraram para as cidades ou para outros países, reduzindo ainda mais a capacidade de produção no setor agrícola.

O crescimento da produção industrial, no entanto, mostrava a complexidade da economia na época. De 1870 a 1890, a produção de ferro cresceu 110% e, no mesmo período, a produção de aço passou de 500 mil para mais de 10 milhões de toneladas. O crescimento do comércio internacional e dos investimentos estrangeiros na América Latina também era sinal das contradições da economia capitalista na época.

Apesar do aumento da capacidade industrial e do volume de capitais que circulava nas cidades e era operado pelos bancos, os empresários continuavam a temer a queda de seus lucros. Eles atribuíam seus temores, ao menos em parte, ao relativo sucesso dos sindicatos e das associações de trabalhadores. As mobilizações operárias organizadas pelos sindicatos conseguiam garantir reajustes salariais para os trabalhadores.

AKG-IMAGES/ALBUM/LATINSTOCK - BIBLIOTECA NACIONAL DA FRANÇA, PARIS

Ilustração representando trabalhadores organizados na Confederação Geral do Trabalho (CGT) bloqueando o transporte de cavalos de corrida para o hipódromo de Auteuil, em Paris, 1909. Biblioteca Nacional da França.

A grande fome, xilogravura que representa camponeses famintos na Irlanda, publicada em 1879. Biblioteca Britânica, Inglaterra.

AKG-IMAGES/ALBUM/LATINSTOCK - BRITISH LIBRARY, LONDRES

Trabalhador alemão utiliza um martelo de forja na indústria siderúrgica Krupp AG, em Essen, Alemanha, 1900.

Medidas protecionistas

Os governos da maioria das potências capitalistas, pressionados pelos industriais e por grandes proprietários de terras, adotaram medidas comerciais protecionistas, com o objetivo de encarecer os produtos vindos de fora e garantir, com isso, os mercados internos para a produção local.

Os alemães e os italianos foram os pioneiros na adoção de tarifas protecionistas para seus produtos. A Alemanha, principalmente, conseguiu ampliar com bastante rapidez a exportação de bens industrializados.

> "No transcurso dos trinta anos anteriores a 1913, eles [os alemães] passaram de menos da metade da cifra da Grã-Bretanha a uma cifra superior a essa. À exceção dos países que podem ser chamados de 'semi-industrializados' [...], as exportações de produtos manufaturados da Alemanha para todos os países ultrapassaram as britânicas. [...] não é surpreendente que a Grã-Bretanha não conseguisse conservar a extraordinária posição de 'oficina do mundo' que detinha por volta de 1860."

HOBSBAWM, Eric. *A era dos impérios* (1875-1914). 12. ed. Rio de Janeiro: Paz e Terra, 2008. p. 74.

A economia estava amplamente internacionalizada. Cada país lutava para aumentar sua participação no mercado mundial e o choque entre os protecionismos prenunciava disputas que poderiam fugir do campo econômico.

Questão

- Segundo o texto de Hobsbawm, qual foi a mudança ocorrida no quadro econômico mundial no final do século XIX e início do XX?

Saiba mais

Grã-Bretanha e Reino Unido

A Grã-Bretanha é uma grande ilha formada por Escócia, Inglaterra e País de Gales. A partir da união do território da Irlanda com a Grã-Bretanha, em 1801, passou-se a usar a nomenclatura Reino Unido da Grã-Bretanha e Irlanda. Com a separação dos territórios que formaram o Estado Livre Irlandês, em dezembro de 1921, o Reino Unido passou a ser definido como Reino Unido da Grã-Bretanha e Irlanda do Norte ou, simplesmente, Reino Unido.

REINO UNIDO A PARTIR DE 1921

Fonte: *Atlas histórico escolar*. Rio de Janeiro: FAE, 1991. p. 130.

Propaganda de empresa de alimentos, de c. 1900, que mostra gravura do interior de uma estação de metrô, em Paris, na França. O sistema de transporte subterrâneo da capital francesa é um dos mais antigos do mundo e foi uma das principais atrações da Exposição Universal de 1900. Existem linhas de metrô na sua cidade? Como são as condições desse tipo de transporte na sua região?

Incríveis invenções

O desenvolvimento de novas tecnologias, principalmente a partir de meados do século XIX, aperfeiçoou ou substituiu antigos processos industriais criados ao longo da Primeira Revolução Industrial.

O carvão mineral, que era a principal fonte de energia utilizada na indústria, deu lugar, gradualmente, à eletricidade, à gasolina e ao querosene, produtos derivados do petróleo. No ramo da siderurgia, novos procedimentos para a fabricação de aço aperfeiçoaram e baratearam o produto, que substituiu o ferro em construções como edifícios, pontes, viadutos e trilhos ferroviários.

Além de movimentar as indústrias, a eletricidade passou a ser utilizada para a iluminação, o que facilitou a circulação noturna pelas ruas e o convívio familiar no interior de algumas residências.

Nesse período também ocorreram importantes melhorias nos transportes. Trens passaram a cortar a Europa e a América do Norte, transportando pessoas e mercadorias por longas distâncias com grande rapidez. Já as primeiras motocicletas e os automóveis facilitaram o deslocamento individual de pessoas.

As comunicações tornaram-se mais rápidas e eficientes com o surgimento do telégrafo sem fio e do telefone. Este último, cuja invenção é atribuída ao cientista escocês Alexander Graham Bell, foi apresentado ao público no ano de 1876 em uma exposição na Filadélfia, nos Estados Unidos. As possibilidades de lazer também se ampliaram com a invenção do fonógrafo, do gramofone e do cinema.

Obviamente, nem todas as pessoas desfrutavam dos benefícios dos recentes inventos. As novas tecnologias, em geral, ficaram restritas às camadas ricas e médias dos grandes centros urbanos, estendendo-se aos poucos para outras áreas. A perspectiva de um avanço ininterrupto, no entanto, aumentava a confiança em uma era de conquistas tecnológicas e no caráter libertador que elas tinham para os homens.

Fonógrafo
Aparelho que grava e reproduz sons.

Gramofone
Aparelho que reproduz sons em discos.

Gramofone produzido pela empresa The Gramophone and Typewriter Ltd., 1906.

O terraço do café na Place du Forum, Arles, à noite, pintura de Vincent van Gogh, 1888. Museu Kröller--Müller, Holanda. Atualmente considerado o maior pintor pós--impressionista, Vincent van Gogh conseguiu vender apenas um quadro durante toda sua vida.

Uma revolução nas artes

As artes desenvolveram-se e democratizaram-se, ao menos em parte, na *Belle Époque*. A classe média urbana, maior e mais rica, passou a frequentar teatros, concertos e galerias de arte, proporcionando um aumento significativo desses espaços e do volume de capitais neles investido.

A agitação artística do período, porém, não se limitou ao mercado de consumo de bens culturais. Grupos que se autointitulavam "vanguarda" procuravam novas expressões artísticas. Uma das mais notáveis manifestações desse novo espírito nas artes foi o **impressionismo**. O nome do movimento nasceu de uma tela do pintor francês Claude Monet, denominada *Impressão, sol nascente*.

Os pintores impressionistas valorizavam o jogo de luzes e sombras, alteravam o uso das cores e eliminavam a nitidez dos contornos. No lugar da objetividade da representação realista, eles procuravam registrar os tons que a paisagem adquiria ao refletir a luz do Sol em um determinado momento.

As obras desse movimento foram muito criticadas e desprezadas em diversas mostras de arte, principalmente por romperem com a pintura realista clássica. Artistas que hoje são mundialmente reconhecidos, como Vincent van Gogh e Paul Gauguin, foram rejeitados em sua época. Somente no decorrer do século XX, os críticos de arte passaram a reconhecer o caráter inovador das obras impressionistas e a importância de sua proposta.

Saiba mais

Vanguarda

Até o século XIX, a palavra "vanguarda" existia apenas no vocabulário militar e se referia ao primeiro pelotão de ataque, grupo que vinha *avant-garde* (antes da guarda). O termo "vanguarda" passou a ser utilizado no campo cultural após as transformações artísticas inovadoras do final do século XIX e início do XX. Vanguardistas seriam aqueles que artisticamente estavam à frente de seu tempo, conduzindo mudanças estéticas que rompiam com as convenções vigentes na época.

Impressão, sol nascente, pintura de Claude Monet, 1872, obra que deu nome ao movimento artístico conhecido como impressionismo. Museu Marmottan Monet, França.

Do outro lado do Atlântico: os Estados Unidos

Desde o final da Guerra Civil Americana (1861-1865), também conhecida como Guerra de Secessão, a economia dos Estados Unidos crescia aceleradamente. De um lado, as políticas de estímulo à imigração para o país garantiam a oferta de mão de obra barata e o crescimento do mercado interno; de outro, a disponibilidade de recursos naturais e a adoção de medidas protecionistas asseguravam o crescimento industrial.

Além da forte industrialização, os Estados Unidos ampliavam sua frota naval, aumentando seu poderio militar e sua capacidade de comercialização pelos mares. Assim, na última década do século XIX, o país já era reconhecido como uma grande potência mundial.

Como as fontes de energia e matérias-primas da África e da Ásia já estavam em mãos europeias, os Estados Unidos voltaram-se para os países latino-americanos. O expansionismo dos Estados Unidos sobre a América Latina foi visto, por muitos norte-americanos, como esforço pela causa do Destino Manifesto.

A América Latina seria a nova fronteira a ser desbravada depois da conquista do oeste e da unificação nacional, consequência da vitória do norte na Guerra de Secessão. Várias ações exemplificam o esforço dos Estados Unidos em impor sua hegemonia sobre essa região. Em 1889, na Primeira Conferência Pan-Americana, seus representantes propuseram liderar uma espécie de polícia continental. Nove anos depois, tropas norte-americanas intervieram na guerra de independência de Cuba e transformaram a ilha em uma espécie de protetorado dos Estados Unidos.

Em 1903, os Estados Unidos apoiaram a separação do norte da Colômbia, criando um novo Estado, o Panamá, e assumiram a construção do canal que ligou o Oceano Atlântico ao Pacífico. Por quase cem anos o **Canal do Panamá** ficou sob controle dos Estados Unidos.

THE GRANGER COLLECTION/OTHER IMAGES

Charge norte-americana de 1904, representando uma águia, ave símbolo dos Estados Unidos, com suas asas abertas do Porto Rico às Filipinas. A América Latina tornou-se o principal alvo da política expansionista dos Estados Unidos.

Destino Manifesto
Conjunto de ideias criadas no século XIX que se baseavam na crença de que os norte-americanos eram um povo eleito por Deus para construir um país de dimensões continentais e levar o progresso e a democracia para todos os povos.

CORBIS/LATINSTOCK

Vista panorâmica da construção do Canal do Panamá, 1913. Museu Fratelli Alinari, Itália.

Família de imigrantes italianos em plantação na cidade de Mendoza, Argentina. Foto do início do século XX.

A América do Sul

Quase todos os países latino-americanos obtiveram suas independências na primeira metade do século XIX e, em seguida, atravessaram períodos conflituosos de formação e de consolidação de seus Estados nacionais.

No final daquele século, os grupos sociais e políticos dominantes em cada um desses Estados buscavam acelerar o crescimento econômico do país e ampliar sua participação no mercado internacional.

A *Belle Époque* argentina

A Argentina foi o país latino-americano que mais se desenvolveu no final do século XIX e início do XX. A partir da década de 1880, as exportações de carnes e de grãos aumentaram significativamente, sendo que, nos anos 1920, o país já era responsável por 50% da carne exportada no mundo. Além disso, a agricultura foi modernizada e o país conquistou, logo após a Primeira Guerra Mundial, a liderança no mercado internacional de linho e milho.

Nesse período de expansão econômica, as principais cidades argentinas foram reurbanizadas. Buenos Aires, por exemplo, passou por amplo processo de modernização com a implantação de serviços urbanos, como linhas de bonde e de metrô, telefone e luz elétrica. Os imigrantes tiveram grande importância nesse processo, garantindo mão de obra farta e barata para o crescimento industrial e constituindo grande mercado consumidor. Em 1895, pouco mais de um quarto da população da Argentina era constituída por imigrantes, sobretudo italianos.

A impressionante *Belle Époque* argentina teve, porém, conflitos internos. O movimento operário tornou-se mais combativo com a presença dos imigrantes, que, em geral, eram bastante politizados, e a sociedade civil passou a exigir maior participação nos assuntos políticos.

Fachada de estação ferroviária em Buenos Aires, na Argentina, 1900.

À margem da *Belle Époque*

O processo de modernização também ampliou tensões que já existiam e provocou novos conflitos entre algumas nações latino-americanas. Bolívia e Chile, por exemplo, disputavam a área norte do Deserto do Atacama, rica em recursos minerais, o que motivou a **Guerra do Pacífico** (1879-1883). O Chile, com o apoio dos Estados Unidos, iniciou uma violenta ofensiva militar por terra e por mar contra a Bolívia e o Peru, aliados no conflito. Vitorioso, o Chile anexou as terras em litígio.

Com o fim da Guerra do Pacífico, empresas britânicas e norte-americanas passaram a explorar guano, salitre e minérios existentes na região, utilizando indígenas peruanos e bolivianos como principal mão de obra.

O contraste entre a riqueza tirada da terra e a condição social e de trabalho dos indígenas mostrava claramente que nem todos se beneficiavam com a modernização. O avanço das empresas estrangeiras na exploração de recursos naturais acelerou a expropriação das terras indígenas, que foram incorporadas ao mercado, e a dissolução dos laços comunitários que ainda sobreviviam nas tribos.

Muitos autores denunciaram o agravamento das condições de vida dos índios e propuseram ações armadas para proteger as terras indígenas. Leia, a seguir, a opinião do autor peruano Manuel González Prada, expressa em um texto publicado em 1908, sobre a condição dos índios do Peru.

Guano
Material resultante do acúmulo de excrementos e de corpos de aves marinhas em decomposição utilizado como fertilizante.

Salitre
Tipo de sal utilizado na produção de fertilizantes e explosivos.

Questões

1. Segundo Gonzáles Prada, qual era a condição do indígena peruano no início do século XX?
2. Segundo o autor, qual era a única forma de o indígena reverter sua situação? Por quê?

Nossos índios

"A condição do indígena só pode melhorar de duas maneiras: ou o coração dos opressores se condói ao extremo, reconhecendo o direito dos oprimidos, ou o ânimo dos oprimidos adquire a virilidade suficiente para se opor aos opressores. Se o índio aproveitasse em rifles e balas todo o dinheiro que desperdiça [...] mudaria de condição, faria respeitar sua propriedade e sua vida. À violência responderia com violência, reagindo ao patrão que lhe rouba as lãs, ao soldado que o recruta em nome do governo [...].

O que ganhou [o índio] com trezentos ou quatrocentos anos de conformismo e paciência? [...]. Há um fato revelador: há maior bem-estar nas comarcas mais distantes das grandes fazendas, se desfruta de mais ordem e tranquilidade nos povoados menos frequentados pelas autoridades. Em resumo, o índio se redimirá por esforço próprio, não pela humanização de seus opressores."

GONZÁLEZ PRADA, Manuel. *Nuestros indios*. Disponível em www.edu.mec.gub.uy. Acesso em 19 maio 2011. (tradução nossa)

THE GRANGER COLLECTION/OTHER IMAGES

Índia peruana diante de uma muralha inca em Cuzco, no Peru, 1907.

ENQUANTO ISSO...

A *Belle Époque* carioca

Você sabia que o Brasil também viveu um período de grande modernização na virada do século XIX para o XX? A cidade do Rio de Janeiro, por exemplo, capital do Brasil na época, passou por diversas transformações urbanas e culturais, como você pode observar no texto a seguir, de Pedro Lapera.

Movimentação na entrada do Cinematógrafo Parisiense, na cidade do Rio de Janeiro, em 1907.

"Em fins de 1905, no centro do Rio de Janeiro, automóveis passeavam sem destino aparente. À medida que a recém-inaugurada Avenida Central revelava suas novas atrações, olhares de espanto e admiração mesclavam-se ao movimento incessante das massas. Novas modas vindas de Paris [...], aglomerações em frente aos teatros, bondes passando rapidamente: eis o cenário no qual estava imerso o espectador moderno.

Diante de tantas novidades, destacavam-se as chamadas 'fotografias animadas', isto é, o cinematógrafo e suas variantes [...] que aqui chegaram na virada entre os séculos XIX e XX. Em sua maioria importadas, as vistas cinematográficas atraíam o público carioca e exibiam diversos gêneros de filmes [...].

A necessidade de cativar as pessoas provocou o surgimento de várias estratégias comerciais, sendo uma delas representada pelo jornal *O Cinematographo*. [...] [O jornal] Tinha por objetivo mostrar as maravilhas do 'Cinematographo Fallante' presente no Teatro São Pedro. [...]

Como as câmeras utilizadas captavam apenas a imagem e não havia como inserir o som em sua edição, algumas soluções foram improvisadas. A presença de orquestras acompanhando o desenrolar dos filmes ou, ainda, uma opção mais arriscada – a sincronização entre fonógrafo e imagem projetada – eram levadas a cabo pelos exibidores e registradas pela imprensa da época, que narrava a estupefação diante de tais realizações. [...]"

LAPERA, Pedro. Ilusão completa e efeito encantador. Revista da Ciência Online. Disponível em www.revistadehistoria.com.br. Acesso em 20 maio 2011.

Estupefação
Grande surpresa.

Questões

1. Que semelhanças existiam entre o Rio de Janeiro e capitais europeias, como Paris, no início do século XX?
2. Qual foi a grande novidade anunciada ao público carioca em 1905? Quais são as grandes novidades tecnológicas dos dias de hoje? Elas causam nas pessoas o mesmo deslumbramento daquela época?

A luta pela terra no México

Da independência política, em 1821, até o final do século XIX, o governo do México foi disputado pelos partidos Liberal e Conservador. Apesar das diferenças entre eles, a política adotada por ambos contribuía para aumentar a pobreza da maior parte da população mexicana, além de permitir a expropriação das terras indígenas.

As terras comunitárias foram gradativamente tomadas e incorporadas aos latifúndios ou vendidas como propriedade privada. Assim, os índios e os camponeses pobres tornaram-se mão de obra farta e barata para os grandes produtores de açúcar do sul e para as empresas mineradoras do norte do México.

Em 1876, o conservador Porfirio Díaz tornou-se presidente da república e aprofundou o processo de expropriação das terras indígenas. Durante o seu governo, Díaz facilitou a entrada de empresas e capitais estrangeiros no país e acelerou o processo de modernização das comunicações e dos transportes, privilegiando os interesses das classes dominantes. A maior parte da população, porém, continuou em situação de miséria.

Porfirio Díaz impôs um intenso controle sobre os movimentos sociais. Os *rurales*, espécie de polícia rural, reprimiam violentamente protestos camponeses e indígenas e ajudavam os grandes proprietários a manter seu poder nos campos. Nas cidades e regiões mineradoras, outras forças policiais reprimiam as greves e mobilizações de operários e mineiros.

Detalhe do mural *Do porfirismo à revolução*, de David Siqueiros, 1957-1965. Museu Nacional de História, Castelo Chapultepec, México. Nesse mural podemos observar Porfirio Díaz, ao centro, pisando na Constituição.

HECTOR GUERRERO/AFP/GETTY IMAGES

Marionete gigante representando menina indígena no desfile de comemoração do centenário da Revolução Mexicana, em Guadalajara, no México, 2010.

Eclode a revolução

Em 1910, Porfirio Díaz disputou mais uma eleição. Dessa vez, no entanto, o liberal Francisco Madero decidiu concorrer ao cargo. Madero percorreu todo o México em campanha, defendendo o fim das reeleições. Poucos meses antes do pleito, ele foi preso, acusado de incitar o povo à rebelião. Com o adversário na cadeia, Díaz se reelegeu, por meio de fraude, obtendo quase 100% dos votos.

Após as eleições, Madero foi libertado e seguiu para o exílio, nos Estados Unidos, onde redigiu o **Plano de San Luis Potosí**, que conclamava os mexicanos a pegar em armas contra a ditadura. O plano chegou a marcar data e hora da insurreição: 20 de novembro de 1910, às 18 horas.

A proposta rebelde ganhou a adesão de setores operários e camponeses no sul e no norte do país. O líder indígena Emiliano Zapata, de Morelos (sul do México), destacou a importância de o movimento recuperar as terras indígenas. Pascual Orozco, líder camponês do norte, defendeu a divisão das terras. Sindicatos e federações operárias anarquistas ou socialistas também apoiaram a luta contra Díaz.

No dia marcado, começou a mais impressionante revolução ocorrida na América Latina até aquele momento.

Flores Magón e a luta popular

Um dos principais nomes na luta operária mexicana, o anarquista Ricardo Flores Magón, insistiu, nas páginas de seu jornal *Regeneración* (Regeneração), na necessidade de radicalizar a luta e promover transformações sociais profundas no país.

“Quem teme a revolução? Os mesmos que a provocaram; os que, com sua opressão ou sua exploração sobre as massas populares, fizeram com que o desespero se apoderasse das vítimas de suas infâmias; os que, com a injustiça e a ganância, sublevaram as consciências e fizeram empalidecer de indignação os homens honrados da terra.”

FLORES MAGÓN, Ricardo. La revolución [19 nov. 1910]. In: *La Revolución Mexicana*. México: Grijalbo, 1970. p. 46. (tradução nossa)

“Não esperemos, portanto, nada de bom do governo a ser implantado depois desta revolução. Se queremos nos libertar, ajamos por nossa conta, tomando posse da terra para trabalhá-la em comum, e nos armemos, todos, para que, se alguma tirania quiser nos arrebatar a felicidade, estejamos prontos para defendê-la.”

FLORES MAGÓN, Ricardo. La guerra social [11 fev. 1911]. In: *La Revolución Mexicana*. México: Grijalbo, 1970. p. 53-54. (tradução nossa)

Questão

- Indique semelhanças entre as ideias de Flores Magón e as de González Prada, na página 65.

O México em chamas

A luta contra Porfirio Díaz foi rápida. Em maio de 1911, o ditador renunciou e fugiu do país. O México viveu um período de relativa tranquilidade e grande expectativa até outubro do mesmo ano, quando ocorreram eleições presidenciais e Madero foi eleito.

Cada um dos grupos que lutaram contra Díaz, porém, tinha reivindicações específicas. Para a burguesia mexicana, o objetivo era diversificar a economia, ampliando o nível de industrialização e modernizando a produção agrícola. Os operários, por sua vez, pretendiam reduzir a exploração do trabalho e melhorar suas condições de vida. Já os camponeses e os indígenas esperavam retomar terras e transformar o regime de propriedade rural.

CSNARK ARCHIVES/ALAMY/OTHER IMAGES - BIBLIOTECA DO CONGRESSO, WASHINGTON

Pascual Orozco e seu exército revolucionário em Juarez, México. Foto de 1911. Biblioteca do Congresso, Estados Unidos.

Um mês e meio depois da posse de Francisco Madero, as tensões internas voltaram a crescer. Levantes camponeses irromperam em todo o país, cobrando de Madero a realização de reformas sociais profundas. Os exércitos liderados por Pascual Orozco, no norte, e Emiliano Zapata, no sul, declararam guerra contra o novo governo. Zapata resumiu, no **Plano de Ayala**, os motivos de sua luta, elegendo a questão da terra como central.

Plano de Ayala

"6. [...] as terras, montes e águas usurpadas por fazendeiros, governantes ou chefes políticos à sombra da tirania e da justiça venal entrarão imediatamente em posse das comunidades ou dos cidadãos que tenham os títulos correspondentes a essas propriedades, das quais foram despojados pela má-fé de nossos opressores [...].

15. Mexicanos: considerem que a astúcia e a má-fé de um homem estão derramando sangue de maneira escandalosa, por este ser incapaz para governar; considerem que seu sistema de governo está aprisionando a pátria e humilhando, com a força bruta das baionetas, as nossas instituições; e assim como levantamos nossas armas para levá-lo ao poder, agora nos voltaremos contra ele por ter faltado com seus compromissos perante o povo mexicano e ter traído a revolução iniciada por ele [...]."

ZAPATA, Emiliano. Plano de Ayala [28 nov. 1911]. Disponível em www.bibliotecas.tv. Acesso em 19 maio 2011. (tradução nossa)

Madero determinou a repressão aos rebeldes, e o México entrou na segunda e mais profunda fase de sua revolução.

Emiliano Zapata lutou até a morte, em abril de 1919. Durante toda a revolução, ele aceitou negociar com outros líderes revolucionários e com representantes do governo. Zapata jamais abriu mão, porém, da defesa dos interesses indígenas.

Questões

1. O que determinava o Plano de Ayala?
2. Segundo o documento, o que motivou o levante contra o governo?

Caminhos da Revolução Mexicana

Da sublevação contra Madero até o final da década de 1910, a Revolução Mexicana trilhou caminhos incertos. Em 1913, um levante porfirista, liderado por Victoriano Huerta, depôs e fuzilou Madero. No ano seguinte, uma mobilização popular comandada por Emiliano Zapata e por Pancho Villa (camponês do norte e um dos principais estrategistas da revolução) derrubou Huerta, encerrando a era do porfirismo no México.

Os grupos camponeses, no entanto, não mantiveram o poder, que passou rapidamente para as mãos da burguesia mexicana, agora liderada por Venustiano Carranza e Álvaro Obregón.

Em meio aos conflitos armados, uma Assembleia Constituinte se reuniu e promulgou, em 1917, uma nova Constituição para o México. Ela trazia mudanças importantes, como a introdução de uma legislação trabalhista e de formas de distribuição de terras. O controle do Estado, no entanto, prosseguia nas mãos da burguesia liberal mexicana. As reformas propostas pareceram insuficientes para os setores camponeses e indígenas, que continuaram combatendo até a derrota do zapatismo, em 1919, e a rendição das tropas camponesas de Villa, em 1920.

Nesses conflitos, as mulheres tiveram importante e intensa participação. Em primeiro lugar, porque a Revolução Mexicana atingiu toda a sociedade; em segundo, e mais importante, porque havia mulheres lutando em quase todos os agrupamentos armados (exceção feita à Divisão do Norte, liderada por Pancho Villa). O exército zapatista, especialmente, era composto por famílias inteiras.

O sangue dos mártires revolucionários fertilizando a terra, detalhe de mural do pintor Diego Rivera, 1926 -1927. Escola Nacional de Agricultura de Chapingo, México. Que tipo de relação há entre essa obra e a revolução? Qual sentimento essa pintura desperta no espectador?

MARIO CASTILLO/REUTERS/LATINSTOCK

Membros do Exército Zapatista de Libertação Nacional (EZLN) participam de prostesto contra a violência e a criminalidade em San Cristóbal de Las Casas, Chiapas, México, maio de 2011.

O zapatismo ainda vive?

No dia 1º de janeiro de 1994, em Chiapas, a região mais pobre do México, um grupo autodenominado Exército Zapatista de Libertação Nacional (EZLN) se rebelou contra o governo mexicano. Nesse dia, entrava em vigor a nova Constituição do México, que eliminava algumas conquistas sociais da Constituição de 1917 e facilitava o ingresso do país no Tratado de Livre-Comércio da América do Norte (Nafta), bloco econômico que reúne México, Canadá e Estados Unidos.

O movimento contestava a mudança constitucional e a aliança com os vizinhos do norte, que obrigaria o México a acatar a política neoliberal de abertura econômica, e reivindicava a retomada do controle da terra pelos indígenas, assim como alimentação, saúde, educação, democracia, justiça e paz entre os povos. Uma das curiosidades do movimento que estourou em Chiapas foi o intenso uso de formas virtuais e eletrônicas de comunicação. O tradicional e o moderno associaram-se, dessa forma, em um novo tipo de rebelião.

Atualmente, o EZLN ainda promove diversas manifestações no México e apoia muitos movimentos sociais no mundo. Os problemas que mobilizaram os índios mexicanos no início do século XX continuam a existir, somados a outras questões sociais da atualidade.

Vale a pena assistir

Viva Zapata!
Nacionalidade: EUA
Direção: Elia Kazan
Ano: 1952
Duração: 112 min

Versão romanceada da vida de Emiliano Zapata, o filme apresenta o cenário geral da Revolução Mexicana, o cotidiano do conflito e as dificuldades históricas e políticas enfrentadas pelos indígenas.

REPRODUÇÃO

AMPLIE SEU CONHECIMENTO

As mulheres na Revolução Mexicana

As mulheres também atuaram na Revolução Mexicana. Chamadas *soldaderas*, elas colaboraram tanto nas tropas revoltosas quanto nos exércitos federais.

As *soldaderas* tinham diversas origens. Algumas se uniram aos exércitos por ideal, outras eram esposas de soldados, que, sem opção, acompanharam seus maridos na luta. Eram professoras, camponesas, indígenas, que cuidavam da comida e dos feridos nos acampamentos e atuavam como espiãs e até como combatentes. Algumas delas chegaram a conquistar importantes cargos de comando.

É muito difícil, porém, separar os fatos da ficção, pois a figura da *soldadera* passou a ocupar cada vez mais espaço nas manifestações culturais populares. Filmes, romances, capas de calendários, peças de teatro e músicas populares, chamadas *corridos*, representavam a imagem da mulher guerreira.

Um desses *corridos* intitulava-se *La Adelita*. A personagem-título era uma jovem que teria participado da revolução e se apaixonado por um sargento. Não se sabe se Adelita realmente existiu, mas seu nome passou a ser utilizado para designar genericamente as mulheres que lutaram na Revolução Mexicana. Leia, a seguir, duas estrofes dessa canção: a primeira, da versão original, e a segunda, criada posteriormente.

> "Adeus minha querida Adelita,
> uma lembrança tua quero levar,
> Carrego junto ao peito o seu retrato
> como escudo que me fará triunfar."

> "Popular entre a tropa era Adelita
> a mulher que o sargento idolatrava,
> porque, além de valente, era bonita.
> E até mesmo o coronel a respeitava."

HERRERA-SOBEK, María. *The Mexican Corrido*: a feminist analysis. Bloomington: Indiana University Press, 1993. p. 105-107. (tradução nossa)

GIANNI DAGLI ORTI/THE ART ARCHIVE/OTHER IMAGES - BIBLIOTECA MUNICIPAL DE DIJON, DIJON

Ilustração representando uma *soldadera*, publicada no *Le Petit Journal*, Paris, 1913.

BETTMANN/CORBIS/LATINSTOCK

A diversidade da participação feminina na Revolução Mexicana acabou sendo homogeneizada pela imagem dessa personagem literária. *La Adelita* teria apagado, assim, as experiências individuais de todas essas *soldaderas*, popularizando uma imagem genérica das mulheres que lutaram na Revolução.

Adelita tornou-se um mito da feminilidade idealizada, ou seja, um símbolo da mulher que nunca abandona seu papel e jamais questiona seu lugar. Motivações políticas, violência e aspirações de liberdade não fazem parte de seu universo. Naquela época, o papel social da mulher estava sendo redefinido. Por isso há quem considere a criação dessa figura uma tentativa de evitar o questionamento da nova posição feminina na sociedade mexicana.

O fato é que nenhuma *soldadera* era escritora e tudo o que sabemos sobre elas provém de textos escritos por outras pessoas. De qualquer forma, a *soldadera* foi mitificada e tornou-se um dos símbolos mais importantes da Revolução Mexicana. Ainda hoje podemos encontrar sua imagem em cartões-postais ou sendo invocada como símbolo das lutas femininas atuais, especialmente nos países da América Central.

Questões

1. Quem foram as *soldaderas*?
2. Quais as consequências da idealização das *soldaderas* na figura mítica de Adelita?
3. Observe as imagens destas duas páginas. Como a *soldadera* foi representada na ilustração? Ela condiz com as *soldaderas* da fotografia? Por quê?

Zapatistas, incluindo mulheres, durante marcha rumo a Xochimilco, em 1914, no México.

ATIVIDADES

Compreender os conteúdos

1. **Responda às questões.**

a) O que foi a chamada *Belle Époque?*

b) Que características do período indicavam uma realidade oposta à sugerida pela expressão *Belle Époque?*

2. **Redija um pequeno texto sobre as mudanças que ocorreram nas políticas interna e externa dos Estados Unidos no início do século XX.**

3. **Leia as afirmativas abaixo e corrija as incorretas em seu caderno.**

a) As políticas adotadas no México, desde a sua independência até o final do século XIX, não impediram o aumento da pobreza da maioria da população nem a expropriação das terras indígenas.

b) Após a luta contra Porfirio Díaz, os diferentes grupos que participaram da revolta contra o seu governo se uniram em torno de interesses comuns.

c) Os exércitos liderados por Orozco, no norte, e Zapata, no sul, declararam guerra contra o novo governo. O principal motivo do novo levante era a condição do operariado mexicano.

d) Após a deposição e a morte de Madero, os camponeses se mantiveram no poder e promulgaram uma nova Constituição.

e) As mulheres tiveram participação importante na Revolução Mexicana, estando presentes em quase todos os agrupamentos armados, exceto na divisão do norte, liderada por Pancho Villa.

Ampliar o aprendizado

4. **Leia o texto a seguir para responder às questões.**

"No decorrer do século XIX, as ideias de 'progresso', 'modernidade' e 'civilização' se associaram intimamente à cidade, enquanto ao campo ficaram ligados a 'tradição', o 'conservadorismo' e a 'rusticidade'. Assim, a chamada modernidade começava a ganhar seus contornos, configurando um novo modo de vida nos centros urbanos.

Nas cidades distantes da Europa que começavam a erguer-se no final do século passado, como Buenos Aires, [Cidade do] México, São Paulo e Rio de Janeiro, as ideias de progresso, civilização, moderno e bom gosto eram representadas pela Europa, sobretudo por Paris e Londres, 'berços da modernidade'. Essas ideias, criadas e assumidas principalmente pelo imaginário da elite brasileira, iriam marcar definitivamente as características, a vida e as construções das principais cidades de nosso país. O desejo incontido de se parecer com a Europa, na forma e no conteúdo, se revelaria de maneira espantosa no Brasil, influenciando profundamente o modo de vida de muitos brasileiros do início deste século."

MORAES, José Geraldo V. de. *Cidade e cultura urbana na Primeira República*. São Paulo: Atual, 1994. p. 21.

a) De acordo com o texto, o que a Europa representava para os países da América Latina?

b) Quais eram as cidades da América Latina, abordadas no texto, que estavam se fortalecendo diante do mercado mundial na época? Quais são seus respectivos países?

c) Segundo o texto, de que maneira as ideias de progresso, civilização e modernidade influenciaram o Brasil? Que cidades europeias serviram de modelo?

d) Conforme o que você estudou neste capítulo, como era a cidade de Buenos Aires durante a chamada *Belle Époque?*

5. **O texto a seguir analisa o papel das classes dominantes latino-americanas na segunda metade do século XIX. Leia-o com atenção.**

"Como possuidores dos meios de produção, a terra em primeiro lugar, os grupos senhoriais [...] foram capazes de modificar a organização das fazendas, de adotar novas técnicas de produção, de abandonar certas tradições a que pareciam amarrados. Porém pretenderam manter sua concepção de mundo, seu sistema de valores, sua concepção de política, ainda que intelectualmente percebessem a contradição que isso implicava."

ROMERO, José L. *El pensamiento político de la derecha latino-americana*. Buenos Aires: Paidós, 1970. p. 110. (tradução nossa)

a) Que mudanças citadas no texto passaram a ocorrer na estrutura socioeconômica dos países latino-americanos a partir da segunda metade do século XIX?

b) Segundo o texto, os proprietários rurais aceitaram promover mudanças na produção econômica, mas não em sua "concepção de mundo". Justifique essa ideia com base na situação dos indígenas nos países latino-americanos após a independência.

História feita com arte

6. **Observe a imagem e responda.**

a) Você classificaria essa pintura como impressionista? Justifique.

b) Em qual contexto histórico a arte impressionista se desenvolveu?

c) Faça uma pesquisa e escreva uma breve biografia do pintor Pierre-Auguste Renoir, autor dessa obra.

REPRODUÇÃO - WADSWORTH ATHENEUM, HARTFORD

Monet pintando em seu jardim em Argenteuil, pintura de Pierre-Auguste Renoir, 1873. Museu de Arte Wadsworth Atheneum, Estados Unidos.

7. **A chamada arte muralista, desenvolvida no México na primeira metade do século XX, esteve diretamente relacionada ao contexto político e social do país durante a Revolução Mexicana. Os pintores muralistas, como Diego Rivera, José Orozco e David Alfaro Siqueiros, eram assim chamados por usarem grandes muros e paredes (principalmente de espaços públicos) para realizar suas pinturas, rompendo com a tradição de arte confinada em museus e galerias. Observe, ao lado, o detalhe de um mural pintado por Siqueiros e responda às questões.**

a) A que momento da história mexicana a pintura faz referência? Há alguma relação entre essa obra e a pintura de Diego Rivera, na página 70? Qual?

b) Como o autor representou o grupo revolucionário?

c) Você conhece algum pintor brasileiro que utilizou a arte muralista?

d) Hoje em dia, os grafiteiros também utilizam grandes paredes para pintar. Quais são os temas pintados por eles?

SIQUEIROS, DAVID ALFARO/LICENCIADO POR AUTVIS, BRASIL, 2010 - MUSEO NACIONAL DE HISTORIA/CASTELO CHAPULTEPEC, CIDADE DO MÉXICO

O povo pega em armas, detalhe do mural *Do porfirismo à revolução*, do mexicano David Alfaro Siqueiros, 1957-1965. Museu Nacional de História, Castelo Chapultepec, México.

CAPÍTULO

4

A Primeira Guerra Mundial

Memórias da guerra

Imagine que você já fez 18 anos, o Brasil acabou de declarar guerra a um país qualquer e você, entre muitos outros civis, foi convocado para os combates. Como você se sentiria? Ficaria orgulhoso? Teria medo? Sentiria tristeza? As guerras estão tão distantes da nossa realidade que é difícil imaginar essa situação, não é mesmo?

Mas não era isso que acontecia na Europa do início do século XX. O caso de Walter Limmer, jovem alemão estudante de direito, é um bom exemplo. Em agosto de 1914, ao ser convocado para a guerra, escreveu aos pais pedindo que pensassem na pátria e fossem bravos e fortes.

O argumento desse jovem traduzia perfeitamente o sentimento de exaltação nacional que marcou a Europa durante a Primeira Guerra Mundial. Naqueles tempos difíceis, os Estados beligerantes apelavam para os valores nacionais para justificar o conflito, manter o ânimo dos soldados e conquistar o apoio da população.

No entanto, outras cartas, enviadas por soldados nas frentes de batalha, retratavam cenários nada gloriosos, marcados pelo medo e por todo tipo de privações.

Tropa australiana marcha em Ypres, na Bélgica, em 1917. Memorial Australiano da Guerra, Austrália. Essa imagem faz parte de um álbum oficial da Primeira Guerra, produzido em 1917, com apoio britânico. Belas fotografias como essa eram utilizadas na promoção da guerra.

FRANK HURLEY/SSPL/GETTY IMAGES - AUSTRALIAN WAR MEMORIAL, CANBERRA

Soldados britânicos cavam trincheira na região de Mesen, Bélgica, em maio de 1917. Durante meses, britânicos e australianos cavaram túneis sob as trincheiras alemãs, onde instalaram mais de 450 toneladas de explosivos.

O relato a seguir é o trecho de uma carta do soldado inglês Harry Lamin ao seu irmão, escrita em 11 de junho de 1917, após a Batalha de Messines, na região de Ypres, na Bélgica. Harry tinha 28 anos quando foi recrutado. Lutou primeiro na França e depois na Bélgica. Suas cartas foram publicadas no *blog* de seu neto, Bill Lamin, noventa anos depois.

"Tivemos outro momento terrível esta semana [...]. Perdemos muitos homens, mas chegamos aonde fomos mandados. Foi horrível. Fiquei soterrado e fui ferido, mas agora estou bem e espero continuar assim."

William Henry Bonser Lamin (Harry). Carta enviada ao irmão Jack, em 11 jun. 1917. Disponível em www.wwar1.blogspot.com. Acesso em 4 jul. 2011. (tradução nossa)

Você consegue imaginar como era a situação de Harry quando estava soterrado? Talvez ele tenha achado que não escaparia com vida. Como sua família teria ficado ao ler uma carta com notícias como essa? Com certeza seus familiares ficaram aliviados ao saber que Harry saiu da batalha com vida. Pelo menos momentaneamente, pois eles não sabiam quando a próxima carta chegaria, se é que chegaria.

Agora, observe as duas fotos reproduzidas nesta abertura. Elas fazem parte da história da guerra iniciada em 1914. Que diferença você percebe entre as duas imagens? A visão que elas transmitem sobre a guerra é a mesma? Por quê? Que sentimento cada uma delas provoca? Converse com seus colegas sobre essas questões.

Antes da guerra

DIOMEDIA - NATIONAL MARITIME MUSEUM, LONDRES

▲ Metralhadora Maxim, utilizada durante a Primeira Guerra Mundial. Museu Nacional Marítimo, Inglaterra.

Do fim das guerras napoleônicas à eclosão da Primeira Guerra Mundial, em 1914, não ocorreram conflitos de grandes proporções que envolvessem vários países simultaneamente no continente europeu. Nesse período, os interesses das grandes potências europeias voltaram-se principalmente para áreas situadas fora da Europa, com o objetivo de garantir o domínio sobre esses territórios.

Em 1914, porém, as rivalidades entre as potências se transformaram em confronto armado. O conflito foi motivado principalmente pelas pretensões imperialistas das grandes potências europeias, pela política de alianças estabelecida entre elas, pelo crescimento da indústria bélica e pela questão das nacionalidades.

Os interesses imperialistas

Grã-Bretanha, França e Alemanha, os Estados europeus mais ricos da época, disputavam mercados, territórios na Europa e áreas coloniais, principalmente na África e na Ásia, onde investiam capitais e exploravam matérias-primas para a expansão de suas indústrias.

A França rivalizava com a Alemanha desde 1871, quando foi derrotada na Guerra Franco-Prussiana. Com essa derrota, os franceses perderam para os alemães a região da Alsácia-Lorena, rica em carvão e ferro, o que gerou um forte sentimento de revanche na França.

A Grã-Bretanha, que no século XIX havia se tornado a maior potência industrial do mundo, vinha perdendo espaço no mercado internacional, especialmente para a indústria alemã, que crescia rapidamente. A rivalidade econômica entre os dois países seria decidida no campo de batalha.

▼ A *moderna civilização da Europa*, charge de A. H. Zaki, c. 1912-1914, representando a conquista de Marrocos pelos franceses e o domínio britânico no Egito. Qual é a crítica feita na imagem?

CORBIS/LATINSTOCK

As questões nacionais

As tensões nacionais às vésperas da guerra concentravam-se no Império Austro-Húngaro, um imenso território governado pela dinastia austríaca dos Habsburgo. O foco das lutas nacionalistas situava-se na região dos Bálcãs (leia o boxe abaixo), onde povos de origem eslava lutavam contra o domínio austríaco. O movimento era apoiado pelo Império Russo, que tinha interesses econômicos na região. A independência das nações eslavas dos Bálcãs também poderia garantir aos russos uma saída para o Mediterrâneo e o Adriático.

É nesse contexto que surgiram os grandes movimentos nacionalistas que contribuíram para a eclosão da Primeira Guerra Mundial: o **pan-eslavismo** e o **pangermanismo**.

AKG-IMAGES/ALBUM/LATINSTOCK

Charge alemã publicada no jornal *Der Wahre Jacob*, em 1909, criticando a anexação, em 1908, da Bósnia-Herzegovina ao Império Austro-Húngaro. Os interesses imperialistas na região impediam o soar do sino da paz (*friede*) nos Bálcãs.

O pan-eslavismo

O pan-eslavismo era um movimento pela união de todos os povos de origem eslava da Europa oriental, sob a direção dos sérvios. Apoiado pelo Império Russo, o movimento foi se tornando cada vez mais forte no interior do Império Austro-Húngaro com a proposta de criação da Grande Sérvia.

As ideias pan-eslavistas estiveram presentes na Crise nos Bálcãs, em 1908, quando a Bósnia-Herzegovina foi anexada ao Império Austro-Húngaro. A expansão austríaca obstruía o projeto de criação da Grande Sérvia, o que alimentou nos sérvios o revanchismo contra o império dos Habsburgo.

Saiba mais

A Península Balcânica

Também chamada de Bálcãs, a Península Balcânica é uma região do sul da Europa correspondente aos atuais territórios da Croácia, Bósnia-Herzegovina, Sérvia, Montenegro, Kosovo, Albânia, Macedônia, Grécia, Turquia (parte europeia), Bulgária e sul da Romênia. O nome da península se deve aos Montes Bálcãs, grande cordilheira situada no nordeste da península.

A REGIÃO DOS BÁLCÃS (2010)

ALESSANDRO PASSOS DA COSTA

Fonte: FERREIRA, Graça Maria Lemos. *Atlas geográfico*: espaço mundial. 3. ed. São Paulo: Moderna, 2010. p. 90.

AKG-IMAGES/ALBUM/LATINSTOCK

Montenegro e a Europa, ilustração publicada no *Le Petit Journal*, em maio de 1913, representando a Europa resolvendo o conflito nos Bálcãs (1912-1913). A ilustração é um exemplo de que, para os europeus, os conflitos nos Bálcãs estavam sob controle.

O barril de pólvora

O trecho a seguir, escrito pelo historiador Eric Hobsbawm, mostra como a situação política dos Bálcãs era tratada no final do século XIX e início do XX.

Os Bálcãs

"Os Bálcãs eram conhecidos como o barril de pólvora da Europa, e foi, de fato, ali que a explosão global de 1914 começou. [...] os Bálcãs pertenciam, para a maioria dos europeus que não viviam ali, ao reino das estórias de aventuras, como as do autor alemão de literatura infantil Karl May, ou das operetas. A imagem das guerras balcânicas, no final do século XIX, era a do livro *Arms and the Man* [1894], de Bernard Shaw, que caracteristicamente foi transformada em musical [...]."

HOBSBAWM, Eric J. *A era dos impérios*: 1875-1914. São Paulo: Paz e Terra, 2002. p. 419.

O pangermanismo

O pangermanismo foi uma ideologia criada no século XIX que propunha a reunião dos países de origem e língua germânica da Europa em um único Estado. Liderado pela Alemanha, o movimento ganhou força especialmente após a unificação alemã, concluída em 1871. Depois disso, o movimento expandiu-se pelo Império Austro-Húngaro e por partes do Império Russo.

O IMPÉRIO AUSTRO-HÚNGARO (1914)

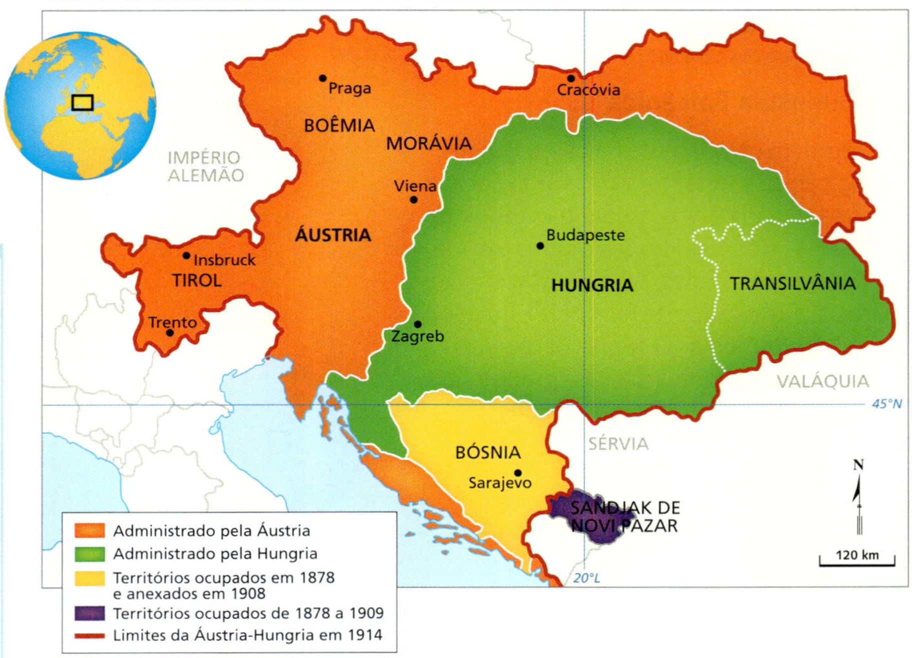

Fonte: DUBY, Georges. *Atlas historique*. Paris: Larousse, 2003. p. 156.

Questões

1. Como os europeus que não residiam nos Bálcãs viam a região antes da Primeira Guerra?
2. O que você sabe sobre os países atuais dos Bálcãs? Releia o boxe "A Península Balcânica" para saber quais são esses países e, depois, troque ideias com os colegas sobre o assunto.

A política de alianças

As ambições imperialistas das grandes potências e os movimentos nacionalistas dos Bálcãs faziam da Europa um espaço de grandes tensões, favorecendo a formação de alianças entre países com interesses comuns.

Desde sua unificação, a Alemanha apresentava um crescimento econômico acelerado. O jovem Estado alemão vinha reunindo um grande exército, com a justificativa de que não podia se desenvolver sem expandir seu território e suas áreas de influência. Apesar disso, na corrida por domínios coloniais, a liderança ficou com a França e a Grã-Bretanha.

A crescente rivalidade entre as potências levou a Alemanha a estabelecer uma aliança preventiva com o Império Austro-Húngaro, em 1879, apoiada na ideologia do pangermanismo. Três anos depois, a Itália uniu-se aos dois Estados formando a **Tríplice Aliança**. Como a Alemanha, a Itália havia se unificado tardiamente, ficando em desvantagem na divisão do mundo colonial.

Do outro lado, estavam Grã-Bretanha e França, as duas maiores potências imperialistas, com vastos domínios coloniais na África e na Ásia. Por terem interesses econômicos e políticos comuns, contrários ao crescimento alemão, em 1904 os dois países firmaram um pacto de colaboração. A Rússia, que tinha grandes pretensões expansionistas, uniu-se às duas potências, em 1907, formando a **Tríplice Entente**.

A essa altura, os acordos já não eram apenas políticos. Eles preparavam as potências para uma guerra que a todos parecia inevitável. Além da formação de alianças, o grande crescimento da indústria bélica europeia era outro indício da iminência do conflito.

AKG-IMAGES/ALBUM/LATINSTOCK - COLEÇÃO PARTICULAR

Cartão-postal francês com representação de soldados que personificam a Tríplice Entente e a frase "Paris, Petrogrado e Londres contra Berlim!".

Iminência
Ameaça; aproximação.

BETTMANN/CORBIS/LATINSTOCK

Nessa charge britânica, publicada em 1888, os países da Tríplice Aliança foram representados como as moiras, deusas da mitologia grega responsáveis por tecer o fio do destino da humanidade.

A Paz Armada

No início do século XX, muitas invenções que revolucionaram a vida humana e produtos largamente consumidos nos dias de hoje já tinham sido criados. Era o caso da fotografia, do cinema, do rádio, do telefone e do automóvel. O desenvolvimento do capitalismo industrial possibilitou esses e outros inventos, que mudaram incrivelmente a vida das pessoas que podiam pagar por eles.

Mas a mesma ciência que tornou possível a invenção do motor de combustão interna ou dos projetores de imagens também desenvolveu a metralhadora, as bombas explosivas, o lança-chamas, os gases tóxicos, e os tanques de guerra.

O desenvolvimento da indústria bélica foi financiado pelas grandes potências europeias, que precisavam garantir seus mercados e possessões coloniais. Assim, embora a Europa vivesse um período aparente de paz, as grandes potências se armavam à espera da guerra. Por isso, o período anterior à Primeira Guerra ficou conhecido como **Paz Armada**.

Questão

1. Quais os países com maior atividade no comércio exterior?
2. Qual país era o mais preparado para guerra naval? Qual tinha o maior exército?

O EQUILÍBRIO DE FORÇAS ENTRE AS GRANDES POTÊNCIAS EUROPEIAS EM 1914

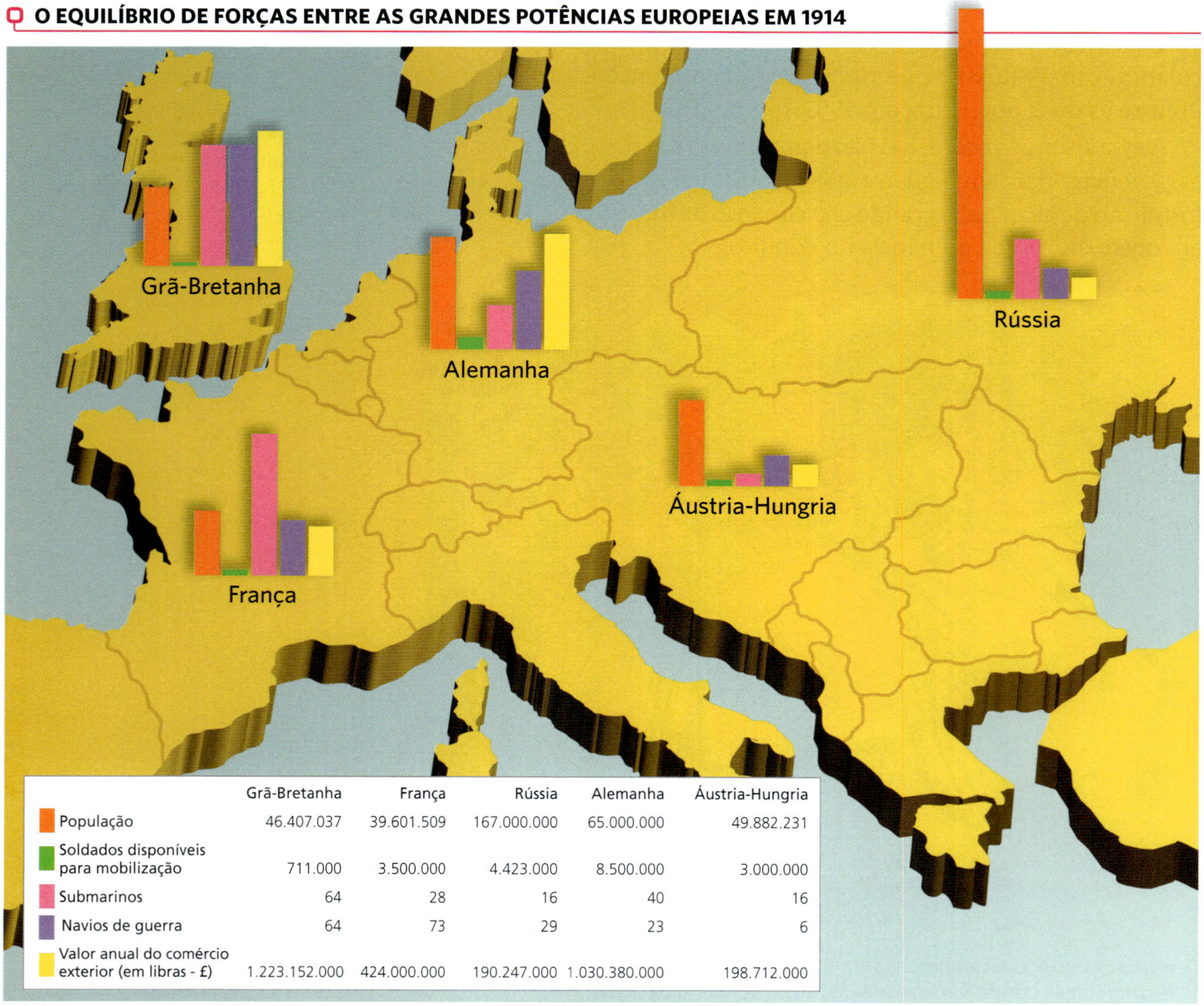

PAULO MANZI

	Grã-Bretanha	França	Rússia	Alemanha	Áustria-Hungria
População	46.407.037	39.601.509	167.000.000	65.000.000	49.882.231
Soldados disponíveis para mobilização	711.000	3.500.000	4.423.000	8.500.000	3.000.000
Submarinos	64	28	16	40	16
Navios de guerra	64	73	29	23	6
Valor anual do comércio exterior (em libras - £)	1.223.152.000	424.000.000	190.247.000	1.030.380.000	198.712.000

Fonte: *História do século 20*: 1914-1919. São Paulo: Abril Cultural, 1968. p. 497.

O início da guerra

Em 1914, as grandes nações europeias estavam divididas em dois blocos rivais: a Tríplice Aliança, também conhecida como Impérios Centrais, e a Tríplice Entente. As potências envolvidas e fortemente armadas assistiam a mais um momento de tensão na região dos Bálcãs.

No dia 28 de junho de 1914, o arquiduque austríaco Francisco Ferdinando, herdeiro da coroa do Império Austro-Húngaro, visitava a cidade de Sarajevo, na Bósnia. O objetivo da visita era demonstrar aos rebeldes bósnios quem dava as ordens na região. Mas o resultado foi outro. O arquiduque e sua esposa foram assassinados por um estudante do movimento nacionalista sérvio-bósnio. Depois de um mês de pressões diplomáticas, o Império Austro-Húngaro declarou guerra à Sérvia. A Rússia, aliada da Sérvia, reagiu mobilizando as suas tropas para a região.

A França, aliada da Rússia, mobilizou também suas tropas. A Alemanha, aliada do Império Austro-Húngaro, declarou guerra à Rússia e à França. Marchando em direção ao território francês, os alemães ocuparam a Bélgica, que até aquele momento era um país neutro, provocando a entrada da Grã-Bretanha no conflito. O Império Turco-Otomano, com fortes interesses na região dos Bálcãs, aliou-se à Tríplice Aliança. Na Ásia, o Japão juntou-se aos **Aliados**, como passaram também a ser chamados os países da Entente. A guerra tinha se generalizado.

Ein Exemplar 4 Heller.
15. Jahrgang. Nr. 5204.
Illustrierte Kronen Zeitung
Wien, Dienstag, den 30. Juni 1914.
Das Standrecht in Sarajewo verhängt.
Große Demonstrationen gegen die Serben.
Das Attentat von Sarajewo. Die Ermordung des Thronfolgers und seiner Gemahlin.

AKG-IMAGES/ALBUM/LATINSTOCK

Primeira página do jornal austríaco *Illustrierte Kronen-Zeitung*, de 30 de junho de 1914, noticiando o assassinato do arquiduque Francisco Ferdinando e sua esposa em Sarajevo.

A EUROPA DURANTE A PRIMEIRA GUERRA

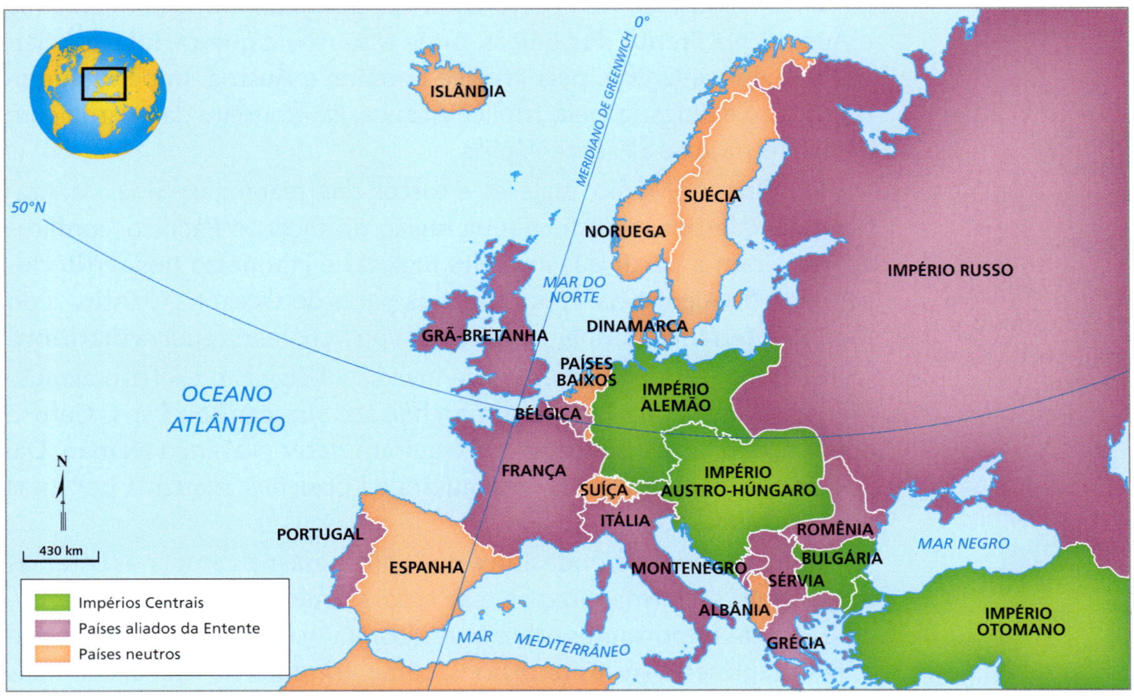

ALESSANDRO PASSOS DA COSTA

Fonte: CHALIAND, Gérard; RAGEAU, Jean-Pierre. *Atlas stratégique*. Paris: Complexe, 1988. p. 34.

PRIMEIRA GUERRA MUNDIAL: ÁREAS DE CONFLITO

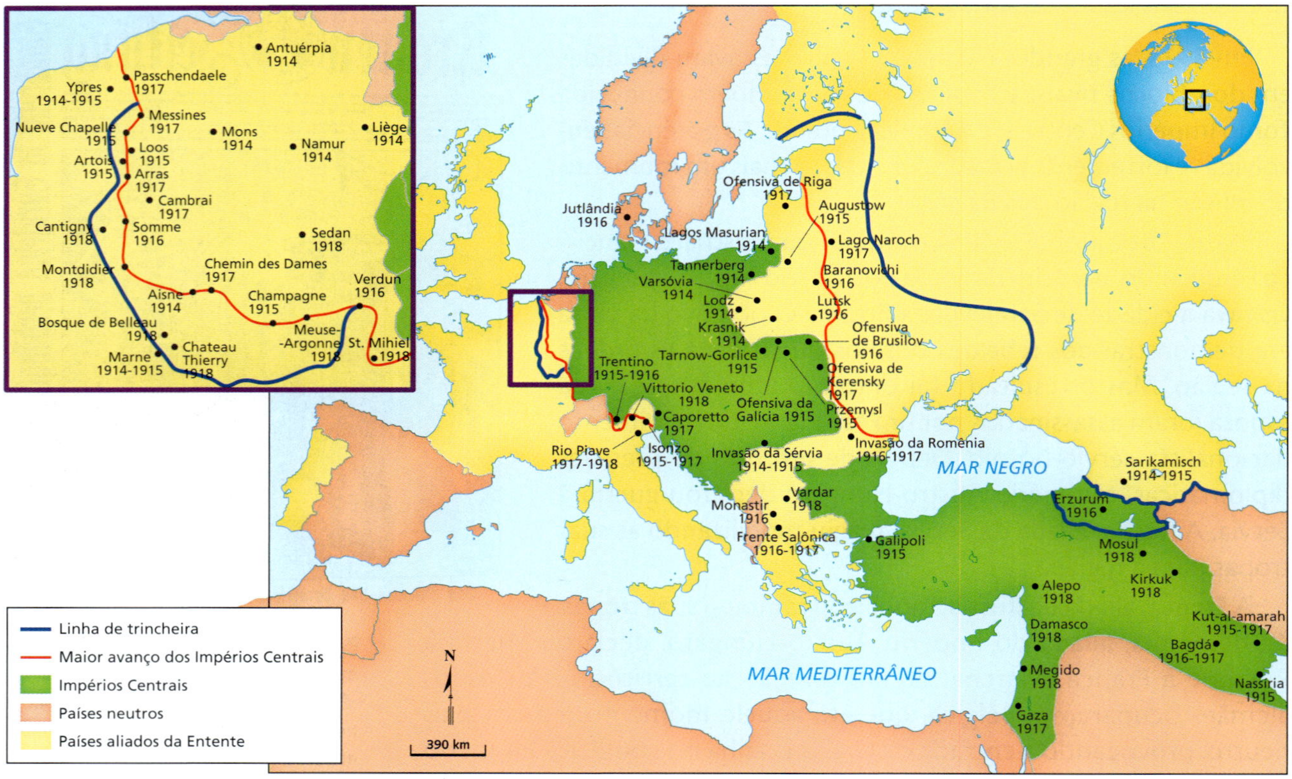

Fonte: DANIELS, Patricia S.; HYSLOP, Sthephen G. *Atlas da história do mundo*. National Geographic. São Paulo: Abril, 2003. p. 286.

A expansão da guerra

A Grande Guerra tomou um imenso território e foi travada em frentes de batalha. Nas fronteiras entre França, Alemanha e Bélgica ficava a **Frente Ocidental**. Na **Frente Oriental** combatiam Rússia, Alemanha e Áustria. Na **Frente dos Bálcãs**, onde estourou a guerra, lutavam Sérvia, Romênia e Grécia, pela Tríplice Entente, e Áustria, Império Turco-Otomano e Bulgária, pela Tríplice Aliança. Na fronteira da Áustria com a Itália formou-se a **Frente Alpina**.

No Oriente Médio, ingleses e turcos guerrearam na Síria, na Arábia e na Palestina. Na África e na região do Oceano Pacífico, conflitos aconteceram a partir das invasões inglesas e japonesas dos territórios coloniais da Alemanha. E, por fim, boa parte do Oceano Atlântico e do Mar Mediterrâneo também foi ocupada pela chamada **guerra marítima**.

Na Frente Ocidental, depois de invadir a Bélgica, o exército alemão planejava entrar na França e marchar até sua capital, Paris. Com o apoio britânico, os franceses conseguiram deter o avanço alemão. Daí por diante foi estabelecida uma guerra de posições, marcada por lutas em **trincheiras**.

Na Frente Oriental, onde a área do conflito era mais ampla, as batalhas aconteciam de forma direta. Nesse lado da guerra, a Alemanha conseguiu vitórias importantes sobre os russos. Na Ásia, os alemães perderam para os japoneses vários territórios, como Tsingtao, na China, e as Ilhas Carolinas e Marshall, no Pacífico.

Saiba mais

A Itália na guerra

Quando a guerra se iniciou, em 1914, a Itália, aliada da Áustria-Hungria, declarou-se neutra no conflito. Em abril de 1915, o governo italiano assinou, com Grã-Bretanha, França e Rússia, um acordo que lhe garantia uma compensação territorial e financeira se lutasse ao lado da Entente. Assim, em maio daquele ano, a Itália declarou guerra ao Império Austro-Húngaro.

A guerra de trincheiras

As trincheiras eram valas cavadas na terra onde os soldados se protegiam dos ataques do inimigo e aguardavam os próximos acontecimentos. Elas foram usadas pela primeira vez na Guerra Civil Americana entre os anos de 1861 a 1865.

As primeiras trincheiras da Grande Guerra foram construídas em setembro de 1914, quando os alemães foram barrados pelos franceses. O exército alemão, que não queria retroceder, utilizou trincheiras para aguardar uma nova oportunidade para atacar a França.

Em pouco tempo as trincheiras ocuparam os territórios da Suíça até o litoral norte da França. Essas valas úmidas e estreitas tornaram-se a casa dos soldados durante o conflito. O trecho a seguir expõe algumas das dificuldades da vida nas trincheiras.

FPG/HULTON ARCHIVE/GETTY IMAGES

Soldados alemães cantando em volta de uma árvore de Natal, em trincheira na Frente Oriental, c. 1915.

Trincheiras: covas rasas

"As doenças, causadas pelas péssimas condições sanitárias, eram outro tormento. Em uma época em que a penicilina ainda não havia sido inventada, morria-se de tudo – de disenteria, doença muito comum, gripe e toda a sorte de infecções. [...] Quando chovia, a água acumulava-se nos fossos e os soldados não tinham meias para trocar. No frio e na umidade, os pés gangrenavam e, em alguns casos, eram amputados.

Ratos, doenças, sopros de veneno e bombas caídas do céu não eram tudo o que os combatentes enfrentavam nas trincheiras. Eles sofriam também com a fome. O escritor alemão Erich Maria Remarque, que lutou nas trincheiras, lembra que um dos objetivos ao atacar o inimigo era roubar seu jantar."

ARANHA, Carla. Trincheiras: covas rasas. *Aventuras na História*, 1º set. 2004. Disponível em http://historia.abril.com.br. Acesso em 6 jun. 2011.

Gangrenar
Provocar morte, apodrecimento ou decomposição de qualquer parte do organismo.

Questão

- Segundo o texto, quais eram as dificuldades enfrentadas pelos soldados nas trincheiras?

PAUL POPPERFOTO/GETTY IMAGES

Soldados britânicos em trincheira na Bélgica aguardando ordem para avançar. Batalha da Estrada de Menin, Frente Ocidental, setembro de 1917.

AMPLIE SEU CONHECIMENTO

A engenharia das trincheiras

As trincheiras eram construídas para proteger as tropas. Nessas escavações, os soldados podiam atirar contra o inimigo e se movimentar com segurança durante os combates. No decorrer da guerra, elas se transformaram no centro das operações militares, principalmente na Frente Ocidental. O sistema alemão de trincheiras era o mais sofisticado. Confira na ilustração abaixo sua estrutura de organização.

Construção

As trincheiras deveriam ser cavadas acompanhando os acidentes do terreno, para dificultar a observação inimiga, e seguir em zigue-zague para dificultar a ação do adversário numa possível tomada da trincheira.

Normalmente tinham dois metros de profundidade, largura estreita para facilitar a circulação e eram divididas em três linhas.

Revestimento

As laterais das trincheiras podiam ser reforçadas por madeira, sacos de areia e ramagens.

Trincheiras de comunicação

Utilizadas para a passagem de soldados, mantimentos, munições e o que mais fosse necessário entre as trincheiras de frente e as trincheiras de apoio.

Trincheira de frente

Ficava diante da frente inimiga. Dela, os soldados atiravam contra os adversários, frequentemente utilizando um degrau de aproximadamente 50 cm que servia de base.

Trincheiras de apoio

Nelas os soldados descansavam, comiam e aguardavam o momento de apoiar os companheiros de frente.

Base subterrânea

Escavada abaixo das trincheiras, sua estrutura poderia suportar fortes bombardeios.

Fonte: *A Guerra (1914-1918) por Julio Mesquita*. São Paulo: O Estado de S. Paulo/ Terceiro Nome, 2002. v. 1. p. 154.

Questões

1. De acordo com a ilustração, quantos tipos de trincheira existiam? Quais eram suas funções?
2. Por que as trincheiras não eram cavadas em linhas retas?

A entrada dos Estados Unidos na guerra

Em 1917, os alemães declararam guerra a qualquer navio que transportasse suprimentos para seus inimigos. A intenção era deixar a Grã-Bretanha, que é uma ilha, sem comida ou novos armamentos. O país mais atingido pela medida alemã foram os Estados Unidos, grande parceiro comercial dos britânicos.

Em abril de 1917, após um ataque alemão a um de seus navios, os Estados Unidos entraram na guerra. Em um período no qual os exércitos europeus já estavam muito desgastados por anos de conflito, o grande poder bélico norte-americano colaborou de forma decisiva para a vitória da Entente.

REPRODUÇÃO - BIBLIOTECA DO CONGRESSO, WASHINGTON

Cartaz norte-americano convocando homens para o exército. Biblioteca do Congresso, Estados Unidos.

O Brasil na Primeira Guerra Mundial

No início do conflito, o Brasil se manteve neutro, principalmente pelo interesse em não prejudicar as vendas de café no exterior. O país somente entrou no conflito após uma série de bombardeios alemães a navios brasileiros no primeiro semestre de 1917. Em 26 de outubro daquele ano, sob forte pressão popular, o Brasil declarou guerra à aliança germânica.

A participação militar do Brasil foi pequena, com algumas ações de pilotos da força aérea (ligados ao exército e à marinha, pois ainda não havia sido criada a Força Aérea Brasileira). O Brasil contribuiu também com apoio médico e fornecimento de alimentos e de matérias-primas. A marinha brasileira também patrulhou o Atlântico à procura dos temidos submarinos alemães.

Multidão se reúne em rua do Rio de Janeiro, em abril de 1917, protestando contra o torpedeamento de navios brasileiros durante a Primeira Guerra.

ACERVO ICONOGRAPHIA

Cartaz de recrutamento do exército irlandês, c. 1915, que mostra uma família surpreendida por soldados alemães, com os dizeres: "Vale a pena lutar pela sua casa? Será tarde demais para lutar quando o inimigo estiver à sua porta, então una-se hoje!".

THE GRANGER COLLECTION/OTHER IMAGES

A propaganda a favor da guerra

Milhões de jovens europeus foram recrutados para a guerra, deixando para trás a universidade, a família, o trabalho, o noivado e os sonhos de todo jovem. Muitos dos que foram à guerra acabaram mortos ou mutilados nos combates. Entre os que seguiam lutando, muitos enviavam notícias terríveis dos campos de batalha, desencorajando outros a irem lutar. Diante de um custo tão alto, os governos dos países em guerra procuravam justificar o conflito e assim conquistar o apoio da população.

A propaganda nacionalista, feita por meio de fotografias e cartazes, foi o principal instrumento da campanha oficial a favor da guerra. Ela também servia para convocar voluntários para as equipes médicas e para levantar recursos às campanhas militares. A propaganda geralmente apelava para a emoção e relembrava acontecimentos da história do país que alimentavam o fervor patriótico.

O caso da Grã-Bretanha era muito significativo. Em 1914, mesmo sendo o maior império transoceânico do mundo, o país tinha apenas um exército profissional e não praticava uma política de serviço militar como a França e a Alemanha. Na Grã-Bretanha, assim como nos outros países, os cartazes de convocação foram usados durante todo o conflito. A ameaça de uma invasão alemã à ilha foi utilizada como tema de vários cartazes.

Os Estados Unidos foram os maiores produtores de cartazes da Primeira Guerra Mundial. O governo norte-americano investiu na criação do Comitê de Informação Pública, órgão encarregado de preparar campanhas publicitárias com o objetivo de promover a guerra junto à opinião pública.

Pôster alemão da Primeira Guerra, de Lisa von Schauroth, pedindo doações às forças armadas da Alemanha, com os dizeres "O imperador e o povo agradecem ao exército e à marinha", 1917.

THE GRANGER COLLECTION/OTHER IMAGES

Saiba mais

Vozes contrárias à guerra

Nem todo mundo, porém, era favorável à guerra. Líderes do movimento operário, militantes socialistas e comunistas, principalmente, se manifestaram contra o conflito. Na França, por exemplo, o líder socialista Jean Jaurés defendia o caminho da diplomacia para resolver os conflitos que levaram à guerra. Por suas posições pacifistas, foi assassinado por um militante nacionalista que defendia o confronto contra os alemães. Na Alemanha, os socialistas Rosa Luxemburgo e Karl Liebknecht também se opuseram ao enfrentamento armado entre as nações e romperam com o Partido Social-Democrata Alemão quando este decidiu apoiar o conflito.

REPRODUÇÃO - COLEÇÃO PARTICULAR

Cartaz de manifestação antiguerra do Partido Social-Democrata da Áustria-Hungria. A primeira frase diz: "A guerra é o mais terrível dos crimes em massa", de Mihály Biró, 1914.

Tecnologia para a destruição

Os novos produtos e processos industriais desenvolvidos ao longo da *Belle Époque* foram amplamente utilizados na Primeira Guerra. Muitos deles ajudaram a elevar o número de vítimas e causaram inestimáveis prejuízos materiais.

As nações imperialistas criaram grandes esquadras de navios encouraçados, armados com canhões de longo alcance. Os submarinos, uma das maiores novidades nessa área, foram equipados para lançar torpedos, ameaçando também as embarcações comerciais e não apenas as militares. No início, os aviões eram usados para vigiar e espionar os inimigos, mas logo foram usados também como armas, equipados com bombas e metralhadoras.

A tecnologia não era utilizada somente nos armamentos de grande porte. O aprimoramento tecnológico também foi aplicado às armas portáteis, como metralhadoras, granadas, morteiros e pistolas semi-automáticas.

Uma das novidades mais terríveis dessa guerra foram as armas químicas. Os alemães foram os primeiros a utilizar gás cloro contra tropas inimigas, em 1915. Estima-se que aproximadamente 5 mil homens tenham morrido asfixiados em apenas dez minutos. A descoberta do gás mostarda, no ano seguinte, tornou a guerra ainda mais devastadora. Em contato direto com a pele, esse gás provocava graves queimaduras, além de matar em poucos minutos se inalado em grande quantidade.

O uso de tamanha tecnologia para a destruição provocou a morte de mais de 8 milhões de pessoas e deixou 21 milhões de feridos (a maioria com mutilações). Até a Primeira Guerra, nunca um conflito havia registrado tantas vítimas.

TIME LIFE PICTURES/GETTY IMAGES - NATIONAL ARCHIVES, WASHINGTON

Aviador alemão bombardeia campo na Frente Ocidental, em 1918. Arquivo Nacional, Estados Unidos. No início do conflito os aviões eram utilizados apenas para reconhecimento dos territórios inimigos. A partir de 1915, passaram a ser usados para ataque e transporte de armas.

HULTON-DEUTSCH COLLECTION/CORBIS/LATINSTOCK

Soldados alemães durante batalha na França, em 1916. Quais tecnologias utilizadas na Primeira Guerra podem ser identificadas nessa imagem?

BETTMANN/CORBIS/LATINSTOCK

Canhão inglês utilizado na Frente Ocidental, em 1916. O aprimoramento dos transportes motorizados possibilitou o uso do canhão em larga escala durante a Primeira Guerra.

AKG-IMAGES/ALBUM/LATINSTOCK - COLEÇÃO PARTICULAR

Mulheres trabalham em fábrica de armas em Lyon, França, em foto de 1914.

Mulheres em tempo de guerra

No final de 1914, já não existia qualquer expectativa de uma resolução rápida para o conflito. Os países beligerantes não poderiam sobreviver e manter a guerra apenas com suas reservas industriais.

A guerra deixou de ser um esforço unicamente masculino. Enquanto a força de trabalho dos homens era mobilizada para as frentes de batalha, as mulheres assumiam funções que antes eram exclusivamente desempenhadas por homens. Elas se tornaram chefes de família, operárias, condutoras de bondes, agentes do serviço postal etc.

Na área rural a situação não foi diferente. O cultivo dos campos e as colheitas também foram assumidos pelas mulheres, garantindo, pelo menos minimamente, o suprimento de alimentos.

Durante a guerra, as práticas sociais e os preconceitos que colocavam a mulher em condição inferior à do homem foram vencidas pela necessidade. Contudo, ocupar novos postos de trabalho e assumir novas responsabilidades não significaram a conquista de mais espaço social e político, como mostra o trecho a seguir.

O triunfo da divisão sexual

"A guerra: um parêntese antes do retorno à normalidade, um teatro de sombras em que as mulheres, na retaguarda, só aparentemente desempenham os papéis principais. Mais do que isso, a guerra teria bloqueado o movimento de emancipação que se esboçava em toda a Europa do início do século XX e que se encarnava numa nova mulher econômica e socialmente independente [...]. A guerra teria reforçado a identidade masculina em crise nas vésperas do conflito e reposto as mulheres no seu lugar de mães prolíficas, de donas de casa [...], e de esposas submissas e admiradoras."

THÉBAUD, Françoise. A Grande Guerra: o triunfo da divisão sexual. In: *História das mulheres no Ocidente*: o século XX. Porto: Afrontamento, 1991. p. 33.

Parêntese
Desvio momentâneo de uma situação habitual; interrupção breve.

Prolífico
Que gera a prole (filhos).

Questão

- Segundo o texto, qual foi o resultado da experiência da guerra para a condição da mulher?

O fim da guerra

Em 1917, a guerra chegou a um impasse. Divisões e motins no interior dos exércitos expressavam o desgaste de um conflito que já durava três anos. A Rússia, debilitada pelas batalhas e dividida por uma revolução interna, assinou a paz em separado com a Alemanha e saiu da guerra.

Principalmente a partir de 1918, o reforço dos Estados Unidos em suprimentos e tropas ajudou os Aliados a decidirem o conflito. Em novembro, isolada no conflito, a Alemanha assinou a rendição na cidade francesa de Compiègne. Em janeiro de 1919, os vencedores se reuniram em Paris para discutir as condições da paz.

Na **Conferência de Paris**, o presidente dos Estados Unidos, Woodrow Wilson, apresentou uma proposta de paz em 14 pontos. Os principais termos do documento defendiam uma paz sem indenizações nem anexações territoriais. Alguns dos pontos defendidos pelo presidente acabaram se concretizando, como a independência de alguns Estados europeus e a criação da **Sociedade das Nações**, organização internacional que teria o papel de assegurar a paz. Porém, algumas das propostas não interessavam aos vencedores, sobretudo à Inglaterra e à França, que queriam afastar a Alemanha do centro do cenário político, econômico e militar da Europa. Ao final de meses de negociações, os tratados de paz ficaram muito distantes da proposta do governo norte-americano.

O continente europeu foi reconfigurado. O Império Austro-Húngaro foi desmembrado e a Hungria tornou-se independente. Na parte eslava do império sugiram Iugoslávia e Tchecoslováquia. A Turquia perdeu quase todos os seus domínios para ingleses e franceses. Independentes do Império Russo, formaram-se Letônia, Estônia, Lituânia e Finlândia. A Polônia, antes dividida entre os grandes impérios da região, também surgiu como Estado independente.

AKG-IMAGES/ALBUM/LATINSTOCK

Soldados britânicos caminham por rua de Cambrai, na França, durante operação para a retomada da cidade pelos Aliados, em outubro de 1918. A destruição de muitas cidades foi um dos saldos terríveis da Grande Guerra de 1914.

A EUROPA DEPOIS DA PRIMEIRA GUERRA

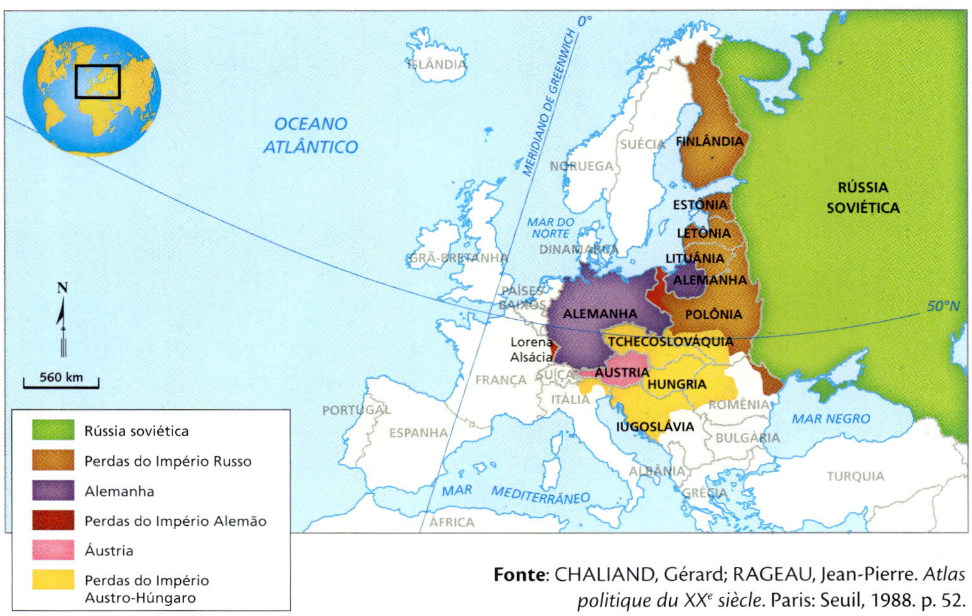

ALESSANDRO PASSOS DA COSTA

Fonte: CHALIAND, Gérard; RAGEAU, Jean-Pierre. *Atlas politique du XXe siècle*. Paris: Seuil, 1988. p. 52.

AKG-IMAGES/ALBUM/LATINSTOCK/© DIX, OTTO/LICENCIADO POR AUTVIS, BRASIL, 2011 - KUNSTMUSEUM, STUTTGART

Rua de Praga, quadro de Otto Dix, pintor alemão e veterano da Primeira Guerra, 1920. Museu de Arte de Stuttgart, Alemanha. Como o artista retratou a situação dos homens? Qual a relação da imagem com a guerra?

Nos termos dos vencedores

O principal acordo político para o fim da guerra foi firmado no Palácio de Versalhes, na França. O **Tratado de Versalhes**, assinado em 28 de junho de 1919, definiu os termos da paz para o fim da guerra.

As condições impostas à Alemanha, considerada a única culpada pela guerra, foram duríssimas. O país teve parte do seu território ocupado militarmente e foi obrigado a devolver a região da Alsácia-Lorena para a França. Além disso, perdeu suas colônias e foi condenado a pagar uma elevada indenização aos vencedores.

Para os alemães iniciou-se um período de grave crise econômica e social. A humilhação imposta pelos termos de Versalhes fomentou um sentimento revanchista entre os alemães, que foi decisivo para a criação de uma ampla base de apoio ao nazismo e para a eclosão da Segunda Guerra. A Sociedade das Nações, idealizada em Versalhes para assegurar a paz mundial, não evitaria um novo confronto mundial.

Sem dúvida, os Estados Unidos foram os maiores vencedores da Primeira Guerra. O número de baixas das suas tropas, por volta de 115 mil, representou menos de 10% das baixas alemãs (1, 8 milhão); seu território não foi atingido pelo conflito e o país tornou-se o grande financiador da reconstrução dos Estados europeus arrasados pela guerra. Nos anos do pós-guerra, os Estados Unidos assumiriam a liderança econômica e política do mundo capitalista.

PRINT COLLECTOR/DIOMEDIA

Desfile militar, realizado em Paris, França, em 14 de julho de 1919. Além da comemoração pelos 130 anos da Revolução Francesa, a parada celebrou a vitória da França na Grande Guerra.

ENQUANTO ISSO...

A gripe espanhola

Entre 1918-1919, o mundo conheceu um inimigo mais devastador que a guerra: a gripe. Estima-se que, nesse período, um quinto da população mundial tenha sido contaminado por uma variação da gripe comum, conhecida como gripe espanhola (porque os primeiros casos foram registrados na Espanha). Acompanhe no texto a seguir.

A fúria da gripe espanhola

"Os sintomas todo mundo conhece: febre, dor de cabeça, dores pelo corpo, mal-estar geral, tosse e coriza [...]. No entanto, esse quadro que hoje se resolve com um comprimido e alguns dias de repouso podia significar uma sentença de morte se você vivesse no início do século, mais precisamente em 1918. É que nesse ano uma epidemia de gripe se espalhou pelo mundo [...]. Estima-se que a gripe tenha matado no mundo todo de 20 a 100 milhões de pessoas – muito mais que a Primeira Guerra [...].

A pandemia de gripe devastou populações inteiras. Alguns historiadores acham inclusive que a guerra de 1914-1918 pode ter terminado mais cedo por falta de soldados. [...]. Isto sem falar em outras regiões do mundo, como África, Índia e China, onde a ausência de dados tornava impossível avaliar a extensão da hecatombe. [...]

No Rio de Janeiro morreram cerca de 12 mil pessoas em dois meses. Na cidade, como faltavam coveiros, presidiários foram convocados para fazer esse trabalho. [...] Em todo o país foram cerca de 35 mil mortos. Nos últimos meses de 1918, uma esperança: o novo presidente seria Rodrigues Alves, conhecido por ter livrado, em seu primeiro mandato, a capital Rio de Janeiro de epidemias de febre amarela, peste e varíola. Mas ele não chegou a assumir o cargo. Morreu em 16 de janeiro de 1919, de gripe espanhola."

SCLIAR, Moacyr. A fúria da gripe espanhola. *Aventuras na História*, 1º jan. 2004. Disponível em http://historia.abril.com.br. Acesso em 2 ago. 2011.

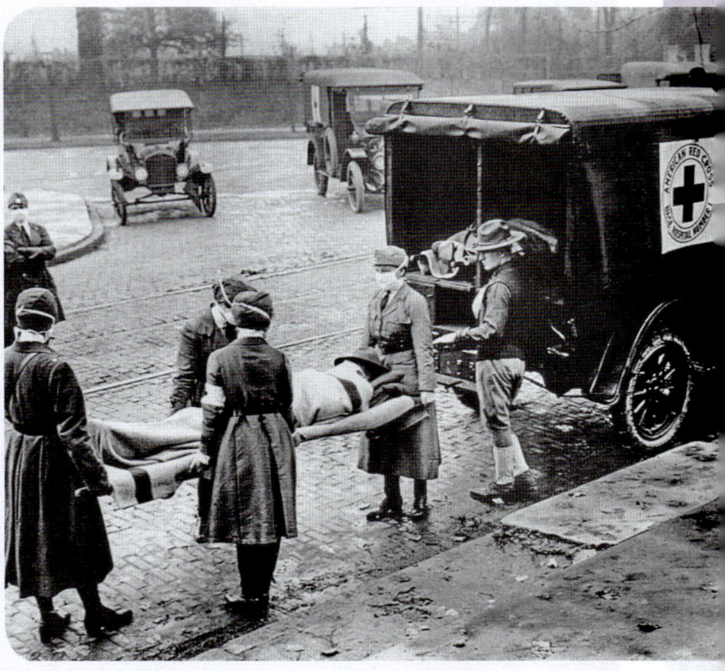

AKG-IMAGES/ALBUM/LATINSTOCK

Ambulância da Cruz Vermelha resgata corpo de vítima da gripe espanhola nos Estados Unidos, em 1918.

Questões

1. O que é uma pandemia? Você conhece outros casos de pandemia ao longo da história? Quais?

2. Segundo o texto, por que é difícil apurar o número exato de vítimas da gripe espanhola?

3. Uma pandemia semelhante à gripe espanhola se alastrou pelo mundo em 2009. Que doença é essa? O que você sabe sobre ela? Por que a ocorrência de pandemias nos dias atuais preocupa o mundo todo?

ATIVIDADES

Compreender os conteúdos

1. **Associe cada letra ao número da afirmativa correspondente.**

a) Rússia.
b) Itália.
c) Alemanha.
d) Império Austro-Húngaro.
e) França.
f) Grã-Bretanha.

1. Após a sua unificação, este país apresentou um acelerado desenvolvimento industrial; interessado em expandir seu território, armou um poderoso exército que preocupava outras potências europeias.
2. Grande aliada da Sérvia, entrou na guerra ao lado dos países da Entente. Porém, antes do final dos conflito, assinou a paz em separado com a Alemanha para garantir a vitória da revolução que tinha eclodido no país.
3. Era, desde o século XVIII, a maior potência econômica e industrial do mundo. Essa posição resultava, em grande parte, de sua política francamente imperialista, que lhe garantia o domínio de vastos territórios.
4. Esse império cobria uma imenso território, que abrigava diferentes nacionalidades. As tensões nacionais se concentravam na região dos Bálcãs, justamente onde surgiu a faísca que fez explodir a guerra.
5. No contexto das rivalidades nacionais e da corrida armamentista que ameaçavam a paz na Europa, juntou-se à Tríplice Aliança. No entanto, ao entrar na guerra, em 1915, lutou ao lado da Entente.
6. Nação rival da Alemanha, desde que foi derrotada em 1871 e perdeu para os alemães a região da Alsácia-Lorena, foi uma das protagonistas da Primeira Guerra.

2. **O pan-eslavismo e o pangermanismo marcaram o contexto político e cultural da Europa às vésperas da guerra. Qual o significado desses dois movimentos? O que eles tinham em comum? De que maneira eles contribuíram para a eclosão da Primeira Guerra Mundial?**

3. **Enumere as sentenças abaixo de acordo com a ordem dos acontecimentos.**

a) Os Estados Unidos, após um ataque alemão a um dos seus navios, entraram na guerra ao lado da Entente.

b) A Alemanha, aliada do Império Austro-Húngaro, declarou guerra à Rússia e à França, e invadiu a Bélgica.

c) No dia 28 de junho de 1914, o arquiduque austríaco Francisco Ferdinando foi assassinado em Sarajevo por um militante nacionalista sérvio-bósnio.

d) A Itália, rompendo com a Tríplice Aliança, entrou na guerra ao lado dos países da Entente.

e) Uma revolução socialista na Rússia obrigou o país a assinar a paz em separado com a Alemanha e a sair da guerra.

f) Isolada no conflito após a capitulação de seus aliados, a Alemanha assinou a rendição, encerrando o conflito mundial.

4. **Observe com atenção o organograma a seguir. Complete-o com as informações que faltam e escreva um pequeno texto resumindo o conteúdo desse esquema.**

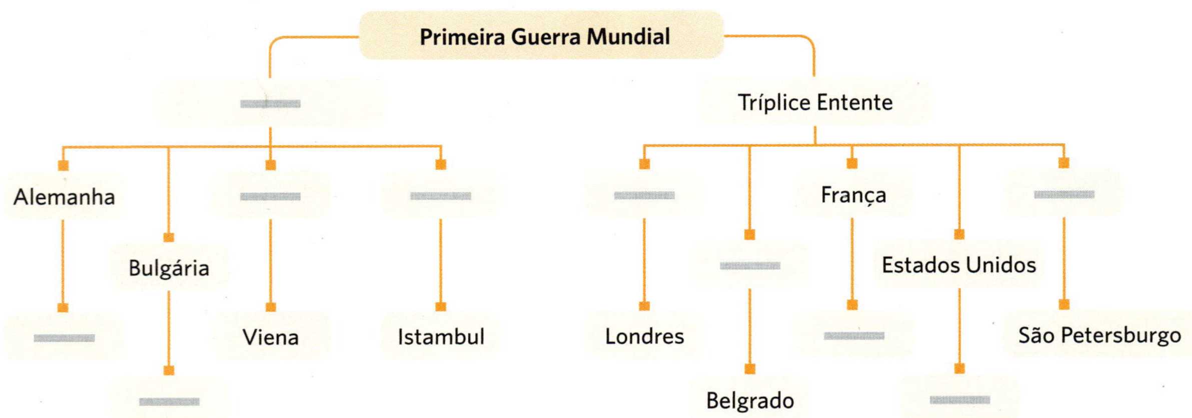

5. **Responda às seguintes questões.**

a) Por que a Primeira Guerra ficou conhecida como guerra de trincheiras?

b) O acordo de paz com a Alemanha foi assinado em junho de 1919, em Versalhes, na França. Por que esse acordo geralmente é considerado o primeiro passo rumo a um novo conflito mundial?

c) Destaque duas diferenças importantes entre a situação da Europa em 1914, no início da guerra, e a que nasceu em 1919, ao fim do conflito.

Ampliar o aprendizado

6. **Antes da Primeira Guerra Mundial nunca um conflito havia provocado tantas mortes. O texto a seguir nos permite imaginar como era um campo de batalha na Frente Ocidental. Leia-o atentamente e responda.**

"Essa era a 'Frente Ocidental', que se tornou uma máquina de massacre provavelmente sem precedentes na história da guerra. Milhões de homens ficavam uns diante dos outros nos parapeitos de trincheiras barricadas com sacos de areia, sob as quais viviam como – e com – ratos e piolhos. De vez em quando seus generais procuravam romper o impasse. Dias e mesmo semanas de incessante bombardeio de artilharia [...] 'amaciavam' o inimigo e o mandavam para baixo da terra, até que no momento certo levas de homens saíam por cima do parapeito [...] para a 'terra de ninguém', um caos de crateras de granadas inundadas de água, tocos de árvores calcinadas, lama e cadáveres abandonados, e avançavam sobre as metralhadoras, que os ceifavam, como eles sabiam que aconteceria. A tentativa alemã de romper a barreira em Verdun, em 1916 (fevereiro-julho), foi uma batalha de 2 milhões de homens, com 1 milhão de baixas. Fracassou. A ofensiva dos britânicos [...] custou 420 mil mortos – 60 mil no primeiro dia de ataque."

HOBSBAWM, Eric J. *Era dos extremos*: o breve século XX (1914-1991). São Paulo: Companhia das Letras, 1995. p. 33.

a) Segundo o texto, como ocorriam os combates?

b) Como eram os campos de batalhas?

c) Qual local dos combates corresponde ao quadro descrito pelo autor no texto? Quais países estavam situados nessa área?

d) Por que os conflitos da Primeira Guerra provocaram tantas mortes?

História feita com arte

7. **O terror da guerra forneceu novos temas para a arte. Durante o conflito, o pintor inglês Paul Nash foi recrutado como artista oficial e enviado para a Frente Ocidental. Ele aproveitou a oportunidade para retratar os horrores do conflito. A pintura reproduzida a seguir foi feita no final da guerra. Observe a imagem e responda.**

a) Na visão do artista, como é o novo mundo construído pela guerra?

b) Qual relação pode ser estabelecida entre a imagem feita pelo artista e o texto da atividade anterior?

c) Na sua opinião, o mundo atual corresponde à imagem criada pelo artista?

d) Faça um desenho representando como você imagina que será o mundo daqui a alguns anos.

THE BRIDGEMAN ART LIBRARY/GRUPO KEYSTONE - IMPERIAL WAR MUSEUM, LONDRES

Estamos construindo um novo mundo, pintura de Paul Nash, 1918. Museu Imperial da Guerra, Inglaterra.

Calcinar
Queimar; transformar em cinzas.

CAPÍTULO

5

A Revolução Russa

O fim de uma dinastia

Em 1991, em um bosque perto da cidade russa de Ekaterinburg, localizada nos Montes Urais, foram desenterradas nove ossadas humanas. Após análises científicas, concluiu-se que elas pertenciam à família imperial russa, os Romanov. Não foram encontrados, contudo, os restos de dois dos filhos, o príncipe herdeiro, Alexei, e a filha mais nova, Anastácia, o que alimentou inúmeras lendas a respeito do que poderia ter acontecido com eles.

A dinastia Romanov governava a Rússia quando eclodiu a Revolução de 1917. Depois de abdicar ao trono, o czar Nicolau II, a czarina Alexandra e seus cinco filhos foram presos. No ano seguinte, a família foi executada pelo governo bolchevique.

Terminava, assim, a longa história imperial russa e começava um dos momentos mais importantes da história contemporânea. Leia, a seguir, um relato dos últimos momentos dos Romanov.

Participantes de desfile reunidos na Praça Vermelha, em Moscou, 1917.

O ocaso dos Romanov

"A família foi acordada e informada de que, por causa das ações militares na cidade, passaria o resto da noite no porão [da casa em que estavam sendo mantidos prisioneiros], onde seria mais seguro. Os Romanov haviam escutado o som distante da artilharia todas as noites daquela quinzena e não viram nada sinistro neste pedido, e assim todos desceram tranquilamente as escadas.

Ao chegarem ao porão, ainda não se alarmaram ao descobrir que vários guardas se uniam a eles. Mesmo quando lhes pediram que formassem uma fila, de nada suspeitaram. Então o líder do pelotão de fuzilamento aproximou-se do czar e tirou um pedaço de papel do bolso com uma das mãos, enquanto a outra segurava um revólver dentro do casaco. Apressadamente, leu a nota que os condenava à morte. O czar ficou confuso. Voltou-se para a família, depois para os guardas, que puxaram as armas. As meninas começaram a gritar. Os tiros começaram. O primeiro a ser atingido foi o czar; despencou no chão. O porão ecoou com os gritos das vítimas misturados ao som dos tiros e das balas ricocheteando no recinto. Foi um pandemônio e o lugar logo encheu-se de fumaça, tornando ainda mais difícil para o pelotão encontrar os alvos, que corriam de um lado para o outro num pânico cego. A ordem de cessar fogo foi dada e as vítimas receberam o golpe de misericórdia com baionetas e coronhadas. Levou menos de três minutos para dar fim a uma dinastia que governara a Rússia durante trezentos anos."

SYKES, Bryan. *As setes filhas de Eva*: a ciência que revela nossa herança genética. Rio de Janeiro: Record, 2003. p. 84.

ALINARI/OTHER IMAGES

GIRAUDON/THE BRIDGEMAN ART LIBRARY/GRUPO KEYSTONE - MUSEU ESTATAL DA RÚSSIA, SÃO PETERSBURGO

Greve, pintura de Boris Kustodiev, início do século XX. Museu Estatal da Rússia.

O Império Russo

No final do século XIX, o Império Russo tinha o território mais extenso do mundo, com terras na Ásia e na Europa. A autoridade máxima do império era o **czar**, governante que concentrava grandes poderes em suas mãos e tinha o apoio da Igreja Ortodoxa Russa, da nobreza proprietária de terras e das forças armadas.

Cerca de 80% da população do império era formada por camponeses. A maior parte deles viveu em regime de servidão até 1860, realizando diversos tipos de trabalho em troca do direito de poder cultivar um pequeno pedaço de terra. Mesmo após a emancipação dos servos, os camponeses russos ainda estavam descontentes com a quantidade de terras disponíveis para o cultivo.

Nesse período, iniciou-se um rápido processo de modernização da economia russa. Foram criadas indústrias siderúrgicas e petrolíferas, financiadas, sobretudo, com capitais provenientes da França e da Grã-Bretanha, potências que tinham interesses na região. Também houve a expansão da malha ferroviária e das linhas de telégrafo.

Às vésperas da Primeira Guerra Mundial, a Rússia já era a quinta potência mundial e contava, então, com cerca de 174 milhões de habitantes e aproximadamente 3 milhões de operários. Essa mão de obra farta e barata vivia e trabalhava em condições bastante precárias, principalmente nas cidades de Moscou e de São Petersburgo.

O desenvolvimento da economia russa, no entanto, não apagou as profundas contradições do império. Enquanto apenas uma pequena parcela da sociedade se beneficiava da modernização da economia, a esmagadora maioria da população continuava marginalizada pela nobreza detentora de terras.

FORMAÇÃO DO IMPÉRIO RUSSO (1689-1900)

Fonte: DUBY, Georges. *Atlas historique mondial*. Paris: Larousse, 2003. p. 149.

Correntes políticas no império

No final do século XIX, surgiram movimentos revolucionários radicais de combate ao czarismo, como o grupo *Narodnaya Volya* (Liberdade do Povo), responsável pelo assassinato do czar Alexandre II. Esses movimentos eram encabeçados por jovens intelectuais russos – conhecidos como populistas –, que procuravam agir em aliança com o campesinato. Eles aterrorizaram o governo, ainda que seus métodos de organização e de ação fossem bastante limitados.

Em 1898, foi fundado o **Partido Operário Social Democrata Russo** (POSDR), inspirado nas ideias dos pensadores Karl Marx e Friedrich Engels. Desde o início havia no interior do partido divergências sobre o modo como a luta contra o czarismo deveria ser conduzida.

A primeira cisão entre as duas correntes ocorreu no congresso de 1903. Nessa ocasião, Wladimir Illich Ulianov, conhecido como Lênin, apresentou uma proposta que dividiu os delegados. O partido, segundo ele, devia ser centralizado e democrático, dirigido por revolucionários profissionais com base em uma disciplina severa. Lênin venceu a disputa e seus apoiadores ficaram conhecidos como **bolcheviques** (maioria). Seus adversários, liderados por Martov, ficaram conhecidos como **mencheviques** (minoria).

MARK BETON/TRAVEL/ALAMY/OTHER IMAGES

Karl Marx e Friedrich Engels em escultura de Ludwig Engelhardt, no parque dedicado aos dois pensadores. Berlim, Alemanha, foto de 2007.

Com o tempo, outras diferenças mais profundas surgiram entre os dois grupos. Os mencheviques defendiam uma aliança com a burguesia para derrubar o czarismo na Rússia, conquistar as liberdades democráticas e desenvolver plenamente o capitalismo no país. Só depois, gradualmente, viria o socialismo. Os bolcheviques, por sua vez, defendiam uma aliança revolucionária entre operários e camponeses para derrubar o czarismo, derrotar a burguesia e implantar o socialismo na Rússia.

FINE ART IMAGES/HERITAGE/SCALA/GLOWIMAGES - STATE MUSEUM OF HISTORY, MOSCOU

Membros da Liga de Luta pela Emancipação da Classe Trabalhadora, fundada em 1895 por Lênin (sentado no centro). São Petersburgo, Rússia, dezembro de 1896. Museu Estadual de História de Moscou, Rússia.

ARCHIVES CHARMET/THE BRIDGEMAN ART LIBRARY/GRUPO KEYSTONE

Cartaz do filme *O encouraçado Potemkin*, do diretor Sergei Eisenstein, 1925.

A Revolução de 1905

Entre 1904 e 1905, as disputas territoriais entre russos e japoneses levaram à eclosão de um conflito conhecido como **Guerra Russo-Japonesa**. A derrota da Rússia expôs a fragilidade do império e fez crescer a insatisfação popular com a política czarista e a corrupção da corte imperial.

A população em geral, os partidos e os movimentos sociais e revolucionários ocuparam as grandes cidades e organizaram greves e uma série de manifestações. Em janeiro de 1905, um grupo de manifestantes desarmados marchou até o Palácio de Inverno, em São Petersburgo, para entregar uma petição ao czar, solicitando melhores condições de vida e de trabalho. O czar, porém, ordenou que os soldados da guarda imperial metralhassem os manifestantes. Esse episódio ficou conhecido como **Domingo Sangrento**.

A repressão movida pelo governo czarista desencadeou uma série de protestos e greves pelo país. Em um dos protestos mais conhecidos, os marinheiros de um importante navio de guerra, o **encouraçado Potemkin**, rebelaram-se contra seus comandantes devido às péssimas condições de trabalho nos navios. O movimento foi duramente reprimido pelo governo.

Após o episódio, formaram-se os **sovietes**, conselhos de representantes de operários, soldados e camponeses, tidos como o principal resultado da Revolução de 1905.

Os acontecimentos de 1905 obrigaram o regime a ceder e a iniciar uma série de reformas encabeçadas pelo Partido Constitucional Democrático. O czar convocou a ***Duma***, o Parlamento russo, procurando dar uma aparência democrática ao seu governo. O Parlamento, contudo, era facilmente manipulado pela aristocracia, e o império continuava a reprimir com violência os movimentos de contestação ao regime.

Questão

- Que relação você identifica entre a charge ao lado e a Revolução de 1905? O que a figura do esqueleto parece representar na imagem?

THE BRIDGEMAN ART LIBRARY/GRUPO KEYSTONE - COLEÇÃO PARTICULAR

Charge publicada na revista *Zhupel*, 1905.

A Revolução de Fevereiro

Em 1914, a Rússia, ao lado da Grã-Bretanha e da França, ingressou na Primeira Guerra Mundial (1914-1918). O conflito consumiu muitos recursos do Estado, aumentando a insatisfação popular com o regime czarista. Além disso, nos campos de batalha, o exército russo, despreparado para uma guerra moderna e longa, sofria constantes derrotas.

A guerra atingiu duramente a economia do império, paralisando a indústria, as exportações e as importações e aumentando a inflação, o desemprego e as crises de desabastecimento. Como muitos camponeses tinham sido recrutados para a guerra, a produção de alimentos foi reduzida drasticamente.

Greves, passeatas, saques a armazéns e manifestações encabeçadas por diversos setores da sociedade russa passaram a ocorrer espontaneamente, por todo o país. Grupos socialistas de diversas correntes denunciavam a guerra, que só interessava aos países capitalistas e já havia causado a morte de 5 milhões de soldados russos.

No início de fevereiro de 1917, segundo o calendário russo (veja o boxe na página seguinte), eclodiu o movimento revolucionário na cidade de Petrogrado (atual São Petersburgo). Soldados e tropas aderiram ao movimento e até mesmo setores moderados abandonaram o czar Nicolau II, que foi forçado a deixar o trono.

DELIUS/LEEMAGE/OTHER IMAGES

Cartaz do Partido Comunista da URSS, 1925, com os dizeres "Trabalhadoras e camponesas, todas às eleições! Sob o estandarte vermelho, unidas aos homens, faremos os burgueses temerem!".

As mulheres e a revolução

Muitas mulheres participaram do movimento revolucionário. No dia 23 de fevereiro de 1917, data em que os russos comemoravam o Dia Internacional das Mulheres, as operárias abandonaram o trabalho e foram para as ruas. Mães de família, cansadas de perder seus filhos na guerra, decidiram lutar contra o governo do czar. Elas também reivindicavam a equiparação de direitos em relação aos homens, a aprovação do divórcio e a criação de creches.

Algumas mulheres apedrejaram as janelas das fábricas para chamar a atenção das companheiras. Outras saquearam padarias, mercearias e tombaram os bondes que circulavam nas ruas de Petrogrado. Muitas ocuparam as ruas da cidade gritando as palavras "paz e pão".

Leia a seguir um trecho retirado de uma das obras de Leon Trotsky, um dos mais importantes líderes da Revolução Russa.

Os protestos femininos

"Com maior ousadia do que os homens, [a mulher operária] penetra nas fileiras dos soldados, agarra-se aos fuzis, suplica e quase ordena: 'Tirem as suas baionetas, reúnam-se a nós'. Os soldados se emocionam, penalizam-se, entreolham-se inquietos e vacilam; um deles, enfim, se decide e as baionetas se levantam para cima dos ombros num gesto de arrependimento."

CARMO, Sonia Irene do; CARMO, Valdizar Pinto do. *A Rússia dos sovietes*. São Paulo: Atual, 1996. p. 22. (Coleção História em documentos)

Questão

- Segundo Trotsky, de que forma as mulheres russas atuavam nas manifestações revolucionárias?

Saiba mais

O antigo calendário russo

Havia uma diferença de quinze dias entre o calendário utilizado pelos russos até 1917 e o utilizado no Ocidente. Por isso, no nosso calendário, a Revolução de Fevereiro ocorreu em março e a Revolução de Outubro eclodiu em novembro. O Império Russo adotava o calendário juliano por influência bizantina, responsável pela cristianização dos povos eslavos. Depois da tomada do poder pelos bolcheviques, a Rússia adotou o calendário gregoriano, utilizado no Ocidente.

O governo provisório

Os revolucionários formaram um governo provisório, de caráter moderado, liderado pelo menchevique Alexander Kerensky. Imediatamente, realizaram algumas reformas, como a adoção do sufrágio universal e a convocação de uma Assembleia Constituinte.

Em abril de 1917, Lênin, que estava exilado na Suíça, retornou à Rússia. Com suas *Teses de abril*, Lênin defendeu a retirada do país da guerra, a reforma agrária e o fortalecimento dos sovietes. As ideias de Lênin tornaram-se muito populares e ganharam cada vez mais força entre diferentes setores da sociedade russa.

As fábricas e o exército começaram a formar seus próprios sovietes, ignorando o poder constituído. Enfraquecido, o governo provisório sofria com as pressões dos monarquistas, que articulavam a restauração do regime anterior, e dos bolcheviques, que defendiam a tomada do poder pelos sovietes.

A Revolução de Outubro

Em outubro de 1917, os bolcheviques, comandados por Lênin e Leon Trotsky, presidente do soviete de Petrogrado, ocuparam pontos estratégicos de Petrogrado, atacaram o Palácio de Inverno, sede do governo provisório, e tomaram o poder.

Aclamado pelo povo nas ruas, Lênin foi escolhido para presidir o **Conselho de Comissários do Povo**, cargo cujas funções eram semelhantes às de um primeiro-ministro, e adotou uma série de medidas:

- O confisco de terras da nobreza e da Igreja e distribuição dessas terras aos camponeses.
- A simplificação da língua escrita russa.
- A anulação dos títulos da nobreza.
- A estatização dos bancos, das estradas de ferro e das indústrias.
- O estabelecimento da igualdade de direitos entre homens e mulheres.

Lênin discursa para uma multidão na Praça Vermelha, em Moscou, outubro de 1917.

ANN RONAN PICTURE LIBRARY/HERITAGE/OTHER IMAGES

Em 1918, os russos assinaram com a Alemanha um tratado de paz, conhecido como **Tratado de Brest-Litovsky**. Pelo acordo, a Rússia cedia à Alemanha diversos territórios reivindicados pela antiga ordem imperial, como a Polônia, a Finlândia, os territórios bálticos e a Ucrânia, regiões ricas em terras férteis e em recursos minerais. No ano seguinte, com os tratados de paz, esses territórios se tornaram Estados independentes, e a Ucrânia foi reintegrada à Rússia.

A guerra civil

A assinatura da paz com a Alemanha permitiu ao governo bolchevique concentrar forças na defesa da revolução, ameaçada pela oposição interna e por uma frente de potências capitalistas unidas para invadir a Rússia. A guerra civil começou em 1918. Do lado bolchevique, lutava o **Exército Vermelho**, dirigido por Leon Trotsky. Do lado da contrarrevolução, estava o **Exército Branco**, unindo monarquistas, aristocratas, liberais e alguns setores do socialismo revolucionário, apoiados por França, Grã-Bretanha, Estados Unidos e outras potências capitalistas.

A situação da Rússia estava à beira do colapso, paralisada pela guerra civil e por uma crise de abastecimento nas cidades. Para salvar a revolução, Lênin preparou um programa de governo radical, que ficou conhecido como **comunismo de guerra**. O plano determinou o confisco dos cereais pelo governo, o congelamento dos preços e dos salários, a suspensão dos direitos individuais e a imposição de uma severa censura à imprensa. O czar e sua família, que estavam presos, foram executados, visando desmontar o plano de restauração monárquica.

A guerra civil terminou em 1921, com a vitória do Exército Vermelho. Cerca de 9 milhões de pessoas morreram em consequência direta dos conflitos ou vítimas de doenças e da fome. A economia russa estava devastada. A produção industrial estava reduzida a 18% do que era em 1913 e a agricultura a menos de 30%. Moscou tinha perdido quase 70% da sua população. A revolução bolchevique triunfou, mas o custo tinha sido imenso.

ARCHIV GERSTENBERG/ULLSTEIN BILD/OTHER IMAGES

Cartaz bolchevique com os dizeres "Quem é contra a fome e favorável a cargas de pão, rapidamente pega o martelo para que nenhuma locomotiva fique parada", c. 1920.

TOPICAL PRESS AGENCY/GETTY IMAGES

Trem utilizado para distribuição de comida durante a grande fome russa de 1921, que afetou principalmente a região do Volga-Urais, no sul da Rússia.

Mulheres camponesas vendem salsichas caseiras em mercado na Rússia. Foto de 1922.

A NEP: Nova Política Econômica

Após seis anos de guerras (a guerra de 1914 e a guerra civil), era preciso reconstruir a economia russa, para garantir o abastecimento da população e a sobrevivência do Estado nascido com a Revolução de Outubro. Para isso, Lênin elaborou, em 1921, a chamada **Nova Política Econômica** (NEP), um programa que combinava o controle estatal da economia com a adoção de medidas capitalistas.

Por meio da NEP, foram adotadas medidas para incentivar a produção, como a abertura de pequenas e médias empresas agrícolas e industriais. O programa também liberou os camponeses para venderem seus produtos e permitiu a entrada de capitais estrangeiros no país sob a forma de empréstimos. Os setores estratégicos da economia, como transportes e o sistema financeiro, permaneceram sob controle do Estado.

As medidas de liberação adotadas na economia não se estenderam, no entanto, ao plano político. A ditadura imposta durante a guerra civil para combater os inimigos da revolução foram mantidas no Estado socialista que começava a se estruturar na Rússia. O poder exercido pela classe operária por meio dos sindicatos e dos sovietes foi transferido para as mãos do Partido Comunista, o único permitido no país.

Em 1922, foi criada a **União das Repúblicas Socialistas Soviéticas** (URSS), uma federação de repúblicas que congregava as várias regiões que compunham o antigo Império Russo e os territórios que haviam sido anexados pelo Exército Vermelho ao longo da guerra revolucionária (veja o mapa abaixo).

A UNIÃO SOVIÉTICA EM 1922

Fonte: CALDINI, V.; ÍSOLA, L. *Atlas geográfico Saraiva*. São Paulo: Saraiva, 2009.

A ascensão de Stalin

Em 1924, com a morte de Lênin, iniciou-se no interior do Partido Comunista uma acirrada disputa pelo poder. **Joseph Stalin**, que ocupava o posto de secretário-geral do Partido Comunista desde 1922, defendia uma posição **nacionalista**. Para Stalin, a revolução deveria se concretizar primeiro na União Soviética, para, em seguida, ganhar o mundo. No plano internacional, a União Soviética deveria fazer alianças com setores burgueses e proletários, na forma de frentes populares. Exemplos desses agrupamentos políticos foram as frentes populares da França e do Chile.

RIA NOVOSTI/GRUPO KEYSTONE

Stalin e Lênin no VIII Congresso do Partido Comunista, Moscou, março de 1919.

Em oposição, **Leon Trotsky**, que tinha assumido a direção da política externa da União Soviética, defendia que, isolada, a União Soviética iria desaparecer. Além disso, para o líder do Exército Vermelho, a continuidade e a "exportação" da revolução era a única maneira de evitar que ela fosse esmagada pelas forças dos outros países capitalistas ou terminasse sufocada pela burocratização e pelo autoritarismo do partido único. Por propor a revolução mundial, a política de Trotsky foi chamada de **internacionalista**.

No XIV Congresso do Partido Comunista da União Soviética, em 1925, as teses de Stalin foram aprovadas. Dois anos depois, Trotsky foi expulso do partido e, em 1929, banido da União Soviética. Uma vez afastado seu principal adversário político, Stalin pôde avançar na construção de um Estado ditatorial na União Soviética. Progressivamente, as referências ao opositor de Stalin foram retiradas dos registros soviéticos. Trotsky foi assassinado em 1940, durante seu exílio no México, a mando de Stalin.

Saiba mais

Arte revolucionária *versus* realismo socialista

A revolução socialista na Rússia foi acompanhada por uma profunda revolução cultural. Cineastas, pintores, escultores e outros artistas criaram novas formas de manifestação artística, que procuravam expressar as transformações pelas quais a sociedade russa passava.

Após a morte de Lênin e a ascensão de Stalin ao poder, essas obras passaram a ser consideradas expressões de uma arte burguesa e degenerada, e foram reprimidas. Essa mudança na política cultural da Rússia levou muitos artistas ao exílio ou à prisão. No lugar da arte revolucionária e independente, surgiu uma arte oficial, com a tarefa de enaltecer a grande pátria soviética, o governo e os trabalhadores. Nas obras do chamado **realismo socialista**, Stalin era representado como "pai do povo" ou "grande irmão", com expressões amáveis e, sempre que possível, ao lado de crianças e de trabalhadores. Sob o regime de Stalin, a arte deixou de expressar um ato de liberdade para servir ao projeto político do Estado soviético.

CULTURE-IMAGES/OTHER IMAGES - RUSSIAN STATE LIBRARY, MOSCOU

Cartaz de propaganda soviética com os dizeres "Obrigado ao querido Stalin pela infância feliz!", de Viktor Iwanowitsch Goworkow, 1936. Biblioteca Estadual Russa, Rússia. Qual foi a intenção do autor ao criar esse cartaz?

REPRODUÇÃO - ARQUIVO DO ESTADO DE SÃO PAULO

Cartaz soviético da década de 1930. Um dos traços da ditadura stalinista foi o culto à personalidade do líder.

O stalinismo

A ascensão da ditadura stalinista foi favorecida por uma crise da NEP. Em 1927, o abastecimento de alimentos não correspondeu às expectativas do governo, provocando, novamente, o fantasma do desabastecimento nas cidades. No campo, os produtores estocavam seus excedentes e diminuíam a área semeada.

No início de 1928, o governo soviético estabeleceu "medidas extraordinárias" para obrigar os camponeses a entregar os grãos estocados. Em 1929, o Estado soviético decretou a coletivização forçada da terra, expropriando os camponeses, conhecidos como *kulaks*.

O governo stalinista adotou o terror e a violência como práticas comuns. Entre 1936 e 1939, o governo soviético promoveu os chamados "expurgos", perseguindo e assassinando todos os que lhe faziam oposição ou constituíam ameaça. Até mesmo antigos dirigentes bolcheviques acabaram presos e executados por ordens de Stalin.

Os povos não russos da União Soviética foram submetidos às regras estabelecidas pelo comitê central do Partido Comunista, adotando, até mesmo, o idioma russo como o oficial. Além disso, instituiu-se uma severa censura aos meios de comunicação e estabeleceu-se uma grande burocratização do Estado, que deu origem a uma elite que gozava de privilégios políticos e econômicos.

O stalinismo tinha seus defensores e admiradores, dentro e fora das fronteiras soviéticas. A maioria dos partidos comunistas do mundo acreditava que os desmandos stalinistas não passavam de uma campanha de difamação comandada pelos Estados Unidos e seus aliados capitalistas. Quase todos seguiam à risca as diretrizes enviadas por Moscou. Somente em 1956, três anos após a morte de Stalin, seus crimes foram confirmados e denunciados pelo próprio Estado soviético, revelando ao mundo a violência do regime stalinista.

RIA NOVOSTI/AKG-IMAGES/ALBUM/LATINSTOCK

Camponeses ucranianos debulham grãos durante a fase de coletivização forçada da agricultura na União Soviética, promovida por Stalin a partir de 1927. Fotografia de 1929.

ATIVIDADES

Compreender os conteúdos

1. Redija um texto-resumo sobre a situação política, econômica e social do Império Russo no início do século XX.

2. Explique de que maneira as ideias socialistas de Karl Marx e Friedrich Engels influenciaram os movimentos revolucionários russos nas primeiras décadas do século XX.

3. Estabeleça a sequência correta das frases abaixo e reescreva-as no caderno.

a) O governo czarista reprimiu violentamente essa onda revolucionária. Mesmo vitorioso, o governo foi obrigado a promover algumas reformas liberais no regime, encabeçadas pelo Parlamento russo.

b) A derrota da Rússia na guerra de 1905 fez crescer a insatisfação popular com a ditadura czarista e com a corrupção da corte imperial.

c) No início do século XX, as condições de vida da maioria da população russa eram muito precárias. Os camponeses sofriam com os baixos rendimentos da agricultura e a falta de incentivos do governo. Os operários tinham de arcar com longas jornadas de trabalho e baixos salários.

d) A situação de penúria da população pobre foi agravada pela Guerra Russo-Japonesa, em 1904-1905, que aprofundou a crise de abastecimento nas cidades.

e) A população e diversas correntes do movimento operário reagiram promovendo greves, manifestações e apoiando motins de soldados e marinheiros.

f) Para os trabalhadores, o grande saldo da Revolução de 1905 foi a formação dos sovietes, conselhos de representantes eleitos pelos operários, soldados e camponeses.

4. Defina, com suas palavras, os termos a seguir.

a) Sovietes.

b) Mencheviques.

c) Bolcheviques.

d) Comunismo de guerra.

e) Czarismo.

Ampliar o aprendizado

5. Leia o texto a seguir e responda às questões.

"Assim, contra as expectativas, a Rússia soviética sobreviveu. [...] E o fez por três grandes razões: primeiro, possuía um instrumento de poder único, praticamente construtor de Estado, no centralizado e disciplinado Partido Comunista [...]. Segundo, era [...] o único governo capaz de manter a Rússia integral como Estado [...]. A terceira razão era que a revolução permitiria ao campesinato tomar a terra. Quando chegou a isso, o grosso dos camponeses da Grande Rússia [...] achou que suas chances de mantê-la eram melhores sob os vermelhos do que se retornasse a fidalguia. Isso deu aos bolcheviques uma vantagem decisiva na guerra civil de 1918-1921."

HOBSBAWM, Eric. *Era dos extremos*: o breve século XX (1914-1991) São Paulo: Companhia das Letras, 1995. p. 70-71.

a) Quais deveriam ser as expectativas a respeito do futuro da Rússia soviética?

b) Que razões foram apontadas pelo autor para explicar a sobrevivência da revolução?

História feita com arte

6. O realismo socialista transformou a arte em veículo de propaganda do Estado. Contra as vanguardas estéticas, o regime exigia uma arte didática e figurativa, comprometida com a revolução e a pátria soviética. Pensando nisso, identifique na escultura ao lado as características que fazem dessa obra um exemplo do realismo socialista.

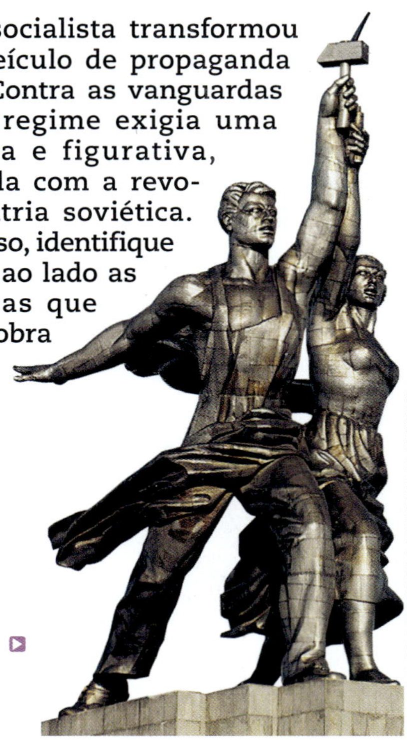

Operário e camponesa, escultura da artista soviética Vera Mukhina, 1937.

GREGOR M. SCHMID/CORBIS/LATINSTOCK / © MUKHINA IGNATYEVNA, MUKHINA /LICENCIADO POR AUTVIS, BRASIL, 2011

AVALIE O SEU APRENDIZADO

1. Sobre o imperialismo na Ásia e na África, responda.

a) Qual era a relação entre a Segunda Revolução Industrial e o início da expansão imperialista na Ásia e na África?

b) Qual era o objetivo da Conferência de Berlim, realizada em 1884?

2. Identifique a afirmativa incorreta e corrija-a.

a) Os conflitos entre holandeses e britânicos pela dominação das regiões de Transvaal e Orange, na África do Sul, ficaram conhecidos como Guerra dos Bôeres.

b) A Revolta Maji-Maji foi uma rebelião africana contra a colonização. Os britânicos violentaram a religiosidade dos nativos por meio da deposição de chefes tradicionais e os substituíram por outros líderes sem legitimidade.

c) O movimento nacionalista de resistência contra o domínio de ingleses, franceses, japoneses e russos no território chinês, cujo nome era Punhos Harmoniosos e Justiceiros, foi desenvolvido e propagado pelos boxers.

d) Os *zaibatsus* eram grupos econômicos de atividades diversificadas que controlavam o comércio, a indústria e o setor financeiro no Japão durante a era Meiji.

3. Redija um pequeno texto sobre o coronelismo durante a Primeira República no Brasil.

4. Complete o quadro a seguir sobre alguns movimentos políticos e sociais da Primeira República.

Movimento	Ano	Local	Motivos e desfecho
Revolta da Armada	▬	▬	▬
Revolução Federalista	▬	▬	▬
Revolta da Vacina	▬	▬	▬
Revolta da Chibata	▬	▬	▬
Revolta dos 18 do Forte de Copacabana	▬	▬	▬

5. Em sua obra *Os sertões*, Euclides da Cunha afirmou que Canudos não se rendeu. Explique os motivos que levaram os sertanejos a seguir Antônio Conselheiro e como ocorreu a destruição da comunidade.

6. Sobre a Revolução Mexicana, responda.

a) Que setores da sociedade participaram, ao lado de Francisco Madero, da guerra contra Porfírio Diaz?

b) Os grupos sociais que apoiaram a deposição de Porfírio Diaz tinham diferentes interesses e reivindicações. Explique essa afirmação.

7. Por que o período anterior à Primeira Guerra Mundial foi chamado de *Belle Époque*?

8. As pretensões imperialistas das grandes potências europeias e os movimentos nacionalistas foram motivos determinantes para o início da Primeira Guerra Mundial. Explique essa afirmação e identifique os blocos rivais que se formaram.

9. Redija um texto relacionando a capa da revista inglesa *London Opinion*, de 1915, ao trecho da reportagem abaixo. Não se esqueça de levar em consideração os seguintes itens.

a) Os interesses da Grã-Bretanha na Primeira Guerra Mundial.

b) A importância da propaganda para o recrutamento de soldados.

"Pôsteres convocando recrutas podem ser vistos em cada espaço para anúncios, na maior parte das janelas, ônibus, bondes e peruas. Em todo lugar o Lord Kitchener aponta severamente um monstruoso dedo, exclamando: 'Eu quero você!'. Outro cartaz diz: 'Lord Kitchener quer mais 100 mil homens'."

ALFRED LEETE - BIBLIOTECA DO CONGRESSO, WASHINGTON

Michael McDonagh [1915]. In: SIMKINS, Peter. *Kitchener's Army*: The Raising of New Armies, 1914-1916. Manchester: Manchester UP, 1988. p. 122. (Tradução nossa)

10. **Complete o diagrama sobre a cisão no interior do Partido Operário Social Democrata Russo.**

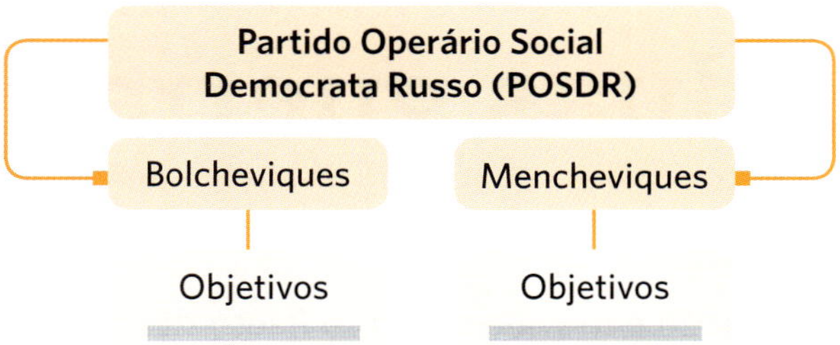

11. **Ordene os acontecimentos a seguir em ordem cronológica.**

a) O país viveu a guerra civil entre o Exército Vermelho, dirigido por Leon Trotsky, e o Exército Branco, unindo monarquistas, aristocratas, liberais e alguns setores do socialismo revolucionário, apoiados por França, Grã-Bretanha, Estados Unidos e outras potências capitalistas.

b) A disputa pelo poder na União Soviética entre Trotsky e Stalin, após a morte de Lênin, em 1924, teve como eixo a discussão sobre a expansão ou não da revolução socialista mundial como forma de consolidar internamente o regime.

c) Na cidade de Petrogrado, eclodiu um movimento revolucionário encabeçado por diversos setores da sociedade russa, que criticavam a participação da Rússia na guerra e que forçaram o czar Nicolau II a deixar o trono. Formou-se, assim, um governo provisório liderado por Alexandre Kerensky.

d) A NEP impulsionou o comércio e a produção agrícola e industrial, mas os sindicatos e os sovietes foram perdendo sua liberdade e a autonomia para as lideranças bolcheviques e o Partido Comunista, o único permitido no país.

e) O governo de Stalin adotou o terror, a violência e a censura como práticas comuns. Milhares de pequenas propriedades rurais foram transformadas, à força, em fazendas coletivas estatais, e os opositores foram duramente perseguidos.

f) Os sovietes, conselhos de representantes de operários, soldados e camponeses, foram criados em 1905 após a intensa repressão promovida pelo czar contra manifestantes que reivindicavam melhores condições de vida e de trabalho.

O que eu sei?

12. **Avalie o seu aprendizado nos seis objetivos a seguir. A aprendizagem pode ser plena, suficiente ou insuficiente.**

	Aprendizagem plena	Aprendizagem suficiente	Aprendizagem insuficiente
1. Relacionar a Segunda Revolução Industrial ao imperialismo europeu na África e Ásia e caracterizar o período conhecido como *Belle Époque*.			
2. Reconhecer as principais características da política-econômica e dos movimentos sociais da Primeira República do Brasil.			
3. Identificar os principais fatores que levaram à eclosão da Primeira Guerra Mundial.			
4. Reconhecer os diferentes interesses de classe envolvidos na Revolução Mexicana.			
5. Identificar as condições econômicas e sociais que possibilitaram a Revolução Russa de 1917.			
6. Reconhecer as fases da Revolução Russa, identificando as diferenças ideológicas dos líderes Lênin, Trotsky e Stalin.			

CAPÍTULO

6

Entre duas guerras

O fracasso do pacto

No dia 10 de janeiro de 1920 entrava em vigor o **Pacto das Nações**. O documento, aprovado em Versalhes, na França, ao final da Primeira Guerra Mundial, instituiu a Liga das Nações, organismo destinado a garantir a paz mundial por meio do diálogo e do respeito mútuo. No trecho a seguir estão colocados os principais objetivos da instituição.

"Considerando que, para desenvolver a cooperação entre as nações e para lhes garantir a paz e a segurança, importa: aceitar certas obrigações de não recorrer à guerra; manter claramente relações internacionais fundadas sobre a justiça e a honra; observar rigorosamente as prescrições do direito internacional, reconhecidas de ora em diante com regra de conduta efetiva dos governos; fazer reinar a justiça e respeitar escrupulosamente todas as obrigações dos tratados nas relações mútuas dos povos organizados; [...]

Art.8º. Os membros da sociedade reconhecem que a manutenção da paz exige a redução dos armamentos nacionais ao mínimo compatível com a segurança nacional e com a execução das obrigações internacionais impostas por uma ação comum. [...]"

Pacto da Sociedade das Nações [1919]. Biblioteca Virtual de Direitos Humanos. Universidade de São Paulo – USP. Disponível em www.direitoshumanos.usp.br. Acesso em 12 jul. 2011.

Adolf Hitler discursa para a multidão no Estádio Olímpico de Berlim, na Alemanha, durante as celebrações do Dia 1º de Maio, 1938.

HUGO JAEGER/TIMEPIX/TIME LIFE PICTURES/GETTY IMAGES

GONZALO FUENTES/REUTERS/LATINSTOCK

Membros da organização de extrema direita Renovação Francesa protestam exigindo do governo medidas para bloquear a entrada de imigrantes no país. Paris, maio de 2011. A mesma França que resistiu ao totalitarismo do regime nazista hoje é palco de muitas manifestações racistas e ufanistas.

Como você estudou no capítulo 4, o saldo deixado pela Primeira Guerra Mundial na Europa foi terrível: milhões de mortos e feridos, economias arruinadas e um trauma criado pelo convívio direto com a morte que marcou o cotidiano dos europeus por toda a década de 1920 e 1930.

Era de se esperar, portanto, que a experiência recente de uma guerra tão devastadora fortalecesse atitudes pela tolerância e pela paz entre as nações europeias. Mas não foi isso o que aconteceu. Nos anos 1920, em alguns países da Europa, líderes e partidos políticos que exaltavam a guerra e pregavam o orgulho nacional recrutaram milhões de seguidores, insatisfeitos com a crise econômica e seduzidos pela promessa de um futuro glorioso e redentor.

Por que ideologias que estimulam a intolerância e a rivalidade entre os povos tendem a crescer em épocas de crise econômica? Isso também acontece nos dias atuais? Onde e por quê? O que se deve fazer para garantir uma relação de respeito e cooperação entre os diferentes povos e culturas, mesmo em períodos de desemprego elevado e recessão econômica? Converse com os colegas sobre isso.

Velho vagão de trem utilizado como casa por família alemã na década de 1920. A crise econômica do pós-guerra deixou grande parte dos europeus em condição de miséria.

Depois da Primeira Guerra

Ainda durante a Primeira Guerra, o mundo capitalista assistiu à eclosão da Revolução Russa e à criação do primeiro Estado socialista da história. Nos anos 1920 e 1930, sob a direção de Stalin, implantou-se na União Soviética um modelo de Estado com duas características claras: no aspecto político, um regime ditatorial e centralizador; no aspecto econômico, um modelo de economia planificada que resultou em um extraordinário sucesso, enquanto o mundo capitalista sofria os efeitos da crise de 1929.

A Primeira Guerra deixou um saldo muito negativo para a Europa. Além das perdas humanas e materiais, os países enfrentavam uma grave crise econômica. Nesse contexto, os trabalhadores responsabilizavam os governos liberais e o próprio capitalismo pela tragédia da guerra e pelo desemprego. Ao mesmo tempo, o rápido crescimento da União Soviética parecia confirmar que o capitalismo liberal estava com seus dias contados.

A adesão dos trabalhadores ao socialismo representava uma ameaça para a grande burguesia. Rapidamente os setores dominantes europeus e a classe média começaram a abandonar o liberalismo e a democracia e a exaltar formas autoritárias de governo que pudessem conter o avanço do socialismo.

A radicalização política na Europa aprofundou-se com os efeitos da quebra da bolsa de valores de Nova York em 1929. A falência de milhares de empresas obrigou os Estados Unidos a reduzir drasticamente as importações e a cortar o auxílio financeiro aos países europeus. Muito dependentes das importações e do crédito dos Estados Unidos, as economias de vários países da Europa mergulharam em uma profunda crise.

Cartaz que homenageia a Terceira Internacional Comunista, com os dizeres "Longa vida à Terceira Internacional Comunista", feito por Alexander Petrovich Apsit, 1921. Biblioteca Lênin, Rússia. Note que a mensagem na base do cartaz foi escrita em quatro idiomas além do russo.

As crises de 2008 e 2009

"Crise financeira internacional", "queda na bolsa de valores", "quebra de bancos", "*default* da dívida americana"... esses são alguns termos do vocabulário econômico que não saem dos noticiários desde 2008. Naquele ano, a falência de um importante banco de investimentos nos Estados Unidos revelou a quebra do mercado imobiliário no país, aquecido até então pela política descontrolada de expansão do crédito.

Os efeitos dessa quebra foram catastróficos: centenas de empresas tradicionais fecharam as portas e milhões de trabalhadores perderam o emprego, situação que levou o governo norte-americano a socorrer as empresas à beira da falência com empréstimos. O quadro de recessão se espalhou pelo mundo, atingindo principalmente os países europeus. O "fantasma" da crise de 1929 voltou a aterrorizar o mundo.

O fantasma da crise de 1929

"Desde a quebra do centenário banco de investimentos Lehman Brothers [em 2008], o espectro da crise de 1929 ronda o mundo. Oitenta anos após o *crash* [quebra] da bolsa de Nova York, as comparações com a crise atual são inevitáveis: ambas começaram a partir de uma desenfreada especulação no sistema financeiro americano e gradativamente contaminaram o setor produtivo dos Estados Unidos, espalhando a seguir a contração econômica e o desemprego por todo o planeta."

CARVALHO, Herbert. Crise econômica lembra lições de 1929. *Revista Problemas Brasileiros*, mar./abr. 2009. Disponível em www.sescsp.org.br. Acesso em 11 ago. 2011.

Por que a crise de 1929 ocorreu e quais foram seus efeitos? Será que ela também atingiu o Brasil? Para compreender essa grande crise, voltemos à situação econômica dos Estados Unidos ao final da Primeira Guerra Mundial.

DESEMPREGO NOS ESTADOS UNIDOS E NA UNIÃO EUROPEIA (2007-2010)

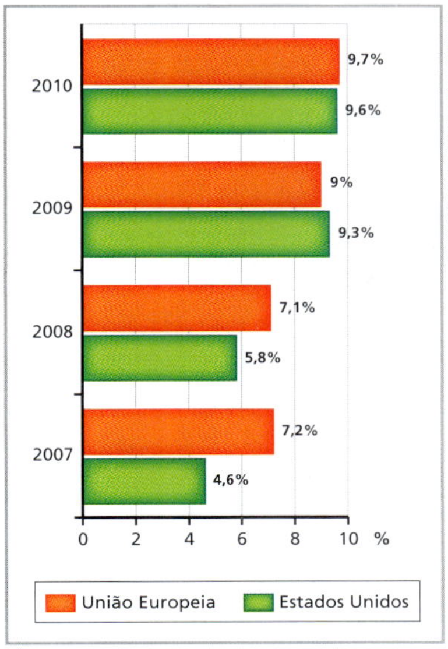

ANDERSON DE ANDRADE PIMENTEL

Fonte: Departamento de Estatísticas do Trabalho dos Estados Unidos. Disponível em www.bls.gov. Acesso em 31 ago. 2011.

Manifestação em Atenas contra o plano de austeridade fiscal apresentado pelo governo da Grécia, durante greve de 24 horas que paralisou a cidade em 11 de maio de 2011. O plano previa, entre outras medidas, a privatização de empresas, a criação de novos impostos sobre renda e propriedade e o corte de salários e aposentadorias.

ARIS MESSINIS/AFP

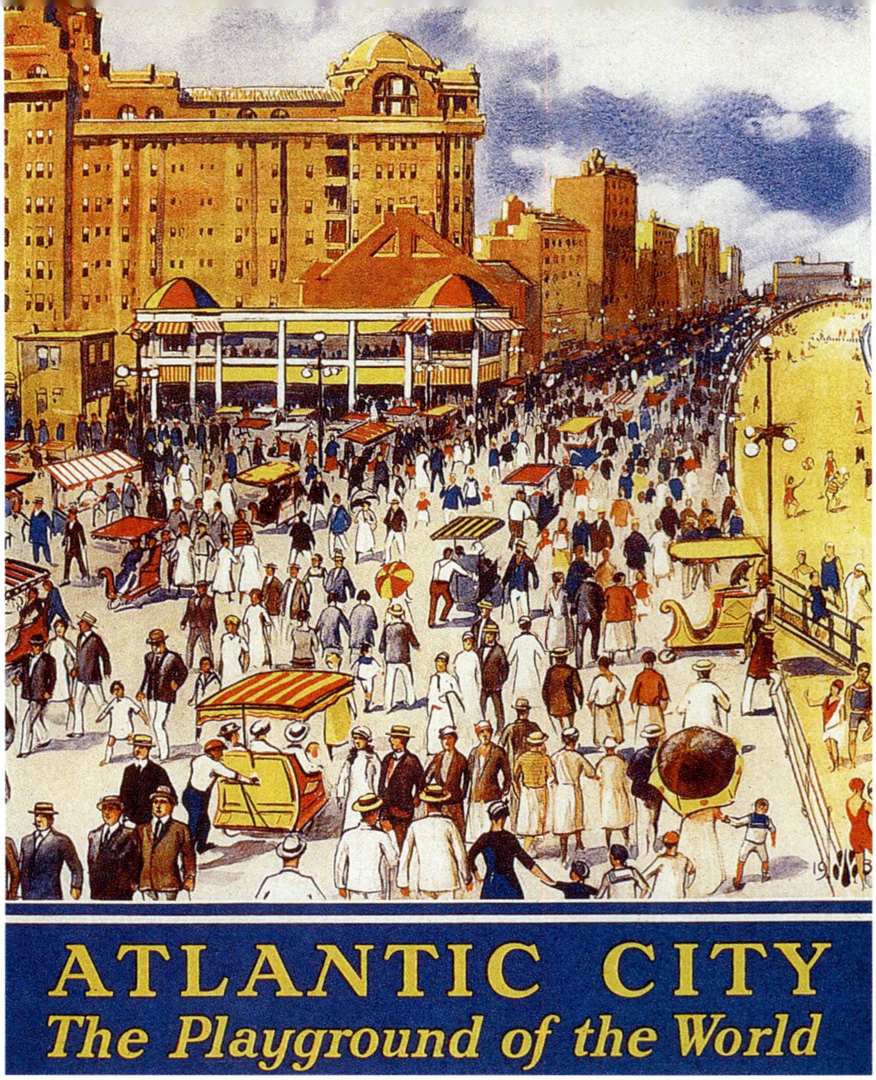

MPI/GETTY IMAGES

Cartaz representando turistas em Atlantic City, Nova Jersey, nos Estados Unidos, c. 1925. Repare nos dizeres do cartaz: "Atlantic City: o *playground* do mundo". O que isso quer dizer?

Hipotecar
Oferecer um bem como garantia, geralmente um imóvel, ao tomar um empréstimo bancário.

A sociedade da abundância e do consumo

Ao terminar a Primeira Guerra, os Estados Unidos emergiram como o centro do capitalismo mundial e o principal credor dos países europeus esgotados pelo conflito. Com a prosperidade econômica, nascia o chamado "modo de vida americano", caracterizado pelo consumo em massa e pela produção em larga escala, estimulados por uma política de crédito bancário livre do controle estatal.

Nos primeiros anos da década de 1920, os Estados Unidos tiveram um crescimento industrial acelerado, impulsionado pelo consumo interno e pela expansão do mercado externo. Com grande parte do potencial industrial e agrícola dos países europeus arruinada pela guerra, os Estados Unidos, responsáveis por um terço do PIB mundial, assumiram a liderança das exportações de todo o planeta.

A prosperidade econômica dos Estados Unidos impulsionou a especulação financeira feita na bolsa de valores. Com a economia aquecida, milhares de investidores aplicaram todas as suas economias no mercado de ações, que não tinha nenhuma regulamentação governamental. Muitos chegaram a hipotecar suas casas para comprar ações de empresas, apostando na sua crescente valorização. Era o sonho da riqueza fácil.

Saiba mais

Ações de uma empresa

Ações são documentos ou títulos que representam parte do patrimônio de uma empresa. Elas são emitidas por empresas que querem atrair investidores. O valor dessas ações varia de acordo com o sucesso econômico das empresas: quando a rentabilidade de uma empresa cresce, aumenta a procura por suas ações e o valor desses títulos no mercado. As operações de compra e venda de ações são feitas nas bolsas de valores.

A quebra da bolsa de Nova York

A especulação financeira, porém, ocultava as contradições da prosperidade norte-americana, que não havia chegado para todo mundo. Os trabalhadores tinham seus salários reduzidos, e os pequenos proprietários sofriam com os baixos preços dos seus produtos.

No final da década de 1920, a produção industrial do país já não era absorvida nem pelo mercado interno, que estava saturado, nem pelo externo, já que os países europeus começavam a recuperar sua capacidade de produção industrial e a reduzir as importações. Uma crise de **superprodução** logo estouraria nos Estados Unidos.

Por um breve período, os bancos mantiveram sua política de expansão de crédito para as empresas, mesmo elas não tendo mercado suficiente para a compra dos seus produtos. Com recursos para fazer investimentos e aumentar a produção, o valor das ações dessas empresas na bolsa de valores também crescia. Assim, empresas à beira da falência tinham suas ações indevidamente valorizadas.

Em outubro de 1929, diante de alguns sinais preocupantes, investidores colocaram um grande número de ações à venda. O excesso de ações sem compradores no mercado provocou uma queda brusca do seu valor. No dia 29 daquele mês, a bolsa de valores de Nova York "quebrou", paralisando suas atividades e espalhando o pânico entre as pessoas que tinham feito aplicações na bolsa.

As ações perderam praticamente todo o seu valor, levando milhões de investidores à ruína. Sem nenhum dinheiro, fábricas e bancos faliram rapidamente. Entre 1929 e 1931, mais de 4 mil instituições bancárias norte-americanas fecharam por falta de recursos. O capitalismo liberal levado ao extremo tinha fracassado.

FOTOTECA/LEEMAGE/OTHER IMAGES

Multidão em Wall Street, onde se localiza a bolsa de valores de Nova York, nos Estados Unidos, em 24 de outubro de 1929, dia que ficou conhecido como a "quinta-feira negra".

KEYSTONE VIEW COMPANY/ARCHIVE PHOTOS/GETTY IMAGES

Multidão aguarda atendimento da Missão Bowery, instituição não governamental de assistência aos desabrigados de Nova York, em foto de 1935. A crise de 1929 levou milhões de pessoas à miséria e se estendeu por vários anos.

Florence Owens e três dos seus sete filhos em foto feita por Dorothea Lange, na Califórnia, em 1936, Biblioteca do Congresso, Estados Unidos. A foto tornou-se um dos registros mais dramáticos da recessão americana.

Os efeitos da crise

A quebra da bolsa de valores de Nova York teve consequências imediatas. Entre 1929 e 1932, a produção industrial norte-americana caiu 54%, e o número de desempregados saltou de 400 mil para 12 milhões. A década de 1930 foi marcada por uma grande depressão econômica, gerando um clima de pessimismo que se expressou em todos os setores da sociedade.

Nesse quadro de profunda recessão, os Estados Unidos suspenderam as importações e cortaram o crédito aos demais países. Assim, praticamente toda a Europa ocidental e a América Latina foram duramente atingidas pela crise. No Brasil, os grandes exportadores de café foram os mais atingidos. Sem crédito e sem poder contar com o mercado norte-americano, o preço do produto caiu drasticamente.

Enquanto o capitalismo liberal entrava em colapso, a economia soviética, centralizada e planejada pelo Estado, crescia. Diante da crise geral do sistema capitalista, o espetacular desenvolvimento industrial soviético serviu de propaganda do regime socialista.

Nos anos 1930, com o objetivo de combater a depressão econômica, até mesmo os Estados Unidos adotaram alguns aspectos do planejamento econômico soviético, porém sem comprometer a propriedade privada. Assim, a crise econômica significou um duro golpe ao liberalismo puro e mostrou a necessidade da intervenção estatal para salvar a economia capitalista.

Vale a pena assistir

Tempos modernos
Nacionalidade: EUA
Direção: Charles Chaplin
Ano: 1936
Duração: 87 min

O filme se passa nos Estados Unidos, durante a grande depressão econômica da década de 1930, quando milhares de norte-americanos perderam seus empregos e acabaram vivendo em condições miseráveis. Nesse contexto, o personagem Carlitos (interpretado por Charles Chaplin), operário de uma fábrica, acaba liderando uma greve. Devido ao seu conteúdo de crítica à supremacia da máquina sobre o homem e ao próprio sistema capitalista, o filme chegou a ser proibido em países como Alemanha e Itália.

Cena do filme *Tempos modernos*, em que o personagem Carlitos se mistura às engrenagens de uma máquina, como se fizesse parte dela.

O *New Deal*

Em 1933, o democrata Franklin Delano Roosevelt assumiu a presidência dos Estados Unidos com o compromisso de tirar o país da crise. Como governador do estado de Nova York, ele tinha sido pioneiro na adoção de medidas para criar empregos e amparar a população em necessidades. Na presidência, Roosevelt adotou um plano para reorganizar a produção e alavancar a economia, que ficou conhecido como ***New Deal*** (novo acordo).

O programa de recuperação econômica de Roosevelt estabelecia medidas para limitar a produção e reduzir os estoques agrícolas, visando conter a queda de preços. Também incluía concessão de financiamentos à indústria a juros baixos, incentivos às exportações, redução da jornada de trabalho (com o objetivo de criar novos empregos), fixação de um salário mínimo e grande investimento em obras públicas para gerar empregos.

Assim, o Estado assumia a administração da economia com medidas voltadas para o desenvolvimento social. Os recursos públicos utilizados para a realização desses programas foram garantidos por meio da cobrança de impostos mais altos para os ricos e da emissão de dinheiro, mesmo que essa medida provocasse um processo inflacionário.

Saiba mais

O mais longo governo dos Estados Unidos

Os resultados positivos do *New Deal* garantiram a reeleição de Roosevelt em 1936. Além disso, a retomada do crescimento industrial norte-americano, impulsionada também pela Segunda Guerra Mundial, assegurou aos Estados Unidos a liderança do mundo capitalista e mais duas vitórias eleitorais a Franklin Roosevelt, que permaneceu doze anos na presidência do país. Ele morreu em 1945, durante o seu quarto mandato.

Questões

1. Em quais aspectos a crise econômica de 2008 pode ser comparada à crise de 1929?
2. Em 2008, no momento em que a crise financeira veio à tona nos Estados Unidos, Barack Obama foi eleito presidente do país. Discuta com seus colegas os aspectos que aproximam o governo de Obama com o de Roosevelt.

BETTMANN/CORBIS/LATINSTOCK

Construção da usina hidrelétrica no Vale do Tennessee, nos Estados Unidos, em 1935. A obra foi coordenada pelo *Tennessee Valley Authority*, órgão federal encarregado de promover o desenvolvimento econômico da região e a criação de empregos.

AKG-IMAGES/ALBUM/LATINSTOCK

Capa da revista francesa *Le Rire*, edição especial sobre as cidades alemãs de Berlim e Munique, março de 1922. A imagem de um homem desempregado que tenta ganhar algum dinheiro como músico de rua para sustentar a família é típica do empobrecimento europeu do pós-guerra.

A crise da democracia

Na Europa, a pobreza gerada pela crise econômica do pós-guerra e a descrença no liberalismo provocavam na burguesia o temor de novas revoluções proletárias no modelo soviético. Ao longo das décadas de 1920 e 1930, movimentos políticos antidemocráticos utilizaram o clima de inquietação social para instaurar governos autoritários.

A sequência desses governos se iniciou no ano de 1922, quando os fascistas tomaram o poder na Itália. Em 1926, instaurou-se um governo autoritário na Polônia. No ano seguinte, foi fundada na Romênia a Guarda de Ferro, movimento fascista que tentou o golpe de Estado. No início da década de 1930, outras ditaduras foram implantadas; na Alemanha, Hitler assumiu o poder em 1933, após o Partido Nazista alcançar expressiva votação nas eleições parlamentares. No mesmo ano, Antônio Oliveira Salazar iniciou uma das mais longas ditaduras da história moderna na Europa.

Os regimes totalitários

Os regimes **autoritários** e os **totalitários** são caracterizados pelo abuso do poder por parte do Estado. Contudo, há diferenças importantes entre eles. Nos regimes totalitários, o governo exerce o controle total sobre a sociedade, impondo determinada ideologia pelo uso da força e da severa vigilância dos meios de comunicação, do ensino e da vida privada.

O termo totalitarismo foi utilizado para designar os governos do século XX caracterizados pelo antiliberalismo, pelo ultranacionalismo e pela centralização do poder do Estado na figura de um líder, que é exaltado como a personificação da pátria. O nazismo, na Alemanha, o fascismo, na Itália, e o stalinismo, na União Soviética, são os exemplos principais de regimes totalitários.

Nos regimes autoritários, o controle exercido pelo Estado é menos abrangente, permitindo um pluralismo limitado. Por exemplo, os governos autoritários tendem a não controlar a vida privada dos cidadãos, permitindo a existência de instituições religiosas e não interferindo na vida familiar.

HULTON ARCHIVE/GETTY IMAGES - GALERIE BILDERWELT, BERLIM

Cartaz representando Adolf Hitler e a bandeira do Partido Nazista à frente de um exército, c. 1935. *Galeria de Fotos do Mundo*, Alemanha. Na parte inferior do cartaz podemos ler a seguinte frase: "Longa vida para a Alemanha". Como o líder nazista foi representado nessa imagem? Qual teria sido a intenção do autor ao produzi-la?

A ascensão do fascismo na Itália

Ao final da Primeira Guerra Mundial, a Itália não recebeu a compensação territorial prometida em troca do apoio dado aos países da Entente. Além disso, os italianos enfrentavam a escassez de mão de obra, causada pela perda de cerca de 2 milhões de combatentes, entre mortos e mutilados. A situação econômica também era grave, marcada pelo aumento da dívida pública, da inflação e do desemprego.

No início da década de 1920, a Itália vivia uma enorme crise social. Camponeses esfomeados invadiam terras improdutivas, e as greves paralisavam as cidades. Tentando superar a crise, operários desempregados tomaram fábricas falidas e tentaram dirigi-las. O exemplo do sucesso soviético animava os movimentos de esquerda, assim como apavorava a grande burguesia.

Contudo, uma parte da população desempregada seguiu o caminho contrário. Com o apoio da grande burguesia, formou-se um movimento político de extrema direita e ultranacionalista chamado *Fasci Italiani di Combattimento* (*Fascio* Italiano de Combate), liderado por **Benito Mussolini**. O movimento conjugava o ódio aos comunistas e o desprezo à democracia liberal, dando origem ao **Partido Nacional Fascista**.

Em 1919, os fascistas participaram de sua primeira eleição parlamentar, mas não conseguiram eleger nenhum deputado. A partir do fracasso eleitoral, Mussolini decidiu reorganizar o movimento em moldes militares e começou a planejar um golpe de Estado.

Os grupos paramilitares fascistas passaram a atacar violentamente organizações partidárias e sindicais em vários pontos do país. O anticomunismo e o ultranacionalismo desses grupos empolgaram a grande burguesia e os grandes proprietários rurais, que passaram a financiá-los.

BETTMANN/CORBIS/LATINSTOCK

Uma multidão de operários durante assembleia na fábrica da Fiat, na cidade de Turim, Itália, em outubro de 1920. A organização operária provocava na burguesia italiana o temor de uma revolução proletária nos moldes soviéticos.

Saiba mais

Fascio

No antigo Império Romano, o *fascio littorio* (feixe de lictor) era utilizado por funcionários (chamados lictores) para abrir caminho para a passagem dos magistrados. Por isso, a imagem do *fascio* era associada ao poder e à autoridade. Ele era representado por um machado (símbolo do poder de decisão dos magistrados sobre a vida e a morte dos réus), amarrado a um feixe de varas (emblema da força pela união). Adotado por Mussolini, passou a ser o símbolo do fascismo italiano.

AKG-IMAGES/ALBUM/LATINSTOCK

O *fascio littorio*, símbolo da antiga Roma adotado pelos fascistas.

HARLINGUE/ROGER-VIOLLET/AFP

Mussolini discursa para a multidão em Milão, na Itália, em 1930.

O fascismo no poder

Em 1921, o Partido Fascista já tinha um pequeno exército de filiados. Financiado pela grande burguesia italiana, o partido rapidamente se transformou em uma poderosa organização. Com o movimento consolidado, em outubro de 1922, Mussolini comandou os fascistas na **Marcha sobre Roma**, exigindo o governo da Itália.

O rei italiano, Vitor Emanuel III, cedeu às pressões e chamou o líder fascista para compor um novo governo. O comando efetivo do país passou a ser exercido por Benito Mussolini, chamado de ***Duce*** (comandante).

A partir de 1924, o Estado fascista passou a perseguir violentamente a oposição, instituiu a pena de morte, assumiu o controle da economia, ampliou a censura e deu a Mussolini o poder de indicar os cargos executivos na Itália. No ano seguinte, uma nova legislação trabalhista atrelou o movimento sindical ao governo fascista.

O governo totalitário estava instaurado na Itália, como como se pode ver no trecho a seguir.

O fascismo e o Estado

"[...] para o fascista, tudo está no Estado, e nada de humano nem de espiritual [...] existe fora do Estado. Neste sentido, o fascismo é totalitário, e o Estado é fascista, síntese e unidade de todo o valor, interpreta e dá poder à vida inteira do povo. Nem agrupamentos – partidos políticos, associações, sindicatos –, nem indivíduos fora do Estado."

Benito Mussolini. In: FREITAS, Gustavo de. *900 textos e documentos de história*. Lisboa: Plátano, s.d., v. 3. p. 286.

Saiba mais

O Estado do Vaticano

Mussolini procurou neutralizar a influência da Igreja Católica na Itália assinando com ela o **Tratado de Latrão**, em 1929. O acordo criou o Estado do Vaticano, localizado em um bairro de Roma onde ficava a sede da Igreja. Os termos da negociação garantiram a soberania do novo Estado e determinaram que a Igreja devia manter-se afastada de qualquer atividade política.

Questão

- Por que o Estado fascista é totalitário?

A República de Weimar na Alemanha

Após a derrota na Primeira Guerra Mundial, uma revolução na Alemanha (1918-1919) obrigou o imperador Guilherme II a abdicar o trono. Com a saída do imperador, proclamou-se na Alemanha uma república nos moldes parlamentaristas. O projeto de Constituição para a jovem república foi criado na cidade de Weimar; por isso, a república alemã desse período ficou conhecida como **República de Weimar**.

O nascente governo republicano tinha a difícil tarefa de reconstruir o país, arrasado pela guerra. Cerca de 2 milhões de homens foram mortos no conflito e mais de 4 milhões ficaram gravemente feridos. Além das perdas humanas, havia ainda as cláusulas do Tratado de Versalhes, assinado em 1919, que obrigaram a Alemanha a ceder territórios e a pagar pesadas indenizações aos vencedores do conflito.

O desemprego, a inflação e o crescimento da pobreza geravam um clima de agitação social que preocupava os setores conservadores da sociedade alemã. Antigos aristocratas, oficiais do exército, banqueiros e parte da classe média temiam que o país se aliasse à União Soviética e adotasse um governo socialista.

Assim, o temor da burguesia diante do socialismo soviético tornava-se mais uma dificuldade para o governo da jovem República de Weimar. A classe dominante acusava o governo pela falta de solução da crise e por favorecer movimentos operários socialistas.

AKG-IMAGES/ALBUM/LATINSTOCK

"Oh, Senhor! Que o meu solo permaneça alemão!", cartaz de 1920 que reivindicava a permanência do território da Silésia nas fronteiras da Alemanha. A área acabou sendo dividida entre Polônia e Tchecoslováquia.

AKG-IMAGES/ALBUM/LATINSTOCK

Distribuição de sopa para a população empobrecida de Berlim, na Alemanha, 1920. A crise econômica do pós-guerra provocou o aumento da pobreza, da insegurança e do ressentimento do povo alemão.

HULTON-DEUTSCH COLLECTION/CORBIS/LATINSTOCK

Hitler acompanhado de membros do Partido Nazista durante comício em 1933.

Os efeitos da crise de 1929 na Alemanha

Na segunda metade da década de 1920, o governo da República de Weimar parecia ter retomado o caminho da estabilidade. Beneficiando-se de empréstimos concedidos pelos Estados Unidos, iniciou um plano de crescimento e modernização industrial, com o objetivo de gerar empregos.

No entanto, a suspensão do crédito norte-americano, causado pela falência da bolsa de valores de Nova York, em 1929, abalou drasticamente a economia alemã. Sem o investimento estrangeiro, muitas empresas fecharam, e o desemprego atingiu índices alarmantes. Em 1932, no auge da crise, havia cerca de 6 milhões de desempregados na Alemanha.

A frágil democracia alemã passou a ser responsabilizada pela crise. A situação de penúria na qual o país se encontrava favoreceu a exploração do sentimento nacionalista do povo alemão por parte do **Partido Nacional Socialista dos Trabalhadores Alemães**, o Partido Nazista.

Nazista
Refere-se a nazi, abreviatura em alemão do *Nationalsozialistische Deutsche Arbeiterpartei* (Partido Nacional Socialista dos Trabalhadores Alemães), mais conhecido como Partido Nazista.

O trecho a seguir faz parte de um discurso de Adolf Hitler, líder do Partido Nazista. Proferido em 1920, resume as principais ideias do partido.

O indivíduo se anula em prol da pátria

"Exigimos [...] a reunião de todos os alemães numa grande Alemanha. [...] Exigimos territórios para a alimentação do nosso povo e o estabelecimento do excedente de sua população. Não pode ser cidadão senão aquele que faz parte do povo. Não pode fazer parte do povo senão quem for de sangue alemão [...]. O partido [...] combate o espírito judeu-materialista e está convencido de que [...] o interesse geral prima o interesse particular [...]."

Adolf Hitler. O nacional-socialismo alemão [1920]. In: FREITAS, Gustavo de. *900 textos e documentos de história*. Lisboa: Plátano, s.d., v. 3. p. 286-287.

Questões

1. Quais ideais nazistas você identifica nessas palavras de Hitler?
2. Por que discursos como esse conquistavam a simpatia do povo alemão?

A ascensão do Partido Nazista

À medida que os efeitos da crise de 1929 se agravavam na Alemanha, o discurso ultranacionalista do Partido Nazista atraía cada vez mais adeptos. Nas eleições parlamentares de 1932, os nazistas elegeram o maior número de deputados para o *Reichstag* (Parlamento alemão), consolidando-se como o maior partido do país.

Em novembro do mesmo ano, o presidente Paul Hindenburg cedeu às pressões de latifundiários e setores médios da sociedade e nomeou Hitler **chanceler**, ou seja, chefe de governo na Alemanha. Esses grupos acreditavam que apenas os nazistas poderiam combater a depressão econômica e estabilizar a vida social e política do país.

Em fevereiro de 1933, o prédio do Parlamento alemão foi incendiado, e os comunistas foram acusados de serem os responsáveis pelo crime. Hitler aproveitou o episódio para decretar estado de emergência, revogar os direitos democráticos e iniciar perseguições políticas.

Em agosto de 1934, com a morte do presidente Hindenburg, Hitler assumiu definitivamente o poder, colocando fim à República de Weimar. O governante nazista fechou o Parlamento, ordenou a dissolução dos sindicatos e decretou a ilegalidade de todos os partidos políticos da Alemanha, com exceção do Partido Nazista.

Com o total controle do Estado alemão, Adolf Hitler declarou-se ***Führer*** do *Reich*, ou seja, líder do Império Alemão, e intensificou a política de perseguição aos seus opositores.

PHOTOS 12/ALAMY/OTHER IMAGES – BIBLIOTECA NACIONAL DA FRANÇA, PARIS

Adolf Hitler recepciona o presidente da Alemanha, Paul von Hinderburg, durante festividade nazista, na Alemanha, em 1933.

Saiba mais

O campo de concentração de Dachau

Os campos de concentração são centros de confinamento de civis ou de militares detidos como presos políticos ou prisioneiros de guerra. O campo de Dachau foi o primeiro construído pelos nazistas, em 1933, semanas após a nomeação de Hitler. Situado no sul da Alemanha, Dachau foi um dos maiores campos de concentração nazistas e serviu de modelo para a construção de outros.

Durante a Segunda Guerra, os campos de concentração foram convertidos em centros de extermínio. Milhares de prisioneiros (a maioria judeus) morreram fuzilados ou asfixiados por gases tóxicos nas câmaras de gás. Estima-se que mais de 200 mil pessoas tenham ficado presas em Dachau e que quase 42 mil tenham sido executadas no local.

HUGH ROONEY/EYE UBIQUITOUS/CORBIS/LATINSTOCK

Monumento no Memorial do Campo de Concentração de Dachau, Alemanha, junho de 2009. Os triângulos coloridos no monumento representam as pessoas que foram presas nesse campo de concentração durante a Segunda Guerra Mundial.

AKG-IMAGES/ALBUM/LATINSTOCK

Cartaz nazista produzido em 1935 com os dizeres "A juventude serve o *Führer*!". Os jovens eram o principal alvo das campanhas nazistas. Milhares de meninos e meninas, entre 12 e 18 anos, ingressaram nas fileiras da juventude hitlerista.

A política nazista

O governo nazista promoveu um intenso controle sobre a sociedade alemã. A polícia política do país, a **Gestapo**, a guarda pessoal de Hitler, a ***Schutzstaffel*** (SS), e as milícias conhecidas como Forças de Assalto, ***Sturmapteilungen*** (SA), eram os responsáveis pelas perseguições aos opositores do regime.

Segundo a ideologia nazista, a população germânica formava uma raça superior que deveria ser unida em um só império. Os povos considerados "inferiores" deveriam ser eliminados. Assim, ciganos, negros, eslavos e, principalmente, judeus foram afastados da sociedade alemã por meio de perseguições, confisco de bens, prisões e assassinatos.

Além do terror, Hitler utilizou a propaganda para conquistar o apoio popular ao regime e assim manter o controle sobre a sociedade. Joseph Goebbels, ministro da propaganda nazista, foi responsável por criar a imagem pública de Hitler como salvador da Alemanha e por submeter os meios de comunicação a uma severa censura. Muitos artistas, intelectuais e cientistas saíram da Alemanha fugindo da perseguição nazista.

Secretamente, Hitler deu início a uma política de rearmamento do país. A produção armamentista alavancou a economia, aumentando a aprovação do governo pela população. O governo também reorganizou as forças armadas e tornou o recrutamento militar obrigatório.

Vale a pena assistir

Uma mulher contra Hitler
Nacionalidade: ALE
Direção: Marc Rothemund
Ano: 2005
Duração: 117 min

O filme, baseado em fatos reais, narra os últimos dias de vida de Sophie Scholl, jovem alemã que integrava a Rosa Branca, movimento de resistência ao nazismo formado por universitários alemães durante a Segunda Guerra Mundial. Sophie Scholl era a única mulher do grupo. Em fevereiro de 1943, a jovem e seu irmão foram presos por distribuir panfletos contra Adolf Hitler na Universidade de Munique. Sophie teve que enfrentar diversos interrogatórios e escolher entre a retratação e a sua consciência.

EVERETT COLLECTION/GRUPO KEYSTONE

Cena do filme *Uma mulher contra Hitler*, que mostra Sophie School sendo interrogada pela Gestapo.

HULTON ARCHIVE/GETTY IMAGES

Membros das milícias nazistas SS e SA colam cartazes em um estabelecimento judeu na cidade de Berlim, em 1933. Uma das primeiras medidas da política antissemita nazista consistia em incentivar os alemães a boicotarem comerciantes judeus.

No trecho a seguir, o historiador Eric Hobsbawm analisa a repercussão das medidas nazistas entre o povo alemão.

Hitler e a população alemã

"O racismo nazista logo provocou o êxodo em massa de intelectuais judeus e esquerdistas, que se espalharam pelo que restava de um mundo tolerante. A hostilidade nazista à liberdade intelectual quase imediatamente expurgou das universidades alemãs talvez um terço de seus professores. Os ataques à cultura 'modernista', a queima pública de livros 'judeus' e outros indesejáveis, começaram quase com a entrada de Hitler no governo. Além disso, embora os cidadãos comuns pudessem desaprovar as barbaridades mais brutais do sistema – os campos de concentração e a redução dos judeus alemães [...] a uma segregada subclasse sem direitos, um número surpreendentemente grande via tais barbaridades, na pior das hipóteses, como aberrações limitadas."

HOBSBAWM, Eric J. *Era dos extremos*: o breve século XX (1914-1991). 2. ed. São Paulo: Companhia das Letras, 1995. p.151.

O preconceito como ciência

Na segunda metade do século XIX, desenvolveu-se uma teoria pseudocientífica conhecida como **eugenia** (bem nascido), que se fundamentava na ideia de aprimoramento racial por meio da genética.

Acreditando que os germânicos formavam uma raça superior, Hitler elevou a eugenia à condição de política de Estado para "purificar" a sociedade alemã dos seres considerados mais fracos.

Decretadas em 1933, as leis eugênicas estabeleceram a esterilização de pessoas com doenças mentais, incuráveis e hereditárias, de deficientes físicos, de homossexuais e de qualquer outra pessoa considerada "degenerada" pelo governo nazista.

O serviço de saúde pública, além de ser responsável pelos cuidados médicos e sanitários, passou a executar uma política discriminatória, justificada por explicações supostamente científicas.

Questões

1. Segundo o historiador Eric Hobsbawm, como a política nazista repercutiu no trabalho dos intelectuais alemães?
2. Como a população alemã reagiu às atrocidades cometidas por Hitler?

A Guerra Civil Espanhola

Em julho de 1936, na Espanha, um grupo de militares nacionalistas, liderados pelo general Francisco Franco, iniciou um golpe de Estado para derrubar o governo da Frente Popular. Instaurada em 1931, a Frente Popular reunia comunistas, socialistas e republicanos. O levante franquista foi derrotado pela reação popular em várias regiões da Espanha. O país ficou dividido entre nacionalistas e republicanos e entrou em uma violenta guerra civil.

As forças nacionalistas receberam apoio dos governos de Hitler e Mussolini. Os republicanos foram apoiados pelas Brigadas Internacionais, grupos de voluntários formados em diversos países para lutar na Espanha ao lado das forças legais. A União Soviética deu apoio aos republicanos, especialmente por meio do Partido Comunista Espanhol, mas o retirou antes mesmo de terminar o conflito.

Em pouco tempo, aos olhos da opinião pública internacional, o conflito espanhol foi identificado como uma polarização entre a organização nacionalista de caráter fascista e o movimento socialista. Os governos da Grã-Bretanha, da França e dos Estados Unidos declararam-se neutros, atitude que contribuiu para fortalecer os franquistas e para expandir o nazifascismo na Europa.

FPG/HULTON ARCHIVE/GETTY IMAGES

Vista da cidade de Toledo após bombardeio durante a Guerra Civil Espanhola, 1936.

Guernica, pintura de Pablo Picasso, 1937. Museu Nacional Centro de Arte Reina Sofia, Espanha. Espanhol radicado na França, Picasso retratou o horror do bombardeio do vilarejo espanhol de Guernica pelas forças nazistas.

O bombardeio a Guernica

O território espanhol serviu como um campo de experimentações por parte do regime nazista. Hitler precisava testar os armamentos e as estratégias militares que seriam utilizadas na expansão territorial alemã pela Europa. Em abril de 1937, a força aérea alemã, a *Luftwaffe*, bombardeou a pequena aldeia basca de Guernica, no norte da Espanha, que em poucas horas foi completamente destruída. Mais de mil pessoas morreram durante o bombardeio e centenas ficaram desabrigadas.

O auxílio nazifascista foi decisivo para a vitória das forças nacionalistas do general Franco em 1939. A política de neutralidade da França e da Grã-Bretanha, que consideravam o nazifascismo e seus simpatizantes um antídoto contra o socialismo soviético, também contribuiu para a derrota dos republicanos. Francisco Franco instituiu a ditadura na Espanha e ficou no poder até a sua morte, em 1975.

Questões

1. Quais setores disputavam o poder na Espanha na guerra civil iniciada em 1936?
2. Qual era o interesse de Hitler em intervir na Guerra Civil Espanhola?
3. De que forma o apoio nazista aos nacionalistas espanhóis foi importante para a vitória de Franco na Espanha?

DIVISÃO DA ESPANHA (1936)

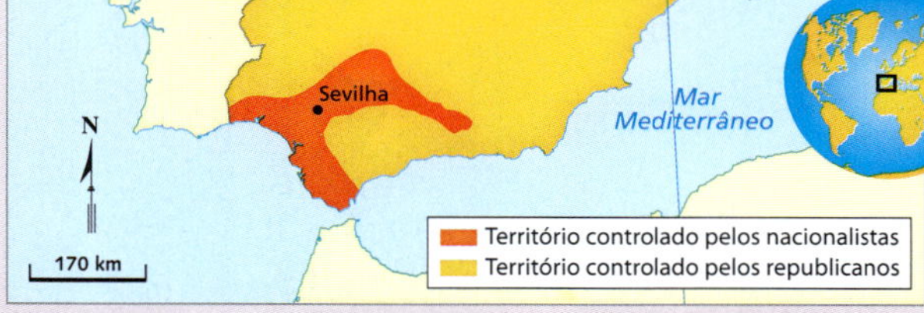

DIVISÃO DA ESPANHA (1938)

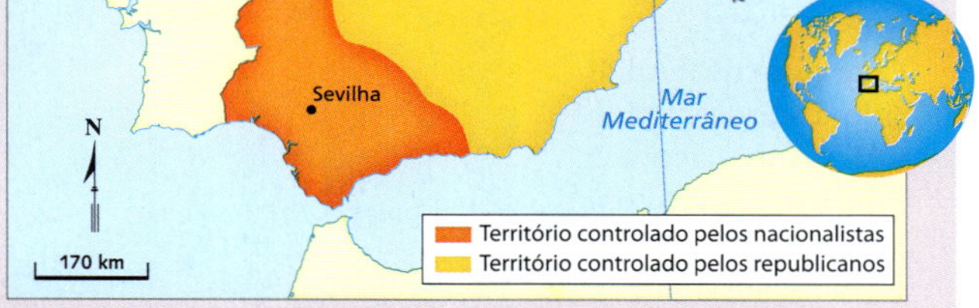

Fonte: CHALIAND, Gérard; RAGEAU, Jean-Pierre. *Atlas politique du XXe siècle*. Paris: Seuil, 1988. p. 61.

AKG-IMAGES/ALBUM/LATINSTOCK

Mussolini e Hitler se cumprimentam durante visita do líder nazista à Itália, em maio de 1938.

A formação do Eixo

Não era apenas a Alemanha que mostrava disposição para estender os seus domínios e a sua influência no mundo. Na Itália também era forte o sentimento de que os poucos ganhos territoriais obtidos pelo apoio aos Aliados não compensaram os enormes custos materiais e humanos consumidos pela guerra. Assim, unidos por ressentimentos e ambições comuns, os governos dos dois países assinaram um tratado de amizade na cidade de Berlim, em outubro de 1936. A aliança entre Hitler e Mussolini ficou conhecida como **Eixo Roma-Berlim**.

O Japão, que se industrializou no século XIX, saiu da Primeira Guerra Mundial como a maior potência militar do Oriente. No entanto, o país não contava com reservas de recursos naturais (como ferro e carvão) que pudessem sustentar o seu crescimento sem depender de exportações. A anexação de territórios vizinhos parecia uma alternativa para o governo japonês, que, em 1931, iniciou a ocupação da Manchúria, região chinesa rica em minério de ferro.

A investida japonesa, a primeira grande violação do Pacto das Nações, foi condenada pela Liga das Nações mais de um ano depois. Em 1932, o Japão retirou-se da liga. Politicamente isolado e com relações tensas com a União Soviética, o governo japonês viu na aliança com a Alemanha uma boa estratégia de defesa. Assim, em novembro de 1936, o Japão firmou um tratado com a Alemanha, que posteriormente foi assinado pela Itália. O **Eixo Roma-Berlim-Tóquio**, ou simplesmente **Eixo**, estava formado.

CORBIS/LATINSTOCK

Charge na qual Adolf Hitler (representando a Alemanha) aparece dividindo o mundo com seus aliados Benito Mussolini (Itália) e Hideki Tojo (Japão), década de 1940.

ENQUANTO ISSO...

Japoneses na Amazônia

A modernização econômica do Japão do século XIX beneficiou banqueiros, industriais e donos de companhias de mineração e transporte. Os camponeses, que formavam a maior parte da população, foram excluídos do crescimento econômico japonês. Muitos deles viram na imigração para a Oceania e para a América a saída para uma vida melhor.

A imigração japonesa para o Brasil começou em 1908, com a vinda de pessoas para trabalhar principalmente nos cafezais do interior paulista. Em setembro de 1929, poucos meses após a quebra da bolsa, os primeiros imigrantes japoneses chegaram à região amazônica.

Nos anos seguintes, eles introduziram o cultivo da juta na região onde hoje se localiza o município de Parintins, no estado do Amazonas. A juta é uma planta da qual se produz uma fibra muito resistente, usada na fabricação de sacos que embalam mercadorias, como o café, e que absorvem a umidade, preservando o produto.

O trecho a seguir trata das dificuldades superadas pelos imigrantes japoneses na produção dessa fibra na Amazônia.

Koutakuseis: *os guerreiros da juta*

"Para preparar os imigrantes que iriam encarar o desafio da floresta, [o deputado] Tsukasa Uyetsuka transformou uma escola de artes marciais, no Japão, na Escola Superior de Imigração (*Kokushikan Koutou Takushoko Gakko*). Desse nome nasceu a expressão *koutakuseis* para identificar seus alunos, rapazes entre 18 e 20 anos que aprendiam técnicas de cultivo, noções de construção civil e língua portuguesa. O primeiro navio em direção à Amazônia saiu de Tóquio, no Japão, em 21 de junho de 1931, levando a turma pioneira, com 38 alunos. [...] Mas deu tudo errado. A juta não se desenvolvia como o esperado e não atingia o tamanho ideal para o corte [...]. Durante dois anos, a planta não cresceu. Até o advento da semente de Oyama. Duas das suas mudas ficaram maiores e mais vistosas. [...] entre 1933 e 1936, essas sementes foram plantadas, transformaram-se em novas matrizes e deram origem a novas sementes e a plantas fortes. [...]"

Koutakuseis: os guerreiros da juta. *Aventuras na história*, 25 jun. 2009. Disponível em http://historia.abril.com.br. Acesso em 28 jun. 2011.

Questões

1. Quem eram os *koutakuseis?*
2. Como os japoneses conseguiram prosperar no negócio da juta? Como a natureza e o homem atuaram para esse sucesso?

Oyama
Sobrenome do imigrante japonês que selecionou as sementes de juta mais adequadas ao plantio na região amazônica.

ARQUIVO/ASSOCIAÇÃO KOUTAKUKAI

Primeira turma de *koutakuseis* formada na Escola Superior de Imigração. Japão, 1931.

ATIVIDADES

Compreender os conteúdos

1. Responda às questões sobre a crise econômica na Europa do entreguerras.

a) Quais razões principais explicam a crise do capitalismo liberal na Europa após a Primeira Guerra Mundial?

b) Por que a crise econômica se agravou após 1929?

c) Qual foi, na Europa, o principal efeito político provocado pela crise econômica?

2. Preencha os quadrados com os números das frases que devem ser ligadas pelos conectivos corretos. Ao final, organize as frases no caderno, com os respectivos conectivos, formando um texto contínuo e coerente.

1. A superprodução nos Estados Unidos do pós-guerra resultou do crescimento acelerado da produção industrial, que se tornou, com o tempo, muito superior à demanda do mercado interno e externo.
2. A quebra da bolsa de valores de Nova York causou uma crise profunda na economia norte-americana, que se manifestou na falência de muitas empresas, na queda da produção industrial e no crescimento do desemprego. A crise, no entanto, não se limitou aos Estados Unidos.
3. Do outro lado do Atlântico, os Estados Unidos despontaram como a maior potência econômica mundial e o maior credor dos países europeus arruinados pela guerra.
4. A especulação financeira seguia a todo vapor, ocultando o fato de o valor das empresas, crescendo continuamente, não expressar mais o seu faturamento, cada dia menor.
5. Com o valor de seus títulos reduzido a zero, o governo norte-americano suspendeu o crédito ao exterior e reduziu drasticamente as importações, afetando as economias de quase todo o mundo. A grande crise da economia americana causou um grande desgaste na imagem do liberalismo.
6. Pode-se dizer que a Primeira Guerra inaugurou uma nova ordem mundial. As grandes potências imperialistas europeias, até então senhoras da economia internacional e centros culturais do Ocidente, terminaram o conflito com uma enorme escassez de mão de obra, um colapso da produção e a dependência de créditos externos.
7. O governo democrata de Franklin Roosevelt, afastando-se da política de seu antecessor, tomou uma série de medidas de intervenção na economia e de proteção social, que lhe renderam mais três mandatos na presidência dos Estados Unidos.

a) ▭ apesar disso ▭

b) ▭ contudo ▭

c) ▭ porque ▭ tanto que ▭

Ampliar o aprendizado

3. A charge a seguir representa a relação entre Hitler e a Liga das Nações, também conhecida como Sociedade das Nações. Observe-a e responda.

ARTMEDIA/HERITAGE/OTHER IMAGES

Hitler e a Liga das Nações, charge de Paul Iribe publicada em *Le Témoin*, março de 1935.

a) O que era a Liga das Nações e qual era a sua missão?

b) Que personagem foi representado nessa charge? Que diferença o artista criou entre ele e a sua sombra projetada na parede? Qual teria sido a intenção do artista ao criar essa diferenciação?

c) Na sua opinião, por que esse personagem foi representado muito maior que os membros da Liga das Nações?

4. Observe o mapa e responda.

REGIMES POLÍTICOS NA EUROPA EM 1936

Fonte: CHALIAND, Gérard; RAGEAU, Jean-Pierre. *Atlas politique du XXe siècle*. Paris: Seuil, 1988. p. 59.

a) Relacione a divisão política representada no mapa com a situação da Europa no período do entreguerras.

b) Em um dos países mostrados no mapa houve uma mudança da situação política após três anos de guerra entre nacionalistas e republicanos. Que país é esse? Que mudança ocorreu nele?

5. **Leia um trecho da obra *Mein kampf* (Minha luta), escrita por Hitler na década de 1920, e responda às questões.**

> “Nosso povo alemão, hoje esfacelado, jazendo entregue, sem defesa, aos pontapés do resto do mundo, tem, precisamente, necessidade da força, que a confiança em si proporciona. Todo o sistema de educação e de cultura deve visar a dar às crianças de nosso povo a convicção de que são absolutamente superiores aos outros povos. [...]
>
> O direito ao solo e à terra pode tornar-se em dever quando um grande povo parece destinado à ruína por falta de extensão territorial.”

Adolf Hitler. Minha luta. In: *Coletânea de documentos históricos para o 1º grau: 5ª a 8ª* séries. São Paulo: SE/Cenp, 1980. p. 94.

a) Qual era a situação da Alemanha na década de 1920?

b) Segundo Hitler, o que era preciso fazer para reverter a situação alemã?

c) Elabore um argumento para rebater a visão racista expressa nas palavras do dirigente alemão.

História feita com arte

6. **A arte futurista, que surgiu em 1909, exaltava o progresso, a ciência, a velocidade e condenava o tradicionalismo nas sociedades. Na Itália, o governo de Mussolini recebeu apoio de muitos artistas futuristas, que defendiam um Estado forte para conduzir o país ao verdadeiro progresso.**

AKG-IMAGES/ALBUM/LATINSTOCK - COLEÇÃO PARTICULAR

Retrato de Benito Mussolini com Roma ao fundo, pintura de Alfredo Ambrosi, 1930.

a) Como o líder fascista foi representado nessa pintura?

b) Qual característica dos governos totalitários fica evidente na pintura? Relacione-a ao movimento futurista.

CAPÍTULO

7

A Segunda Guerra Mundial

Tempos duros

"[...] O mar furioso devolve à praia
Alianças de casamento dos torpedeados
E a fotografia de um assassino,
Aos cinco anos – inocente – num velocípede. [...]

Longas filas de homens e crianças
Caminham pelas mornas avenidas
Em busca de ração de sal, azeite e ódio.

E a morte vem recolher
A parte de lucidez
Que durante tanto tempo
Esconderá sob os véus."

MENDES, Murilo. *Poesia completa e prosa.* Rio de Janeiro: Nova Aguilar, 1994. p. 408-409.

Torpedear
Atacar; bombardear.

Velocípede
Pequeno veículo de três rodas para crianças.

Mulheres produzem granadas em fábrica de munições em Moscou, c. 1942.

ALEXANDER USTINOV/SLAVA KATAMIDZE COLLECTION/GETTY IMAGES

BETTMANN/CORBIS/LATINSTOCK

Pessoas caminham por rua em Berlim, na Alemanha, em 1946. Que aspectos chamam a sua atenção nessa foto?

O poema que você acabou de ler é de autoria de Murilo Mendes, escritor mineiro nascido em 1901. Nesses versos, escritos durante a Segunda Guerra, o poeta utiliza uma linguagem figurada para expressar seus sentimentos em relação à guerra e à dor que ela causava aos civis e aos combatentes. Como você pode notar, esse grande conflito mundial não marcou apenas os europeus, que conviviam diariamente com o racionamento, as bombas e a morte. Ele também afetou muitos que estavam distantes dos campos de batalha, como no Brasil.

Em tempos de guerra, não só os soldados nas frentes de batalha sofrem com as privações impostas pelo conflito e a presença constante da morte; não só os chefes de Estado se preocupam com os rumos dos combates. Homens, mulheres e crianças que vivem nos territórios onde acontecem os combates muitas vezes são submetidos a uma situação terrível, em que faltam alimentos, água, energia e todo tipo de serviço. Observe as fotografias mostradas nesta abertura. Como você imagina que era a vida dessas pessoas durante esse grande conflito?

O TERRITÓRIO DA TCHECOSLOVÁQUIA EM 1939

ALESSANDRO PASSOS DA COSTA

Fonte: DUBY, Georges. *Atlas historique mondial*. Paris: Larousse, 2003. p. 158.

O início da guerra

Quando vemos imagens atuais de Varsóvia, Berlim, Volgogrado, Nápoles e outras cidades europeias, nem imaginamos que elas foram alvo de intensos bombardeios, que destruíram casas, escolas, pontes..., e mataram milhares de pessoas.

A Segunda Guerra Mundial, que deixou grande parte dessas cidades em ruínas, resultou principalmente da política de expansão da Alemanha nazista na Europa. Em março de 1938, Hitler anexou a Áustria ao território alemão e passou a reivindicar os Sudetos, região da antiga Tchecoslováquia que era habitada por muitos alemães. Para resolver a questão, os governos da Itália, França, Grã-Bretanha e Alemanha se reuniram na **Conferência de Munique**, em setembro do mesmo ano. Ao final das negociações, a Alemanha conseguiu um acordo que permitiu a anexação dos Sudetos. Pouco tempo depois, Hitler ocupou todo o restante do território da Tchecoslováquia.

Seguro da neutralidade da França e da Grã-Bretanha, Hitler aproximou-se de Stalin, o governante da União Soviética, com o objetivo de assegurar o sucesso da invasão da Polônia. Em 23 de agosto de 1939, a Alemanha e a União Soviética assinaram o **Pacto Nazi-Soviético de Não Agressão**, pelo qual os dois governos se comprometiam a manter uma política não belicista recíproca. Eles acertaram ainda a divisão de parte da Europa oriental, especialmente o território polonês. Assim, Hitler assegurava o avanço sobre a Polônia, e a União Soviética, além de resguardar suas fronteiras, recuperava territórios perdidos ao final da Primeira Guerra Mundial.

No dia 1º de setembro de 1939, os exércitos alemães invadiram a Polônia e em poucos dias tomaram o chamado "corredor polonês", faixa de terra que separava a parte leste da Alemanha do restante do seu território. França e Grã-Bretanha, que haviam assinado um tratado de defesa da Polônia no caso de agressão externa, declararam guerra à Alemanha dois dias depois. Era o início da Segunda Guerra Mundial.

FOTOTECA/LEEMAGE/OTHER IMAGES

Tropas da SS (Schutzstaffel, que em português significa Tropa de Proteção), desfilam em Varsóvia, após a invasão da Polônia pela Alemanha, em 1939.

A expansão dos conflitos

A Alemanha avançou rapidamente sobre a Polônia, conseguindo a rendição polonesa em menos de trinta dias. O êxito nazista ocorreu devido, principalmente, à tática da **guerra-relâmpago**, ou *blitzkrieg*, que combinava um rápido avanço de tanques blindados com ataques aéreos.

À ação da Alemanha na Polônia somou-se a operação da União Soviética, que invadiu a região leste do país, conforme acordo assinado com Hitler. Assim, a Polônia, enquanto Estado independente, deixava de existir. O saldo do conflito foi bastante negativo para a população polonesa. Cerca de 70 mil pessoas morreram nos combates e mais de 130 mil ficaram feridas.

Após a conquista da Polônia, os alemães voltaram-se para a Europa ocidental. Em abril de 1940, invadiram a Dinamarca e a Noruega. No mês seguinte, eles tomaram a Bélgica, a Holanda e Luxemburgo. A ação da *Luftwaffe*, força aérea da Alemanha, foi determinante para as vitórias nazistas. O objetivo do governo alemão era conquistar territórios para estabelecer bases para as ofensivas aéreas contra os britânicos e preparar a invasão da França.

A França não resistiu por muito tempo à invasão alemã. Em junho daquele mesmo ano, as tropas de Hitler tomaram Paris. Com a rendição da França, o país foi dividido em duas partes. O norte, incluindo Paris, a capital, foi submetido ao controle direto alemão e o sul passou a ser administrado por um governo pró-nazista. Essa região ficou conhecida como **República de Vichy**.

A Grã-Bretanha, por sua vez, governada por Winston Churchill, não cedeu às investidas nazistas. Para proteger o país dos ataques aéreos alemães, os britânicos contavam com a Real Força Aérea, a RAF. Na **Batalha da Inglaterra**, travada entre julho e outubro de 1940, os experientes pilotos britânicos conseguiram defender seu território e causar muitas baixas na *Luftwaffe* e na marinha alemã.

Enquanto a França era ocupada, abria-se na região do Mediterrâneo uma nova frente do Eixo na guerra. Em junho, após vários esforços dos Aliados para manter a neutralidade italiana, Mussolini, chefe do governo italiano, entrou na guerra ao lado da Alemanha. Com grandes ambições coloniais, ele voltou-se para o norte da África. Porém as tropas britânicas, que defendiam a região, eram muito superiores às forças de Mussolini, que pediu auxílio a Hitler. No começo de 1941, os exércitos nazifascistas ocupavam boa parte do norte da África.

FRONTEIRA GERMANO-SOVIÉTICA NA POLÔNIA

ALESSANDRO PASSOS DA COSTA

Fonte: CHALIAND, Gérard; RAGEAU, Jean-Pierre. *Atlas stratégique*. Paris: Complexe, 1988. p. 40.

REPRODUÇÃO - NATIONAL ARCHIVES AND RECORDS ADMINISTRATION, WASHINGTON

Adolf Hitler (no centro) em Paris, em junho de 1940. Arquivo Nacional e de Administração de Registros, Estados Unidos.

RUE DES ARCHIVES/TAL/OTHER IMAGES

Soldados alemães enfrentam o rigoroso inverno russo durante a Operação Barbarossa, 1941-1942.

A invasão da União Soviética

Nos primeiros meses de 1941, as tropas nazistas avançaram na frente leste, ocupando a Romênia, a Bulgária, a Grécia e a Iugoslávia. Com isso, Hitler aproximou-se de seu principal alvo, a União Soviética. Interessados no petróleo e no minério de ferro, matérias-primas importantes para o desenvolvimento da indústria bélica alemã, os nazistas começaram a preparar o ataque à URSS, que ficou conhecido como **Operação Barbarossa**. Apesar dos avisos da inteligência soviética, Stalin continuava confiante de que o país aliado não romperia o Pacto de Não Agressão.

Em junho de 1941, tropas alemãs, italianas, romenas, húngaras e finlandesas começaram a se deslocar ao longo da fronteira soviética. A invasão da União Soviética pelos nazistas envolveu mais de 4 milhões de soldados em uma frente gigantesca. Utilizando mais uma vez a estratégia da guerra-relâmpago, as forças de Hitler avançaram rapidamente.

Fugindo das forças nazistas, os soviéticos destruíam plantações e toda a infraestrutura local para que o inimigo não tivesse recursos durante o seu avanço no país. Essa era a chamada **tática da terra arrasada**. Com a chegada do inverno, no final de 1941, aumentaram as dificuldades para o avanço do exército nazista. Os soldados de Hitler não estavam preparados para enfrentar o frio rigoroso, que chegava a 40 graus negativos. A guerra, de fato, seria decidida em território soviético.

AVANÇOS NAZIFASCISTAS (1939-1943)

ALESSANDRO PASSOS DA COSTA

Fonte: CHALIAND, Gérard; RAGEAU, Jean-Pierre. *Atlas politique du XXᵉ siècle*. Paris: Seuil, 1988. p. 62.

O holocausto

O governo nazista adotou uma política de perseguição política, social, étnica e religiosa baseada na ideologia de que os alemães representavam uma "raça superior", que necessitava de um espaço vital para se afirmar como grande nação. Assim, quando Hitler assumiu o poder na Alemanha, homossexuais, ciganos, negros e principalmente judeus foram sendo afastados da vida pública e econômica alemã.

Na Alemanha, a maior parte dos judeus teve os seus bens expropriados e foram obrigados a viver em guetos. O regime nazista também perseguiu outros grupos que considerava inferiores, como os eslavos e os deficientes físicos e mentais, além de opositores políticos do nazismo. Grupos religiosos, como as Testemunhas de Jeová, também foram vítimas da intolerância nazista.

Com a expansão nazista durante a guerra, os judeus que viviam na Polônia e em outros países ocupados foram perseguidos pela Gestapo (polícia secreta) e pela SS e confinados em guetos. Em julho de 1941, Hitler ordenou que se colocasse em prática a "solução final", ou seja, o extermínio dos judeus. No ano seguinte, quase todos os guetos da Europa nazista foram destruídos e seus moradores enviados para campos de concentração (veja o mapa).

Nos campos de concentração, homens e mulheres que ainda sobreviviam às extenuantes jornadas de trabalho forçado, à fome e às doenças eram fuzilados ou enviados para câmaras de gás, salões vedados nos quais os presos morriam pela inalação de gases letais. Entre os anos 1941 e 1945, essa prática nazista, que ficou conhecida como **holocausto**, exterminou milhões de pessoas. Entre os judeus, foram aproximadamente 6 milhões de vítimas.

PRINCIPAIS CAMPOS DE CONCENTRAÇÃO NAZISTAS

Fonte: *Atlas da história do mundo*. São Paulo: Times/Folha de S.Paulo, 1995. p. 268.

Gueto
Área fechada de uma cidade, fortemente policiada, na qual grupos de uma determinada população eram obrigados a residir.

Prisioneiros no campo de concentração de Auschwitz, localizado na Polônia, 1944.

A GUERRA NO PACÍFICO

ALESSANDRO PASSOS DA COSTA

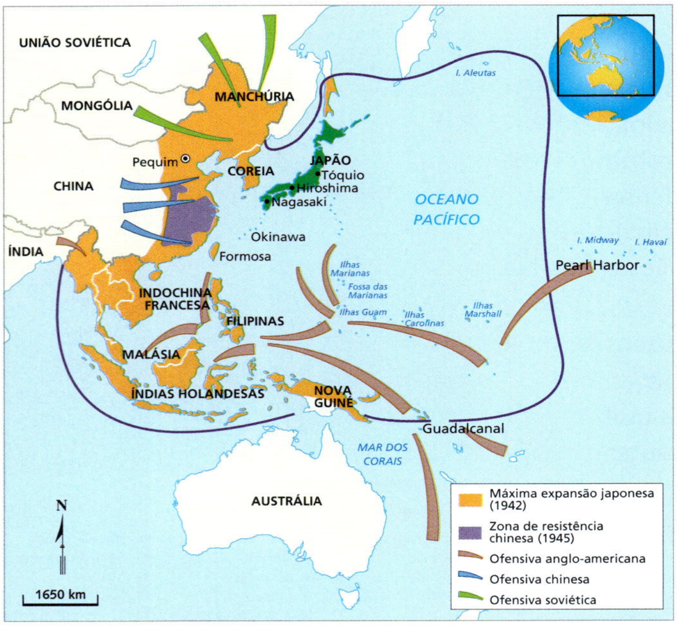

Fonte: CHALIAND, Gérard; RAGEAU, Jean-Pierre. *Atlas politique du XXe siècle.* Paris: Seuil, 1988. p. 106.

Os Estados Unidos na guerra

A guerra na região do Pacífico foi marcada pelas ofensivas japonesas no leste asiático. Desde a década de 1930, o Japão havia adotado uma política expansionista em busca de recursos naturais para atender à crescente demanda de suas indústrias. O primeiro ato japonês foi a conquista da Manchúria, em 1931. Seguiu-se a ocupação do leste da China, incluindo as cidades de Xangai, Nanquim e Pequim, a capital. Em junho de 1941, o Japão dominou a Indochina, área de grande interesse estratégico para os Estados Unidos. Como retaliação, os Estados Unidos congelaram os bens de todos os japoneses que viviam em território norte-americano e cortaram o envio de petróleo para o país.

O governo japonês decidiu eliminar definitivamente a influência dos Estados Unidos na Ásia. Para isso, no dia 7 de dezembro de 1941, empreendeu um grande ataque aéreo à base naval norte-americana de Pearl Harbor, no Havaí. O ataque japonês destruiu 18 embarcações e mais de 300 aeronaves. Cerca de 2 mil soldados norte-americanos morreram.

Um dia após a ofensiva a Pearl Harbor, o Congresso norte-americano aprovou a declaração de guerra contra o Japão. Alemanha e Itália, que formavam com o Japão, desde 1936-1937, o **Eixo Roma-Berlim-Tóquio**, declararam guerra aos Estados Unidos. Brasil e México, além de outros países do Ocidente, entraram na guerra reforçando o bloco dos países aliados. A partir de então, o conflito tornou-se mundial.

AKG-IMAGES/ALBUM/LATINSTOCK

Soldados japoneses comemoram a ocupação de Xangai, na China, em 1937, durante a Guerra Sino-Japonesa.

A reviravolta no conflito

Foi na frente leste, nos combates contra a União Soviética, que os nazistas concentraram o maior número de soldados e armamentos. A primeira vitória soviética ocorreu na **Batalha de Moscou**, entre outubro e dezembro de 1941, quando as forças de Stalin impediram a conquista da capital. Nos três meses seguintes, o exército de Hitler perdeu mais de 300 mil homens em combate, e outros 600 mil foram afastados (por ferimentos, doenças ou por congelamento dos membros).

O líder nazista não se intimidou com as estatísticas desfavoráveis e não deu a devida atenção aos relatórios do seu serviço de espionagem, que confirmavam a produção intensa de armamentos por parte dos soviéticos, especialmente tanques blindados. Hitler ordenou a tomada da cidade de Stalingrado (atual Volgogrado), importante centro industrial soviético.

As ofensivas rumo a Stalingrado foram iniciadas em junho de 1942. Em novembro, as forças nazistas entraram na cidade depois de um ataque vitorioso. Contudo, a dura contraofensiva soviética não demorou. Além da força bélica e do efetivo militar, a defesa de Stalingrado contou com o envolvimento de toda a população civil. Em pouco tempo, os russos passaram a cercar as tropas alemãs na cidade.

O frio intenso do inverno russo e a falta de víveres contribuíram para o aumento das baixas nas tropas nazistas, que se recusavam à rendição. A **Batalha de Stalingrado** foi concluída apenas em fevereiro de 1943, com a vitória soviética. Os cerca de 100 mil soldados nazistas que sobreviveram, extremamente debilitados pelo frio, pela fome e pelas doenças, foram feitos prisioneiros. Depois da vitória sobre os alemães, os soviéticos iniciaram o avanço em direção a Berlim. O triunfo soviético em Stalingrado teve grande repercussão mundial e serviu de exemplo para que as tropas aliadas, em todas as frentes, recobrassem o ânimo.

AKG-IMAGES/ALBUM/LATINSTOCK

Soldados do Exército Vermelho lutam contra as forças alemãs e seus aliados na Batalha de Stalingrado, 1942-1943.

ERNST FRANCK/AKG-IMAGES/ALBUM/LATINSTOCK

Mulher cozinha em meio a escombros, em Stalingrado, arruinada pela batalha entre soviéticos e forças nazistas, 1942.

FUNDAÇÃO GETÚLIO VARGAS - CPDOC, RIO DE JANEIRO

Franklin Roosevelt (sentado, à frente), Getúlio Vargas (atrás, de chapéu e óculos) e outras autoridades na base aérea de Natal, no Rio Grande do Norte, em janeiro de 1943. CPDOC/FGV, Rio de Janeiro.

O Brasil entra no conflito

Desde o início da guerra, o presidente Getúlio Vargas procurou manter publicamente a neutralidade brasileira. Essa política garantiu boas exportações de produtos brasileiros para os países em conflito, de ambos os lados. Além disso, Vargas ambicionava criar no Brasil uma indústria de base e negociava, tanto com os nazifascistas quanto com os Aliados, recursos e tecnologia para a construção de uma usina siderúrgica no país.

Quando a Alemanha demonstrou interesse em enviar mão de obra especializada e dinheiro para a instalação da usina no Brasil, os Estados Unidos, sob o governo de Franklin Roosevelt, agiram rapidamente e ofereceram uma ajuda de US$ 20 milhões, que foi prontamente aceita por Vargas. Assim, após a entrada dos Estados Unidos no conflito, o governo brasileiro foi pressionado a apoiar publicamente as forças aliadas e a ceder pontos estratégicos no Nordeste do país para a instalação de bases aéreas norte-americanas.

Em 22 de agosto de 1942, após navios brasileiros carregados de mercadorias e alimentos destinados aos Aliados serem atacados por submarinos alemães, Vargas declarou guerra à Alemanha, à Itália e ao Japão. A partir de então, alemães, italianos e japoneses que viviam no Brasil, além de seus descendentes, passaram a sofrer todo tipo de perseguição, como perda do emprego, prisão e invasão de suas residências. A política varguista também os proibiu de falar ou publicar jornais em outro idioma que não fosse o português. As delações eram estimuladas, causando pânico e revolta nas colônias de imigrantes, principalmente nas regiões Sul e Sudeste do país.

A participação do Brasil no conflito levou à criação, em 1943, da Força Expedicionária Brasileira (FEB), uma divisão de guerra da infantaria do exército brasileiro. As primeiras tropas da FEB, treinadas pelos norte-americanos e incorporadas às forças aliadas, foram enviadas para a Itália. Ao todo, eram aproximadamente 25 mil soldados, que ficaram conhecidos como **pracinhas**.

Saiba mais

O Palestra Itália

A Sociedade Esportiva Palestra Itália, clube de futebol de São Paulo, foi fundada em 1914 por imigrantes italianos. Com a entrada do Brasil na Segunda Guerra e a política de perseguição varguista, o clube mudou seu nome para Palestra de São Paulo. A mudança, porém, não foi suficiente para diminuir as pressões políticas. Sob pena de perder seu patrimônio e ser retirado do campeonato, o clube optou por uma mudança mais radical. Assim, em 20 de setembro de 1942, adotou o nome Sociedade Esportiva Palmeiras, que se mantém até hoje.

REPRODUÇÃO

Escudo do Palestra Itália utilizado entre 1915 e 1942.

Os pracinhas combatem na Itália

Os pracinhas participaram da tomada de diversas regiões estratégicas ocupadas pelos nazifascistas, como Monte Castelo, situada no norte da Itália. A missão brasileira na Itália colaborou para a libertação de dezenas de cidades, apreendeu armamentos e fez milhares de prisioneiros, entre alemães e italianos. Lutando com os Aliados, os pracinhas contribuíram para a queda de Mussolini, em 1943.

Em geral, os pracinhas eram trabalhadores sem muito estudo que, ao final do conflito, foram esquecidos por grande parte da sociedade brasileira. É importante valorizar a experiência e os relatos desses homens, que são importantes fontes para o estudo do cotidiano dos soldados nos campos de batalha da Segunda Guerra.

No trecho a seguir, o escritor e tradutor Boris Schnaidermann, ucraniano naturalizado brasileiro, relata sua viagem a caminho da Itália, onde foi lutar como soldado pelas tropas brasileiras.

CORTESIA DE MILTON BASILE

Medalha da Cruz de Combate de 2ª Classe da FEB.

Memórias de um pracinha

"O calor era terrível, piorado pelos coletes de algodão; atravessávamos o Equador. A alimentação era muito estranha aos homens da tropa, sendo uma alimentação tipicamente americana. [...] naquele navio americano havia uma parte da tripulação que era de negros e mulatos e que, por isso, dormiam em separado, tinham refeições em separado o que era uma situação absurda porque iríamos lutar pela liberdade, contra o nazismo, no entanto, a discriminação já partia do próprio navio; isto foi muito antes dos movimentos norte-americanos pelos direitos civis."

SCHNAIDERMANN, Boris. Minha guerra: lembranças de um soldado. In: COGGIOLA, Osvaldo (Org.). *Segunda Guerra Mundial*: um balanço histórico. São Paulo: Xamã/Edusp, 1995. p. 286-287. (Série Eventos)

Questão

- Que fato chamou mais a atenção do pracinha Boris Schnaidermann em sua viagem a caminho da Itália?

Cerimônia de condecoração de oficiais da FEB, na Itália, maio de 1945. CPDOC/FGV, Rio de Janeiro.

FUNDAÇÃO GETÚLIO VARGAS - CPDOC, RIO DE JANEIRO

STECK/MPI/GETTY IMAGES

Desembarque de soldados aliados e de equipamentos na praia de Arromanches, Normandia, França, em 6 de junho de 1944.

O DESEMBARQUE NA NORMANDIA

ALESSANDRO PASSOS DA COSTA

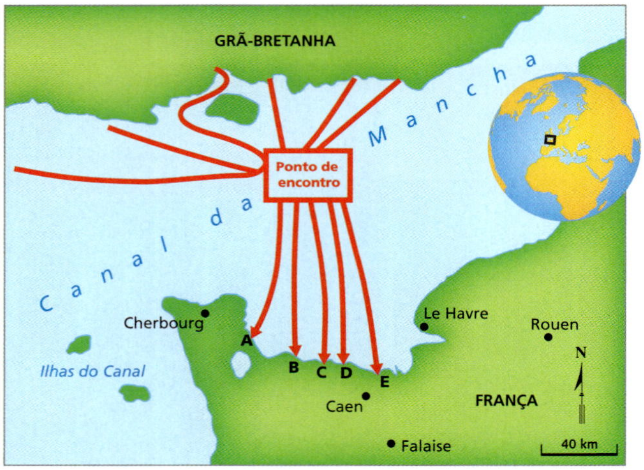

Praias da invasão

A. Utah (norte-americanos)
B. Omaha (norte-americanos)
C. Gold (britânicos)
D. Juno (britânicos)
E. Sword (britânicos/canadenses)

Fonte: *Atlas da história do mundo*. São Paulo: Times/Folha de S.Paulo, 1995. p. 269.

O desembarque aliado na Normandia

Enquanto o exército soviético e os movimentos de resistência local derrotavam as tropas de Hitler no leste da Europa, os Aliados planejavam a retomada da parte oeste do continente que ainda estava sob domínio nazista.

A operação decisiva para aniquilar as forças nazistas na frente ocidental foi o ataque aliado à costa da Normandia, no norte da França, no dia 6 de junho de 1944, mais conhecido como o **Dia D**. Comandada pelo general norte-americano Dwight Eisenhower, a operação mobilizou mais de 150 mil soldados aliados, organizados em cinco frentes, cerca de 6 mil navios, mais de 10 mil aeronaves e milhares de paraquedistas.

Para confundir as defesas nazistas, os Aliados divulgaram informações contraditórias quanto ao local e dia do ataque. A estratégia funcionou, mas, apesar de surpreendidos pelo ataque, os nazistas ofereceram dura resistência. Com grande número de baixas, os Aliados conseguiram vencer e chegar a Paris em agosto daquele ano. O sucesso da operação abriu caminho para iniciar uma nova marcha aliada rumo à Alemanha.

A rendição da Alemanha

Desde o segundo semestre de 1942, as cidades alemãs sofriam bombardeios da Real Força Aérea britânica. As investidas da RAF tornavam-se cada vez mais frequentes. Pelo leste, as tropas soviéticas libertaram do domínio nazista a Polônia, a Hungria, a Romênia, a Bulgária e a Tchecoslováquia, e, em janeiro de 1945, deram início à marcha para Berlim.

Diante da gravidade da situação, Hitler convocou crianças, idosos e soldados da reserva para participarem do conflito. Sob o comando de Joseph Goebbels, o Ministério da Propaganda da Alemanha atuava para que a população se mantivesse convencida da importância da guerra. O governo solicitava a doação de mantimentos, cobertores, dinheiro e objetos de valor para a manutenção das tropas alemãs. Apesar do esforço governamental para convencer os alemães a resistirem, muitas pessoas já estavam certas da derrota nazista e organizavam grupos contrários ao governo.

Nas frentes de batalha, as tentativas para deter o avanço soviético foram inúteis. A falta de munição e alimentos e o grande número de deserções inviabilizaram a resistência alemã diante das forças de Stalin.

Em 30 de abril de 1945, diante da iminente derrota, Hitler e sua esposa Eva Braun suicidaram-se. No dia 5 de maio, as tropas soviéticas anunciaram a tomada de Berlim. Dois dias depois, a Alemanha se rendeu incondicionalmente.

AKG-IMAGES/ALBUM/LATINSTOCK

Cartaz de propaganda nazista com os dizeres "Toda força concentrada! Guerra total! Guerra curta!", 1943.

VOLLER ERNST/ULLSTEIN BILD/OTHER IMAGES

Soldado hasteia a bandeira soviética no topo do *Reichstag*, o Parlamento alemão, após ter sido tomado pelo Exército Vermelho, em maio de 1945.

Questões

1. Quantos aviões suicidas saíram para a missão descrita no texto? Quantos conseguiram cumprir seu objetivo?
2. Quais foram os danos causados pelas missões *kamikazes* às forças norte-americanas durante a Segunda Guerra?
3. Você consegue identificar nos dias de hoje pessoas que assumem missões semelhantes à dos *kamikazes* durante a guerra? Justifique.

A derrota do Japão

No Pacífico, Estados Unidos e Japão travavam duras batalhas. A partir de 1943, os norte-americanos tomaram o controle de diversas ilhas que estavam sob controle japonês. Mesmo com as vitórias, as perdas aliadas ainda eram terríveis. Os ataques suicidas de pilotos japoneses, iniciados em junho de 1944, provocavam muitas baixas. Esses pilotos, conhecidos como *kamikazes*, atiravam seus aviões carregados com explosivos contra embarcações inimigas provocando muitos naufrágios. Os navios que resistiam aos ataques *kamikazes* ficavam seriamente danificados.

Kamikazes, as bombas humanas

"Em 6 de abril de 1945, 355 aviões suicidas [...] partiram para o ataque; os americanos abateram 250 antes que eles conseguissem se aproximar de seus objetivos. Mas os sobreviventes puseram fora de combate o porta-aviões *Hancock*, afundaram dois grandes transportes de assalto, danificaram o encouraçado *Maryland* e diversos destróieres. [...]

Durante suas 1.900 missões suicidas, os *kamikazes* da marinha e da aviação tinham afundado cerca de 30 embarcações americanas e danificado cerca de 300, causando diretamente a morte de 4.907 marinheiros. [...] Com 14,7% de acertos, os resultados dos ataques *kamikazes* continuavam ainda muito acima da média dos ataques convencionais."

MEYER, Charles. *Kamikazes*, as bombas humanas. Revista *História Viva*, n. 24, out. 2005. Disponível em www2.uol.com.br/historiaviva/reportagens. Acesso em 31 maio 2011.

Ataque *kamikaze* ao porta-aviões *USS Franklin*, da marinha norte-americana. Oceano Pacífico, março de 1945.

US NATIONAL ARCHIVES/ROGER VIOLLET/AFP

THE GRANGER COLLECTION/OTHER IMAGES

Vista da cidade de Hiroshima, no Japão, após a explosão da bomba atômica, em 6 de agosto de 1945.

Tragédia em agosto

Imagine acordar um dia, às 8h15 da manhã, e ouvir um enorme estrondo. Você espera uns instantes, depois corre em direção à janela e vê um imenso cogumelo de fumaça no ar, misturando tons de preto, cinza, branco e rosa. Nas ruas, pessoas queimadas e feridas fogem desnorteadas do centro da explosão. É essa a experiência que contam muitos dos sobreviventes do lançamento da bomba atômica pelos Estados Unidos no Japão, uma das maiores tragédias dessa guerra.

Fissão
Divisão das partículas que compõem um elemento químico. Essa divisão é responsável por liberar grande quantidade de energia.

No início de agosto de 1945, o Japão, isolado, seguia em guerra no Pacífico. Mesmo sabendo que a rendição japonesa não tardaria, os norte-americanos resolveram abreviar o final dos combates testando contra o inimigo uma nova arma.

Desde o início da década de 1940, físicos europeus radicados nos Estados Unidos testavam uma nova bomba, baseada na fissão de urânio. Comandantes do exército norte-americano e o presidente Harry Truman concluíram que o momento da guerra era ideal para testá-la.

A primeira bomba foi lançada contra a cidade japonesa de Hiroshima, em 6 de agosto de 1945. Cerca de 70 mil pessoas morreram imediatamente e mais da metade da cidade desapareceu com o calor gerado pela explosão. No dia 9 de agosto, mais uma bomba foi lançada sobre o Japão, dessa vez na cidade de Nagasaki, matando na hora cerca de 80 mil pessoas.

Estima-se que mais de 300 mil pessoas tenham morrido dias após os lançamentos das bombas. Ainda hoje, milhares de japoneses sofrem com doenças causadas pela radiação.

Diante desse terrível quadro de destruição, em 14 de agosto de 1945 o imperador japonês Hirohito assinou a rendição. A Segunda Guerra Mundial chegava ao fim com um saldo de 50 milhões de mortos, entre civis e militares, e mais de 20 milhões de mutilados.

NATIONAL ARCHIVES AND RECORDS ADMINISTRATION, WASHINGTON

Cogumelo de fumaça formado após a explosão da bomba atômica em Nagasaki, no dia 9 de agosto de 1945. Arquivo Nacional e de Administração de Registros, Estados Unidos.

AKG-IMAGES/ALBUM/LATINSTOCK

Da esquerda para a direita, os líderes Winston Churchill, da Grã-Bretanha, Harry Truman, dos Estados Unidos, e Joseph Stalin, da União Soviética, na Conferência de Potsdam, Alemanha, 1945.

O encontro das grandes potências

Vencido o nazismo na Europa, as grandes potências aliadas precisavam definir a configuração geopolítica da Alemanha e do mundo que surgia sobre os escombros da guerra. Para isso, os chefes de governo dos principais países vencedores reuniram-se na cidade de Potsdam, nas proximidades de Berlim, em 17 de julho de 1945.

Nesse encontro, conhecido como **Conferência de Potsdam**, decidiu-se a divisão da Alemanha em quatro zonas de ocupação: soviética, francesa, britânica e norte-americana. Berlim, a capital, também foi dividida entre os quatro grandes vencedores da guerra (veja o mapa abaixo). Outras questões, como o pagamento de indenizações e a definição de fronteiras dos países atingidos no conflito, também foram acertadas na conferência.

Potsdam marcou o alinhamento da Grã-Bretanha aos Estados Unidos e mostrou os primeiros sinais do desgaste das relações entre o governo norte-americano e o soviético. Na conferência, não ficou evidente apenas a divisão da Alemanha, mas também a polarização do mundo em dois blocos de influência: de um lado, o bloco capitalista, liderado por Estados Unidos; de outro, o bloco socialista, sob o comando da União Soviética.

Este mapa será explorado nas Atividades

A ALEMANHA NO PÓS-GUERRA

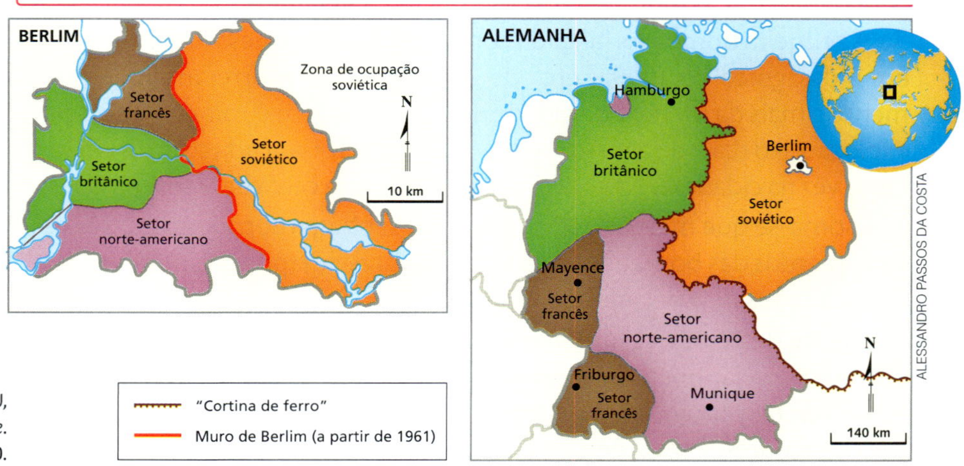

Fonte: CHALIAND, Gérard; RAGEAU, Jean-Pierre. *Atlas stratégique*. Paris: Complexe, 1988. p. 40.

CORBIS/LATINSTOCK

Operadoras conectam cabos do Eniac, o primeiro computador digital eletrônico, criado em 1946 pelos cientistas norte-americanos John Eckert e John Mauchly.

Tecnologias impulsionadas pela guerra

Várias tecnologias presentes hoje no nosso cotidiano foram desenvolvidas ou descobertas para atender às necessidades geradas pela guerra. Mas, ao contrário do que geralmente se pensa, essas novas tecnologias não serviram apenas à indústria da destruição. Muitas inovações e descobertas, ironicamente, também melhoraram a vida humana.

A tecnologia dos radares, dispositivos que permitem localizar objetos em situações nas quais eles não podem ser vistos, foi aperfeiçoada pelos norte-americanos e utilizada nas batalhas da Segunda Guerra. Esses radares utilizavam tecnologia ligada às micro-ondas, que, mais tarde, permitiria a invenção dos telefones celulares.

Durante a guerra, pesquisadores da Universidade da Pensilvânia, em parceria com o governo dos Estados Unidos, desenvolveram o **Eniac**, o primeiro computador eletrônico e reprogramável. Anunciado em 1946, ele foi projetado inicialmente para calcular trajetórias balísticas, mas era capaz de realizar diferentes operações.

Na área da medicina, a inovação mais importante foi o uso da **penicilina** em seres humanos. Descoberta em 1928 pelo cientista escocês Alexander Fleming, a penicilina é uma substância extraída do fungo do gênero *Penicillium*, muito poderosa no combate às infecções. A substância só passou a ser produzida em escala industrial no início da década de 1940 por laboratórios norte-americanos, auxiliando principalmente os feridos na Segunda Guerra Mundial.

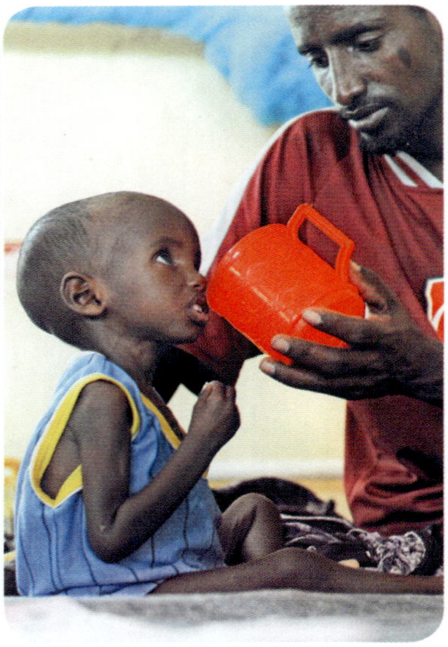

TONY KARUMBA/AFP/GETTY IMAGES

Criança somaliana é alimentada pelo pai em um campo de refugiados no Quênia, que conta com o apoio da Unicef, agência das Nações Unidas responsável pela defesa dos direitos básicos das crianças no mundo. Foto de 2011.

A criação da ONU

Hoje é raro ler um jornal ou ouvir um noticiário sem que se faça menção à sigla ONU: pode ser uma análise do ataque dos Estados Unidos ao Iraque sem o aval da ONU, em 2003; uma homenagem ao brasileiro e representante especial da ONU no Iraque, Sérgio Vieira de Mello, morto em um ataque terrorista em Bagdá, naquele mesmo ano; ou, ainda, uma notícia sobre a criação de uma força de paz da ONU no Haiti, em 2004, comandada pelo Brasil.

A Organização das Nações Unidas (ONU), ou simplesmente Nações Unidas, foi criada no final da Segunda Guerra Mundial, substituindo a Liga das Nações. Seus principais objetivos são promover a paz mundial, proteger os direitos humanos, estimular o desenvolvimento econômico e social das nações, reforçar os laços entre todos os Estados soberanos e estimular a autodeterminação dos povos.

Um importante órgão da ONU é o **Conselho de Segurança**, que tem a função de prevenir e mediar conflitos, além do direito de intervir em disputas que envolvam quaisquer nações. Atualmente o Conselho é composto de quinze países, sendo cinco deles membros permanentes (China, Estados Unidos, França, Grã-Bretanha e Rússia) e outros dez eleitos para períodos de dois anos. Os membros permanentes têm direito de vetar qualquer decisão do Conselho.

Embora as atuações da ONU e de seu Conselho de Segurança tenham sido importantes em várias ocasiões, nem sempre conseguiram impedir a eclosão de guerras ou tiveram suas decisões respeitadas. É o que ocorre, por exemplo, com a **Declaração Universal dos Direitos Humanos**, documento aprovado pela ONU em dezembro de 1948, que procura garantir a proteção da vida humana e dos direitos básicos dos cidadãos. Ainda hoje suas determinações são desrespeitadas em diversas partes do mundo.

A realidade da Declaração

“A Declaração foi assinada em 10 de dezembro de 1948 como uma esperança comum às principais potências mundiais que acabavam de presenciar as atrocidades da Segunda Guerra (1939-1945) e queriam meios de evitar uma nova barbárie.

Entretanto, fora da Assembleia Geral da ONU, os governos falharam em colocar na prática a igualdade proclamada pela Declaração. [...]

‘Fala-se no terrorismo como mal do século XXI, mas, na África, morre, a cada minuto, a mesma quantidade de pessoas que morreram nos ataques terroristas em Mumbai [na Índia, em novembro de 2008]. E isso só porque elas não têm como comprar arroz’, critica Javier Zuniga, conselheiro especial da Anistia Internacional para Programas Regionais, ressaltando a necessidade de uma reorganização das prioridades internacionais.”

MORAES, Márcia Soman. Declaração muda discurso mundial, mas não evita transgressões [10 dez. 2008]. Associação Nacional de Direitos Humanos (Andhep). Disponível em www.andhep.org.br. Acesso em 9 jun. 2011.

Questões

1. O que é a Declaração Universal dos Direitos Humanos? Em que contexto ela foi criada?
2. Que evidência o texto apresenta para mostrar que os Estados estão falhando no cumprimento dos princípios estabelecidos pela Declaração?
3. Você sabia que o Brasil reivindica um assento permanente no Conselho de Segurança da ONU? Converse com seus colegas sobre a importância disso para o nosso país.

ENQUANTO ISSO...

O cotidiano da guerra no Sul do Brasil

Desde o século XIX, muitos imigrantes de origem alemã e italiana se estabeleceram no Sul do Brasil. Nas colônias fundadas por eles, as famílias procuravam manter seus costumes e se comunicar na língua de origem, como forma de preservar sua identidade cultural.

Com a entrada do Brasil na guerra, no bloco dos Aliados, o uso das línguas alemã, italiana e japonesa foi proibido no país. A polícia e a própria população tratavam de vigiar esses imigrantes e de delatar os infratores, que podiam responder por processos criminais nas delegacias da região.

Tanto os adultos quanto as crianças sofreram com essa situação de vigilância e repressão nas ruas e nas escolas. Como mostra o texto a seguir, em diversos momentos alguns imigrantes não conseguiam realizar tarefas simples do dia a dia por não saberem falar o português.

As línguas proibidas

"Das proibições da língua, surgiam situações inusitadas: colonos que, não sabendo falar em português o nome dos produtos, levavam um saco para a venda e, em seu interior, um bilhete com o pedido. Outros iam com o dicionário à mão. E, quando precisavam de atendimento médico ou farmacêutico, como descrever uma doença ou pedir um remédio em português? Surtos de doenças como malária e tifo acometeram muitos colonos durante o tempo da guerra. [...] Em Rio dos Cedros [Santa Catarina], o proprietário da farmácia tinha um quartinho nos fundos para atender os colonos estrangeiros. Um imigrante ficava de guarda na porta vendo se algum espião se aproximava, enquanto o farmacêutico explicava na língua do colono como usar os remédios. [...] Se havia repressão, havia resistência e solidariedade."

FÁVERI, Marlene de. As línguas proibidas. Revista *Nossa História*, 21 jul. 2005. p. 67-68.

REPRODUÇÃO

Capa do livro *O punhal nazista no coração do Brasil*, publicado pela Delegacia de Ordem Pública e Social (Deops) de Santa Catarina, em 1943.

Questões

1. Qual é a relação do texto com as imagens reproduzidas nesta página?
2. Como os colonos alemães, citados nesse texto, passaram a ser tratados após a proibição do uso de seu idioma de origem? De que forma o cotidiano dessas pessoas foi alterado?

ARQUIVO HISTÓRICO DE JOINVILLE

Multidão se aglomera na rua do Príncipe, em Joinville, Santa Catarina, em 1945. A cidade, fundada por imigrantes alemães, suíços e noruegueses, tinha grande número de colonos e descendentes de europeus. Arquivo Histórico de Joinville.

ATIVIDADES

Compreender os conteúdos

1. Relacione o nome do país, ou dos países, às sentenças correspondentes.

Alemanha – Estados Unidos – França
Japão – União Soviética

a) Em agosto de 1939, os dois países assinaram um acordo de não agressão e acertaram a divisão do território polonês.

b) País que não conseguiu resistir aos ataques nazistas e teve seu território dividido. O norte foi submetido ao controle direto nazista, e o sul ficou conhecido como República de Vichy.

c) Em resposta à invasão da Indochina, o governo congelou os bens de todos os japoneses que viviam no país e cortou o envio de petróleo para o Japão.

d) Em dezembro de 1941, empreendeu um grande ataque aéreo à base naval de Pearl Harbor, no Havaí.

e) Entrou no conflito no ano de 1941 declarando guerra ao Japão. Ao seu lado, Brasil e México reforçaram o bloco dos países Aliados. A partir de então, o conflito tornou-se mundial.

f) Pelo leste, seus exércitos libertaram a Polônia, Hungria, Romênia, Bulgária e Tchecoslováquia do domínio nazista e, em janeiro de 1945, deram início à marcha em direção à Alemanha.

2. Leia as afirmativas a seguir e indique a alternativa correta.

I. Hitler defendia a união dos povos arianos, segundo ele, a "raça" superior, e a conquista de um espaço vital para os alemães construírem uma grande nação.

II. O lançamento da bomba atômica no Japão foi uma decisão dos países Aliados, após concluírem que, sem essa medida extrema, o Japão resistiria ainda por vários meses.

III. O acordo assinado entre Hitler e Stalin, em 1939, garantiu a neutralidade do Exército Vermelho diante da ofensiva alemã sobre a Polônia. A União Soviética viu na aliança com Hitler uma forma de ampliar seus territórios no leste da Europa e de proteger a URSS do expansionismo alemão.

IV. A vitória alemã na Batalha de Stalingrado gerou grande desalento nas tropas aliadas, que só foi superado com a entrada dos Estados Unidos na guerra, fato que alterou a correlação de forças no conflito.

a) Apenas I está correta.

b) Apenas I e III estão corretas.

c) Apenas I, II e IV estão corretas.

d) Apenas III está correta.

e) Apenas I e IV estão corretas.

3. Redija um pequeno texto sobre o avanço nazista na Europa entre 1939 e 1941.

4. Complete o diagrama sobre o confronto entre Japão e Estados Unidos no Pacífico, resumindo cada etapa.

Ampliar o aprendizado

5. Leia o texto a seguir e responda.

"A exigência que Auschwitz não se repita é a primeira de todas as metas para a educação. [...] Ela foi a barbárie contra a qual se dirige a educação. [...] Milhões de pessoas inocentes – e só o simples fato de citar números já é humanamente indigno, quanto mais discutir quantidades – foram assassinadas de uma maneira planejada. Isto não pode ser minimizado por nenhuma pessoa viva como sendo um fenômeno superficial, como sendo uma aberração no curso da história, que não importa, em face da tendência dominante do progresso, do esclarecimento, do humanismo supostamente crescente.”

ADORNO, Theodor. Educação após Auschwitz. In: *Educação e emancipação*. Rio de Janeiro: Paz e Terra, 1995. p. 119-154.

a) Qual fato marcante na Segunda Guerra Mundial é o assunto desse texto?

b) Qual é a ideia principal defendida pelo autor?

c) Por que o autor deu a esse texto o título “Educação após Auschwitz”?

d) Na sua opinião, a escola é um meio de combater a barbárie? Justifique.

6. **Redija um pequeno texto sobre o mapa A Alemanha no pós-guerra, na página 146.**

História feita com arte

7. **Apesar do sofrimento e das perdas geradas pela guerra, muitos artistas inspiraram-se nos combates para expressar seus sentimentos sobre o conflito e, muitas vezes, representaram com humor as principais batalhas, seus comandantes e resultados.**

BIBLIOTECA DO CONGRESSO, WASHINGTON

Charge de Willard Wetmore Combes representando um urso, personificação da União Soviética, atacando Hitler em Stalingrado, produzida em 1943. Biblioteca do Congresso, Estados Unidos.

a) Qual é o tema dessa charge?

b) Quais países os dois personagens dessa charge representam? Que outros elementos criados pelo artista remetem a esses países?

c) Qual a influência desse acontecimento nos rumos do conflito?

8. **Sadako Sasaki tinha dois anos quando Hiroshima, a cidade onde vivia, sofreu o bombardeio atômico. Ela escapou, aparentemente ilesa, da tragédia. Com 12 anos, a menina começou a sentir os primeiros sintomas da leucemia, que durante muito tempo ficou conhecida no Japão como a “doença da bomba atômica”. Conhecendo a lenda da *tsuru* (segundo a qual quem fizer mil *tsurus* em dobradura com o pensamento voltado para aquilo que deseja conseguirá realizar o pedido), a menina iniciou a confecção das mil peças. Sadako, que faleceu antes de completar a tarefa, pedia pela paz no mundo enquanto confeccionava seus *tsurus*. A imagem a seguir é o *Monumento das Crianças à Paz*, que foi inspirado na história de Sadako Sasaki.**

PAULE SAVIANO/ALAMY/OTHER IMAGES

Monumento das Crianças à Paz, erguido em 1958 no Memorial da Paz de Hiroshima. Japão, foto de 2010.

a) Relacione a imagem da escultura à história de Sadako Sasaki.

b) Na sua opinião, por que Sadako pediu pela paz mundial em vez de solicitar a própria cura?

c) Você considera que a arte é um meio capaz de contribuir pela paz mundial? Justifique.

Tsuru
Cegonha, ave símbolo da paz e da longevidade no Japão.

CAPÍTULO

8 A era Vargas (1930-1945)

AP/GLOWIMAGES

Desfile em comemoração ao Dia da Independência, na Avenida Rio Branco, Rio de Janeiro, setembro de 1942.

Uma figura controversa

Você já ouviu falar de Getúlio Vargas? O que você sabe sobre ele? O gaúcho Getúlio Vargas é uma das figuras mais populares e polêmicas da nossa república. Ele governou o Brasil por quinze anos consecutivos e depois de uma breve interrupção reassumiu a presidência da república por mais três anos.

No longo tempo que comandou o país, Vargas ganhou muitos simpatizantes e muitos inimigos. Há aqueles que o consideram um fervoroso nacionalista, progressista ativo e "pai dos pobres", enquanto outros tantos o definem como um ditador oportunista, intervencionista e amigo das elites. Depois de ler esse capítulo, você vai compreender por que há tantas opiniões divergentes sobre esse personagem.

Observe a fotografia acima e identifique os elementos que expressam a popularidade desse presidente. O que as pessoas demonstram nessa comemoração? Você já viu alguma cena parecida com a da foto? Quando? O que as pessoas comemoravam?

O que é que Getúlio tem?

"O que é que Getúlio tem? Como explicar que um líder falecido há mais de meio século continue exercendo forte influência no cenário político do país? Por que, afinal, sua figura é lembrada e relembrada – seja para o elogio, seja para a crítica – sempre que se discutem os grandes temas nacionais?

Em agosto de 2004, quando o suicídio de Getúlio Vargas completou 50 anos, o Brasil assistiu a uma onda de celebrações em memória ao ex-presidente. Seminários, exposições, debates, construção de memoriais, artigos em revistas especializadas, cadernos especiais nos jornais, programas de rádio e televisão. [...]

Nem sempre a memória de Vargas recebeu tratamento tão nobre. Em primeiro lugar, porque se trata de um personagem bastante ambíguo – se por um lado contribuiu com inegáveis avanços para o desenvolvimento do país, por outro liderou um período autoritário e de repressão política em seu primeiro governo (1930-1945). [...]

De lá para cá, grandes temas da era Vargas continuam na ordem do dia, como o desenvolvimentismo, o nacionalismo e a intervenção do Estado na economia. [...] Não se sabe ainda como a figura do líder vai reaparecer, mas uma coisa é certa: 54 anos após 54, Getúlio continua vivo. E bem na foto."

FERREIRA, Marieta de Moraes. Vargas para todos os gostos. *Revista de História*, 6 ago. 2008. Disponível em www.revistadehistoria.com.br. Acesso em 10 ago. 2011.

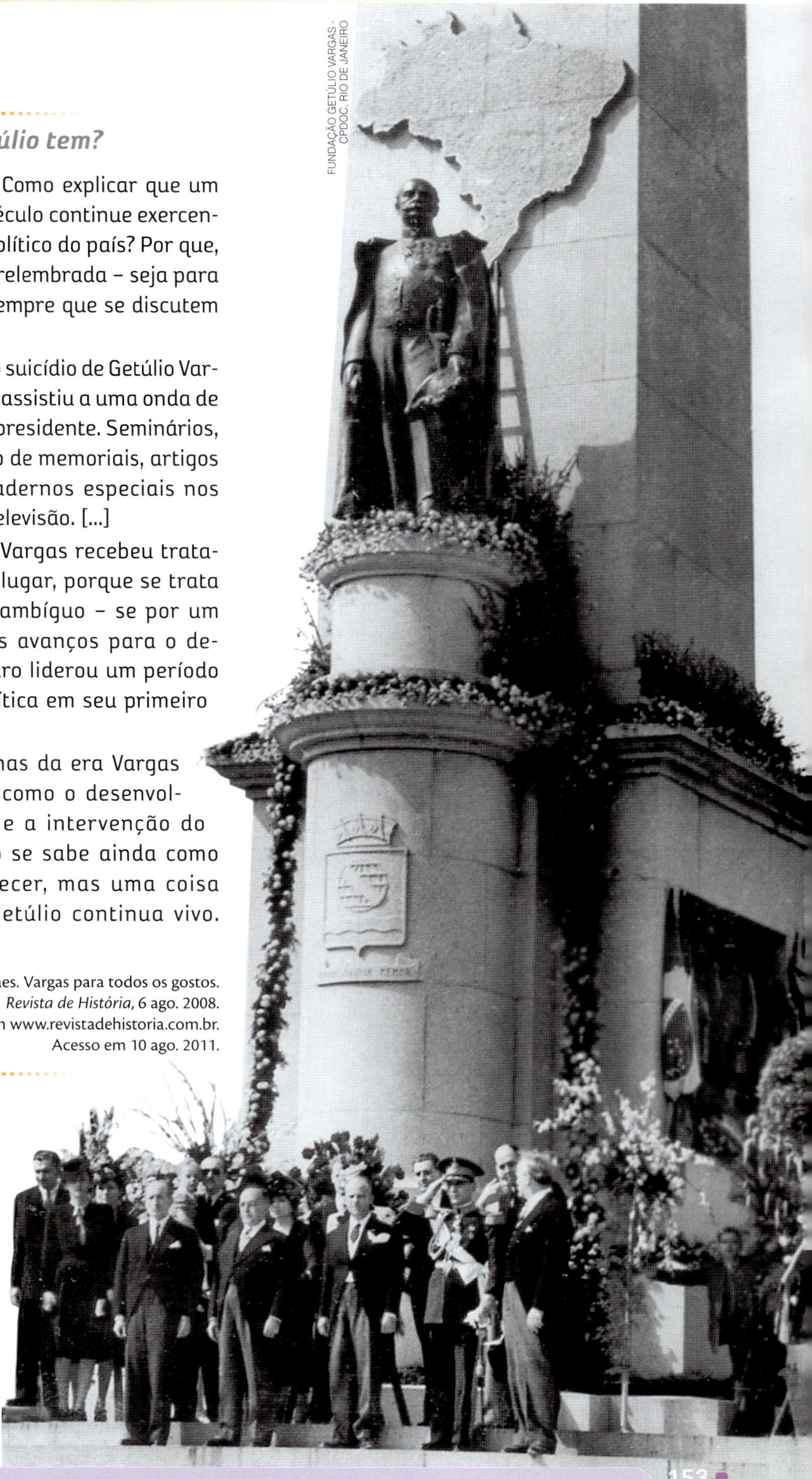

FUNDAÇÃO GETÚLIO VARGAS - CPDOC, RIO DE JANEIRO

Getúlio Vargas (no centro) e outras pessoas na inauguração do monumento em homenagem ao barão do Rio Branco, Rio de Janeiro, 1941. CPDOC/FGV, Rio de Janeiro.

A crise da República Oligárquica

Você estudou que, nas primeiras décadas do século XX, a produção de café era a principal atividade econômica do Brasil e recebia apoio e incentivos financeiros do governo. Você também viu que nesse mesmo período cidades como São Paulo, Rio de Janeiro, Recife e Porto Alegre foram remodeladas e sofreram grandes transformações econômicas e sociais.

Entretanto, após a grave crise econômica internacional, que se seguiu à quebra da bolsa de valores de Nova York, em 1929, a frágil política econômica e comercial do Brasil desmoronou. O baixo valor pago pela saca de café no mercado internacional não compensava os altos custos de produção, o que levou muitos cafeicultores à falência. A crise também afetou os habitantes das cidades, como mostra o depoimento a seguir, de D. Brites.

Débâcle
Queda; desastre; ruína.

Lembranças da crise

Aí veio a crise do café de 1929. Eu me lembro claramente, trabalhava ainda na fábrica. Quando voltei da escola de tarde [...] senti como se tivesse caído sobre a cidade uma desgraça. Estava tudo parado. Havia um jornal que ficava na esquina do viaduto com a rua Líbero Badaró, onde é hoje o Matarazzo. Todo mundo olhava para ali: tinha havido um *débâcle* na bolsa de Nova York mas que custou a chegar aqui no Brasil. Depois é que eu soube. Nós só recebemos a notícia em 29 de outubro. Daí veio uma crise tremenda. Faltava trabalho, quem vivia de propriedades alugadas as casas se desalugaram. Baixaram os aluguéis das casas. Ficou tudo muito ruim. O pior foi a dificuldade de emprego. Continuou a crise e o pessoal não queria pagar professor.”

Depoimento de D. Brites. In: BOSI, Ecléa. *Memória e sociedade*: lembranças de velhos. 3. ed. São Paulo: Companhia das Letras, 1999. p. 331-332.

Questões

1. Como D. Brites descreve o impacto do recebimento da notícia, em São Paulo, da crise de 1929?
2. Como a crise de 1929 afetou os habitantes da cidade?

AFP

Operadores da bolsa de valores de Nova York durante pregão em outubro de 1929, quando o preço das ações atingiu o valor mais baixo.

A questão sucessória

Washington Luís (1926-1930), último presidente da Primeira República, iniciou seu governo em um período de relativa calma. Porém, em 1929, passou a enfrentar os efeitos econômicos e sociais gerados pela quebra da bolsa de valores de Nova York.

Além disso, a escolha do candidato que deveria receber o apoio do presidente nas eleições de 1930 causou uma séria crise política, que abalou o equilíbrio estabelecido entre as oligarquias regionais de São Paulo e Minas Gerais. Washington Luís deveria apoiar um candidato mineiro, o político Antônio Carlos. O presidente, porém, escolheu o paulista Júlio Prestes.

Não se sabe ao certo as razões que levaram Washington Luís a insistir na candidatura de um paulista. Alguns historiadores acreditam que o presidente teria preferência por um candidato que fosse capaz de dar continuidade à política econômica do seu governo, centrada principalmente no incentivo à produção de café.

No entanto, a atitude do presidente causou grande descontentamento entre os representantes dos estados de Minas Gerais, Rio Grande do Sul e Paraíba, que não aceitaram apoiar Júlio Prestes. Em resposta, as oligarquias desses estados lançaram a candidatura de **Getúlio Vargas**, presidente de estado do Rio Grande do Sul.

Getúlio Vargas compunha com o candidato a vice-presidente, João Pessoa, governador da Paraíba, a chapa denominada **Aliança Liberal**. A chapa recebeu apoio dos tenentes, das classes médias urbanas e dos oligarcas insatisfeitos com a velha troca de poder entre Minas Gerais e São Paulo.

A aliança propunha, entre outras medidas, anistia aos tenentes punidos pela participação nos levantes de 1922 e de 1924, assim como a adoção do voto secreto, o incentivo à indústria e a criação de uma nova política trabalhista.

REPRODUÇÃO - FUNDAÇÃO BIBLIOTECA NACIONAL, RIO DE JANEIRO

"Tudo para forca!", charge publicada na capa da revista *O Malho*, de novembro de 1929, satirizando a associação política entre Washington Luís (cavaleiro com barba) e Júlio Prestes. Note o bule de café representado ao fundo. Qual é a referência política relacionada ao objeto?

Biografia

Getúlio Dornelles Vargas nasceu em 1883, em São Borja, no Rio Grande do Sul. Em 1899, alistou-se no exército, mas desligou-se da corporação em 1903. Em seguida, ingressou na Faculdade de Direito de Porto Alegre, onde graduou-se em direito. Em 1909, foi eleito pela primeira vez deputado estadual; em 1913 foi reeleito, mas renunciou em razão de disputas com outros políticos gaúchos. Após uma breve pausa, retomou a vida política, tendo sido eleito novamente para a Assembleia Legislativa. A fama de Getúlio de bom orador e negociador político levou à sua indicação como candidato à presidência da república pela Aliança Liberal. Tornou-se chefe do governo provisório do Brasil em 1930 e assumiu a presidência em 1934. Em 1937 instituiu uma ditadura e governou até 1945. Voltou à presidência pelo voto direto, em 1951, e ocupou o posto até 1954, quando se suicidou.

REPRODUÇÃO - MUSEU DA REPÚBLICA, RIO DE JANEIRO

Getúlio Vargas e a Carta de 1937, pintura de Carlos Oswald, s/d. Museu da República, Rio de Janeiro.

FUNDAÇÃO GETÚLIO VARGAS, CPDOC, RIO DE JANEIRO

O presidente deposto Washington Luís dirige-se à fortaleza de São João para embarcar no navio *Alcântara*, com destino à Europa, novembro de 1930. CPDOC/FGV, Rio de Janeiro.

As eleições de 1930

As eleições presidenciais ocorreram no dia 1º de março de 1930. Júlio Prestes recebeu 1 milhão de votos, enquanto Vargas obteve aproximadamente 700 mil. Em maio, o Congresso Nacional reconheceu o resultado das eleições e declarou Júlio Prestes presidente eleito. Os opositores do governo protestaram, alegando que o processo havia sido fraudado.

Com as eleições perdidas nas urnas, a Aliança Liberal procurou um caminho radical para chegar ao poder e começou a preparar um levante para derrubar o governo.

O estopim para o levante

O assassinato de João Pessoa, vice na chapa de Getúlio Vargas, foi o estopim para o início do levante. João Pessoa foi assassinado a tiros pelo jornalista João Dantas, por motivos políticos e pessoais. O incidente gerou manifestações de repúdio, que se transformaram em mobilizações a favor da Aliança Liberal.

O levante começou em 5 de outubro de 1930, com bombardeios e assaltos a unidades militares da capital do Rio Grande do Sul. Em dois dias, todos os quartéis estavam tomados e Getúlio já controlava a cidade de Porto Alegre. Em seguida, partiu com as tropas gaúchas de trem e a cavalo para os estados de Santa Catarina e Paraná.

Ao mesmo tempo, em Minas Gerais, o movimento também alcançava idêntico sucesso. Na Paraíba, os tenentes, comandados por Juarez Távora, assumiram o controle civil e militar de todo o estado, além de dominarem cidades na Bahia e em Pernambuco.

Enquanto isso, no Rio de Janeiro, o presidente Washington Luís procurava reunir forças para garantir a posse de Júlio Prestes. Os altos escalões militares, temendo uma guerra civil, resolveram abreviar a crise política. Em 24 de outubro o presidente foi deposto por uma junta militar e, em seguida, partiu para o exílio. No dia 3 de novembro, Getúlio Vargas assumiu o comando do governo provisório do país.

FUNDAÇÃO GETÚLIO VARGAS - CPDOC, RIO DE JANEIRO

Gaúchos no obelisco da Avenida Rio Branco, no Rio de Janeiro, novembro de 1930. CPDOC/FGV, Rio de Janeiro. Em um ato simbólico, comandantes de Vargas trouxeram cavalos de suas estâncias gaúchas e os amarraram no obelisco da Avenida Rio Branco, mostrando que "tinham vindo para ficar".

O governo provisório de Vargas (1930-1934)

Assim que assumiu a chefia do governo provisório, Vargas decretou uma série de medidas centralizadoras, que limitavam a autonomia dos estados e fortaleciam o governo central. Ele dissolveu o Congresso Nacional e as assembleias legislativas estaduais e municipais e substituiu os presidentes de estado por **interventores**, a maior parte deles tenentes. Além de governarem os estados, os interventores tinham como atribuição nomear os prefeitos dos municípios.

As medidas centralizadoras de Vargas também se estenderam para a educação. Em 1930, Vargas decretou a criação do Ministério dos Negócios da Educação e Saúde Pública, que subordinava os sistemas de educação dos estados ao Distrito Federal. Além disso, todos os assuntos relativos à saúde pública e ao atendimento hospitalar do país ficaram sob a atribuição desse ministério.

Em 1931 foi estabelecida a Lei de Sindicalização, que atrelava os sindicatos ao Estado. A lei admitia um único sindicato por categoria profissional e determinava que apenas os trabalhadores filiados ao sindicato oficial recebiam os benefícios da legislação trabalhista.

Na economia, Vargas implantou políticas para estimular a diversificação da produção industrial e o consumo interno. As medidas protecionistas da indústria brasileira proibiram, por exemplo, a importação de máquinas e limitaram a importação de artigos de luxo.

Além disso, o governo passou a cobrar um tributo de 8% sobre os lucros remetidos para o exterior, obrigou empresas estrangeiras a ter dois terços de empregados brasileiros e abriu linhas de crédito para a instalação de novos estabelecimentos ou pequenas fábricas. Entre 1929 e 1939, a indústria cresceu 125%, enquanto na agricultura o crescimento não ultrapassou 20%.

FUNDAÇÃO BIBLIOTECA NACIONAL, RIO DE JANEIRO

Charge de Alfredo Storni, publicada na *Revista Careta*, 1932. Vargas defende-se com habilidade das pressões feitas pelos principais estados para que convocasse uma Assembleia Constituinte e normalizasse a vida política do país. Fundação Biblioteca Nacional, Rio de Janeiro.

ALINARI/OTHER IMAGES - RACCOLTE MUSEALI FRATELLI ALINARI (RMFA), FLORENÇA

Operárias da fábrica italiana de calçados Michele Terlizzi, em Belo Horizonte, Minas Gerais, 1930-1935. Museu Fratelli Alinari, Itália.

Cartaz promovendo o alistamento para a Revolução de 1932. A sigla MMDC foi adotada por uma organização civil paramilitar de São Paulo, após a morte de quatro estudantes (Miragaia, Martins, Dráusio e Camargo) durante manifestação a favor de uma nova Constituição para o país, em maio de 1932.

A Revolução Constitucionalista de 1932

As medidas centralizadoras de Vargas provocaram a ira das elites políticas paulistas, que exigiam a elaboração de uma nova Constituição para o país. Além disso, os paulistas também reivindicavam a substituição do interventor pernambucano João Alberto Barros, nomeado por Vargas, por outro nascido no estado de São Paulo.

Em 1932, ocorreu uma forte mobilização no estado, que uniu diferentes setores da sociedade, como estudantes, cafeicultores, industriais, profissionais liberais, operários, mulheres, índios e negros. No mesmo ano, os oligarcas de São Paulo formaram a **Frente Única Paulista** (FUP), aliança que uniu os dois principais partidos políticos do estado, o Partido Republicano Paulista (PRP) e o Partido Democrático (PD).

Em 9 de julho eclodiu a revolta armada. Tropas rebeldes do exército de São Paulo ocuparam os quartéis e tomaram o controle do estado. Os paulistas acreditavam receber o apoio de mineiros e gaúchos para atacar a capital federal, mas acabaram lutando sozinhos contra o exército federal.

Os revoltosos conseguiram o apoio de ricas mulheres paulistas, que doaram joias de ouro com o objetivo de arrecadar recursos para o conflito. Além disso, pela primeira vez no Brasil, o rádio foi utilizado como instrumento de mobilização popular para um movimento armado.

Embora o esforço e a união do estado de São Paulo tenham sido impressionantes, a força do exército nacional era muito maior, e os paulistas acabaram se rendendo. Vargas agiu com cautela e não ordenou a invasão da cidade de São Paulo, tampouco decidiu bombardeá-la.

Soldados paulistas na boca do Túnel da Mantiqueira, julho de 1932. CPDOC/FGV, Rio de Janeiro. Ao fundo, podemos ver uma locomotiva descarrilada pelos revolucionários.

A Constituição de 1934

Apesar de terem sido derrotadas militarmente, as elites paulistas tiveram algumas de suas reivindicações atendidas: a nomeação de um interventor paulista, o político Pedro de Toledo, e a convocação de eleições, em 1933, para a Assembleia Nacional Constituinte. Além disso, foi criada uma Comissão Constitucional, responsável por elaborar a nova Constituição do país.

Essa foi a primeira eleição na qual as mulheres, com algumas restrições, puderam votar. Outra novidade foi que o voto passou a ser secreto. A Justiça Eleitoral, criada em 1932, tornou-se o aparelho responsável pela organização das eleições.

Após acalorados debates, a nova Constituição foi promulgada em 16 de julho de 1934. Entre outros aspectos, ela previa:

- a manutenção do federalismo como sistema de governo do país;
- a regulamentação do voto no país, com a obrigatoriedade do voto masculino para maiores de 18 anos e a ampliação do voto feminino (leia o boxe abaixo);
- a reafirmação da obrigatoriedade do serviço militar;
- o estabelecimento do ensino primário gratuito e de frequência obrigatória extensivo aos adultos;
- a nacionalização progressiva dos recursos minerais e hídricos do Brasil.

A Constituição de 1934 também estabeleceu princípios básicos na legislação do trabalho e definiu pontos importantes referentes à economia do Brasil. Segundo ela, a liberdade econômica deveria ser garantida, porém, com certos limites, ou seja, de acordo com a justiça e as necessidades do país.

Ainda em 1934, a Assembleia Constituinte, por voto indireto, elegeu Vargas para a presidência da república, cargo que deveria ocupar até 1938, quando ocorreriam eleições diretas.

REPRODUÇÃO - COLEÇÃO CARLOTA PEREIRA DE QUEIRÓS

Sessão da Assembleia Constituinte, Rio de Janeiro, 1934. À esquerda, podemos ver a deputada Carlota Pereira de Queirós, única mulher eleita para a Assembleia Nacional Constituinte.

Saiba mais

As mulheres e a política no Brasil

Atualmente, muitas mulheres brasileiras são vereadoras, prefeitas, deputadas ou senadoras. O cargo máximo do poder executivo de nosso país, a presidência, também é exercido por uma mulher. Mas você sabia que nem sempre as mulheres puderam exercer cargos públicos no Brasil? O voto feminino é uma conquista recente na história do nosso país.

O primeiro estado a permitir o voto feminino foi o Rio Grande do Norte, em 1927. Também foi nesse estado que, em 1928, foi eleita a primeira mulher a ocupar um cargo executivo no Brasil, a potiguar Alzira Soriano, que tomou posse na prefeitura de Lajes em 1929.

O Código Eleitoral de 1932 regulamentou o voto feminino, mas estabelecia algumas restrições. Apenas as mulheres casadas, com autorização do marido, podiam votar, assim como viúvas e solteiras que comprovassem renda própria. O voto feminino também não era obrigatório. Na Constituição de 1934, ele tornou-se obrigatório somente para as mulheres que exerciam função pública remunerada. A obrigatoriedade do voto feminino só foi estabelecida em 1946.

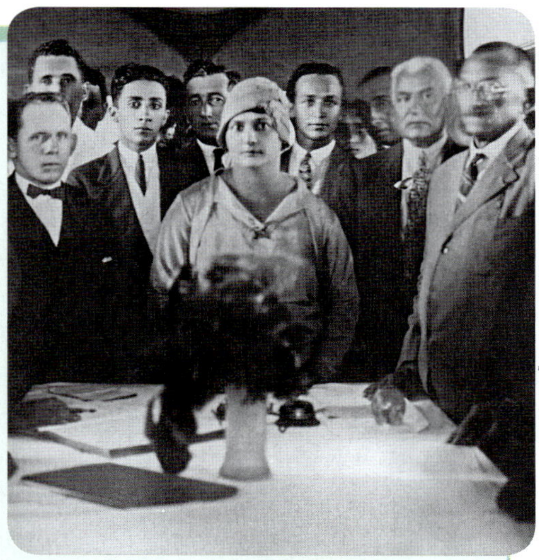

REPRODUÇÃO - MUSEU PARTICULAR ALZIRA SORIANO, LAJES

Posse de Alzira Soriano como prefeita da cidade de Lajes, Rio Grande do Norte, 1º de janeiro de 1929. Museu Particular Alzira Soriano, Lajes.

FUNDAÇÃO GETÚLIO VARGAS - CPDOC, RIO DE JANEIRO

Desfile no I Congresso Integralista Regional das Províncias Meridionais do Brasil, em Blumenau, Santa Catarina, outubro de 1935. CPDOC/FGV, Rio de Janeiro.

A radicalização política no Brasil

Com o fim da Primeira Guerra Mundial, o mundo assistiu à ascensão de regimes totalitários e autoritários e ao surgimento de partidos comunistas em diferentes países. No Brasil, essa divisão política e ideológica também se manifestou. Formaram-se no país dois grupos claramente antagônicos: a **Ação Integralista Brasileira** (AIB), de tendência fascista, e a **Aliança Nacional Libertadora** (ANL), uma frente antifascista que reunia comunistas, socialistas e antigos tenentes insatisfeitos com o governo.

A AIB, fundada em 1932 por Plínio Salgado, era ideologicamente ligada ao fascismo italiano. Seu lema, "Pátria, Deus, Família", era apoiado pelos setores mais conservadores da sociedade brasileira: a alta hierarquia militar, as oligarquias tradicionais e o alto clero. A AIB defendia, principalmente, o fortalecimento e a militarização do Estado para impor ordem e disciplina na vida nacional.

A ANL era presidida por Luís Carlos Prestes. Constituída em janeiro de 1935, a ANL recrutou a maior parte de seus adeptos entre as classes médias urbanas, principalmente intelectuais, profissionais liberais, estudantes e militares de baixa patente. Com apenas quatro meses de funcionamento, a ANL já tinha 80 mil filiados.

O objetivo principal dessa organização era mobilizar as massas para combater o fascismo no Brasil e o governo autoritário de Vargas. Ela também defendia a nacionalização de empresas estrangeiras e a suspensão do pagamento da dívida externa.

A Intentona Comunista de 1935

Em julho de 1935, a ANL foi declarada ilegal pelo governo Vargas. Em seguida, Prestes, com o apoio do PCB (Partido Comunista do Brasil) e da Internacional Comunista, deu início aos preparativos para uma revolta armada, que tinha como objetivo principal derrubar o governo Vargas.

Em novembro do mesmo ano, com as instruções dadas pelos líderes da Internacional Comunista, Prestes organizou levantes que ocorreram simultaneamente em três bases militares: Natal, Recife e Rio de Janeiro. A **Intentona Comunista**, nome dado ao movimento pelos jornais da época, foi um fracasso. A repressão foi imediata e os militares pró-Vargas puniram duramente os revoltosos.

Prestes e sua esposa, a revolucionária alemã de origem judia Olga Benário Prestes, foram presos. Olga estava grávida, mas ainda assim foi deportada para a Alemanha nazista. Levada para um campo de concentração, Olga foi executada em uma câmara de gás. Leia, a seguir, trechos da última carta escrita por ela.

Cartaz apreendido na sede da ANL, em Natal, Rio Grande do Norte, 1935.

A despedida de Olga

"Queridos,

Amanhã vou precisar de toda a minha força e de toda a minha vontade. Por isso, não posso pensar nas coisas que me torturam o coração, que são mais caras que a minha própria vida. E por isso me despeço de vocês agora. É totalmente impossível imaginar, filha querida, que não voltarei a estreitar-te em meus braços ansiosos. Quisera poder pentear-te, fazer-te as tranças. [...]

Carlos, querido, amado meu: terei que renunciar para sempre a tudo de bom que me destes? [...] De ti aprendi, querido, o quanto significa a força de vontade, especialmente se emana de fontes como as nossas. [...] Até o último momento manter-me-ei firme e com vontade de viver. Agora vou dormir para ser mais forte amanhã. Beijo-os pela última vez."

Carta de despedida de Olga Benário [1942]. In: MORAIS, Fernando. *Olga*. São Paulo: Alfa-Ômega, 1985. p. 293.

Vale a pena assistir

Olga
Nacionalidade: BRA
Direção: Jayme Monjardim
Ano: 2004
Duração: 141 min

O filme, inspirado no livro *Olga*, de Fernando Morais, conta a trajetória da militante comunista Olga Benário, morta em uma câmara de gás, em 1942. A obra mostra a ascensão do totalitarismo na Alemanha e como se organizavam os grupos de resistência ao nazismo. Discute-se, brevemente, a relação entre a União Soviética e os comunistas brasileiros e como se deu a articulação do movimento que se tornou conhecido como Intentona Comunista.

KEYSTONE-FRANCE/GAMMA-KEYSTONE/GETTY IMAGES

Prisioneiros políticos trabalhando na prisão da Ilha Grande, no Rio de Janeiro, abril de 1938.

O golpe de Estado

O levante comunista de 1935 tornou-se uma das justificativas para Vargas decretar o estado de sítio no país. O mais provável é que ele preparava o caminho para permanecer na presidência. As eleições se aproximavam e, segundo as regras eleitorais daquele período, não havia reeleição para presidente da república.

Em 1937, em plena campanha eleitoral, divulgou-se a existência de uma conspiração comunista para tomar o poder, que recebeu o nome de **Plano Cohen**. No entanto, as pistas indicam que o plano conspiratório foi elaborado pelos integralistas, que desejavam instaurar um regime ditatorial no país.

A comoção gerada pela notícia do Plano Cohen e o consequente medo do "perigo vermelho" serviram de justificativas para Vargas fechar o Congresso Nacional. O presidente outorgou uma nova Constituição, que decretava o estado de emergência no país e, entre outras coisas, extinguia os partidos políticos, suspendia os direitos políticos e as liberdades individuais dos cidadãos brasileiros e instaurava a censura dos meios de comunicação. Nesse momento iniciou-se uma ditadura, que recebeu o nome de **Estado Novo**.

Você sabe o que é uma ditadura? O que você acha que mudaria na sua vida se o Brasil fosse uma ditadura? Você conhece alguém que viveu em um período de governo ditatorial?

Estado de sítio
Medida provisória decretada pelo chefe de Estado em razão de uma grande ameaça à ordem democrática, de agressão estrangeira ou de calamidade pública. A medida permite ao governo suspender as liberdades e garantias individuais, como o direito de ir e vir, o sigilo das correspondências e a liberdade de imprensa.

JORNAL DO BRASIL — QUINTA-FEIRA, 11 DE NOVEMBRO DE 1937

A SITUAÇÃO

FALANDO PELO RADIO A' NAÇÃO BRASILEIRA, O PRESIDENTE GETULIO VARGAS DA' AS RAZÕES DAS MEDIDAS TOMADAS PELO GOVERNO

Dissolvido o Congresso Nacional — Os governadores de Pernambuco e Baía renunciaram — A nova Constituição — Proclamação ao Exercito — O que dizem os comunicados oficiais

FALANDO Á NAÇÃO

"A Constituição hoje promulgada criou uma nova estrutura legal, sem alterar o que se considera substancial nos sistemas de opinião ; manteve a forma democratica, o processo representativo e a autonomia dos Estados, dentro das linhas tradicionais da federação organica" — diz o Senhor Getulio Vargas

O Sr. Presidente da Republica falando á Nação

AGÊNCIA JB

Matéria publicada no *Jornal do Brasil* sobre a dissolução do Congresso Nacional e a nova Constituição, em 11 de novembro de 1937.

O Estado Novo (1937-1945)

O Estado Novo caracterizou-se pela grande centralização política e econômica nas mãos do presidente. O corpo burocrático formado para assessorar o governo era constituído principalmente por militares, que se tornaram interventores, ministros, secretários de segurança e chefes de polícia.

Nesse período, a propaganda estatal veiculava a necessidade de recuperar a ordem interna e a imagem de uma nação unida e forte, que caminhava para tempos de prosperidade e paz. A ideologia do Estado também estava presente nas manifestações cívicas, que concentravam um grande número de pessoas. Bandeiras e faixas exaltando Vargas e o regime eram comuns nesses eventos.

Diante desse cenário, muitos opositores de Vargas optaram pelo exílio e diversos parlamentares que não concordavam com os rumos políticos do país foram presos. Por sua vez, a maior parte da população silenciou-se, já que a censura tornou-se mais rígida e a polícia ampliava cada vez mais os seus poderes.

Saiba mais

A criação do DIP

Em 1939, o governo criou o **Departamento de Imprensa e Propaganda** (DIP), órgão responsável pela propaganda oficial do regime e pela promoção da figura de Getúlio Vargas. Entre as atribuições do DIP estavam: censurar os meios de comunicação, dirigir os programas de radiodifusão do governo, promover manifestações cívicas e elaborar material de apoio ao regime, como panfletos, cartazes, cartilhas e filmes.

O nacional-desenvolvimentismo de Vargas

Na economia, o Estado brasileiro assumiu o papel de principal investidor e impulsionador da industrialização do país. Com a ajuda norte-americana, em 1941, Vargas criou a **Companhia Siderúrgica Nacional (CSN),** cujo objetivo era tornar o país autossuficiente na produção de aço.

Vargas também estabeleceu ações para garantir a exploração estatal das riquezas do país. Em 1938, um decreto criou o Conselho Nacional do Petróleo, que estatizou as estruturas de exploração e refino que já existiam no país e assumiu o controle sobre a distribuição do produto. Em 1942, foi criada a **Companhia Vale do Rio Doce**, com o objetivo de explorar as riquezas minerais do território brasileiro, principalmente o ferro.

O governo Vargas passou a controlar a produção e o comércio de gêneros agrícolas, principalmente o café, que ainda era um importante produto da balança comercial brasileira. A finalidade era evitar a superprodução e, consequentemente, a queda nos preços da mercadoria.

Vista aérea da Alunorte, empresa de extração de bauxita e produção de alumínio, em Barcarena, Pará, 2008. Até fevereiro de 2011, a Alunorte era controlada pela Vale, que concluiu a transferência de suas ações, nesse mês, para a empresa norueguesa Hydro.

PAULO SANTOS/REUTERS/LATINSTOCK

FUNDAÇÃO GETÚLIO VARGAS - CPDOC, RIO DE JANEIRO

Getúlio Vargas na comemoração do 1º de maio no estádio do Pacaembu, em São Paulo, 1944. CPDOC/FGV, Rio de Janeiro.

As leis trabalhistas e a valorização do trabalho

Hoje em dia os trabalhadores brasileiros podem contar com uma série de direitos, como jornada máxima de 44 horas, salário mínimo, carteira de trabalho, entre outros. Entretanto, durante muito tempo, esses direitos não existiam. Você sabe dizer quando esses direitos foram criados?

O conjunto de leis trabalhistas que protegem os trabalhadores é relativamente recente, pois somente em 1943 foi decretada a **Consolidação das Leis do Trabalho** (CLT), que unificou a legislação trabalhista existente até então. Veja, a seguir, alguns direitos que a CLT previa inicialmente.

- Férias remuneradas.
- Fixação de um salário mínimo nacional.
- Jornada diária de trabalho de 8 horas.
- Licença-maternidade 6 semanas antes e 6 semanas depois do parto.
- Proibição do trabalho para menores de 14 anos.

Vargas ganhou, com a CLT, muita popularidade entre os trabalhadores. Nos discursos do presidente, a classe trabalhadora era frequentemente citada como exemplo de dignidade e esperança para o país. Observe essa característica no trecho a seguir.

Discurso do Dia 1º de maio

"Operários do Brasil [...]

O trabalho é o maior fator de elevação da dignidade humana! Ninguém pode viver sem trabalhar e o operário não pode viver ganhando apenas o indispensável para não morrer de fome. O trabalho justamente remunerado eleva-o na dignidade social. Além dessas condições, é forçoso observar que, num país como o nosso, onde em alguns casos, [...] desde que o operário seja melhor remunerado poderá, elevando o seu padrão de vida, aumentar o consumo, adquirir mais dos produtores e, portanto, melhorar as [...] condições do mercado interno."

Getúlio Vargas. Discurso aos trabalhadores [1º de maio de 1938]. In: DAHER, Maria Del Carmen Fátima González. *Discursos presidenciais de 1º de maio*: a trajetória de uma prática discursiva. São Paulo, 2000. Tese (Doutorado em Linguística aplicada ao ensino de línguas), Pontifícia Universidade Católica de São Paulo.

Questões

1. Segundo Vargas, que benefícios o trabalho bem remunerado traria para os trabalhadores e para o Estado?
2. Por que podemos dizer que a política trabalhista adotada no Estado Novo desmobilizou os trabalhadores?

Embora ao longo do Estado Novo os trabalhadores tenham conquistado direitos importantes, Vargas anulou pouco a pouco canais tradicionais de expressão e mobilização dos trabalhadores. Os sindicatos, que conseguiram manter uma relativa independência até 1935, ficaram submetidos ao Estado. Delegados indicados pelo Ministério do Trabalho interferiam diretamente na elaboração dos estatutos e na organização dos sindicatos.

As greves, de acordo com a Constituição de 1937, foram consideradas incompatíveis com os interesses da produção nacional. A partir daí instituiu-se uma legislação que proibia o direito de greve e punia rigidamente os trabalhadores que paralisassem suas atividades.

A cultura e o entretenimento a favor do Estado

Até 1930, nas emissoras de rádio brasileiras só se ouvia música clássica, ópera, noticiários e leitura de textos instrutivos. A partir de 1932, as rádios, até então financiadas por seus associados, passaram a ter permissão para veicular publicidade. A propaganda mudou profundamente a programação das emissoras, que se tornaram mais populares e conquistaram grande número de ouvintes.

Percebendo o alcance do rádio, Vargas decretou a obrigatoriedade da veiculação de propagandas governamentais ao longo da programação das emissoras. Além disso, em 1938, foi criado o programa radiofônico *Hora do Brasil*, que hoje se chama *A voz do Brasil*. Diariamente, no mesmo horário, todas as emissoras de rádio do país deveriam transmitir o programa. A *Hora do Brasil* apresentava as realizações do governo e veiculava pronunciamentos do presidente.

Nas artes plásticas, o Estado Novo também se fez presente. É importante saber que o movimento artístico e cultural chamado modernismo, que você estudou no capítulo 2, era sobretudo nacionalista e preocupava-se especialmente com a formação da identidade nacional. Não foi por acaso que o Estado Novo valorizou e divulgou obras de artistas, como Candido Portinari. No entanto, Vargas perseguiu e reprimiu muitos outros artistas e intelectuais que faziam oposição às ideias veiculadas pelo governo, como o escritor Graciliano Ramos e o jornalista Aparício Torelly, mais conhecido como Barão de Itararé.

Graças ao rádio e a seus programas de auditório, musicais e novelas, a música popular brasileira foi amplamente divulgada. Orlando Silva, Araci de Almeida, Silvio Caldas e Dalva de Oliveira foram cantores muito famosos do período.

GENEVIEVE NAYLOR/CORBIS/LATINSTOCK

Bateristas preparam-se para o Carnaval, Rio de Janeiro, 1941. Nos anos 1930 e 1940, o samba, antes confinado aos morros e subúrbios do Rio de Janeiro, conquistou o país e todas as classes sociais.

REPRODUÇÃO AUTORIZADA POR JOÃO CANDIDO PORTINARI - PALÁCIO GUSTAVO CAPANEMA, RIO DE JANEIRO

Café, detalhe do mural de Candido Portinari, 1938. Palácio Gustavo Capanema, Rio de Janeiro.

A influência cultural norte-americana

REPRODUÇÃO - ACERVO DOS DIÁRIOS ASSOCIADOS

Anúncio do creme dental Kolynos publicado na revista *O Cruzeiro*, Rio de Janeiro, outubro de 1941. A marca Kolynos surgiu nos Estados Unidos no início do século XX, chegando ao Brasil em 1917.

Em 1940, seguindo os princípios da "Política da Boa Vizinhança", os Estados Unidos criaram o Escritório de Relações Comerciais e Culturais entre as repúblicas americanas. O escritório representava os interesses intervencionistas dos Estados Unidos em toda a América e intermediava trocas econômicas e culturais entre o país e o restante do continente.

O multimilionário Nelson Rockfeller era o principal interlocutor entre os Estados Unidos e o Brasil. Sob a gerência de Rockfeller, o escritório de assuntos interamericanos trouxe para o Brasil escritores norte-americanos, artistas famosos de Hollywood e cineastas importantes, como Orson Welles e Walt Disney. Disney criou os desenhos animados *Alô, amigos* e *Você já foi à Bahia*? Neste último, o personagem Pato Donald vem ao Brasil conhecer o novo personagem criado por Disney, o papagaio brasileiro Zé Carioca.

O cinema de Hollywood era a grande vitrine da sociedade norte-americana. Entre 1928 e 1937, 85% dos filmes exibidos no Brasil vinham dos Estados Unidos. Assim, o cinema tornou-se a grande alavanca promotora de hábitos de consumo e de estilo de vida identificados com o *american way of life*, ou seja, o estilo de vida americano.

Além disso, as marcas norte-americanas dominavam o mercado brasileiro. O sinal mais significativo desse *american way of life* era o consumismo exagerado, principalmente de produtos industrializados.

"O banho de civilização americana atingia os brasileiros em todas as frentes. Para comer e beber havia suco V-8, Quaker Oats e enlatados Swift. [...] Para a cozinha, os eletrodomésticos GE. Para os olhos, lentes Ray-Ban. [...] De Hollywood vinha o recado: nove entre dez estrelas de cinema usavam sabonete Lever. [...] Descobríamos o *chic* pelas frestas do cinema. Aos poucos incorporamos *OK*, *big* e *bye* ao nosso vocabulário corrente."

O *american way of life* chega à terra do jeitinho. In: *Nosso século*. Abril. São Paulo: Abril Cultural, 1980. v. 3. p. 244.

EVERETT COLLECTION/GRUPO KEYSTONE

Pato Donald e Zé Carioca em cena do filme *Alô, amigos*, dos estúdios Disney, 1942.

O fim do Estado Novo

A decisão do governo Vargas de unir-se aos Aliados para combater o nazifascismo na Segunda Guerra Mundial chocava-se com a manutenção de um regime autoritário no Brasil. A sociedade brasileira iniciou, a partir daí, o movimento pela redemocratização do país.

A partir desse período, manifestações reivindicando o fim do regime ditatorial de Vargas começaram a acontecer pelo país. O presidente se viu pressionado pelas campanhas por democracia e pela legalização dos partidos políticos. Assim, em abril de 1945, Vargas anunciou a anistia aos presos políticos, entre eles Luís Carlos Prestes, e, no mês seguinte, extinguiu o DIP.

As eleições gerais foram, finalmente, marcadas para 2 de dezembro de 1945. Entraram na corrida presidencial a UDN (União Democrática Nacional), partido oposicionista, liderado pelo candidato Eduardo Gomes; o PSD (Partido Social Democrático) e o PTB (Partido Trabalhista Brasileiro), liderados pelo general Eurico Gaspar Dutra, ambos ligados a Vargas; e o PCB (Partido Comunista do Brasil), que lançou o candidato Yedo Fiúza.

Antes da eleição, porém, um movimento popular, conhecido como **queremismo**, tomou as ruas de várias cidades do país, reivindicando a permanência de Getúlio no poder. O movimento queremista, no entanto, acabou fortalecendo a oposição udenista, que tinha relações mais estreitas com os militares. Em outubro, Getúlio Vargas foi forçado pelos militares a renunciar, e o poder foi assumido provisoriamente pelo presidente do Supremo Tribunal Federal, José Linhares, até as eleições.

Apesar de tudo indicar que o candidato oposicionista da UDN, Eduardo Gomes, fosse o vencedor, Eurico Gaspar Dutra, candidato apoiado por Vargas, obteve a vitória nas eleições. Getúlio Vargas foi eleito senador pelo Rio Grande do Sul, na legenda do PSD, e sua popularidade continuou, visto por muitos como o "pai dos pobres".

FUNDAÇÃO GETÚLIO VARGAS - CPDOC, RIO DE JANEIRO

Comício do candidato à presidência da república, Eurico Gaspar Dutra (primeiro à direita), em Barra do Piraí, Rio de Janeiro, 1945. CPDOC/FGV, Rio de Janeiro.

ACERVO ICONOGRAPHIA

Manifestação contra o governo de Getúlio Vargas em São Paulo, março de 1945.

ENQUANTO ISSO...

O peronismo

Nas décadas de 1930 e 1940, a Argentina também teve um personagem histórico bastante popular e polêmico: Juan Domingo Perón (1895-1974). Presidente da Argentina durante onze anos (não consecutivos), Perón até hoje é uma figura determinante na política desse país, em decorrência das características políticas, econômicas e sociais do seu estilo de governo. No atual cenário político da Argentina, o "peronismo" é referência fundamental: positiva para uns e negativa para outros. Acompanhe no texto a seguir como surgiu esse fenômeno político.

"A ascensão do coronel Juan Domingo Perón à presidência da Argentina, em 1946, contou com o apoio de três forças: o exército, especialmente o grupo de jovens oficiais de tendências fascistas; a Igreja Católica, fortemente influenciada por ideias franquistas; os trabalhadores urbanos, arregimentados e favorecidos por Perón em 1944-1945, quando foi ministro do Trabalho.

Nos primeiros anos de governo peronista, desenvolveu-se intensa pregação anti-imperialista, dirigida especialmente contra determinadas empresas norte-americanas, que foram nacionalizadas. [...]

Multidão concentra-se em frente à Casa Rosada para apoiar o presidente Juan Perón. Buenos Aires, Argentina, outubro de 1948.

HULTON-DEUTSCH COLLECTION/CORBIS/LATINSTOCK

O Estado peronista desenvolveu a doutrina do *Justicialismo*, pela qual procurou neutralizar os conflitos de classes. Através da retórica da 'justiça social', aperfeiçoou-se a legislação trabalhista, realizou-se uma ampla política assistencialista e a elevação dos salários, tornada possível por uma conjuntura internacional favorável às exportações argentinas. Ao mesmo tempo, os sindicatos eram organizados e controlados, criavam-se escolas para líderes sindicais e greves não programadas eram fortemente reprimidas. Também sofreram intensa repressão os partidos e as ideias de esquerda. Nos primeiros anos do governo peronista, a Igreja recebeu inúmeros benefícios, entre os quais o controle sobre a educação, que deixou de ser laicizada.”

JÚNIOR, Antônio Mendes. *Brasil história*: era de Vargas. São Paulo: Brasiliense, 1982. v. 4. p. 196.

Questões

1. Identifique semelhanças entre o governo de Perón, na Argentina, e o de Vargas, no Brasil.
2. Observe a fotografia de Eva Perón. Que elementos revelam sua popularidade?

Perón, assim como Vargas, utilizava amplamente os meios de comunicação de massa para propagar as ideias que sustentavam o regime. Também fazia uso de discursos arrebatadores e paternalistas voltados para as multidões. Além dessas práticas, Perón incluiu sua esposa, Eva Péron, ou "Evita", na vida pública.

Evita, já retratada em filmes e em peças de teatro, era uma figura carismática e tornou-se um mito até hoje cultuado na Argentina. Ela é conhecida principalmente por comandar os projetos sociais e assistencialistas que atendiam a população mais pobre do país. Veja a seguir.

“[Evita] criou a Fundação Eva Perón, gigantesca organização antiburocrática que respondia às necessidades de todos aqueles para quem é sempre tarde demais. Ela recebia 12 mil cartas por dia, com os mais diversos pedidos, de cobertores a bolas de futebol. Os remetentes eram chamados a seu escritório na Secretaria do Ministério do Trabalho, onde Perón havia começado seduzindo os trabalhadores.”

Eva Perón, a idolatrada mãe dos pobres. *História Viva*, n. 19, 2005, p. 27. Disponível em www2.uol.com.br/historiaviva. Acesso em 15 jul. 2011.

AP/GLOWIMAGES

Juan Perón e sua mulher, Eva Perón, na sacada da Casa Rosada durante a comemoração do Dia da Lealdade Peronista. Buenos Aires, Argentina, outubro de 1950.

ATIVIDADES

Compreender os conteúdos

1. Identifique as afirmações incorretas e, em seu caderno, corrija-as.

a) Um dos fatores determinantes para a Revolução de 1930 foi o fortalecimento das oposições à política do café com leite.

b) A Aliança Liberal, formada por Getúlio Vargas e João Pessoa, recebeu apoio da oligarquia paulista.

c) O presidente Washington Luís apoiou o candidato mineiro Antônio Carlos para as eleições presidenciais, de acordo com a política dos governadores.

d) Os tenentes foram beneficiados com a Revolução de 1930 porque foram anistiados e se tornaram interventores em vários estados brasileiros.

e) A nova classe média rejeitou o movimento de 1930, porque a oligarquia dos cafeicultores atendia às suas reivindicações.

2. Os termos a seguir referem-se a práticas que foram muito presentes no governo Vargas. Relacione esses termos às suas respectivas definições.

nacionalismo cultural – intervencionismo
nacional-desenvolvimentismo
trabalhismo

a) Perspectiva econômica segundo a qual o Estado controla e regula as atividades econômicas e cria políticas de desenvolvimento.

b) Política de restrição às importações e de diversificação da produção nacional, por meio da criação de indústrias de base e de incentivos aos grupos econômicos brasileiros.

c) Política adotada no governo Vargas de controle da organização sindical e de conquista do apoio dos trabalhadores por meio de leis de proteção social e de intensa propaganda.

d) Na era Vargas, significou um conjunto de ideias e ações públicas que procuravam resgatar e valorizar a história e a cultura do país, com o objetivo de criar uma relação de identidade entre o governo e os interesses nacionais.

3. Observe estes cartazes, produzidos durante o governo Vargas.

REPRODUÇÃO - ACERVO DO MEMORIAL '32 - CENTRO DE ESTUDOS JOSÉ CELESTINO BOURROUL, SÃO PAULO

REPRODUÇÃO - ACERVO MEMORIAL'32/CENTRO DE ESTUDOS JOSÉ CELESTINO BOURROUL, SÃO PAULO

À esquerda, cartaz da campanha "Ouro para o bem de São Paulo", 1932; à direita, cartaz de propaganda do MMDC, 1932.

a) Quais características desses cartazes revelam que eles não são atuais?

b) As imagens se referem a qual movimento ocorrido no governo de Vargas? O que foi esse movimento? Em que fase do governo Vargas ele ocorreu?

c) Cite duas consequências dessa revolta.

Ampliar o aprendizado

4. Compare o conteúdo das letras dos sambas a seguir. Quais mudanças significativas há entre os conteúdos dos dois sambas?

"Com meu chapéu de lado, tamanco arrastando
Lenço no pescoço, navalha no bolso
Eu passo gingando, provoco e desafio
Eu tenho orgulho de ser vadio."

Lenço no pescoço. Wilson Batista, 1933.

"Quem trabalha é quem tem razão
Eu digo e não tenho medo de errar
o bonde de São Januário
leva mais um operário
sou eu que vou trabalhar."

O bonde São Januário. Wilson Batista e Ataulfo Alves, 1940.

5. **Leia as frases a seguir e explique o sentido de cada uma delas.**

a) A diversidade da produção cultural durante o Estado Novo não anulava o caráter repressor do regime.

b) O apoio de Vargas aos Aliados na Segunda Guerra não se deu por afinidade política, mas por interesses econômicos.

6. **Leia os depoimentos de dois ex-presidentes do Brasil a respeito de Getúlio Vargas e depois responda.**

“Eu acredito firmemente que o autoritarismo é uma página virada na história do Brasil. Resta, contudo, um pedaço do nosso passado político que ainda atravanca o presente e retarda o avanço da sociedade. Refiro-me ao legado da era Vargas – ao seu modelo de desenvolvimento autárquico e ao seu Estado intervencionista.”

Discurso de despedida do então senador Fernando Henrique Cardoso, após a confirmação de seu nome como presidente eleito, 14 dez. 1994. Disponível em www.planalto.gov.br. Acesso em 15 jul. 2011.

“Inegavelmente, se Getúlio Vargas não tivesse feito nada neste país, além da Consolidação das Leis de Trabalho (CLT), ele já teria sido o presidente que tirou toda uma nação de um estágio de semiescravidão para torná-los cidadãos com direitos. [...] Foi durante a era Vargas que se criou [...] a Petrobras, que se criou a Companhia Siderúrgica Nacional, que se criou a Companhia Vale do Rio Doce, que se criou o Serviço de Patrimônio Histórico e Artístico Nacional, que se criou o Instituto do Livro.”

Discurso do ex-presidente Luiz Inácio Lula da Silva, no Rio Grande do Sul, em cerimônia de lançamento do PAC, 24 ago. 2007. Disponível em http://oglobo.globo.com. Acesso em 15 jul. 2011.

a) Diferencie o ponto de vista de Fernando Henrique e de Lula a respeito das características do governo de Getúlio Vargas.

b) Qual desses discursos se aproxima mais da sua opinião a respeito do governo de Getúlio até 1945? Justifique.

7. **As imagens a seguir são reproduções de páginas da cartilha *A juventude no Estado Novo*, publicada pelo DIP e produzida especificamente para crianças e jovens. Observe-as e responda às questões.**

FUNDAÇÃO GETÚLIO VARGAS - CPDOC, RIO DE JANEIRO

FUNDAÇÃO GETÚLIO VARGAS - CPDOC, RIO DE JANEIRO

Páginas da cartilha *A juventude no Estado Novo*, publicadas pelo DIP, 1937-1945. CPDOC/FGV, Rio de Janeiro.

a) Descreva o conteúdo das duas ilustrações. Como o presidente, as crianças e os jovens foram representados? Que ideia de juventude era transmitida na segunda ilustração? Qual era a provável intenção do DIP ao produzir esse tipo de material?

b) Que característica em comum existe entre as duas imagens? O que essa característica indica sobre a política cultural do Brasil naquele momento?

c) Imagine que você é responsável pelo departamento de comunicação da sua escola. Escolha um dos temas a seguir e elabore uma propaganda sobre ele. Pense nas características que irão tornar a sua campanha publicitária mais atraente e nos materiais que você utilizará para produzir sua propaganda. Mostre o resultado do seu trabalho para os colegas.

- Campanha de incentivo à economia de papel, água ou energia elétrica na escola.
- Manutenção da limpeza e da organização das salas de aula.
- Campanha de educação para a tolerância e o respeito entre alunos, professores e funcionários da escola.
- Arrecadação de livros para a biblioteca do bairro.

CAPÍTULO

9

O mundo dividido pela Guerra Fria

Sob a sombra da guerra

Você estudou que a Segunda Guerra Mundial terminou em 1945, após a rendição da Alemanha e do Japão. A partir desse momento, muitas pessoas no mundo todo esperavam iniciar uma era de cooperação e diálogo entre as nações, sem o fantasma da destruição e das mortes do maior conflito vivido até então pela humanidade.

FOTOSEARCH/GRUPO KEYSTONE

AP PHOTO/GLOWIMAGES

NEIL A. ARMSTRONG - NASA/MARSHALL SPACE FLIGHT CENTER

SCIENCE FACTION/GETTY IMAGES - NATIONAL ARCHIVES, WASHINGTONCENTER

THE GRANGER COLLECTION/OTHER IMAGES

THE GRANGER COLLECTION/OTHER IMAGES

Mas não foi isso o que aconteceu. Os Estados Unidos e a União Soviética, que haviam lutado juntos contra o Eixo, buscavam a supremacia mundial. De um lado, os norte-americanos defendiam o fortalecimento do capitalismo na Europa e no restante do mundo; de outro, os soviéticos pretendiam formar um bloco de países alinhados com o regime de Moscou. Iniciou-se, então, outro tipo de guerra, igualmente sombria e talvez até mais perigosa, que ficou conhecida como **Guerra Fria**.

As duas superpotências econômicas e militares jamais travaram um confronto direto, mas disputaram uma corrida armamentista que parecia caminhar para uma nova guerra mundial, muito mais destruidora que a anterior. A disputa pela supremacia militar e tecnológica e por áreas de influência provocou conflitos localizados em vários pontos do mundo, como em Cuba e no Vietnã.

Nessas demonstrações de força, os Estados Unidos e a União Soviética provaram que tinham tecnologia suficiente para destruir o planeta. O mundo estava claramente dividido e aterrorizado com a possibilidade de assistir, a qualquer momento, a uma guerra que poderia destruí-lo.

Acordos e tratados de paz

BETTMANN/CORBIS/LATINSTOCK

Sentados, da esquerda para a direita, Clement Attlee, primeiro-ministro da Grã-Bretanha (sucessor de Churchill), Harry Truman, presidente dos Estados Unidos, e Joseph Stalin, líder da União Soviética, em encontro antes da reunião final da Conferência de Potsdam. Alemanha, 1945.

A Guerra Fria começou antes mesmo do fim da Segunda Guerra Mundial. As primeiras negociações e acordos estabelecidos entre as principais potências da época já indicavam tempos de grandes tensões.

No final de 1943, os líderes dos Estados Unidos (Franklin Delano Roosevelt), da Grã-Bretanha (Winston Churchill) e da União Soviética (Joseph Stalin) se reuniram na **Conferência de Teerã**, onde definiram ações conjuntas contra o Eixo e discutiram as primeiras medidas a serem tomadas no pós-guerra.

Em fevereiro de 1945 (três meses antes da rendição da Alemanha), esses chefes de Estado voltaram a se encontrar em **Yalta**, na União Soviética. A guerra agora estava próxima do fim, e a necessidade de definir o novo equilíbrio de forças era ainda maior.

Pouco mais de dois meses após a rendição da Alemanha, uma terceira reunião ocorreu na cidade de Potsdam, na Alemanha. Na **Conferência de Potsdam** definiu-se a divisão da Alemanha e da cidade de Berlim em quatro áreas de ocupação (reveja o mapa da página 146) e decidiu-se como seriam pagas as indenizações de guerra e outras formas de punição aos derrotados.

A disputa pela hegemonia na reorganização política e econômica das nações destruídas durante a guerra passou a ser encabeçada pelos Estados Unidos e pela União Soviética. As tensões entre os dois países marcariam as décadas seguintes.

Saiba mais

Berlim, cidade dividida

A Conferência de Potsdam também determinou a divisão de Berlim, capital da Alemanha. O lado da cidade sob influência soviética tornou-se a capital da Alemanha Oriental (RDA). Foi exatamente nessa cidade que estourou, em 1948, a primeira grande crise da Guerra Fria. Em junho daquele ano, a União Soviética bloqueou os acessos por terra às áreas da cidade sob comando ocidental. Em 1961, os soviéticos decidiram construir um muro que separava Berlim Oriental da Berlim Ocidental. Ele tinha mais de cem quilômetros de extensão e cerca de 300 torres de vigilância. O muro foi um dos maiores símbolos da Guerra Fria, pois dividia a cidade entre os dois blocos de influência. Até sua derrubada, no final de 1989, o muro separou famílias e provocou a morte de muitas pessoas que tentaram ultrapassá-lo.

AP/GLOWIMAGES

Policiais montam guarda em frente ao Muro de Berlim, do lado ocidental, em 23 de novembro de 1961.

Políticas voltadas para a Europa

Grande parte do continente europeu foi devastada pela Segunda Guerra. Na Europa oriental, graves problemas, que incluíam altas taxas de desemprego e falta de recursos para a reconstrução dos sistemas de serviços públicos de infraestrutura, como abastecimento de água, redes coletoras de esgoto e fornecimento de energia elétrica, impulsionavam o crescimento eleitoral dos partidos de esquerda e a formação de governos alinhados com a União Soviética.

Em março de 1947, o presidente dos Estados Unidos Harry Truman, em discurso ao Congresso de seu país, comprometeu-se a impedir o avanço da influência soviética, que já era clara no Leste Europeu. Nascia, então, a **Doutrina Truman**, um amplo planejamento estratégico para a consolidação da influência norte-americana na Europa ocidental.

O esforço anticomunista incluía a oferta de recursos para a reconstrução europeia e a presença de tropas militares na região. Os primeiros alvos foram a Grécia e a Turquia, países situados na fronteira das áreas de influência das superpotências que atravessavam um período de tensões políticas internas. A interferência norte-americana contribuiu para conter o avanço do socialismo nos dois países e aproximou seus governos dos Estados Unidos.

Em mais um ato da política anticomunista, em junho do mesmo ano, o governo dos Estados Unidos aprovou o **Plano Marshall**, um programa de ajuda econômica e tecnológica aos países europeus, incluindo a Alemanha Ocidental. Bilhões de dólares foram injetados nas economias desses países, acelerando a recuperação da capacidade produtiva e facilitando a criação de empregos e o desenvolvimento de políticas sociais.

A resposta soviética ao Plano Marshall veio em 1949, com a criação do **Conselho Econômico de Assistência Mútua** (Comecon). Embora com menos recursos financeiros, o Comecon contribuiu para ampliar a dependência econômica dos países-membros em relação à União Soviética.

LUIGI LEONE/LEONI ARCHIVE/ALINARI/OTHER IMAGES

Ponte de ferro construída na Itália com a ajuda do Plano Marshall, 1948-1950.

A formação de alianças militares

As superpotências também estabeleceram alianças para assegurar a defesa militar de suas respectivas áreas de influência. Em outubro de 1949, Estados Unidos, Canadá, Grã-Bretanha, França e outros países europeus fundaram a **Organização do Tratado do Atlântico Norte** (Otan), que previa ajuda e cooperação militar entre seus membros. Na prática, a iniciativa representava uma demonstração de força e de união do Ocidente diante da União Soviética.

A resposta veio seis anos depois. Em maio de 1955, a União Soviética reuniu os países socialistas do Leste Europeu e fundou o **Pacto de Varsóvia**. A aliança comandada pela União Soviética tinha o mesmo objetivo do acordo firmado pelo grupo rival: tornar evidente a coesão de seu bloco. Inicialmente, o Pacto de Varsóvia era composto pela União Soviética, Albânia, Hungria, Romênia, Bulgária, Polônia, Alemanha Oriental e Tchecoslováquia.

O Pacto de Varsóvia foi dissolvido em 1991, obrigando a Otan a redefinir seu papel na nova ordem mundial. A aliança tornou-se uma das bases da política de segurança internacional. Em 1999 ela passou a incorporar, inclusive, países que faziam parte do bloco socialista.

A Otan e o fim da Guerra Fria

"Ao completar o seu primeiro meio século de existência, a Otan aprovou novo conceito estratégico, [...] ampliando consideravelmente [...] seu raio de atuação, uma vez que recebeu mandato para cobrir operações humanitárias e antiterroristas, para a luta contra o tráfico de drogas, assim como ameaças indefinidas ao meio ambiente, à paz e à democracia, num espaço geográfico igualmente difuso quanto a seus limites externos. [...]"

ALMEIDA, Paulo Roberto. A Otan e o fim da Guerra Fria. In: *Revista Espaço Acadêmico*, n. 9, fev. 2002. Disponível em www.espacoacademico.com.br. Acesso em 9 jun. 2011.

Questão

- Com o fim da Guerra Fria, que atribuições a Otan passou a ter?

O MUNDO DIVIDIDO PELA GUERRA FRIA

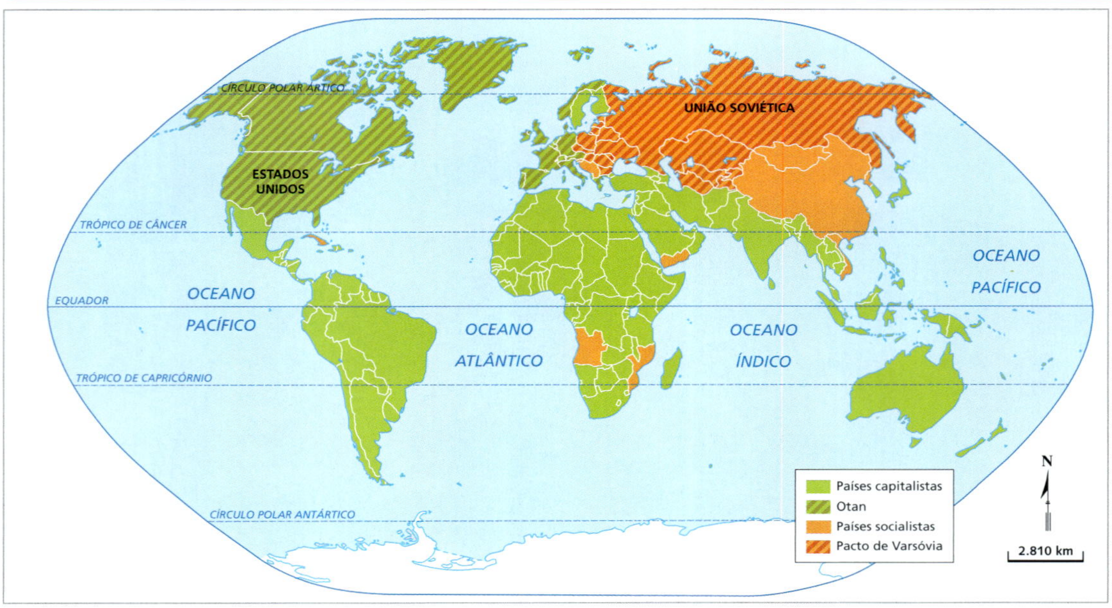

ALESSANDRO PASSOS DA COSTA

Fonte: *Atlas da história do mundo*. São Paulo: Folha/Times, 1995. p. 292-293.

A corrida tecnológica

O final da Segunda Guerra deu mostras de que a luta pela hegemonia mundial passaria, também, pelo domínio de novas tecnologias e pela posse de armas sofisticadas, como as bombas atômicas que destruíram as cidades de Hiroshima e de Nagasaki, no Japão. Já na década de 1950, os Estados Unidos e a União Soviética dispunham de um poderoso arsenal nuclear e de bombas de hidrogênio, que tinham capacidade destrutiva muito maior do que as bombas utilizadas na Segunda Guerra.

RIA NOVOSTI/GRUPO KEYSTONE

O soviético Yuri Gagarin a bordo da nave *Vostok 1*, abril de 1961. Ao observar o planeta do espaço, Yuri teria dito a famosa frase: "A Terra é azul".

A caminho das estrelas

A disputa entre os Estados Unidos e a União Soviética não se limitava à hegemonia política, econômica e ideológica. A corrida espacial e a defesa militar por satélites levaram a Guerra Fria ao espaço.

A União Soviética deu os primeiros passos na conquista espacial. Em outubro de 1957, lançou o primeiro satélite artificial ao espaço, o *Sputnik*. No ano seguinte, em resposta à ação soviética, os Estados Unidos criaram a Agência Espacial Norte-Americana (Nasa) e lançaram o satélite *Explorer I*. Em abril de 1961, os soviéticos enviaram o primeiro homem ao espaço, o astronauta Yuri Gagarin, que ganhou grande projeção internacional após o feito.

A **corrida espacial** foi marcada pelo lançamento ao espaço de diversos foguetes, alguns tripulados, outros levando apenas equipamentos. Nem todas as tentativas foram bem-sucedidas. Alguns acidentes foram fatais. Um incêndio durante testes com a nave norte-americana *Apollo 1* matou três astronautas, em janeiro de 1967. Três meses depois, um tripulante morreu durante a reentrada da nave soviética *Soyuz 1* na atmosfera terrestre.

No dia 20 de julho de 1969, o homem finalmente conseguiu atingir o solo lunar, com a missão norte-americana *Apollo 11*.

Saiba mais

Guerra nas estrelas

Em 1983, o presidente norte-americano Ronald Reagan lançou o programa Iniciativa de Defesa Estratégica, conhecido como "Guerra nas Estrelas", que previa a instalação de satélites capazes de barrar mísseis nucleares inimigos e fazer disparos contra a União Soviética no caso de um conflito aberto. O programa, porém, não foi concluído.

NEIL A. ARMSTRONG/NASA

O astronauta norte-americano Edwin Aldrin em solo lunar, julho de 1969. Além de Aldrin, a missão *Apollo 11* levou para o espaço os astronautas Neil Armstrong e Michael Collins.

Biografia

Charles Chaplin (1889-1977) foi ator, diretor e roteirista de cinema. Em muitas de suas obras, Chaplin fez críticas à desumanização criada pela sociedade capitalista, às injustiças sociais e aos regimes totalitários. Seus principais filmes são: *O garoto, Luzes da cidade, Tempos modernos* e *O grande ditador*. Chaplin foi perseguido pelo FBI, a polícia federal norte-americana, acusado de defender e divulgar o comunismo por meio de suas obras. O ator deixou os Estados Unidos em 1952 e estabeleceu-se na Suíça, país onde morreu.

EVERETT/GRUPO KEYSTONE

Charles Chaplin caracterizado como o personagem Carlitos, em cena do filme *Carlitos se diverte*, de 1915, escrito e dirigido pelo artista.

Espionagem e repressão

Os serviços secretos das duas superpotências envolvidas na Guerra Fria trabalharam incessantemente durante as mais de quatro décadas do conflito. A **Agência Central de Inteligência** (CIA), norte-americana, e o **Comitê de Segurança do Estado** (KGB), soviético, buscavam obter, clandestinamente, dentro e fora de seus respectivos países, informações secretas de interesse ao Estado nacional. Os dois serviços de inteligência também mantinham agentes infiltrados em organismos internacionais e próximos aos governos dos países adversários.

Nos países alinhados a cada uma das superpotências, um amplo aparato de espionagem também era acionado para vigiar pessoas consideradas suspeitas. O Serviço Secreto de Inteligência Britânico (MI-6), por exemplo, que durante muito tempo não era sequer reconhecido oficialmente pelo governo da Grã-Bretanha, atuou em inúmeros casos de investigação, inclusive nos países do Leste Europeu.

A preocupação de que o inimigo estivesse infiltrado no próprio país era um temor contínuo. Serviços secretos vigiavam o cotidiano da população e recorriam a diversas práticas de espionagem, como o controle de correspondências e de ligações telefônicas. Alguns desses órgãos de vigilância interna tornaram-se conhecidos pela violência de suas ações, como a polícia secreta da Alemanha Oriental, conhecida como *Stasi* (Ministério para a Segurança do Estado).

Nos Estados Unidos, a partir de 1950, o senador Joseph McCarthy comandou uma intensa campanha anticomunista. Como presidente do Comitê de Atividades Antiamericanas do Senado, McCarthy liderou investigações sobre supostas atividades pró-soviéticas de artistas, intelectuais, jornalistas e políticos do país. Na longa lista de acusados dessa política, que ficou conhecida como **macarthismo**, estavam, por exemplo, o ator **Charles Chaplin** e os escritores Dashiell Hammett e Arthur Miller.

UNITED ARTISTS/ALBUM/LATINSTOCK

Cena do filme *Monsieur Verdoux*, 1947. O filme conta a história de um assassino em série. Em sua defesa, durante o julgamento, o personagem argumenta: "Não se fabricam armas com a intenção de matar milhares de pessoas? Um assassinato faz um vilão. Milhões fazem um herói". Na sua opinião, diálogos como esse seriam motivo para a perseguição movida contra Chaplin?

EVERETT/GRUPO KEYSTONE

Cartaz do filme *007 contra a chantagem atômica*, do diretor Terence Young, 1965. James Bond, personagem criado pelo escritor Ian Fleming, é um agente do Serviço Secreto de Inteligência Britânico (MI-6).

Do lado soviético, o panorama era tão sombrio quanto nos Estados Unidos. Opositores políticos do regime stalinista eram mortos ou enviados para hospitais psiquiátricos e campos de trabalho forçado: os *gulags*.

Os *gulags* foram criados logo depois da Revolução Russa de 1917. Em geral, eles se localizavam em regiões distantes de Moscou, como a Sibéria, e reuniam prisioneiros políticos e criminosos comuns. Dados do governo soviético indicam a morte de mais de um milhão de pessoas apenas entre 1934 e 1953, mas se acredita que o número possa ser muito superior.

Um sobrevivente desses campos, o escritor Alexander Soljenitsin, publicou, em 1973, um longo e terrível relato de sua experiência como prisioneiro no livro *Arquipélago gulag*. A obra foi escrita entre 1958 e 1968 e lançada inicialmente apenas no Ocidente.

Vale a pena assistir

A vida dos outros

Nacionalidade: ALE
Direção: Florian Henckel von Donnersmarck
Ano: 2006
Duração: 137 min

Na Berlim Oriental, em 1984, um agente da *Stasi* é encarregado de vigiar um escritor, suspeito de manter ligações com o Ocidente. O filme mostra o forte aparato de segurança nacional da Alemanha Oriental e acompanha a trajetória dos personagens até a queda do Muro de Berlim e o fim do regime socialista no país.

SONY PICTURES CLASSICS/EVERETT COLLECTION/GRUPO KEYSTONE

Cena do filme *A vida dos outros*, 2006. Na história, o agente HGW XX/7 é o responsável por vigiar o escritor Georg Dreyman.

IFC FILMS/EVERETT COLLECTION/GRUPO KEYSTONE

▲ Cena do filme *Che*, de Steven Soderbergh, 2008. O filme relata a participação de Che Guevara na Revolução Cubana e a tentativa frustrada do guerrilheiro de estender a revolução por toda a América Latina.

Os conflitos da Guerra Fria

Os Estados Unidos e a União Soviética estabeleceram um equilíbrio de forças baseado na formação de grandes áreas de influência política e ideológica e em um enorme arsenal bélico, sem nunca terem se enfrentado diretamente. No entanto, a disputa por poder levou os dois países a se envolverem, direta ou indiretamente, em diversos conflitos e tensões regionais, como veremos a seguir.

Às vésperas da revolução em Cuba

Em 1952, o general Fulgencio Batista, que já havia governado Cuba de 1933 a 1944, liderou um golpe militar no país com o apoio dos Estados Unidos. Grupos insatisfeitos com a política de Fulgencio reivindicavam reformas, como distribuição de terras e melhorias no sistema de saúde.

Um dos grupos de oposição ao governo, o Movimento Nacional Revolucionário (MNR), sob a liderança de Fidel Castro, tentou tomar o Quartel de Moncada, na cidade de Santiago de Cuba, em julho de 1953. O plano era tomar armas para distribuí-las ao povo e, assim, espalhar a revolução pelo país e derrubar o governo de Batista. O movimento foi reprimido, resultando na morte e na prisão de muitos de seus participantes.

Exilado no México, Fidel reuniu-se a outros opositores do regime, entre eles o médico argentino Ernesto Che Guevara. Em 1956, eles desembarcaram em Cuba e se refugiaram nas montanhas de Sierra Maestra, onde iniciaram a guerrilha contra o governo. Os revolucionários procuraram se aproximar dos camponeses e propagar entre eles as ideias de democracia, liberdade e reforma agrária. Aos poucos, os guerrilheiros ganharam o apoio da população e derrotaram as forças militares do governo em diferentes pontos do território cubano.

No dia 1º de janeiro de 1959, Fulgencio Batista abandonou o país e refugiou-se na República Dominicana. Logo em seguida, os revolucionários tomaram as principais cidades de Cuba, onde foram recebidos em clima de comemoração.

▼ Multidão comemora o 55º aniversário do assalto ao Quartel de Moncada, em Santiago de Cuba, julho de 2008. O combate de julho de 1953 é lembrado como o ato inicial da Revolução Cubana.

SVEN CREUTZMANN/MAMBO PHOTO/GETTY IMAGES

O governo revolucionário

Após a tomada do poder, o novo governo cubano manifestou neutralidade em relação aos Estados Unidos e à União Soviética e tomou uma série de medidas, como a realização de uma reforma agrária, a organização do sistema educacional, a nacionalização de empresas estrangeiras e a reforma no sistema de saúde pública.

As reformas promovidas pelo novo governo atendiam aos anseios populares, mas feriam os interesses das elites, principalmente dos latifundiários e das empresas estrangeiras. No contexto da Guerra Fria, essas medidas foram interpretadas pelo governo dos Estados Unidos como um alinhamento de Cuba com o regime soviético, o que representava uma grande ameaça à hegemonia norte-americana na América.

A operação para derrubar o governo de Fidel Castro foi realizada em abril de 1961, unindo cubanos anticastristas exilados em Miami e o governo norte-americano, na época sob o comando de John Kennedy. Treinados e equipados pelas forças armadas dos Estados Unidos, os contrarrevolucionários invadiram a costa cubana, mas foram rapidamente detidos pelas tropas do governo.

O alinhamento de Cuba à União Soviética

A fracassada invasão da Baía dos Porcos, para muitos historiadores, serviu para transformar Cuba em um Estado socialista. Isso porque, originalmente, o movimento revolucionário tinha um caráter nacionalista e democrático, mas não socialista. O ataque norte-americano teria levado Fidel Castro a aproximar-se da União Soviética e a declarar a adesão de Cuba ao socialismo. Os Estados Unidos reagiram decretando, em 1962, o embargo econômico e político à ilha, decisão que se mantém até hoje.

O governo revolucionário promoveu inegáveis melhorias sociais na ilha. O analfabetismo foi erradicado, implantou-se um sistema de saúde pública universal e combateu-se a mortalidade infantil, situação que ajuda a explicar a 53ª colocação de Cuba no IDH 2010, à frente do Brasil, em 75º lugar. No terreno político, porém, Cuba converteu-se em um Estado ditatorial, comandado por um governo acusado de violar os direitos humanos, perseguir opositores, grupos religiosos e homossexuais.

DAVID WOOTTON/ALAMY/OTHER IMAGES

Carros estacionados em área central de Havana, capital de Cuba, em 2011. Os automóveis norte-americanos da década de 1950 são um dos símbolos da ilha. Importados antes do embargo econômico, alguns ainda funcionam precariamente. Outros foram reformados com peças fabricadas pelos próprios donos dos veículos.

THE ART ARCHIVE/OTHER IMAGES

Progresso sob Mao Tsé-tung, cartaz de propaganda maoista, 1949.

A Revolução Chinesa

No início do século XX, a China era governada pela dinastia Qing, no poder desde o século XVII e responsável por apoiar a dominação estrangeira no país. Burgueses nacionalistas, insatisfeitos com as concessões feitas pelo governo às nações estrangeiras, fundaram o *Kuomintang* (Partido Nacionalista). Eles defendiam a instauração da república e o fim da dominação estrangeira na China. Entre 1910 e 1912, revoltas nacionalistas se espalharam pelo país e levaram à queda da monarquia.

Com a abdicação do último imperador, o *Kuomintang* assumiu o governo republicano e instaurou uma ditadura no país. Além disso, o novo governo, que acusava a monarquia de proteger as potências estrangeiras, estabeleceu acordos que consolidavam seus privilégios no país. Foi nesse cenário que foi fundado o Partido Comunista Chinês, dirigido por intelectuais e pelo ativista político Mao Tsé-tung, que defendia a implantação de um regime socialista na China.

Em 1937, o Japão ocupou militarmente a parte oriental do território chinês, sem que o governo nacionalista procurasse deter o invasor. Os comunistas, sob o comando de Mao Tsé-tung, lideraram a resistência chinesa e ganharam o apoio de grande parte da população do país. Enquanto isso, as divergências e a corrupção internas no *Kuomintang*, sob o comando de Chiang Kai-shek, enfraqueceram o partido. Com a derrota japonesa ao final da Segunda Guerra Mundial, as forças invasoras retiraram-se da China e o país mergulhou numa longa guerra civil entre nacionalistas e comunistas.

Em 1949, sob a liderança de Mao Tsé-tung, os comunistas ocuparam a capital Pequim e, no dia 1º de outubro do mesmo ano, proclamaram a República Popular da China, adotando um regime socialista. O líder nacionalista Chiang Kai-shek retirou-se com suas tropas para a Ilha de Formosa, também conhecida como Taiwan, e fundou um governo de caráter nacionalista e liberal, apoiado pelos Estados Unidos.

STAFF/AFP/GETTY IMAGES

Soldados comunistas do Exército Vermelho, entre eles várias crianças, cantam hino à glória de Mao Tsé-tung ao chegarem a Sham Chun, na China, durante a Revolução Chinesa, outubro de 1949.

O governo de Mao Tsé-tung

No final da década de 1950, Mao Tsé-tung implantou um programa de aceleração econômica que ficou conhecido como **Grande Salto para Frente**. O objetivo era industrializar o país e aumentar a produção agropecuária em curto espaço de tempo.

Os camponeses foram reunidos em enormes comunidades coletivas para cultivar a terra. No entanto, a falta de planejamento adequado provocou a desorganização da produção agrícola e, consequentemente, a escassez de alimentos, o que levou milhares de chineses à morte. A indústria também não conseguiu o desempenho esperado. Diante do fracasso, as críticas ao governo comunista só aumentaram.

Com o objetivo de recuperar a imagem de Mao Tsé-tung e eliminar focos de oposição entre intelectuais e artistas, o governo iniciou, em 1966, um grande projeto político-ideológico que ficou conhecido como **Revolução Cultural**. O projeto caracterizou-se como uma campanha de forte doutrinação ideológica e de medidas repressivas que resultaram no fechamento de diversos cursos universitários e na perseguição e morte de opositores ao regime. O principal veículo de difusão das convicções políticas, sociais e culturais do regime foi o *Livro vermelho*, que foi distribuído por toda a república comunista e tornou-se leitura obrigatória nas escolas.

HULTON ARCHIVE/GETTY IMAGES

Crianças leem as citações do *Livro vermelho*, de Mao Tsé-tung, na China, c. 1968.

Após a morte de Mao Tsé-tung, em 1976, Deng Xiaoping assumiu o governo na China e iniciou uma política de reformulação econômica de caráter capitalista. O país manteve a centralização política e a ditadura do Partido Comunista, mas passou a participar ativamente do mercado mundial.

Saiba mais

O massacre da Praça da Paz Celestial

A Praça Tiananmen, ou Praça da Paz Celestial, está situada no centro de Pequim. Entre abril e junho de 1989, o local foi palco de seguidos protestos estudantis, que exigiam a democratização do país e denunciavam a corrupção do governo chinês. Na noite de 3 de junho, o governo enviou tropas e tanques para acabar com os protestos. A Cruz Vermelha Internacional (organização politicamente independente que presta assistência a vítimas de guerra) calcula que a repressão tenha provocado a morte de quase três mil pessoas e deixado cerca de dez mil feridos.

REUTERS/LATINSTOCK

Policiais impedem a entrada de estudantes na Praça Tiananmen durante manifestação pró-democracia. Pequim, China, abril de 1989.

ROGER-VIOLLET/AFP

Bombardeiros norte-americanos durante a Guerra da Coreia, 1950-1953.

WON DAI-YEON/AFP

Soldados sul-coreanos procuram minas terrestres norte-coreanas enterradas na fronteira entre as duas Coreias, 2010.

A Guerra da Coreia

Ao final da Segunda Guerra, a Coreia foi dividida em dois países: a Coreia do Sul, capitalista, apoiada pelos norte-americanos; e a Coreia do Norte, um Estado socialista, sob controle soviético.

A guerra começou em junho de 1950, com um ataque da Coreia do Norte à Coreia do Sul, com o objetivo de unificar os dois países. Três meses depois, tropas da Organização das Nações Unidas (ONU), lideradas pelos norte-americanos, atacaram a Coreia do Norte. Durante os três anos de guerra, os Estados Unidos e a Grã-Bretanha apoiaram abertamente a Coreia do Sul, enquanto a União Soviética e a China sustentaram os norte-coreanos.

O cessar-fogo de julho de 1953 pôs fim ao conflito que matou cerca de três milhões e meio de pessoas. Ainda hoje não foi formalizado um acordo de paz entre as duas Coreias, que continuam divididas.

Na primeira década do século XXI, surgiram novas ameaças de guerra entre a Coreia do Norte e a Coreia do Sul: o país socialista declarou a intenção de avançar em seu projeto nuclear. Em resposta, o governo da Coreia do Sul mobilizou dezenas de tropas militares, aumentando as tensões nas áreas de fronteira entre os dois países.

A independência da Indochina

A Indochina, situada no Sudeste asiático, foi ocupada pela França no final do século XIX. Durante a Segunda Guerra Mundial, a região foi invadida pelo Japão, que, ao final do conflito, foi obrigado a devolver o controle do território para a França.

A resistência contra o domínio francês tornou-se cada vez maior com o crescimento de movimentos pela independência da Indochina. As principais ações anticoloniais eram realizadas pela Liga Revolucionária para a Independência do Vietnã, também conhecida como **Movimento Vietminh**, liderada pelo comunista Ho Chi Minh.

Em agosto de 1945, os rebeldes do Vietminh proclamaram a fundação da República Democrática do Vietnã. Em resposta, a França realizou uma contraofensiva, iniciando a **Guerra da Indochina**. Os franceses foram derrotados e expulsos da região em 1954. Os acordos de paz, assinados em Genebra, dividiram a Indochina em quatro Estados independentes: Laos, Camboja e Vietnã, que ficou separado em duas partes: o Vietnã do Norte, com governo socialista, e o Vietnã do Sul, capitalista.

Os Estados Unidos passaram a auxiliar o governo do Vietnã do Sul com armas, dinheiro e treinamento militar. O Vietnã do Norte, por sua vez, recebia auxílio chinês e, sobretudo, soviético. Assim, o Vietnã tornou-se mais um território da polarização entre as duas grandes potências da Guerra Fria.

A DIVISÃO DA INDOCHINA

FERNANDO JOSÉ FERREIRA

Fonte: HILGEMANN, Werner; KINDER, Hermann. *Atlas historique*. Paris: Perrin, 1992. p. 512.

AP/GLOWIMAGES

Paraquedistas franceses durante a Operação Castor, que cercou a região de Dien Bien Phu, no noroeste do Vietnã, novembro de 1953.

HORST FAAS/AP/GLOWIMAGES

Mulheres e crianças se escondem em canal lamacento, fugindo do fogo cruzado em Bao Trai, no Vietnã do Sul, em 1966.

A Guerra do Vietnã

O Vietnã do Sul passou a ser governado por Ngo Dinh Diem, que tinha o apoio norte-americano. O novo governante instalou um governo autoritário, marcado por corrupção e perseguições políticas. A principal oposição ao governo de Dinh Diem surgiu em 1960, com a criação da **Frente de Libertação Nacional** (FLN), movimento comunista apoiado pelo Vietnã do Norte. Seus membros adotavam a tática da guerrilha armada e ficaram conhecidos como **vietcongues**. A FLN compartilhava com o governo norte-vietnamita o ideal de derrubar Dinh Diem e unificar o Vietnã sob um governo socialista.

AP PHOTO/GLOWIMAGES

Protesto contra a Guerra do Vietnã realizado em Washington, nos Estados Unidos, novembro de 1969.

A partir de 1961, milhares de militares norte-americanos foram enviados para o Vietnã. Os vietcongues, apoiados pelo Vietnã do Norte, pela China e pela União Soviética, combatiam as forças dos Estados Unidos em condição desigual. Com muito menos armas e recursos, eles se valiam do conhecimento do território e do apoio popular. Em uma guerra de guerrilhas, em que o inimigo é combatido com atos de sabotagem e ataques surpresa, o conhecimento do terreno e a ajuda da população davam vantagens aos vietcongues.

As notícias e as imagens da Guerra do Vietnã que chegavam ao Ocidente mostravam a impressionante escalada militar e a brutalidade do conflito. O emprego de armas químicas pelas forças norte-americanas provocou mortes e queimaduras graves na população civil. O número crescente de soldados dos Estados Unidos mortos em ação nessa guerra alarmou a sociedade norte-americana, que organizou diversos protestos exigindo a retirada das tropas do Vietnã e o fim da guerra.

O desfecho da guerra

Apesar das milhares de baixas em suas tropas e da forte rejeição à guerra em seu próprio território, o governo dos Estados Unidos manteve a ação militar até janeiro de 1973, quando retirou suas tropas do Vietnã do Sul e assinou um acordo de cessar-fogo com o governo do Vietnã do Norte.

Após a retirada das tropas norte-americanas, as lutas internas prosseguiram até 1976, quando as forças do norte prevaleceram e os dois Vietnãs foram reunificados sob o regime socialista, com a capital em Hanói. A antiga capital do Vietnã do Sul, Saigon, foi renomeada de Ho Chi Minh, em homenagem ao líder comunista do Vietnã.

Estima-se que 2,5 milhões de vietnamitas tenham morrido durante a guerra. Além disso, o uso de armas químicas no conflito destruiu florestas e poluiu a água e o solo, o que tornou grandes extensões de terra impróprias para o cultivo e afetou a saúde de milhões de pessoas.

Danos do agente laranja

"Um grupo de ação americano-vietnamita estimou em 300 milhões de dólares o montante de um processo relativo aos danos causados pelo pó radioativo do agente laranja [...].

O produto, um desfolhante que contém dioxina, substância química altamente tóxica, foi usado entre 1961 e 1971 em dezenas de milhões de litros pelos Estados Unidos para destruir florestas e cultivos onde se escondiam as guerrilhas vietnamitas. Segundo o grupo, este herbicida, que pode causar câncer, cegueira, doenças de pele e deficiências físicas, afetou a saúde de três milhões de vietnamitas, inclusive pelo menos 150 mil crianças que sofreram de doenças graves e malformações na idade adulta. [...]

Em 2009, os Estados Unidos acordaram um contrato para financiar um projeto de construção de um vazadouro para receber a terra e os sedimentos contaminados no aeroporto de Da-Nang, base a partir da qual foram lançadas as missões de desfolhagem durante a guerra.

A descontaminação de Da-Nang deverá começar em 2011."

Vietnã: danos do agente laranja são estimados em US$ 300 milhões. *Exame*, 970 ed., jun. 2010. Disponível em http://exame.abril.com.br. Acesso em 17 jun. 2011.

Questões

1. O que era o agente laranja e com que objetivo foi usado na Guerra do Vietnã?

2. Cite as consequências do uso dessa arma química para o meio ambiente e para a vida humana.

RICHARD NYBERG/USAID/AP/GLOWIMAGES

Vietnamitas procuram minas em Da-Nang, no Vietnã, durante demonstração inaugural do projeto de limpeza da dioxina (resíduo tóxico do agente laranja), que será realizado em conjunto com os Estados Unidos, junho de 2011.

MAURICIO LIMA/AFP

Pesquisadores testam o protótipo do satélite sino-brasileiro *CBERS-3* no Instituto de Pesquisas Espaciais (Inpe), em São José dos Campos (SP), 2009.

Tecnologia da Guerra Fria

Acessar a internet, conversar com pessoas pelo telefone celular e assistir pela televisão a imagens de todo o mundo transmitidas via satélite são algumas das atividades dos dias atuais que só se tornaram possíveis graças às diferentes tecnologias desenvolvidas ao longo da Guerra Fria.

A disputa espacial entre soviéticos e norte-americanos abriu caminho para o desenvolvimento de satélites capazes de realizar tarefas diversificadas e cada vez mais complexas. O primeiro satélite de comunicação foi lançado pelos Estados Unidos em agosto de 1960. Ele tinha capacidade de transmitir doze ligações telefônicas simultâneas ou um canal de televisão e também repassava sinais entre duas rádios no solo. Em 1962, foi lançado o satélite *Telstar*, o primeiro a realizar uma transmissão de TV ao vivo, entre a Europa e os Estados Unidos. Os jogos olímpicos realizados em Tóquio, em 1964, foram os primeiros a ser transmitidos para todo o mundo via satélite.

Além do grande impulso dado às comunicações, os satélites possibilitaram aperfeiçoar a pesquisa sobre os recursos naturais, o desenvolvimento da cartografia, o controle de desmatamentos e as previsões meteorológicas (usadas tanto para simples previsão do tempo como para ações preventivas no caso de furacões, *tsunamis* e outros fenômenos da natureza).

O Sistema de Posicionamento Global (GPS, em inglês), que permite localizar qualquer ponto no planeta dando suas coordenadas exatas por meio de informações de satélites, também foi desenvolvido para fins militares durante a Guerra Fria. Atualmente, a tecnologia do sistema GPS é utilizada na confecção de mapas e em aparelhos que ajudam motoristas e pilotos a alcançar o destino das suas viagens.

FORMOSAT IMAGE/DR. CHENG-CHIEN LIU, GEODAC, NATIONAL CHENG-KUNG UNIVERSITY AND DR. AN-MING WU, NATIONAL SPACE ORGANIZATION, TAIWAN/REUTERS/LATINSTOCK

Fotos de satélite mostram área de Sendai, no Japão, antes e depois do terremoto, seguido de *tsunami*, que arrasou a região em março de 2011.

Equipamentos hoje comuns, como os medidores automáticos de pressão arterial, os detectores de fumaça e de vazamentos de gás e até os macacões antichamas usados por pilotos de Fórmula 1, também são frutos de pesquisas realizadas durante a Guerra Fria. O objetivo desses estudos era aprimorar foguetes e atender aos astronautas no espaço. Outra grande tecnologia desenvolvida durante a queda de braço entre norte-americanos e soviéticos foi a Arpanet, origem da internet que utilizamos hoje. O texto a seguir resume sua história.

Questões

1. Quando e por que a Arpanet foi criada?
2. Que usos podem ser feitos da internet? Que atividades você realiza acessando a internet?

A origem da internet

"Foi o medo do holocausto nuclear que fez o mesmo Departamento de Defesa e sua Agência de Projetos Avançados de Pesquisa (Arpa, em inglês) criar uma rede de comunicação capaz de proteger informações em casos de guerra, a Arpanet, diz o jornalista e escritor Bruce Sterling. Interligando quatro universidades norte-americanas, a Arpanet estreou em 1968 com um conceito inusitado: dividir as informações enviadas em vários pacotes e fazer cada pedaço seguir um curso diferente. Assim, ainda que algum terminal ou linha fossem destruídos, a informação seria preservada e encontraria caminhos alternativos para chegar ao destino. Legítima descendente da Arpanet, a internet que conhecemos hoje é também subproduto da Guerra Fria."

REYNOL, Fábio. Guerra Fria promoveu a corrida tecnológica. *ComCiência*, n. 32, jun. 2002. Disponível em www.comciencia.br. Acesso em 16 jun. 2011.

KHALED/DESOUKI/AFP

Manifestantes reunidos em torno de tanques do exército exigem a renúncia do presidente do Egito Hosni Mubarak. Cairo, Egito, janeiro de 2011. Os movimentos pela democracia que eclodiram no mundo árabe no final de 2010 foram organizados principalmente via redes sociais. O governo Mubarak chegou a bloquear os serviços de internet no Egito.

BETTMANN/CORBIS/LATINSTOCK

Jovens britânicos dançam *rock and roll* em salão de baile de Londres, Inglaterra, setembro de 1959.

Propaganda, cultura e sociedade

A polarização política que marcou a Guerra Fria provocou grande impacto na produção cultural. O uso da imagem foi fundamental na estratégia de convencimento ideológico, tanto socialista quanto capitalista.

Os soviéticos procuravam construir sua imagem de sociedade igualitária, com o Estado zelando pelo bem-estar coletivo, provendo emprego, educação e moradia. Os avanços tecnológicos militares e a primazia no espaço seriam prova da superioridade do socialismo. Na campanha socialista, o capitalismo era denunciado como um sistema injusto, que beneficiava as elites e transformava os cidadãos em escravos do consumo.

Em contrapartida, a propaganda capitalista pregava que o Estado liberal garantia a qualquer cidadão liberdade para realizar seus desejos e prosperar por meio de seu trabalho. O consumo era incentivado pela propaganda e pela facilidade de crédito. Os cidadãos comuns poderiam oferecer às suas famílias as facilidades proporcionadas por uma grande variedade de eletrodomésticos e o conforto do automóvel. Na propaganda feita no mundo capitalista, a vida no socialismo seria triste e cheia de privações causadas pela política de um Estado controlador.

Produções cinematográficas, como os filmes de espionagem e de conspirações internacionais, marcaram a presença da Guerra Fria nos cinemas. Os filmes com o protagonista James Bond, o "agente 007" do serviço secreto britânico, certamente contribuíram para difundir, no Ocidente, a ideia do "perigo comunista". O cinema soviético também apresentou a seus espectadores as ameaças trazidas pelo Ocidente e a degeneração do capitalismo, em filmes como *Nove dias em um ano* (1962) e *Soy Cuba* (1964).

Nos Estados Unidos e na Europa ocidental, o *rock and roll* revolucionava os costumes. O novo gênero musical foi relacionado a novos padrões de comportamento, moda e linguagem. Em oposição à euforia urbana capitalista, a propaganda soviética vendia a imagem de camponeses e operários saudáveis e felizes com a política igualitária do socialismo.

CK-PRESS/ULLSTEIN BILD/OTHER IMAGES

Cartaz de propaganda da Alemanha Oriental sobre o Dia do Trabalhador, 1º de maio de 1953.

Movimentos de contestação

A guerra de imagens, porém, não foi suficiente para ocultar os problemas sociais de ambos os blocos. No ano de 1968, uma onda de protestos agitou diversas partes do mundo.

Nos Estados Unidos, movimentos pela defesa dos direitos civis da população negra e protestos contra a Guerra do Vietnã multiplicavam-se. Nos países da América Latina, como Brasil e México, greves e passeatas desafiavam os regimes autoritários e protestavam contra as desigualdades sociais.

Na Europa ocidental, protestos agitaram a Espanha, a Alemanha Ocidental e a Itália, mas o principal movimento ocorreu na França e ficou conhecido como **Maio de 1968**. No início daquele mês, um movimento estudantil originado nos arredores de Paris tomou a capital em poucos dias. Milhares de estudantes saíram às ruas para pedir mudanças na política educacional do país, enfrentando forte repressão policial. Nas semanas seguintes, operários e outras categorias de trabalhadores se uniram aos protestos entrando em greve. No dia 20 de maio, a capital francesa praticamente parou: não havia metrô, ônibus, telefonia e outros serviços. Estima-se que cerca de 6 milhões de trabalhadores tenham paralisado suas atividades.

No bloco socialista, o principal movimento de contestação aconteceu na Tchecoslováquia e ficou conhecido como **Primavera de Praga**. Desde meados da década de 1960, vários movimentos que contestavam a política soviética foram reprimidos. Em janeiro de 1968, o Partido Comunista da Tchecoslováquia elegeu um novo primeiro secretário, Alexander Dubcek, que anunciou uma série de medidas com o objetivo de democratizar o socialismo no país. Ele recebeu amplo apoio dos mais diversos setores da sociedade tcheca.

Em agosto, milhares de tanques acompanhados de tropas do Pacto de Varsóvia invadiram a Tchecoslováquia, enfrentando a resistência de estudantes e da população em geral, que desejavam reformar o regime socialista, introduzindo liberdades democráticas. Alexander Dubcek foi deposto e iniciou-se uma série de perseguições políticas aos opositores do regime.

AGIP/RUE DES ARCHIVES/OTHER IMAGES

Manifestação estudantil em Paris, França, 6 de maio de 1968.

O movimento pelos direitos civis dos negros nos Estados Unidos

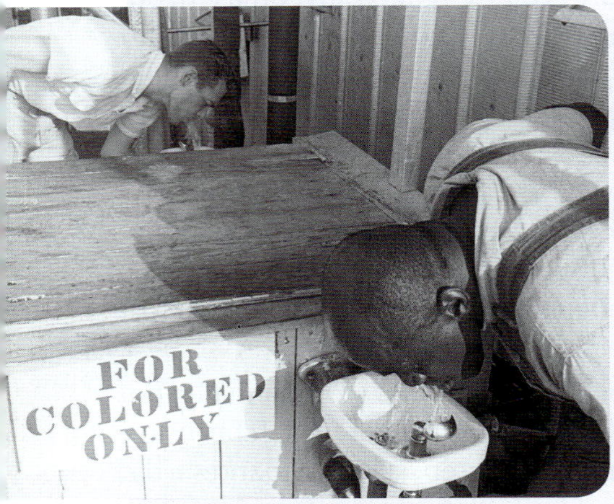

BETTMANN/CORBIS/LATINSTOCK

Bebedouros separados para brancos e para negros nos Estados Unidos, c. 1960.

BETTMANN/CORBIS/LATINSTOCK

Membros dos Panteras Negras protestam pela libertação de Huey Newton, um dos líderes do partido, acusado de assassinar um policial. Califórnia, Estados Unidos, 1969.

Você sabia que, mesmo com o crescimento da economia norte-americana após a Segunda Guerra Mundial, grande parcela da população continuou excluída dos benefícios gerados pelas riquezas produzidas no país? Indígenas, imigrantes latinos e principalmente negros sofriam com a pobreza, a violência e a discriminação.

Apesar dos discursos de exaltação à democracia e à liberdade, muito utilizados durante a Guerra Fria, em alguns estados norte-americanos, sobretudo no sul do país, adotavam-se políticas de segregação racial. A população negra era obrigada a usar bebedouros e banheiros públicos separados, só podia ocupar os assentos traseiros dos ônibus e, até o final da década de 1950, foi proibida de frequentar as mesmas escolas que as pessoas brancas. Em bancos, repartições públicas, lanchonetes e muitos outros estabelecimentos, os negros também sofriam com o preconceito. Além da discriminação pública, formal e informal, as pessoas negras eram alvo de ações violentas, como espancamentos e atos de vandalismo contra suas casas e igrejas.

A partir da década de 1950, manifestações pela defesa dos direitos civis da população negra começaram a aparecer por todo o país. Na década seguinte, os movimentos cresceram e algumas lideranças se destacaram, como o pastor batista Martin Luther King Júnior. Nascido na Geórgia, um estado fortemente racista, Luther King, inspirado por princípios pacifistas, tornou-se o líder mais importante do movimento pela igualdade de direitos civis nos Estados Unidos.

No dia 28 de agosto de 1963, Luther King liderou uma passeata que contou com a participação de mais de 200 mil manifestantes, episódio conhecido como **Marcha de Washington**. Nesse dia, ele proferiu o famoso discurso sobre o sonho de viver em um país "onde as pessoas não fossem julgadas pela cor de sua pele". Diante da grande pressão política exercida pelo movimento, o Congresso dos Estados Unidos aprovou, em 1964, a Lei dos Direitos Civis e, no ano seguinte, a Lei do Direito de Voto.

Nem todos os movimentos pela igualdade racial nos Estados Unidos eram adeptos do pacifismo. O "nacionalismo negro", liderado por Malcolm X, defendia o uso da força para a autodefesa dos negros contra ações racistas. O Partido dos Panteras Negras (*Black Panthers*), fundado por jovens universitários da Califórnia em 1968, também defendia a reação armada.

O trecho a seguir faz um balanço do resultado da conquista dos direitos civis nos Estados Unidos para a população negra, cerca de quinze anos após a Marcha de Washington.

"Ao final das contas, os ganhos dos movimentos negros dos anos 1960 e 1970 foram contraditórios. Havia mais rostos negros nas manifestações culturais, nos esportes profissionais e na política. Negros podiam comer em restaurantes, hospedar-se em hotéis e usar serviços públicos. No norte e no sul, escolas em áreas de população misturada acabaram com a política de segregação. 'Ações afirmativas' e, particularmente, 'cotas raciais' permitiram que mais negros ingressassem nas universidades e no funcionalismo público. Negros de classe média chegaram a exercer poder político em muitas cidades grandes. No governo federal, os presidentes Johnson e Nixon indicaram alguns negros para posições importantes e criaram programas para empresários negros. A classe média negra se expandiu.

Mas, como o *The New York Times* relatou em 1977, mesmo onde negros ocupam posições de poder político, 'brancos sempre retêm o poder econômico'. A maioria dos negros permaneceu desproporcionalmente pobre. [...] Desindustrialização, reestruturação econômica e políticas federais alargaram os guetos pobres, cujos residentes sofreram com moradia, educação e serviços públicos de baixa qualidade e com a violência e ação das gangues, que brotaram da miséria econômica e do desespero social."

PURDY, Sean. O século americano. In: KARNAL, Leandro e outros. *História dos Estados Unidos*. São Paulo: Contexto, 2007. p. 248-249.

Manifestantes reivindicam a criação de empregos na cidade de Pittsburgh, na Pensilvânia, Estados Unidos, em setembro de 2009.

Questões

1. Qual era o contexto no qual eclodiram as manifestações pela defesa dos direitos civis da população negra nos Estados Unidos?

2. O que significa segregação? Cite exemplos de políticas de segregação racial nos Estados Unidos, na década de 1950.

3. Por que alguns analistas consideraram contraditórios os ganhos da população negra com a conquista dos direitos civis?

4. Observe nas faixas mostradas na foto acima a imagem de Martin Luther King. Na sua opinião, por que esse líder continua sendo uma referência para os movimentos sociais nos Estados Unidos?

5. Na sua opinião, no Brasil atual, todas as pessoas, independentemente da cor, recebem o mesmo tratamento e têm as mesmas oportunidades? Justifique.

ATIVIDADES

Compreender os conteúdos

1. Responda às questões a seguir.

a) O que foi a Guerra Fria? Por que recebeu esse nome?

b) Quais foram as alianças militares formadas no período?

c) Quais eram os objetivos dessas alianças?

2. Diante da expansão do regime soviético no Leste Europeu, o governo norte-americano adotou medidas estratégicas para preservar sua área de influência no continente. Considerando isso, resuma as seguintes políticas adotadas pelos Estados Unidos no período.

a) Doutrina Truman. **b)** Plano Marshall.

3. Identifique as afirmativas incorretas e, em seguida, corrija-as.

a) Em 1947, a União Soviética criou o Plano Marshall, em resposta ao Comecon norte-americano. Embora com menos recursos financeiros, o Plano Marshall contribuiu para ampliar a dependência econômica dos países-membros em relação à União Soviética.

b) Em outubro de 1957, a União Soviética deu os primeiros passos na conquista espacial, lançando o primeiro satélite artificial ao espaço, o *Sputnik*. Em resposta à ação soviética, os Estados Unidos criaram a Agência Espacial Norte-Americana (Nasa) e lançaram o satélite *Explorer I*.

c) Em abril de 1961, o cosmonauta Yuri Gagarin foi o primeiro homem enviado à órbita da Terra. Somente oito anos depois, em julho de 1969, o homem conseguiu chegar à Lua com a missão norte-americana *Apollo 11*.

d) A partir de 1950, adotou-se na União Soviética uma política conhecida como macarthismo, que culminou em investigações e perseguições de artistas, intelectuais, jornalistas e políticos contra o regime soviético.

4. Identifique o conflito da Guerra Fria a que se refere cada uma das afirmativas a seguir.

a) O governo revolucionário promoveu a reforma agrária e a nacionalização de empresas estrangeiras, medidas que feriam os interesses das elites e das empresas estrangeiras. Os Estados Unidos reagiram organizando a invasão do país. A invasão fracassou e o governo da ilha alinhou-se com a União Soviética e adotou o socialismo.

b) Após o fim da Segunda Guerra, esse país asiático foi dividido em dois: a parte sul contava com o apoio dos norte-americanos, enquanto a parte norte, sob comando soviético, transformou-se em um Estado socialista. Essa guerra começou com um ataque do norte, com o objetivo de unificar os dois países, em junho de 1950. A guerra deixou um saldo de mais de três milhões de mortes, mas o país continuou dividido.

c) Em setembro de 1945, os rebeldes opositores ao governo francês, liderados pelo comunista Ho Chi Minh, proclamaram a fundação de uma república democrática. A guerra foi iniciada com a contraofensiva francesa realizada no ano seguinte.

d) Os conflitos entre o norte e o sul se agravaram com a entrada direta dos Estados Unidos no conflito, em 1961. Milhares de soldados norte-americanos foram enviados ao sul e, apesar da supremacia bélica, foram vencidos pelos guerrilheiros.

e) Em outubro de 1949, os comunistas proclamaram uma república no país. Os nacionalistas retiraram suas tropas para a Ilha de Formosa (Taiwan), onde criaram um Estado liberal apoiado pelos Estados Unidos. Até hoje, a república comunista não reconhece Taiwan como um Estado soberano.

Ampliar o aprendizado

5. A charge a seguir foi publicada no jornal *The New York Times* no ano de 1949, após o anúncio de que a União Soviética havia desenvolvido sua bomba atômica.

BY PERMISSION OF THE MARCUS FAMILY - BIBLIOTECA DO CONGRESSO, WASHINGTON

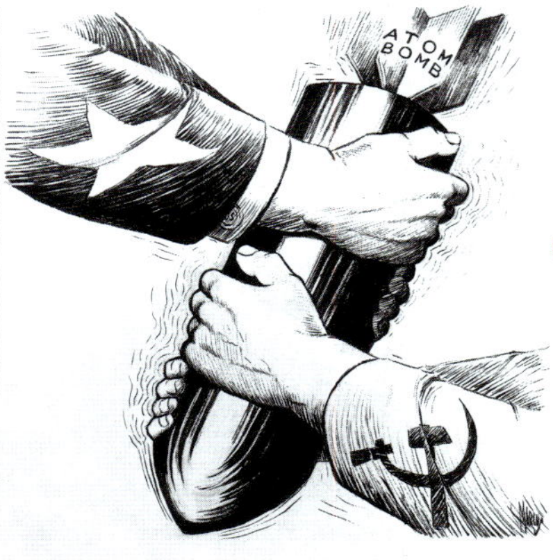

Segure com cuidado!, charge de Edwin Marcus. Biblioteca do Congresso, Estados Unidos.

a) O que a charge representa?

b) De que maneira a imagem está relacionada à Guerra Fria? Justifique.

c) Durante a Guerra Fria, que outras disputas foram travadas entre os Estados Unidos e a União Soviética?

6. **A propaganda foi uma das principais armas utilizadas pelos Estados Unidos e pela União Soviética durante a Guerra Fria. O texto a seguir, do historiador Eric Hobsbawm, trata de alguns aspectos da propaganda anticomunista veiculada pelo Estado norte-americano no período. Leia-o para responder às questões.**

"Pois o governo soviético, embora também demonizasse o antagonista global, não precisava preocupar-se com ganhar votos no Congresso, ou com eleições presidenciais e parlamentares. O governo americano precisava. Para os dois propósitos, um anticomunismo apocalíptico era útil [...]. Um inimigo externo ameaçando os Estados Unidos não deixava de ser conveniente para os governos americanos [...]. Mais concretamente, a histeria pública tornava mais fácil para os presidentes obterem de cidadãos famosos, por sua ojeriza a pagar impostos, as imensas somas necessárias para a política americana. E o anticomunismo era genuína e visceralmente popular num país construído sobre o individualismo e a empresa privada."

HOBSBAWM, Eric. *Era dos extremos*: o breve século XX (1914-1991). São Paulo: Companhia das Letras, 1995. p. 232.

a) Segundo o texto, qual era a importância da propaganda anticomunista para a política interna dos Estados Unidos?

b) Por que a propaganda anticomunista provocava tanto impacto nos norte-americanos?

c) Na sua opinião, há alguma semelhança entre a política norte-americana anticomunista da Guerra Fria com a propaganda antiterrorista da atualidade? Justifique.

Ojeriza
Sentimento de repugnância; aversão.

Visceralmente
De maneira arraigada, muito íntima ou profunda.

História feita com arte

7. **Durante seu governo, Joseph Stalin direcionou a educação e a arte da União Soviética, exigindo ser sempre retratado como um líder justo, defensor dos interesses dos trabalhadores e comprometido com o desenvolvimento econômico e social da União Soviética. Pensando nisso, observe a imagem para responder às questões.**

a) Descreva o personagem e o cenário criados pelo artista. De que forma eles representam a imagem que se queria passar de Stalin e da União Soviética nesse período?

b) Na sua opinião, a pintura corresponde à realidade do Estado soviético durante a Guerra Fria?

c) Por que a criação desse tipo de imagem foi importante durante a Guerra Fria?

Aurora de nossa pátria, pintura de Fedor Savvich Shurpin, 1949. Museu Central da Revolução, Rússia.

ERICH LESSING/ALBUM/LATINSTOCK/© SHURPIN, FEDOR SAVVICH/LICENCIADO POR AUTVIS, BRASIL, 2011 - CENTRAL REVOLUTIONARY MUSEUM, MOSCOU

CAPÍTULO

10

O populismo no Brasil

Uma época de mudanças

Os brasileiros que viveram entre os anos 1940 e 1960 atravessaram uma época de mudanças políticas e econômicas aceleradas. Em 1945, Vargas deixou o poder e eleições presidenciais diretas iniciaram uma fase de redemocratização no país. Ao mesmo tempo, a classe média, o operariado e as indústrias expandiam-se, novas lideranças e partidos políticos ganhavam força e os movimentos sociais buscavam aumentar sua participação na vida política nacional.

Jogadores e membros da comissão técnica da seleção brasileira de futebol comemoram a vitória na final da Copa do Mundo de 1958 em Estocolmo, Suécia.

INDAIASSÚ LEITE/ AGÊNCIA O GLOBO

À esquerda, o presidente do Brasil, Jânio Quadros, cumprimenta o líder revolucionário e ministro da Indústria e Comércio de Cuba Ernesto Che Guevara. Brasília, 1961; acima, anúncio da indústria de carros DKW Vemag, maio de 1958. Biblioteca Municipal Mário de Andrade, São Paulo.

No contexto da Guerra Fria, o Brasil aproximou-se cada vez mais dos Estados Unidos, o que contribuiu para aumentar os investimentos e a atuação de empresas norte-americanas no país. Além disso, o consumo da classe média crescia, fascinada pelas novidades tecnológicas vindas de fora. As propagandas de automóveis e de eletrodomésticos mostravam imagens de um país jovem e moderno, cuja capacidade de produção e consumo equivalia à das potências mundiais.

Essas mudanças, porém, tinham limites claros. O crescimento econômico brasileiro era bastante dependente de capitais estrangeiros, a ponto de a dívida externa do país aumentar rapidamente. Os contrastes sociais impediam, também, que toda a sociedade brasileira desfrutasse igualmente dos benefícios trazidos pela industrialização e pelo aumento do consumo.

Observe as imagens da abertura deste capítulo. Elas mostram cenas que fazem parte da história do Brasil nos anos 1940-1960. Você consegue identificar alguma pessoa ou produto que aparece nelas? Você tem algum parente ou conhece alguém que viveu nessa época? Que impressões essas pessoas têm desse período da história do Brasil?

Televisor da década de 1950. Que diferenças você consegue perceber entre este aparelho de televisão e os dos dias de hoje?

Populismo e política de massas

No final dos anos 1950, alguns sociólogos preocuparam-se em identificar e nomear certas práticas políticas que ocorriam, simultaneamente, em vários países da América Latina, entre os anos 1930 e 1960. Assim, nasceu o conceito de "**populismo**", que por mais de três décadas foi bastante utilizado para definir projetos políticos e governos que buscavam obter apoio dos trabalhadores fazendo concessões sociais e trabalhistas.

Segundo essa visão, o populismo corresponderia à abertura de espaços para a participação política dos trabalhadores. Desde as independências até a década de 1930, operários e camponeses latino-americanos organizavam-se em sindicatos e federações. Suas reivindicações, porém, raramente eram toleradas pelos regimes oligárquicos que prevaleciam em seus países.

Alguns líderes e partidos políticos teriam se aproveitado dessa situação e iniciado um novo tipo de ação política: passaram a defender os interesses dos trabalhadores em seus discursos e, quando estavam no poder, ampliavam os direitos sociais e trabalhistas. Esses governantes também construíam alianças com as lideranças sindicais. Com isso, os trabalhadores conquistavam espaço na vida política, mas perdiam sua independência. O discurso desses políticos enfatizava, ainda, a importância do líder que guiaria o povo e os valores nacionalistas.

A partir dos anos 1970, estudiosos passaram a questionar o conceito de populismo, preferindo designá-lo como "política de massas" ou estilo de governo. Segundo eles, a experiência política vivida em cada país deveria ser analisada em sua especificidade e que essa aproximação dos governantes com os trabalhadores ocorria em situações de crise e instabilidade política.

Alguns países que seguiram essa prática política tinham sua principal base de apoio entre os camponeses, como o **cardenismo**, no México, enquanto outros se sustentavam pela aliança com o operariado urbano, como o **peronismo**, na Argentina. No Brasil, o populismo foi basicamente urbano, sendo Getúlio Vargas e João Goulart seus principais expoentes.

Saiba mais

O populismo no México e na Argentina

No México, o populismo ficou marcado pela política de Lázaro Cárdenas, presidente do país entre 1934 e 1940. Cárdenas promoveu profundas reformas: distribuiu milhões de hectares de terra para despossuídos, reforçou a legislação trabalhista e desenvolveu projetos de alfabetização da população camponesa.

Na Argentina, por sua vez, o discurso populista ficou a cargo de Juan Domingo Perón. Como ministro do Trabalho, em 1945, Perón desenvolveu diversos programas assistencialistas e atrelou os sindicatos ao Estado. Ele foi eleito presidente em 1946, 1952 e 1973. Ao longo de toda sua carreira política, Perón obteve apoio da maioria dos operários argentinos.

Questões

1. Qual é o significado do conceito de populismo?
2. Na década de 1970, que crítica foi feita a esse conceito?
3. Como o populismo ficou conhecido no México e na Argentina? Justifique.

BETTMANN/CORBIS/LATINSTOCK

O general Lázaro Cárdenas, eleito presidente do México, faz juramento durante a cerimônia de posse, em 2 de dezembro de 1934.

A redemocratização do Brasil

O avanço militar e a posterior vitória dos Aliados na Segunda Guerra Mundial fizeram crescer, no Brasil, as pressões políticas pela democratização. Getúlio Vargas, que governava o país desde 1930, convocou eleições presidenciais. No entanto, com o surgimento do "queremismo", em 1945, cresceu o temor de que Vargas repetisse o que tinha feito em 1937, quando cancelou as eleições e prolongou sua permanência no governo.

Em outubro de 1945, um grupo de militares, apoiado pela oposição, forçou Vargas a renunciar. Decidiu ainda que José Linhares, presidente do Supremo Tribunal Federal, assumiria a presidência da república e conduziria o país até as eleições. Nas eleições, realizadas em dezembro do mesmo ano, **Eurico Gaspar Dutra**, do Partido Social Democrático (PSD), foi eleito com mais da metade dos votos. No mesmo dia, os brasileiros escolheram seus representantes na Assembleia Nacional Constituinte, que se reuniria para elaborar a nova Constituição do país.

CPDOC-FGV, RIO DE JANEIRO

Getúlio Vargas com o general Eurico Gaspar Dutra no Parque da Gávea, Rio de Janeiro, em 1940. CPDOC/FGV, Rio de Janeiro. A proximidade entre o general e Vargas ajudou Dutra a ser eleito presidente em 1945.

Queremismo
Movimento surgido no Brasil em 1945 que defendia a permanência de Getúlio Vargas na presidência da república.

DIVISÃO POLÍTICA DO BRASIL EM 1946

ALESSANDRO PASSOS DA COSTA

Fonte: *Atlas geográfico escolar*. Rio de Janeiro: IBGE, 2002. p. 100.

A Constituição de 1946 extinguiu o território de Ponta Porã, que foi incorporado ao antigo estado do Mato Grosso, e o território do Iguaçu, dividido entre os estados do Paraná e de Santa Catarina.

A Constituição de 1946

A nova Constituição brasileira, promulgada em setembro de 1946, definia a autonomia dos poderes legislativo, executivo e judiciário e o equilíbrio entre eles. Ela também estabelecia o caráter federalista do Estado brasileiro e determinava eleições diretas e obrigatórias para todos os postos do executivo e do legislativo no plano federal, estadual e municipal. Todos os brasileiros alfabetizados e maiores de 18 anos tinham o direito de voto. Soldados e cabos, considerados militares subalternos, foram excluídos das eleições.

A Constituição de 1946 tinha caráter liberal e reagia ao autoritarismo e às limitações políticas que prevaleceram durante o Estado Novo. Ela assegurava, portanto, a liberdade de associação, de pensamento e de expressão. Na área da educação, a carta de 1946 estabeleceu o ensino primário e gratuito para todos. A Constituição também manteve algumas heranças do período Vargas, como a submissão dos sindicatos ao Estado.

O Brasil na Guerra Fria

Apesar de a Constituição de 1946 garantir os princípios do Estado democrático, o contexto da Guerra Fria e da influência norte-americana no Brasil limitava as liberdades políticas no país.

O Partido Comunista do Brasil (PCB), que tinha participado livremente das eleições de 1945 e da Assembleia Constituinte, passou a ser considerado perigoso pelo governo e foi fechado em maio de 1947. Em janeiro de 1948, os parlamentares eleitos pelo PCB perderam seus mandatos. Entre eles, estavam o deputado federal e escritor Jorge Amado e o senador e antigo participante do movimento tenentista Luís Carlos Prestes. Além disso, o Brasil rompeu relações diplomáticas com a União Soviética.

Em 1948, a criação da Organização dos Estados Americanos (OEA) reforçou o alinhamento estratégico do Brasil com os Estados Unidos. Os objetivos principais da organização eram ampliar e favorecer os vínculos entre os Estados americanos, garantir a paz e a segurança no continente e promover a democracia e o desenvolvimento econômico, social e cultural nas Américas. A atuação da OEA contribuiu para consolidar a hegemonia dos Estados Unidos no continente e para limitar a influência do regime soviético.

Charge do cartunista Théo publicada na revista *Careta*, em 1947. O ministro da Fazenda Pedro Luís Correia e Castro e o presidente Eurico Gaspar Dutra lidam com os problemas do país. Quais acontecimentos do governo Dutra você consegue identificar na imagem?

Linha de montagem da Ford Motors do Brasil, onde foi fabricado o F-600, o primeiro caminhão da empresa produzido no país, março de 1955.

Os rumos da economia

A política econômica do governo Dutra teve caráter liberal. Ela estimulou a entrada de produtos estrangeiros no país, principalmente norte-americanos, que ficaram mais baratos para os brasileiros. O forte aumento das importações, no entanto, reduziu as divisas brasileiras.

Para frear esse processo, que provocava desvalorização da moeda e alta inflacionária, o país passou a limitar, a partir de 1947, o ingresso de mercadorias estrangeiras. A alta do preço do café no mercado internacional contribuiu para recuperar e aumentar as reservas brasileiras.

O crescimento industrial foi a preocupação central do governo Dutra, que facilitou o acesso ao crédito para aquisição de máquinas e investiu no setor de transportes e na produção de energia. Esses objetivos faziam parte do plano de metas de Dutra, conhecido como **Salte** (saúde, alimentação, transporte e energia). No conjunto, entre 1947 até o final do mandato de Dutra, a economia nacional viveu um período positivo, de crescimento anual de cerca de 8%.

A volta de Getúlio Vargas ao poder

Getúlio Vargas voltou a concorrer à presidência nas eleições de outubro de 1950. A candidatura de Vargas contava com o apoio de seu partido, o PTB, e de Adhemar de Barros, do Partido Social Progressista (PSP), que tinha muitos eleitores paulistas.

Durante a campanha, vários setores do PSD, partido de oposição, também passaram a apoiar Vargas, abandonando o próprio candidato do partido, Cristiano Machado, que recebia apoio de Dutra. Vargas venceu a corrida presidencial, obtendo 48,7% dos votos, contra 29,7% do brigadeiro Eduardo Gomes, candidato da UDN, e 21,5% de Cristiano Machado. Como a Constituição de 1946 não previa segundo turno, o candidato que obtivesse a maioria simples venceria as eleições.

Assim, Vargas retornava ao poder, mas, pela primeira vez, através do voto direto. Dessa maneira, confirmava o imenso prestígio que havia acumulado durante seu último governo.

CPDOC-FGV, RIO DE JANEIRO

Folheto da campanha de Getúlio Vargas à presidência, 1950. CPDOC/FGV, Rio de Janeiro.

As novas metas de Vargas

Em seu novo governo, Vargas priorizou a industrialização do país e criou mecanismos para conter a inflação, que crescia aceleradamente. Outro objetivo de sua nova gestão era ampliar a capacidade de consumo dos brasileiros, garantindo um mercado interno suficientemente grande.

Vargas também lançou o **Plano Nacional de Reaparelhamento Econômico**, em 1951, com o objetivo de conciliar o controle inflacionário com a industrialização. Essa nova política econômica insistia na necessidade de melhorar os transportes e os portos, explorar novas fontes de energia, ampliar a indústria de base e modernizar a agricultura. Em 1952, com a inauguração do **Banco Nacional de Desenvolvimento Econômico** (BNDE), Vargas buscou oferecer créditos para o desenvolvimento de novos projetos empresariais públicos e privados.

FUNDAÇÃO GETÚLIO VARGAS - CPDOC, RIO DE JANEIRO

Getúlio Vargas (o terceiro da esquerda para a direita) durante reunião do Partido Trabalhista Brasileiro, no Rio Grande do Sul, 1950. CPDOC/FGV, Rio de Janeiro.

REPRODUÇÃO - BIBLIOTECA MUNICIPAL MÁRIO DE ANDRADE, SÃO PAULO

Anúncio de liquidificador publicado na revista *O Cruzeiro*, em 1954. Biblioteca Municipal Mário de Andrade, São Paulo. Na década de 1950, o consumo de energia elétrica no Brasil aumentou muito, assim como o uso de eletrodomésticos.

Eletricidade para o Brasil

No governo Vargas, a questão energética também passou a ser tratada como assunto de interesse nacional. Naquele período, acreditava-se que o crescimento de um país dependia da obtenção de recursos energéticos regulares e diversificados, que movessem suas fábricas e seus transportes. Além disso, a crescente urbanização aumentava significativamente o consumo doméstico de energia elétrica.

Em 1954, Vargas propôs a criação da **Eletrobras**, que tinha o objetivo de promover a construção de usinas geradoras e aumentar as linhas de transmissão e fornecimento de energia elétrica. O projeto, no entanto, enfrentou forte resistência de alguns parlamentares e de empresas estrangeiras, que até então controlavam a geração e a difusão desse tipo de energia no Brasil. A instalação da Eletrobras, que existe até hoje, só foi concretizada oito anos depois.

O direito ao subsolo

A nacionalização do petróleo era uma antiga reivindicação de muitos brasileiros. Na década de 1930, o escritor Monteiro Lobato publicou o livro *O escândalo do petróleo* (1936), em que acusava o governo de não explorar o petróleo que havia no subsolo brasileiro. As críticas do autor aos responsáveis pela política energética no Estado Novo acabaram por levá-lo, em 1941, à prisão.

Em 1948, um grupo de intelectuais, militares e políticos brasileiros fundou o Centro de Estudos e Defesa do Petróleo, no Rio de Janeiro. O objetivo era limitar a atuação de empresas estrangeiras na exploração do petróleo e assegurar a exclusividade de empreendimentos nacionais. A campanha, cujo lema era "O petróleo é nosso!", recebeu apoio de todas as partes do país.

Sob pressão, o mesmo Vargas que havia liderado a perseguição a Lobato realizou a maior transformação que o Brasil já tinha vivido no setor energético. Em 1953, ele criou a **Petrobras**, empresa controlada pelo Estado brasileiro, que assumiu o monopólio da exploração do petróleo em território nacional.

ACERVO ICONOGRAPHIA

Membros do Centro Acadêmico XI de Agosto, da Faculdade de Direito da Universidade de São Paulo, declaram seu apoio à campanha "O petróleo é nosso", 1948.

Oposição e crise política

Logo que Vargas voltou à presidência, uma marchinha de Carnaval, composta por Mário Pinto e Haroldo Lobo, brincou com retorno do presidente e com a sua popularidade: "Bota o retrato do velho outra vez, bota no mesmo lugar". Dois anos depois, no entanto, o panorama era bem diferente.

O prestígio do "velho" nos setores sindicais ligados ao PTB ainda era grande, mas Vargas enfrentava greves operárias, protestos populares e reivindicações de aumento salarial. Além disso, a inflação continuava alta, o déficit da balança comercial crescia, a imprensa denunciava casos de corrupção e a UDN, principal partido de oposição, reagia às medidas nacionalistas na economia.

No esforço de reconquistar o apoio dos trabalhadores, Vargas decretou, em maio de 1953, um aumento do salário mínimo e, no mês seguinte, nomeou João Goulart, conhecido como Jango, para o Ministério do Trabalho. Jango deveria conduzir as negociações com o operariado. Porém, a tentativa fracassou e, no início de 1954, em meio à violenta reação da oposição, foi afastado do cargo.

A morte de Vargas

A crise intensificou-se em 5 de agosto de 1954, quando o principal líder da UDN, Carlos Lacerda, sofreu um atentado. Ele se salvou, mas seu guarda-costas morreu. O governo foi imediatamente acusado de ter planejado a morte do adversário político, e a situação piorou quando o chefe da guarda presidencial, Gregório Fortunato, foi identificado como mandante do crime. Assim, militares e civis ligados à oposição lançaram um manifesto pedindo a renúncia de Vargas.

Sem conseguir reagir politicamente à crise, Vargas suicidou-se com um tiro no coração, no dia 24 de agosto. Ele deixou, ao lado do corpo, uma carta-testamento em que acusava seus adversários de querer prejudicar o país e afirmava ter dado vida e morte pelo povo brasileiro. Leia, a seguir, um trecho dessa carta.

Saiba mais

O poder dos jornais

O jornal era um meio muito utilizado pelos políticos para atacar seus adversários. O jornal carioca *Tribuna da Imprensa*, de Carlos Lacerda, por exemplo, criticava duramente o governo Vargas, enquanto este rebatia as críticas por meio do jornal *Última Hora*, dirigido por Samuel Wainer.

Quando Vargas se suicidou, muitos brasileiros se comoveram e foram às ruas para acompanhar o cortejo do corpo, lembrar o passado do presidente e criticar a oposição. Samuel Wainer aproveitou a comoção popular e a presença de Lacerda nas cerimônias fúnebres de Vargas e publicou um editorial no jornal *Última Hora* chamando o político da UDN de "corvo".

Espoliação
Privação; usurpação; ato ou efeito de privar alguém de algo que lhe pertence ou tem direito.

A carta-testamento de Vargas

"Lutei contra a espoliação do povo. Tenho lutado de peito aberto. O ódio, as infâmias, a calúnia não abateram meu ânimo. Eu vos dei minha vida. Agora ofereço a minha morte. Nada receio. Serenamente dou o primeiro passo no caminho da eternidade e saio da vida para entrar na história."

Carta-testamento de Getúlio Vargas [24 ago. 1954]. Disponível em www.cpdoc.fgv.br. Acesso em jul. 2011.

CHICO CARUSO/AGÊNCIA JB

Getúlio Vargas, charge de Chico Caruso publicada no *Jornal do Brasil*, 17 de abril de 1983.

REPRODUÇÃO - FUNDAÇÃO BIBLIOTECA NACIONAL, RIO DE JANEIRO

Charge que critica a política industrial de JK, publicada no jornal *Última Hora*, dezembro de 1956. Fundação Biblioteca Nacional, Rio de Janeiro. Qual é a crítica feita pelo cartunista nessa charge?

A sucessão de Vargas

Com a morte de Vargas, o vice João Café Filho assumiu a presidência com a tarefa de completar o mandato e garantir o processo eleitoral que, em outubro de 1955, definiria o novo presidente.

Após a derrota nas duas eleições anteriores, a UDN acreditava que conseguiria finalmente chegar ao poder e, dessa forma, apresentou a candidatura de Juarez Távora, ex-participante do movimento tenentista. O PTB e o PSD, oficialmente aliados, lançaram o governador de Minas Gerais, Juscelino Kubitschek (PSD), candidato à presidência, e João Goulart (PTB) à vice-presidência.

A vitória de Juscelino e Jango abriu uma nova crise política. Alguns militares e setores civis ligados à UDN tentaram impedir a posse dos eleitos. O ministro da Guerra Henrique Teixeira Lott, contudo, bloqueou os esforços golpistas e assegurou o respeito aos resultados das eleições. No dia 31 de janeiro de 1956, Juscelino assumiu a presidência do Brasil.

O governo JK

Juscelino Kubitschek defendia o lema "**cinquenta anos em cinco**". Sua meta era promover o desenvolvimento acelerado do Brasil. Para isso, Juscelino pretendia atrair tecnologia e capitais estrangeiros para o país, eliminando barreiras nacionalistas e protecionistas impostas durante o governo Vargas. Juscelino também pretendia oferecer vantagens para as multinacionais que desejassem se instalar no Brasil, como reserva de mercado para seus produtos, facilidades na remessa de lucros para o exterior, baixa tributação na importação de maquinário industrial etc.

O principal interesse do governo JK era estimular a produção de bens de consumo duráveis, que abastecessem principalmente a classe média das grandes cidades. Televisores, geladeiras, fogões, liquidificadores, lavadoras de roupa, automóveis e outros itens associados à modernização e ao maior conforto passaram, assim, a fazer parte do cotidiano de muitos brasileiros.

Saiba mais

Marcas de fora no Brasil

O maior símbolo da expansão da indústria de bens duráveis no Brasil durante os anos JK foi o automóvel. Subsidiárias de empresas europeias e norte-americanas do setor automobilístico, como a Ford, a General Motors e a Volkswagen, instalaram montadoras no país, assim como fábricas de autopeças (Pirelli, Goodyear etc.), ansiosas pelo amplo mercado que se abria.

Além dessas empresas, multinacionais estrangeiras de alimentos, como a Nestlé e a Coca-Cola, também ampliaram sua atuação no Brasil, e seus produtos passaram a frequentar as mesas de milhões de brasileiros. Empresas dos ramos farmacêutico, petroquímico e eletroeletrônico igualmente se aproveitaram da abertura brasileira e aqui implantaram filiais.

REPRODUÇÃO - BIBLIOTECA MUNICIPAL MÁRIO DE ANDRADE, SÃO PAULO

Anúncio de salsichas, publicado na revista *O Cruzeiro*, em janeiro de 1954. Biblioteca Municipal Mário de Andrade, São Paulo.

O Plano de Metas e a Sudene

O governo JK elaborou o **Plano de Metas**, um conjunto de trinta itens que tinham por objetivo principal modernizar a economia nacional. Por meio dele, o governo privilegiava investimentos em cinco setores fundamentais para o desenvolvimento do Brasil: energia, transporte, indústria de base, alimentação e educação.

O governo assumia, assim, a responsabilidade de aprimorar a infraestrutura do país, tornando-a adequada para o salto industrial e econômico que se pretendia dar. Muitas rodovias, ferrovias e portos passaram por reformas modernizadoras que melhoraram a circulação de insumos e mercadorias. O governo também promoveu o aumento no refino de petróleo e a ampliação no fornecimento de energia elétrica, com a construção das usinas hidrelétricas de Furnas e Três Marias, ambas no estado de Minas Gerais.

Apesar do crescimento econômico acelerado, o Brasil continuava a enfrentar graves problemas sociais, como o alto índice de analfabetismo, a pobreza, principalmente nas áreas rurais, e a concentração de renda. A desigualdade regional era outro problema a ser enfrentado pelo governo, já que a industrialização e o enriquecimento concentravam-se na Região Sudeste.

Na tentativa de atenuar os contrastes internos, o governo criou, em 1959, a **Superintendência do Desenvolvimento do Nordeste** (Sudene). Subordinada diretamente à presidência da república, seu objetivo era modernizar a agricultura nordestina e estimular projetos de irrigação em áreas castigadas pela seca, atuando paralelamente a outro órgão federal, o **Departamento Nacional de Obras contra as Secas** (DNOCS). A interferência da Sudene, no entanto, não alterou significativamente o panorama dos campos nordestinos e contribuiu para aumentar o aparato burocrático governamental.

© THÉO

Charge do cartunista Théo publicada na revista *Careta* em 1960. Juscelino é retratado explicando seu Plano de Metas a um trabalhador rural.

Esta imagem será explorada nas Atividades

Vale a pena assistir

***Os anos JK:* uma trajetória política**
Nacionalidade: BRA
Direção: Silvio Tendler
Ano: 1980
Duração: 110 min

O documentário acompanha a trajetória política de Juscelino Kubitschek desde o início de sua carreira política até o exílio, imposto pelo regime militar. Por meio de entrevistas com os participantes e imagens de arquivo, revela-se o delicado jogo político do período, que quase inviabilizou sua posse como presidente. O diretor aborda, ainda, o uso de obras públicas para obter visibilidade política, como o conjunto arquitetônico da Pampulha, em Belo Horizonte, e a construção de Brasília, assim como a política desenvolvimentista, centrada na industrialização do país.

REPRODUÇÃO

Saiba mais

A bossa nova

A bossa nova foi um estilo musical brasileiro que surgiu no Rio de Janeiro, em 1958. Com forte influência da música norte-americana, a bossa nova misturou o ritmo do samba sincopado ("samba de breque") com a harmonia do *jazz* norte-americano. João Gilberto, Vinicius de Moraes e Antônio Carlos Jobim são os grandes nomes consagrados desse estilo musical. No final da década de 1950, a expressão "bossa nova" passou a ser utilizada para designar qualquer atitude identificada com o novo e o moderno. O presidente JK, que convidou Jobim e Vinicius a compor a música *Brasília, sinfonia da alvorada*, chegou a ser chamado de "presidente bossa nova".

A mudança da capital

Durante a campanha eleitoral de 1955, JK assumiu o compromisso de transferir a capital para a região central do Brasil. A ideia de tirar a sede do governo federal do litoral já havia aparecido em muitos discursos políticos desde a metade do século XIX, mas até então nenhum presidente tinha levado adiante a proposta.

A cidade foi projetada pelo urbanista Lúcio Costa e pelo arquiteto Oscar Niemeyer e construída por migrantes, muitos deles nordestinos, que foram chamados de **candangos**. O governo JK acelerou a construção da nova capital e Brasília foi inaugurada em 21 de abril de 1960.

Os motivos oficiais para a transferência da capital brasileira valorizavam a importância que a cidade poderia representar para o desenvolvimento da região central do Brasil. Porém, muitos criticaram a mudança, apontando que a intenção do governo era proteger e isolar o núcleo do poder, tirando-o do Rio de Janeiro, cidade marcada por uma história de protestos e mobilizações populares.

A construção de Brasília beneficiou grandes empreiteiras e aumentou substancialmente os gastos do governo, aprofundando as dificuldades econômicas que o país enfrentava.

O arquiteto Oscar Niemeyer traz, no relato a seguir, algumas lembranças da construção de Brasília.

"Brasília se iniciou, e eu levado para aquele fim de mundo, com os seus desconfortos e compromissos. Contávamos com o apoio integral de JK e isso compensava o ambiente hostil que nos cercava, longe de tudo, oprimidos pelo silêncio, pela poeira vermelha, a terra encharcada do cerrado, ou por problemas que antes desconhecíamos, as amizades paralelas e inevitáveis. E quatro anos depois a cidade a se inaugurar, o prazer da tarefa cumprida [...]."

Oscar Niemeyer [1960]. Fundação Oscar Niemeyer. Disponível em www.niemeyer.org.br. Acesso em 1º set. 2011.

Vista do Palácio do Congresso Nacional do Brasil, Brasília, 2011.

Crescer e endividar-se

O Brasil conheceu, durante o governo de Juscelino, índices impressionantes de crescimento. O setor de equipamentos para transportes, por exemplo, cresceu cerca de 600%, e a ampliação da indústria de comunicações passou de 350%. Porém, o endividamento interno e o externo aumentaram quase nas mesmas proporções.

Os empréstimos estrangeiros subiram mais de 150% e a dívida brasileira com bancos e organismos internacionais ultrapassou, ao final do mandato de JK, 3 bilhões de dólares. A moeda brasileira desvalorizava-se enquanto a inflação e o custo de vida atingiam níveis muito altos.

A celebração em torno do crescimento econômico nacional convivia, em várias partes do país, com protestos e greves populares, mostrando que os "cinquenta anos em cinco" também traziam altos custos sociais.

Para tentar superar a crise, o governo recorreu ao Fundo Monetário Internacional (FMI), que se recusou a emprestar mais dinheiro ao país caso não fosse implantada uma política de controle da inflação. Diante do impasse, JK declarou, em 1959, o rompimento com o FMI.

WILSON PEDROSA/AGÊNCIA ESTADO

Festa na Esplanada dos Ministérios, na comemoração do aniversário de 50 anos de Brasília, em 21 de abril de 2010.

GEORGE HOLTON/PHOTO RESEARCHERS/DIOMEDIA

BOHEMIA MAGAZINE/AP PHOTO/ GLOWIMAGES

O líder cubano Fidel Castro salta de um tanque, durante a resistência à invasão dos Estados Unidos à Baía dos Porcos, em Cuba, abril de 1961.

A eleição de Jânio Quadros

Nas campanhas eleitorais de 1960, o PSD e o PTB mantiveram sua aliança política e lançaram a candidatura presidencial de Henrique Teixeira Lott, que havia impedido a tentativa de golpe contra a posse de JK. Outra aliança de partidos, liderada pelo Partido Democrata Cristão (PDC), indicou o nome de Jânio Quadros, político que havia governado o estado de São Paulo e que criticava a corrupção e a imoralidade no país.

O candidato a vice-presidente na chapa do PSD-PTB era João Goulart, ligado ao trabalhismo e visto como herdeiro político de Vargas. O candidato a vice de Jânio era Milton Campos, senador por Minas Gerais. Nesse período, os eleitores votavam separadamente para presidente e vice-presidente. Assim, durante a campanha, muitos começaram a pregar o voto "Jan-Jan": Jânio para presidente, Jango para vice-presidente. A ideia ganhou força e, em outubro de 1960, a maioria dos brasileiros escolheu presidente e vice de chapas diferentes.

Ambiguidades no governo de Jânio

O governo de Jânio foi marcado por controvérsias. Apesar de defender uma política externa independente, Jânio restabeleceu relações com o FMI e adotou uma política de austeridade fiscal, voltada à redução do déficit público. Para isso, promoveu o congelamento de salários, a restrição do acesso ao crédito e a demissão de funcionários públicos. Além disso, os subsídios governamentais à importação de petróleo e trigo foram cortados, elevando os preços de combustíveis e de itens básicos da alimentação.

Como demonstração da autonomia internacional que pregava, Jânio restabeleceu relações diplomáticas com a China comunista e a União Soviética. Ele também criticou a postura norte-americana de bombardear a Baía dos Porcos, em Cuba, em 1961. Em agosto do mesmo ano, condecorou Ernesto "Che" Guevara, líder guerrilheiro da Revolução Cubana e ministro da Indústria e Comércio de Cuba.

Saiba mais

A hora da vassoura

Desde a campanha, Jânio apresentava-se como moralizador e denunciava a corrupção na administração pública. Ele usava uma vassoura como símbolo e prometia "varrer" os corruptos. Porém, ao assumir o governo, Jânio não promoveu alterações profundas no funcionalismo do Estado nem conseguiu frear o desvio de dinheiro público. Algumas de suas medidas moralizadoras também soavam mais curiosas do que eficazes. Ele proibiu, por exemplo, o uso de biquíni nas praias e a realização de brigas de galo.

Charge do cartunista Théo publicada na revista *Careta*, em 1960, representando Jânio Quadros com uma vassoura. O presidente prometeu promover uma limpeza no serviço público, mas renunciou com menos de um ano de mandato.

A renúncia de Jânio

A relação de Jânio com o Congresso Nacional foi marcada por tensões e pela dificuldade de estabelecer negociações e diálogos com o legislativo. Além disso, o presidente recusou interferências partidárias na sua administração, isolando-se no Palácio do Planalto. Pressionado, Jânio renunciou no dia 25 de agosto de 1961, argumentando que "forças terríveis" impediam que ele governasse o país.

Os reais motivos da renúncia nunca foram esclarecidos. Acredita-se, contudo, que Jânio teria pretendido dar um golpe para fechar o Congresso e aumentar seu poder. Ele teria acreditado que os brasileiros sairiam às ruas para protestar e pedir seu retorno. Se a renúncia era de fato uma jogada política, ela não foi bem-sucedida. O Congresso aprovou a renúncia e nenhuma mobilização popular ocorreu.

EXTRA 3ª FOLHA DE S.PAULO ★ EXTRA

Um jornal a serviço do Brasil

JANIO RENUNCIOU

ÚLTIMAS INFORMAÇÕES

RANIERI MAZZILLI ASSUMIU O GOVERNO

O TEXTO DA RENUNCIA

PRESIDENTE PELA 1a VEZ

Lacerda informado por Horta

MENSAGEM DE ARINOS

Emoção popular

Janio está em Cumbica

APELO AO CONGRESSO

ACERVO FOLHA DE S.PAULO

Notícia sobre a renúncia do presidente Jânio Quadros publicada no jornal *Folha de S.Paulo*, em 25 de agosto de 1961.

A crise sucessória

Quando Jânio renunciou, o vice João Goulart estava em viagem oficial à China. Vários setores militares e políticos brasileiros rejeitavam a sua posse, pois, além de estar, naquele momento, em um país socialista, ele representava a herança política de Vargas, sendo muito próximo dos sindicatos e dos trabalhadores.

Ao mesmo tempo, lideranças sindicais e estudantis começaram a se mobilizar em defesa da posse de Jango. Leonel Brizola, então governador do Rio Grande do Sul, conclamava os brasileiros, em atos públicos e pelo rádio, a defender a Constituição e garantir a posse de Goulart.

Nesse embate, o Congresso Nacional oficializou Ranieri Mazzili, presidente da Câmara dos Deputados, como presidente provisório. A saída encontrada para aplacar os ânimos foi a adoção de um regime parlamentarista. Na prática, isso significava que Jango tomaria posse, mas seus poderes seriam bastante limitados.

Parlamentarismo
Sistema em que a chefia do governo é exercida pelo primeiro-ministro, e não pelo presidente.

O Congresso também estabeleceu que haveria um plebiscito em 1965 para definir se o Brasil continuaria parlamentarista ou se retornaria ao presidencialismo. Aliados políticos de Jango conseguiram antecipar o plebiscito para janeiro de 1963, e cerca de 80% dos eleitores definiram a volta do presidencialismo.

FUNDAÇÃO GETÚLIO VARGAS - CPDOC, RIO DE JANEIRO

O vice-presidente João Goulart durante sua visita à China, em agosto de 1961. CPDOC/FGV, Rio de Janeiro. A renúncia de Jânio durante a viagem de Jango à China alimentou rumores de que o Brasil corria o perigo de sofrer um golpe comunista.

> **Saiba mais**
>
> **As Ligas Camponesas**
>
> As Ligas Camponesas foram fundadas pelo advogado e político Francisco Julião, em Pernambuco, espalhando-se, em seguida, na Paraíba, no Rio de Janeiro e em Goiás. As ligas eram compostas por uma ampla e diversificada categoria de trabalhadores, como foreiros, meeiros, arrendatários e pequenos proprietários de terra. Elas defendiam esses trabalhadores rurais contra os abusos dos proprietários de terras, reivindicando, principalmente, a distribuição de terras e a extensão das leis trabalhistas ao setor rural.

O governo João Goulart

Ainda sob o sistema parlamentarista, o governo João Goulart lançou o **Plano Trienal**, elaborado pelo ministro do Planejamento Celso Furtado. O plano pretendia estimular o crescimento econômico do país e reduzir a concentração de renda. Para isso, o governo adotou medidas de estímulo à industrialização, ao controle inflacionário, à diminuição dos gastos governamentais, à redução do déficit público e ao corte de subsídios às indústrias e às importações.

O Plano Trienal também previa a criação de impostos diferenciados para a população de alta renda, a implantação de um programa de reforma agrária e o controle dos salários e dos investimentos públicos no setor produtivo e em projetos sociais.

As reformas de base

Após o plebiscito que definiu a volta do presidencialismo, Jango aproveitou o apoio popular e divulgou sua intenção de realizar um conjunto de reformas de base, direcionadas à superação de problemas sociais.

As propostas reformistas incluíam mudanças significativas no setor educacional, habitacional, trabalhista e na política de divisão e distribuição de terras. Elas também propunham maior controle sobre as atividades bancárias e limitação das remessas de lucros ao exterior, além da ampliação do direito de voto aos analfabetos e da regulamentação dos direitos dos trabalhadores rurais.

Nesse contexto, diversos movimentos sociais começaram a se organizar para pressionar o governo pela realização dessas reformas, como o movimento estudantil, liderado pela União Nacional dos Estudantes (UNE), os grupos progressistas ligados à Igreja Católica, os sindicatos de trabalhadores urbanos e rurais e as **Ligas Camponesas**.

As reformas de base nunca chegaram a ser implementadas, mas seu teor nacionalista e popular incomodou os setores conservadores da sociedade. Nos meses que se seguiram, houve uma grande polarização política no Brasil, e o presidente também perdeu o apoio dos grupos moderados.

FUNDO CORREIO DA MANHÃ/ARQUIVO NACIONAL

Rodoviários realizam assembleia durante a greve geral que paralisou 700 mil trabalhadores de 78 sindicatos. São Paulo, outubro de 1963. Arquivo Nacional, Rio de Janeiro.

O golpe militar de 1964

Em 13 de março de 1964, Jango participou de um grande comício na Central do Brasil, no Rio de Janeiro. Durante o evento, ele anunciou medidas que nacionalizavam refinarias de petróleo e desapropriavam terrenos rurais para fins de reforma agrária.

Alguns setores da sociedade brasileira reagiram fortemente às reformas. Empresários, militares e membros das classes médias urbanas temiam que as medidas do governo indicassem a implantação de um regime comunista no Brasil.

No dia 19 de março, os setores mais conservadores da sociedade reagiram com a Marcha da Família com Deus pela Liberdade, em São Paulo, em que milhares de pessoas saíram às ruas em oposição a Jango.

O país vivia uma situação interna crítica e circulavam rumores de que os militares planejavam intervir na política e derrubar João Goulart. A radicalização política se intensificou até o dia 31 de março, quando o golpe tantas vezes anunciado realmente ocorreu. João Goulart, derrubado da presidência, seguiu para o exílio no Uruguai e os militares assumiram o poder no Brasil.

AGÊNCIA O GLOBO

O presidente João Goulart cumprimenta a população após comício realizado em frente à estação ferroviária Central do Brasil, no Rio de Janeiro, em 13 de março de 1964.

Navegue neste *site*

Centro de Pesquisa e Documentação de História Contemporânea do Brasil (CPDOC)

O CPDOC foi criado em 1973 e sua sede localiza-se na cidade do Rio de Janeiro. O CPDOC possui conjuntos documentais sobre a história recente do Brasil e reúne o principal acervo de arquivos pessoais de homens públicos do país. O centro também desenvolve pesquisas sobre a história do Brasil contemporâneo e promove cursos de graduação e pós-graduação. Faça uma visita ao *site* do CPDOC e descubra um pouco mais sobre a instituição.

1. Acesse o *site* **http://cpdoc.fgv.br**.
2. Para obter informações sobre o CPDOC, clique no *link* **Sobre o CPDOC**, na parte superior.
3. Para conhecer o acervo do CPDOC, você deve clicar no *link* **Acervo**, na parte superior direita. Ao clicar em **Consulta à base**, no lado esquerdo da tela, você poderá consultar três fontes de pesquisa: documentos de arquivos pessoais, entrevistas de história oral e verbetes do Dicionário Histórico-Biográfico Brasileiro.
4. No *link* **Produção**, também na parte superior, você encontrará diversos textos e imagens sobre alguns acontecimentos da história do Brasil, como o governo Vargas e a construção de Brasília.

REPRODUÇÃO

Página de abertura do *site* do Centro de Pesquisa e Documentação de História Contemporânea do Brasil.

Continue navegando pelo *site* e descubra informações interessantes sobre o populismo no Brasil e os presidentes do período estudados neste capítulo. Você ainda poderá ver diversas fotos da época e muito mais.

ENQUANTO ISSO...

A paixão nacional na "pátria de chuteiras"

As décadas de 1950 e 1960 foram marcadas por uma série de eventos muito importantes para a história do Brasil. O país vivia um clima interno de euforia e conquistava reconhecimento internacional em diversas áreas. Na música, a bossa nova ganhou as rádios do mundo; na arquitetura, Oscar Niemeyer elevou a arquitetura nacional a uma das mais criativas do período. Nos esportes, em 1952, o atleta Adhemar Ferreira da Silva conquistou sua primeira medalha de ouro olímpica nos Jogos de Helsinque. Maria Esther Bueno, importante tenista brasileira, venceu, em 1959, o torneio de Wimbledon.

Mas nenhum outro esporte expressou tão bem a situação interna do Brasil quanto o futebol. Em 1950, na cidade do Rio de Janeiro, foi inaugurado o Maracanã, maior estádio de futebol do mundo até então e motivo de orgulho para muitos brasileiros. O Maracanã foi palco da final da Copa do Mundo de 1950, disputada entre Brasil e Uruguai. A partida reuniu aproximadamente 200 mil pessoas, que lamentaram a derrota do Brasil, até hoje lembrada com tristeza pelos amantes do esporte.

A Copa seguinte, ocorrida em 1954, ano do suicídio do presidente Getúlio Vargas, também contou com a participação do Brasil. Após a derrota em 1950, a seleção sofria, fora dos campos, a pressão dos dirigentes e das autoridades do país para voltar com um bom resultado. Porém, o Brasil foi eliminado nas quartas de final pela Hungria. Ao final da partida, uma grande confusão envolvendo jogadores brasileiros e húngaros tornou-se uma pancadaria sem precedentes, que recebeu o nome de Batalha de Berna.

Estádio do Maracanã, na cidade do Rio de Janeiro, em 2008. O nome do estádio é uma referência ao Rio Maracanã, que cruzava os bairros da Tijuca e de São Cristóvão, desaguando nas águas da Baía da Guanabara.

Apenas em 1958, já na presidência de JK, o Brasil venceu sua primeira Copa do Mundo, contra a Suécia, anfitriã do torneio. Conta-se que o presidente teria feito um pedido especial aos jogadores: garantir a vitória da seleção diante da União Soviética. Em plena Guerra Fria, uma derrota para a principal potência adversária dos Estados Unidos poderia ser mal interpretada pelos aliados capitalistas.

Garrincha foi o maior nome da Copa do Mundo de 1962, realizada no Chile. As jogadas do atleta foram decisivas para a vitória brasileira no torneio. O presidente João Goulart recebeu com pompa a seleção brasileira, e os jogadores foram elevados à categoria de "heróis nacionais". No entanto, o clima de euforia começava a se dissipar e a tensão desenhava-se no cenário político do país. A população reivindicava melhores salários, emprego, moradia e escolas. Até mesmo os jogadores reclamavam sua parte nos lucros dos clubes. Veja, a seguir, o que o historiador Hilário Franco Júnior escreveu sobre o período.

As pernas tortas não impediram que Garrincha se tornasse um dos maiores jogadores de futebol do mundo. Sua velocidade em campo e seus dribles desconcertantes e cinematográficos encantaram cronistas de futebol do mundo inteiro.

AGÊNCIA O GLOBO

"O clima de reivindicação atingiu também o futebol. Após as conquistas da seleção brasileira, os grandes times viajavam pela Europa em excursões que davam bons rendimentos aos clubes e a seus dirigentes. [...] Os trabalhadores da bola começaram a solicitar sua parte. Em 1962, Garrincha desentendeu-se com os dirigentes. Queria receber melhores salários, assinar melhores contratos, ser mais considerado pelo clube. Mas ele não cuidava da saúde [...]. Treinava pouco, engordava, jogava mal e era vaiado. Foi para o banco de reservas. A alegria do povo estava acabando. Na política também."

FRANCO JÚNIOR, Hilário. *A dança dos deuses*: futebol, cultura, sociedade. São Paulo: Companhia das Letras, 2007. p. 137-138.

Questões

1. Em 1958, a seleção brasileira de futebol venceu, pela primeira vez, a Copa do Mundo. Relacione a euforia provocada por essa vitória com a política desenvolvimentista do presidente JK.
2. Por que no início da década de 1960 o Brasil vivia um momento de crise e tensão política?
3. Segundo o texto de Hilário Franco Júnior, quais eram as reivindicações de muitos jogadores de futebol na década de 1960?
4. No texto, o autor afirma que a tristeza dos brasileiros diante do declínio da carreira de Garrincha também existia na política daquele período. Explique essa associação feita por ele.
5. Reúna-se com cinco colegas, escolham um time de futebol do Brasil e façam uma pesquisa sobre a sua origem. Pesquisem datas, locais, os grupos que organizaram os clubes, outras atividades esportivas anteriores e curiosidades sobre campeonatos e jogadores.

ATIVIDADES

Compreender os conteúdos

1. Leia as afirmativas a seguir sobre a Constituição de 1946 e corrija as incorretas.

a) A Constituição de 1946 estabeleceu o caráter federalista do Estado brasileiro.

b) Ficou decidido que todos os brasileiros maiores de 18 anos podiam votar, inclusive analfabetos, soldados e cabos.

c) Os sindicatos e o direito de greve foram proibidos.

d) A Constituição promulgada em setembro de 1946 tinha caráter liberal e marcou o retorno da democracia à sociedade.

e) As eleições de 1945 também definiram os parlamentares responsáveis por elaborar a nova Constituição do país, a quarta da república.

2. Explique alguns motivos da forte aproximação entre Brasil e Estados Unidos no pós-Segunda Guerra Mundial. Cite uma consequência dessa aproximação durante o governo Dutra.

3. Caracterize as alianças e acordos políticos que auxiliaram Vargas a retornar à presidência da república, em 1950.

4. Responda às questões a seguir sobre o governo de Juscelino Kubitschek.

a) Qual era o lema de JK durante as eleições de 1955? O que ele significava?

b) Como o presidente propunha alcançar esse objetivo?

c) É possível afirmarmos que JK cumpriu essa promessa eleitoral? Justifique.

5. Preencha o quadro comparativo a seguir sobre a política externa e interna dos presidentes Dutra, Getúlio Vargas (em seu segundo mandato), JK e Jânio Quadros.

	Política interna	Política externa
Dutra	▬	▬
Getúlio Vargas	▬	▬
JK	▬	▬
Jânio Quadros	▬	▬

Ampliar o aprendizado

6. O conceito de populismo foi bastante utilizado para caracterizar a política brasileira da década de 1940 ao governo de João Goulart. A partir da década de 1980, as mesmas práticas políticas antes chamadas de populistas passaram a ser nomeadas por alguns historiadores de "política de massas". Sobre o assunto, responda às questões.

a) Que práticas políticas dos governos brasileiros entre 1945 e 1964 podem ser consideradas exemplos de "populismo" ou "política de massas"?

b) Qual teria sido o papel da propaganda nessas experiências políticas?

c) Qual é a principal diferença entre as práticas populistas desenvolvidas por Getúlio Vargas e João Goulart e o populismo que caracterizou a atuação política de Jânio Quadros?

d) Na sua opinião, os últimos governos brasileiros têm tomado medidas que podem ser consideradas como populistas ou "política de massas"?

7. Observe atentamente a charge de Théo, na página 205, e responda às questões.

a) Quem são os personagens representados na charge?

b) O que a charge critica? Justifique.

c) É possível identificar a opinião do autor da charge sobre JK? Justifique.

8. O clima de tensão criado pela renúncia de Jânio Quadros levou à instalação de um sistema de governo parlamentarista no Brasil. Sobre esse acontecimento, responda.

a) Como foi a campanha política que levou à eleição de Jânio como presidente e Jango como vice-presidente, mesmo concorrendo por partidos diferentes?

b) Por que o sistema parlamentarista de governo foi considerado a melhor solução para a crise política resultante da renúncia de Jânio Quadros?

c) Quais eram os setores da sociedade brasileira interessados em limitar os poderes do presidente da república?

9. **Em janeiro de 1963, após o plebiscito que decidiu pelo retorno do regime presidencialista, o presidente João Goulart manifestou seu interesse em lançar um programa de reformas para diminuir os problemas sociais existentes no país, tanto nas cidades quanto nas áreas rurais.**

a) Quais reformas Jango pretendia implantar?

b) Alguns setores organizados da sociedade pressionaram o governo para que as reformas fossem efetivamente implantadas. Que setores eram esses?

c) Que setores reagiram negativamente a essas reformas? Por quê?

História feita com arte

10. **A construção de Brasília foi uma das metas do governo de Juscelino Kubitschek. Com um colega, leiam atentamente o texto a seguir, observem a imagem e respondam às questões.**

"Logo o Núcleo Bandeirante, conjunto habitacional para alojar os funcionários da Novacap, foi montado e a cidade [Brasília] passou a receber milhares de migrantes e estrangeiros [...] em meados de 1957. Esses trabalhadores de Brasília foram apelidados de 'candangos'. Enfrentavam jornadas de até 14 horas de trabalho, salários iniciais irregulares. Vinham de toda parte do país, especialmente do Nordeste.

'[...] Traziam nas roupas, na sola do pé, no rosto, a poeira vermelha levantada pelos raros caminhões que passavam por aquelas redondezas, vindos dos confins do sertão [...]. Instalavam-se onde dava – pois a cidade ainda era de todos e de ninguém: desbastavam o mato e armavam abrigos de lona como podiam, apenas para dormir – dormir e sobreviver.'"

PIRES, Lucas Rodrigues da Motta. *O Brasil de Juscelino Kubitschek*. São Paulo: Landy, 2006. p. 147. (Coleção Novos caminhos)

Dois candangos no cerrado, pintura de Julia dos Santos Baptista, 2010.

a) Segundo o texto, quem eram os trabalhadores de Brasília? Como eles foram chamados?

b) Relacionem o texto com a pintura de Julia dos Santos. Que personagens foram representados? Por que um deles está vestindo um chapéu de cangaceiro? Que outra descrição feita no texto pode ser identificada na imagem?

c) Quais eram as condições de trabalho dos funcionários que construíram Brasília?

Pesquisar

11. **O golpe militar de 1964 impediu que as reformas propostas por Jango fossem implantadas no Brasil naquele momento. Você sabe dizer se elas foram implantadas posteriormente? Faça uma pesquisa em livros e na internet sobre as reformas propostas por João Goulart, apontando quais delas foram, completa ou parcialmente, realizadas por governos posteriores.**

AVALIE O SEU APRENDIZADO

Aplique o que você aprendeu

1. Preencha os espaços com os números das frases, que devem ser ligadas pelos conectivos corretos. Em seguida, organize as frases no caderno, formando um texto contínuo e coerente.

a) ▬▬ porque ▬▬
b) ▬▬ por isso ▬▬
c) ▬▬ assim ▬▬

1. A Primeira Guerra resultou, além das perdas humanas e materiais, em uma grave crise econômica na Europa. Os trabalhadores culpavam o capitalismo liberal pelo conflito e pelo desemprego. A possibilidade de novas revoluções proletárias no modelo soviético causava grandes temores nas burguesias europeias.
2. Os regimes totalitários são caracterizados pelo antiliberalismo, pelo ultranacionalismo e pela centralização do poder do Estado na figura de um líder. Nesses regimes, os Estados mantêm total controle sobre a sociedade.
3. Setores dominantes e a classe média da Europa começaram a abandonar o liberalismo e a democracia e passaram a apoiar políticas autoritárias que pudessem conter o avanço do socialismo.
4. A falência de milhares de empresas, provocada pela quebra da bolsa de valores de Nova York em 1929, obrigou os Estados Unidos a reduzir drasticamente as importações e a cortar o auxílio financeiro aos países europeus.
5. O termo foi utilizado para designar o governo nazista, na Alemanha, o fascista, na Itália, e o stalinista, na União Soviética.
6. Vários países europeus entraram em uma profunda crise econômica, pois eram dependentes do crédito e das importações dos Estados Unidos.

2. Assinale a alternativa que traz características do nazismo e do fascismo.

a) Não intervencionismo, nacionalismo, romantismo, idealismo.

b) Expansionismo, anticomunismo, totalitarismo, racismo.

c) Nacionalismo, socialismo, militarismo, anti-semitismo.

d) Liberalismo, anticomunismo, antimilitarismo, racismo.

3. Enumere as frases a seguir de acordo com a ordem cronológica dos acontecimentos da Segunda Guerra Mundial.

a) Os Estados Unidos lançam bombas atômicas em Hiroshima e Nagasaki, forçando o governo japonês a assinar a rendição.

b) O exército alemão invade a Polônia. De imediato, a França e a Grã-Bretanha declaram guerra à Alemanha.

c) Os Estados Unidos entram na guerra a partir do ataque japonês à base norte-americana de Pearl Harbor, no Havaí.

d) Hitler descumpre o Pacto Nazi-Soviético de Não Agressão e ordena a invasão da União Soviética. Os soviéticos se utilizam da tática da terra arrasada para dificultar o avanço alemão no território.

e) Em Stalingrado, as tropas nazistas são derrotadas pelos soviéticos, que iniciam o avanço em direção a Berlim.

f) No Dia D, os Aliados iniciam uma ação na Normandia, no norte da França, com o objetivo de retomar a parte ocidental da Europa que ainda estava sob domínio nazista.

4. Leia o trecho de um discurso feito por Getúlio Vargas, durante o Estado Novo, e responda.

> “Já não somos um país exclusivamente agrário. Não vamos continuar esmagados pelo peso das compras de produtos industriais no exterior! Ferro, carvão e petróleo são a base da emancipação econômica de qualquer país. Produziremos tudo isso e muito mais.”

Getúlio Vargas [1943]. In: Instituto de Economia da Unicamp. Disponível em www.eco.unicamp.br. Acesso em 31 ago. 2011.

a) A qual projeto político-econômico Vargas está se referindo nesse discurso?
b) Quais ações de Vargas durante o Estado Novo representaram a realização desse projeto?
c) Que aspecto desse discurso caracterizou o chamado populismo de Getúlio Vargas?

5. **Na década de 1960, o cartunista argentino Quino criou a personagem Mafalda, uma menina de seis anos de idade muito preocupada com as principais questões da sua época. Leia uma tirinha dessa personagem e responda.**

© JOAQUÍN SALVADOR LAVADO (QUINO) - A TURMA DA MAFALDA, MARTINS FONTES, 1999

Tirinha da personagem Mafalda, do cartunista Quino.

a) Qual era o contexto internacional do período em que a personagem Mafalda foi criada?

b) Considerando que Mafalda é uma personagem criada na década de 1960, explique por que ela se mostra preocupada com as armas nucleares.

c) O que Mafalda quis dizer com a frase "Só que seria lindo acordar um dia e saber que nossa vida depende só de nós"?

6. **Sobre o período da Guerra Fria, responda.**

a) Quando esse período teria começado?

b) Qual foi a principal característica desse período?

c) A Guerra Fria repercutiu em vários países, reproduzindo, em cada um deles, a disputa política, econômica e ideológica entre as duas superpotências. Dê exemplos de experiências latino-americanas que refletiram a rivalidade que marcou a Guerra Fria.

7. **O presidente Juscelino Kubitschek implementou um programa de desenvolvimento econômico chamado de Plano de Metas. Redija um pequeno texto sobre esse plano, considerando as questões a seguir.**

a) Quais eram as principais medidas do Plano de Metas?

b) Quais foram as principais consequências para a economia do Brasil?

O que eu sei

8. Avalie o seu aprendizado nos objetivos a seguir. A aprendizagem pode ser plena, suficiente ou insuficiente.

	Aprendizagem plena	Aprendizagem suficiente	Aprendizagem insuficiente
1. Identificar as características sociais, econômicas e políticas do período entre as duas guerras mundiais.			
2. Reconhecer e ordenar os principais acontecimentos da Segunda Guerra Mundial.			
3. Reconhecer as principais características do projeto político e econômico do governo Vargas.			
4. Compreender o contexto da Guerra Fria e identificar, na América Latina, acontecimentos que refletiram a disputa entre as duas superpotências.			
5. Identificar as principais características dos governos populistas e as ações mais relevantes dos governos brasileiros entre 1930 e 1964.			

CAPÍTULO 11

A descolonização da África e da Ásia

A difícil sobrevivência

As nações africanas e asiáticas, que haviam sido submetidas ao domínio das potências imperialistas, iniciaram, no século XX, um longo processo de emancipação. Cada uma delas criou mecanismos próprios de resistência e de luta anticolonialista: milícias populares, mobilização da imprensa, resistência pacífica, organização de estudantes e de intelectuais etc.

Conhecido como **descolonização**, esse processo durou até a década de 1970. O movimento de descolonização, porém, tinha tensões e conflitos internos. Como você vai perceber no texto ao lado, não era toda a população dos territórios colonizados que queria a independência nem esta, tampouco, significou a solução dos problemas enfrentados pelas ex-colônias. Por que, na sua opinião, alguns setores das áreas coloniais não tinham interesse na independência? Quais problemas muitos dos novos países enfrentaram após a independência?

Vista da cidade de Luanda, capital de Angola, em foto de 2002. Após conquistar sua independência em 1975, a ex-colônia portuguesa mergulhou numa longa guerra civil, que só terminou em 2002, quando o Movimento Popular de Libertação de Angola (MPLA) consolidou-se no poder.

LORI WASELCHUK/AFRICA MEDIA ONLINE/OTHER IMAGES

Dilemas das ex-colônias

"Os anos 1970 marcaram o fim do período de descolonização na maior parte do mundo; sobraram apenas algumas colônias menores que estavam ainda submetidas aos colonizadores – algumas delas, até os dias atuais. Em alguns casos isso não se deveu à férrea perseverança dos colonizadores, mas aos interesses materiais dos colonizados. Onde eles tinham livre acesso ao país metropolitano e onde também recebiam outros benefícios econômicos a partir da condição continuada de colônia ou 'território estrangeiro', eles preferiram essa ligação ao invés da independência. As Nações Unidas mantêm um registro de tais territórios e receberam em 2002 um pedido oficial de Samoa Americana, desejando que fosse retirada desse registro, porque o país não tinha intenção de conquistar a independência. Deve ser mencionado também que algumas colônias foram tão devastadas por seus colonizadores por testes de bombas atômicas etc. que elas dificilmente estão em posição de sobreviver por conta própria e continuam a depender de seus dominadores imperiais."

ROTHERMUND, Dietmar. *The Routledge companion to decolonization.* Londres; Nova York: Routledge, 2006. p. 44. (tradução nossa)

MICHAEL NICHOLSON/CORBIS/LATINSTOCK

Cartaz de celebração da vitória do MPLA na guerra de independência de Angola. À esquerda, a bandeira do MPLA, que inspirou a criação da bandeira nacional de Angola, à direita.

BETTMANN/CORBIS/LATINSTOCK

Marcha realizada em Argel, em 7 de fevereiro de 1956, contra a presença do primeiro-ministro francês, Guy Mollet, em território argelino. Organizada pela população de origem europeia, a marcha reuniu cerca de 50 mil pessoas contrárias à ideia de Mollet de conceder autonomia política à Argélia.

A África na Primeira Guerra

O continente africano foi um dos principais palcos da Primeira Guerra Mundial. O conflito na África iniciou-se com um ataque da marinha britânica às colônias alemãs de Dar es Salaam e Tanga, na atual Tanzânia. Em retaliação, os alemães destruíram trecho da estrada de ferro Uganda, localizada próximo à fronteira entre os atuais Quênia e Tanzânia.

Outros conflitos ocorreram na África e contaram com a participação maciça de soldados africanos. Eles lutaram no Sudoeste Africano, na África oriental (Tanganika, Ruanda e Burundi), no Togo e em Camarões. Muitas vidas africanas foram perdidas ao longo da guerra: na ocupação da África oriental, por exemplo, cerca de 4.000 soldados e 30.000 civis morreram.

O fim da Primeira Guerra não encerrou a dominação colonial. Derrotada, a Alemanha teve seus territórios partilhados entre os vencedores: a França dividiu Togo e Camarões com a Grã-Bretanha; esta última também ficou com Tanganika (Tanzânia); a Bélgica ficou com Ruanda e Burundi; a África do Sul anexou o Sudoeste Africano; e a Itália anexou o norte do Quênia à Somália.

AKG-IMAGES/ALBUM/LATINSTOCK

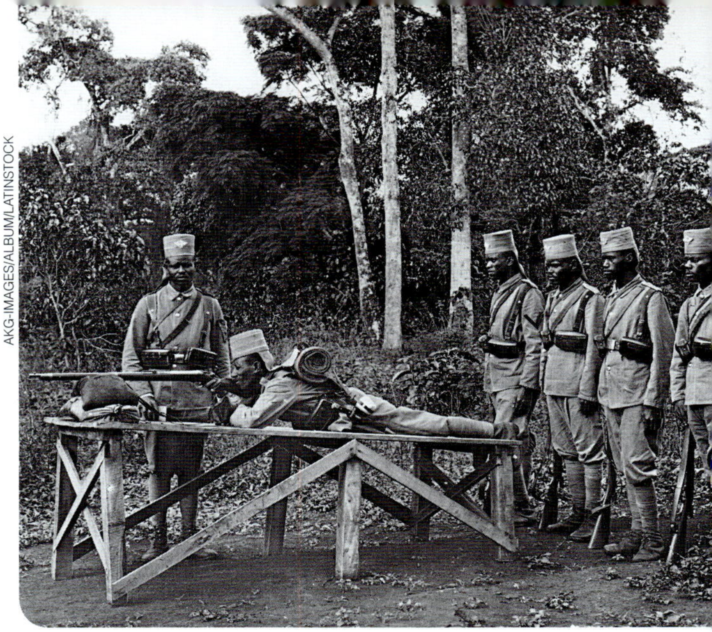

Soldados *askaris* durante treinamento de tiro, na África Oriental Alemã, em foto de 1914. Os *askaris* eram africanos recrutados para lutar nos exércitos dos países europeus em territórios coloniais.

Com o fim da guerra também surgiram nas colônias grupos que lutavam por mudanças políticas, econômicas e sociais internas. Esses grupos eram, em sua maioria, formados por ex-soldados que adquiriram experiência bélica e perceberam que os europeus tinham fragilidades e podiam ser derrotados.

A ÁFRICA EM 1924

ALESSANDRO PASSOS DA COSTA

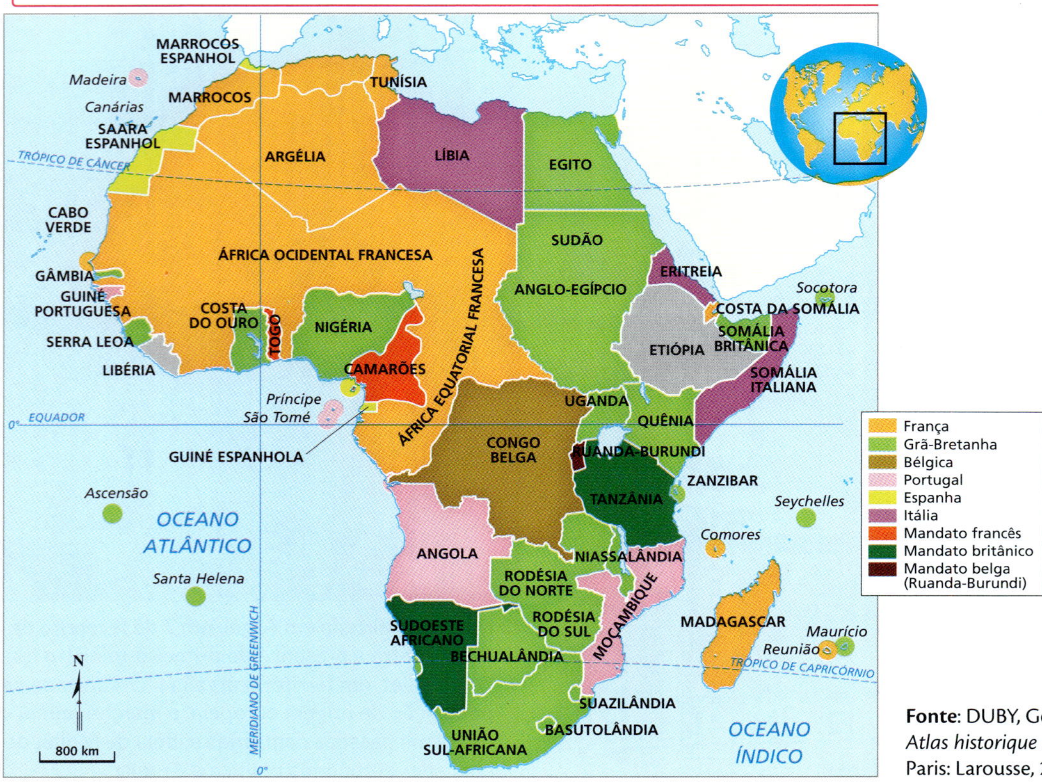

Fonte: DUBY, Georges. *Atlas historique mondial.* Paris: Larousse, 2003. p. 219.

Esta imagem será explorada nas Atividades

Movimentos de identidade africana

Ao longo da Primeira Guerra Mundial, muitos africanos e negros norte-americanos lutaram lado a lado nos conflitos. Essa experiência deu início a reflexões sobre a origem comum de ambos os grupos e estimulou intelectuais como o professor norte-americano Burghardt du Bois e o deputado senegalês Blaise Diagne a organizar, em 1919, em Paris, o **Primeiro Congresso Pan-africano.** O congresso votou a emancipação gradual das colônias, a ampliação dos direitos civis dos negros norte-americanos e conclamou os descendentes de africanos a retornarem à África.

Em 1934, também em Paris, os poetas Aimé Césaire (nascido na Martinica) e Léopold Sédar Senghor (originário do Senegal) lançaram as bases de um movimento que procurava resgatar e revalorizar as raízes africanas, que haviam se dispersado em virtude de séculos de escravidão e imposição dos valores ocidentais. Era necessário despertar nos negros a consciência de uma identidade comum e reconstruir o orgulho africano. Eles deram a esse movimento o nome de **negritude**, que influenciou sobretudo os intelectuais e os futuros dirigentes dos países surgidos com a independência.

Por meio da negritude e dos ideais de união dos povos africanos, o sistema colonial passou a ser cada vez mais contestado por um discurso que pretendia reabilitar as comunidades africanas aos olhos do mundo, demonstrando sua importância cultural e seu legado para a história.

AFP

O historiador e sociólogo norte-americano William Edward Burghardt du Bois, em foto de 1949. Du Bois lutou pela ampliação dos direitos dos povos africanos e afrodescendentes.

Os interesses das elites coloniais

Nas colônias europeias da África e da Ásia, os anos 1930 foram marcados pelo surgimento de uma elite local ocidentalizada. Ao contrário do que ocorria com as gerações anteriores, o centro de interesse desses jovens educados à moda europeia não era mais a cidade, o clã ou a tribo, mas os territórios em sua totalidade e as comunidades que os constituíam.

Grande parte dessa elite colonial, por ter se afastado das tradições de seus antepassados e se formado na cultura ocidental, já não se interessava em exigir mais autonomia política nem mesmo a independência de seus territórios. Ela desejava participar das instituições governamentais e da administração colonial. Outros setores da elite, embora fossem minoritários, denunciavam a violência da colonização e faziam exigências abertas por uma imediata e completa independência.

AFP

Léopold Sédar Senghor (à esquerda), um dos ideólogos do conceito de negritude. Na foto, já como presidente do Senegal, ele aparece ao lado do presidente marfinense durante as comemorações do primeiro aniversário da independência da Costa do Marfim, na cidade de Abidjan, em 10 de agosto de 1961.

▲ O presidente dos Estados Unidos, Franklin Delano Roosevelt, e o primeiro-ministro britânico, Winston Churchill, a bordo do navio inglês *HMS Príncipe de Gales*, onde foi redigida a *Carta do Atlântico*, em 14 de agosto de 1941.

A crise do colonialismo

A Segunda Guerra Mundial abalou seriamente a dominação colonial na Ásia e na África. As potências imperialistas perderam seu prestígio, ou porque foram ocupadas durante a guerra, como a Holanda, a Bélgica e a França, ou porque saíram enfraquecidas do conflito, caso da Grã-Bretanha. Os povos colonizados, muitas vezes empregados para compor as fileiras dos exércitos aliados na guerra, manifestaram o desejo de desfazer os laços que os uniam a uma Europa arruinada.

Além disso, o princípio da **autodeterminação dos povos**, evocado, em 1941, pelo presidente norte-americano Franklin Delano Roosevelt e pelo primeiro-ministro da Grã-Bretanha Winston Churchill, na *Carta do Atlântico*, defendia a soberania das nações. No documento, os dois governantes manifestaram apoio ao direito de um povo escolher, sem influência externa, sua forma de governo e suas leis internas. Leia, a seguir, um dos oito pontos enunciados no documento.

Carta do Atlântico

"**Ponto 3**. Respeitam o direito que assiste a todos os povos de escolherem a forma de governo sob a qual querem viver; e desejam que se restituam os direitos soberanos e a independência aos povos que deles foram despojados pela força."

Franklin Delano Roosevelt e Winston Churchill. *Carta do Atlântico* [1941]. Disponível em www.direitoshumanos.usp.br. Acesso em 11 ago. 2011.

Após o fim do conflito, os povos colonizados utilizaram princípios defendidos pelos próprios colonizadores para exigir a independência de seus territórios. À França, eles pediam igualdade e liberdade; à Grã-Bretanha, o direito à autonomia política e econômica. Além disso, a emergência dos Estados Unidos e da União Soviética, protagonistas da vitória aliada contra o nazismo na Europa, e a polaridade criada pela Guerra Fria favoreceram a luta das colônias africanas e asiáticas pela independência.

▼ Manifestação pela independência do Congo Belga sendo reprimida pela polícia, em 1960.

A independência da Índia

Uma rica burguesia indiana, que havia frequentado escolas e universidades britânicas, fundou, em 1885, o Partido do Congresso, cuja principal reivindicação era maior autonomia para a Índia. Em 1917, o secretário de Estado britânico para assuntos indianos prometeu um governo independente para a Índia. No entanto, o novo estatuto, adotado em 1919, concedia um poder administrativo mínimo ao vice-rei, o que provocou sérias revoltas entre os indianos.

Foi nesse cenário que começou a ganhar destaque **Mahatma Gandhi**, até então defensor da cooperação com os ingleses. Gandhi lançou, em agosto de 1920, uma campanha de desobediência civil aos britânicos, promovendo o que se chamou de **resistência pacífica**. A compra de produtos ingleses, como tecidos, passou a ser boicotada pelos indianos. Eles voltaram a produzir tecidos de maneira artesanal, deixando de comprar os panos que vinham da Grã-Bretanha.

Gandhi também organizou, em 1930, a Marcha do Sal, em protesto à lei que proibia os indianos de produzir sal. Ele caminhou 400 quilômetros, durante 25 dias, até o litoral, e milhares de pessoas o seguiram. A polícia investiu contra a multidão, que não reagiu à violência usada pelas tropas.

Com a eclosão da Segunda Guerra Mundial, o Partido do Congresso se aproveitou dos conflitos para endurecer sua posição, ampliando as manifestações de protesto e o boicote aos artigos britânicos. Em agosto de 1947, a independência da Índia foi aprovada e o país foi dividido em dois Estados: a Índia, predominantemente hindu, e o Paquistão, de maioria muçulmana, tendo, respectivamente, como primeiros-ministros Jawaharlal Nehru e Ali Khan.

Biografia

Mohandas Karamchand Gandhi, apelidado pelos indianos de Mahatma (grande alma), nasceu em 1869, na Índia. Gandhi estudou direito na Inglaterra e, depois de formado, mudou-se para a África do Sul, onde viveu por 21 anos. As leis raciais e o preconceito contra negros e indianos naquela região do Império Britânico o levaram a desenvolver sua filosofia de não cooperação com os colonizadores. De volta à Índia em 1914, Gandhi passou a divulgar a importância de resistir pacificamente ao domínio colonial britânico. Em 1948, com a Índia já independente, Gandhi foi assassinado por um radical hindu.

DINODIA PHOTOS/ALAMY/OTHER IMAGES

Mahatma Gandhi (ao centro) durante a Marcha do Sal, em 12 de março de 1930. Por desobedecer à lei, Gandhi foi preso, sem reagir, juntamente com milhares de seguidores, 25 dias depois de iniciar a marcha.

A descolonização da África

A Segunda Guerra Mundial provocou mudanças no quadro colonial africano. Os países europeus, enfraquecidos após o conflito, já não tinham condições de manter, militar e economicamente, seus domínios coloniais. Além disso, seria temeroso para as potências europeias, no contexto da Guerra Fria, permitir o avanço das ideias socialistas nas colônias.

Apesar disso, os caminhos pelos quais esses países obtiveram suas independências variaram muito. Em alguns casos, como o de algumas colônias britânicas, a transição foi feita de maneira gradual e negociada; em outros, como na Argélia, a liberdade só foi conquistada após anos de conflitos.

Nigéria e Gana

A Nigéria conquistou sua independência em relação à Grã-Bretanha em 1960, após um processo de transição para um governo autônomo. Inicialmente, o país se constituiu em uma federação composta de três regiões, que contavam com um relativo grau de autonomia.

Em 1967, a região de Biafra, no sudeste da Nigéria, rica em petróleo e habitada por uma maioria de povos igbos, declarou sua independência em relação ao restante do país, proclamando a República de Biafra. Iniciou-se, assim, uma violenta guerra civil que se estendeu por três anos. O conflito chegou ao fim com a reintegração do território de Biafra à Nigéria e resultou em cerca de dois milhões de mortos.

A Costa do Ouro, outra colônia britânica, também conquistou sua independência pela via pacífica, iniciada em 1947 e concluída dez anos depois. Esse novo país passou a se chamar Gana, em homenagem ao império negro que se expandiu pelas savanas africanas cerca de mil anos antes.

A independência de Gana desencadeou movimentos semelhantes nas colônias francesas da África subsaariana e nas colônias que constituíam o antigo Império Belga. Entre 1957 e 1960, surgiram quinze países na região.

Saiba mais

A Nigéria e seus contrastes

A Nigéria tem apresentado uma das mais elevadas taxas de crescimento econômico do mundo, impulsionado principalmente pelo petróleo, a maior riqueza do país. Para se ter ideia desse dado, sua taxa de crescimento em 2010 foi de 8,4%, muito superior à de países como a França, que cresceu apenas 1,5%. No entanto, essa riqueza ainda está longe de reverter o quadro de pobreza social no país. Segundo dados do Pnud, na Nigéria, em 2010, a esperança de vida ao nascer era de 47 anos para homens e 48 anos para mulheres. Para cada 1.000 nascimentos vivos, o país registrou 91,5 mortes (no Brasil foram 19,8 mortes). A taxa de analfabetismo de jovens com 15 anos ou mais ficou próxima dos 20%; no Brasil foi de 9%.

KURT STRUMPF/AP/GLOWIMAGES

Refugiados da região de Biafra fogem de tropas federais nigerianas, em estrada perto da cidade de Ogbaku, em 1968.

MANUEL LITRAN/CORBIS/LATINSTOCK

Barricadas feitas por soldados franceses nas ruas da cidade de Argel, durante a Guerra da Argélia, em 20 de janeiro de 1960. As barricadas tentavam impedir o avanço de rebeldes argelinos, que lutavam pela independência do país.

O norte da África

Após a Segunda Guerra, nos protetorados franceses do Marrocos e da Tunísia, eclodiram violentos confrontos em prol da independência, e ações guerrilheiras se multiplicaram. Em resposta, a metrópole decretou estado de emergência e aplicou a lei marcial, banindo ou prendendo os nacionalistas revoltosos. Essas ações, no entanto, incitaram ainda mais as forças nacionalistas.

Os dirigentes das lutas de independência, temendo o perigo que a explosão da guerrilha poderia representar para a estabilidade política dessas regiões, optaram pela via da negociação com a França para obter a independência. Em 1956, Marrocos e Tunísia obtiveram o reconhecimento de suas independências.

A situação na Argélia, porém, foi totalmente diferente. As autoridades francesas consideravam a região parte inseparável do território francês, sobretudo pela presença de cerca de 1 milhão de colonos franceses, chamados de *pieds-noirs* (pés pretos), que detinham a maioria das terras férteis. As manifestações realizadas por argelinos, que ocorriam no território desde 1945, eram reprimidas com violência pelo exército francês. Os *pieds-noirs* também se manifestavam, porém, contra a separação.

Em 1954, um grupo de argelinos, convencidos de que apenas pelas armas conquistariam a independência, fundou a **Frente de Libertação Nacional** (FLN). Cerca de 2 mil soldados iniciaram suas ações no leste da colônia, conquistando territórios nas áreas rurais da Argélia. Aos poucos, a população das cidades começou a participar das ações, pois o exército francês passou a reprimir até mesmo os civis que não participavam dos combates. No auge das lutas, a FLN contava com cerca de 130 mil combatentes.

Após anos de confrontos, a França assinou, em 1962, o Acordo de Evian, que estabeleceu o cessar-fogo e marcou um referendo popular para decidir o futuro da Argélia. Realizado em 1º de julho do mesmo ano, o referendo reconheceu, com 99,7% dos votos, o desejo dos argelinos em constituir um país independente.

Saiba mais

A Conferência de Bandung

Os países da Ásia e da África recém-libertados do domínio colonial europeu tinham a difícil tarefa de obter o reconhecimento internacional enquanto Estados soberanos. Foi com esse propósito que 29 representantes de países africanos e asiáticos se reuniram na Conferência de Bandung, na Indonésia, entre 17 e 24 de março de 1955. Eles reafirmaram a independência de seus países e o desejo de não alinhamento com os Estados Unidos nem com a União Soviética. Esses países se opuseram veementemente ao colonialismo e encorajaram os povos ainda colonizados a lutar pela sua emancipação, além de condenar qualquer forma de racismo.

As colônias portuguesas

A ONU, a partir de sua criação em 1945, pressionava os países que possuíam colônias a estabelecer um calendário de emancipação desses territórios. A ditadura salazarista, para evitar a pressão externa, passou a chamar suas colônias de províncias ultramarinas. Com isso, o ditador procurava mostrar à comunidade internacional que havia um sentimento de unidade nacional entre a metrópole e seus territórios coloniais.

Ainda assim surgiram, nas colônias, movimentos que defendiam a independência desses territórios, inspirados nas ideias de resgate da dignidade negro-africana. O governo português, porém, se recusava a negociar a questão.

A luta armada pela independência

Na década de 1960, políticos e intelectuais africanos participaram de diversas conferências internacionais com o objetivo de denunciar a violência da dominação portuguesa em suas colônias. Esse quadro agravou a crise do regime salazarista, e Portugal ficou cada vez mais isolado.

Nas colônias da Guiné Portuguesa, Moçambique e Angola, formaram-se os primeiros movimentos de independência, com o apoio dos novos Estados africanos que se constituíam. Portugal respondeu com força e violência. Em 1961, iniciou-se a luta armada em Angola, seguida da luta na Guiné Portuguesa, em 1963, e em Moçambique, em 1964.

A DESCOLONIZAÇÃO DA ÁFRICA

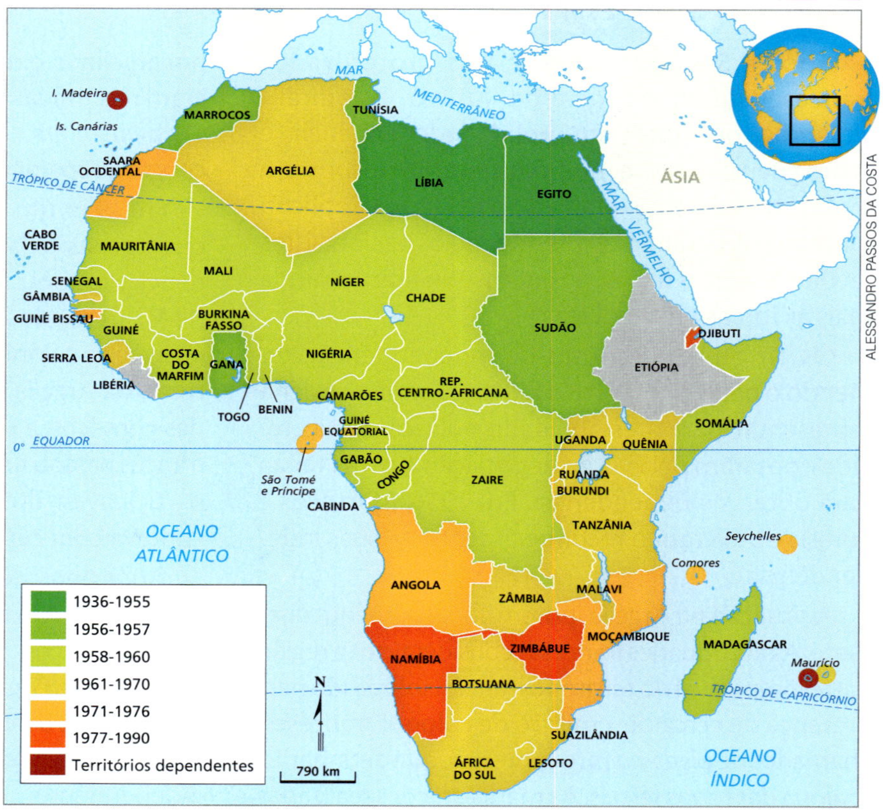

Fonte: DUBY, Georges. *Atlas historique mondial*. Paris: Larousse, 2003. p. 219.

O fim do Império Português

Em 1968, Salazar foi afastado do poder e substituído por Marcelo Caetano. O novo governo defendia a concessão de uma "autonomia progressiva" às colônias, admitindo a possibilidade, no futuro, de tornarem-se Estados independentes.

A posição de Caetano acirrou os debates nas colônias, e a luta armada se fortaleceu. Em resposta, a metrópole aumentou o controle em seus territórios na África e reprimiu com violência manifestações de estudantes africanos em Portugal.

A pressão sofrida por Portugal, tanto no interior das colônias quanto em nível internacional, tornou insustentável a manutenção dos seus domínios em território africano.

Em 25 de abril de 1974, um grupo de militares derrubou o governo de Marcelo Caetano, em um movimento que ficou conhecido como **Revolução dos Cravos**. O novo governo iniciou negociações com as lideranças políticas das colônias, que resultaram na independência das últimas colônias europeias em território africano: Guiné Bissau, Moçambique, Cabo Verde e São Tomé e Príncipe, em 1974, e Angola, em 1975.

JEAN-CLAUDE FRANCOLON/GAMMA-RAPHO/GETTY IMAGES

Soldados e civis comemoram, em Lisboa, a Revolução dos Cravos, em 25 de abril de 1974. Para celebrar o fim da ditadura portuguesa, a população saiu às ruas e distribuiu cravos vermelhos aos soldados, como forma de agradecimento.

Multidão se reúne, em frente à residência do governador de Nova Lisboa (atual Huambo), para celebrar a independência de Angola, em 13 de novembro de 1975.

DENNIS LEE ROYLE/AP/GLOWIMAGES

Crianças sentadas em banco exclusivo para brancos na orla da cidade de Durban, África do Sul, em 1960.

O *apartheid* na África do Sul

No final do século XIX, o território que hoje corresponde à Africa do Sul, rico em diamantes, era disputado por britânicos e bôeres, colonos que tinham origem principalmente holandesa. Depois de vencer os bôeres, os britânicos criaram, em 1910, a União Sul-Africana, área sob seu domínio britânico com alguma autonomia.

Dez anos depois, os **africânders**, minoria branca composta de descendentes de holandeses e ingleses, tomou o poder na região. Eles proclamaram uma série de leis segregacionistas que trouxeram consequências muito negativas para a população negra. Uma dessas leis determinava que os negros podiam ocupar apenas 10% do total das terras sul-africanas. As regiões destinadas à população negra ficavam quase todas afastadas das zonas urbanas. Fora dessas terras, os negros podiam apenas se deslocar, mas não fixar residência.

Durante a Segunda Guerra Mundial, com a rápida industrialização da África do Sul, o crescimento urbano se acelerou e a população negra nas cidades se tornou mais numerosa que a população branca de origem europeia.

Temendo o fortalecimento da população negra, em 1950, o Parlamento sul-africano, de maioria branca, aprovou duas leis que serviram de base para o regime do ***apartheid*** (palavra africânder que significa separação).

- **Ato do registro de populações**. Classificou a população sul-africana em quatro grupos raciais: negro, mestiço, asiático e branco.
- **Ato dos grupos e áreas**. Dividiu a África do Sul em regiões e estabeleceu o local em que cada grupo poderia se fixar.

Outras leis criadas posteriormente complementaram essas duas primeiras. A segregação racial atingiu todos os níveis da vida social e política do país. O *apartheid* separou brancos e não brancos nos espaços públicos, nos meios de transporte, nas escolas e proibiu casamentos entre brancos e negros. Os negros não podiam participar das eleições, tampouco concorrer a cargos públicos.

Lei segregacionista
Lei que tem por princípio isolar um grupo ou uma coletividade de acordo com alguns critérios, como a cor da pele.

AP/GLOWIMAGES

Crianças brincam nas ruas de Soweto, África do Sul, em 1969. Subúrbio criado para alojar trabalhadores negros de Johanesburgo, a *township* de Soweto acabou se transformando num foco de resistência antiapartheid.

O fim do *apartheid*

As políticas discriminatórias do *apartheid* foram sustentadas com violenta repressão a todo tipo de contestação política ao regime. Em 1960, por exemplo, na cidade de Sharpeville, policiais atiraram contra civis negros que realizavam uma manifestação pacífica e mataram 67 pessoas.

Os líderes do movimento que deu origem ao protesto, entre eles **Nelson Mandela**, foram presos. Outros integrantes do movimento tiveram de deixar o país. Nesse mesmo período, partidos de oposição como o **Congresso Nacional Africano** (CNA), fundado no início da década de 1910, foram declarados ilegais.

Durante a década de 1970, a luta contra o *apartheid*, que havia sido duramente reprimida nos anos 1960, retornou com força. No dia 16 de junho de 1976, uma manifestação de jovens estudantes da *township* de Soweto, que protestavam contra a imposição do africânder como língua obrigatória nas escolas, foi recebida com tiros da polícia. Segundo dados oficiais, 618 pessoas morreram e 1.550 ficaram feridas, a maior parte delas com menos de 17 anos.

Seguiram-se meses de motins, nos quais os edifícios públicos das *townships* foram destruídos pelos habitantes. As lutas internas pelo fim do regime se intensificaram. As pressões internacionais e a aproximação do fim da Guerra Fria também ajudaram a enfraquecer a resistência do governo em abolir as leis segregacionistas.

Em 1989, Frederik de Klerk, líder do Partido Nacional, chegou ao poder com a promessa de conduzir um governo de conciliação. Em 1990, os partidos de oposição foram legalizados e Nelson Mandela foi libertado. Em seguida, o CNA renunciou à luta armada em troca da liberdade de prisioneiros políticos. Em 1991, as leis racistas do *apartheid* foram abolidas. Nas eleições realizadas em 1994, Mandela foi eleito presidente, iniciando uma nova era na África do Sul.

Biografia

Nelson Rolihlahla Mandela nasceu na África do Sul, em 1918. Graduou-se em direito em 1942. Em 1944, ingressou no CNA e iniciou sua luta contra as práticas discriminatórias do Partido Nacional. Nos anos 1960, passou a defender publicamente a luta armada contra o regime do *apartheid*. Em 1962, foi preso e sentenciado a cinco anos de prisão. Foi julgado novamente em 1964 e condenado à prisão perpétua. Sua figura tornou-se um símbolo internacional da luta contra o regime do *apartheid*. Foi libertado em 1990 e eleito presidente em 1994. Nos anos 2000, retirou-se progressivamente da vida pública.

Nelson Mandela acena para a multidão durante comício do CNA. África do Sul, 1999.

ODD ANDERSEN/AFP

Vale a pena assistir

Invictus
Nacionalidade: EUA
Direção: Clint Eastwood
Ano: 2009
Duração: 134 min

No segundo ano do governo de Nelson Mandela, a África do Sul foi sede do campeonato mundial de *rugby*. Apesar da desaprovação de parte da população negra, Mandela fez uma campanha de apoio à seleção nacional. O filme mostra o seu esforço para unir brancos e negros em torno de um esporte que costumava representar a minoria branca que governava o país até o fim do *apartheid*.

Cena do filme *Invictus*.

WARNER BROS./EVERETT COLLECTION/GRUPO KEYSTONE

Conflitos atuais na África

Quando faltam instituições democráticas que possam intermediar conflitos e sobram injustiças sociais, o menor atrito pode incitar a violência.

As informações deste mapa e do gráfico da página ao lado foram coletadas por pesquisadores da Universidade de Heidelberg, na Alemanha. Note que, quanto mais intensa a cor, mais violento é o conflito.

Conflito
Choque de interesses entre diferentes grupos de pessoas, países ou organizações.

Intensidade dos principais conflitos africanos
De janeiro a novembro de 2010

Violentos
Em crises severas e guerras, a violência é contínua e ocorre de forma organizada e sistemática.

Desde 1991, na Somália, grupos islâmicos rivais, movimentos separatistas e o enfraquecido governo travam uma guerra civil.

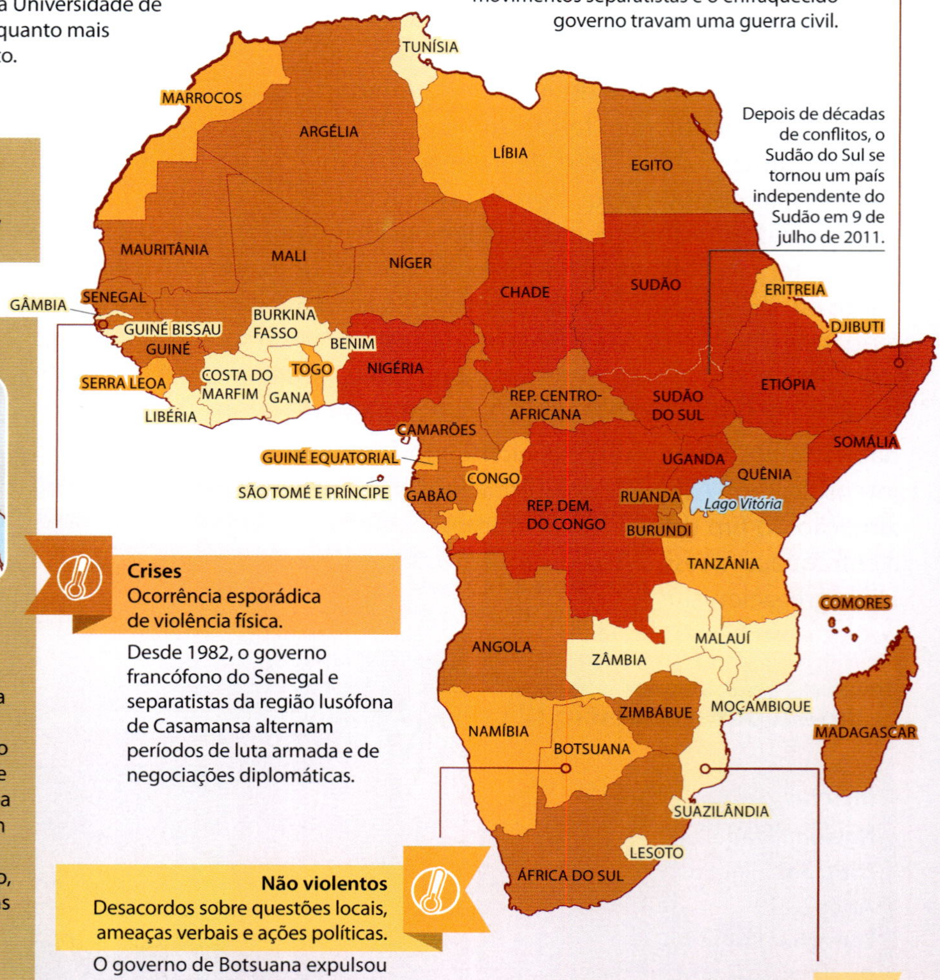

Depois de décadas de conflitos, o Sudão do Sul se tornou um país independente do Sudão em 9 de julho de 2011.

Crises
Ocorrência esporádica de violência física.

Desde 1982, o governo francófono do Senegal e separatistas da região lusófona de Casamansa alternam períodos de luta armada e de negociações diplomáticas.

Não violentos
Desacordos sobre questões locais, ameaças verbais e ações políticas.

O governo de Botsuana expulsou povos nômades de regiões ricas em diamantes. A justiça do país decidiu que eles podiam voltar, mas o governo dificultou o retorno por meio da burocracia, e a questão voltou aos tribunais.

Sem conflitos importantes
Os pesquisadores da Universidade de Heidelberg não consideraram os conflitos dos países representados em amarelo-claro relevantes no período.

Ditaduras escondem conflitos

Chamada Primavera Árabe, a rebelião popular por democracia tomou metade do Magreb no começo de 2011.

O silêncio nas ditaduras não vem da paz, mas do medo.
Veja que a Tunísia, sob a ditadura do general Ben Ali desde 1987, aparece como um país sem conflitos no mapa ao lado, publicado na Alemanha em 30 de novembro de 2010.
Duas semanas depois da publicação, milhares de tunisianos foram para as ruas protestar, enfrentando tiros e prisões, até a renúncia de Ben Ali, em janeiro de 2011.
A coragem tunisiana inspirou seus vizinhos e, em fevereiro, gigantescas manifestações no Egito acabaram com os trinta anos de governo Hosni Mubarak, enquanto a Líbia, dona do maior IDH* africano, sob a mão de ferro do coronel Muamar Kadafi desde 1969, entrou em guerra civil.

* Índice de Desenvolvimento Humano.

Fontes: Heidelberg Institute for International Conflict Research. *Conflict Barometer*. Disponível em www.hiik.de. Acesso em 24 ago. 2011; *Guia do Estudante 2010*: Atualidades. São Paulo: Abril, 2009; *Guia do Estudante 2012*: Atualidades. São Paulo: Abril, 2011; SMITH, Stephen. *Atlas de l'Afrique*. Paris: Autrement, 2009.

Questões

1. Cite um conflito ocorrido na África depois de 2010. Localize-o, identifique os rivais e pelo menos um dos motivos envolvidos na disputa.
2. Pesquise exemplos de países africanos em que o governo e a sociedade civil têm construído caminhos para superar o quadro histórico de pobreza e de guerras civis que assolam o continente. Relate essas experiências.

Condições naturais e humanas moldam os conflitos

Não existem dois conflitos iguais. Cada um envolve uma combinação única de circunstâncias, mas algumas questões se repetem com mais frequência que outras, dependendo das condições comuns a cada região.

Magreb

Povos árabes predominam na mais rica e urbanizada região da África, ligada ao Oriente Médio pela religião e pela cultura, e à Europa pelo Mediterrâneo.

Disputas políticas e ideológicas são as mais comuns, como a de grupos pró-democracia em choque com regimes autoritários, ou a de militantes fundamentalistas que lutam para substituir governos seculares por teocracias.

Sahel

Entre o norte desértico e a África tropical, a paisagem semiárida do Sahel sempre abrigou povos de diferentes etnias e religiões.

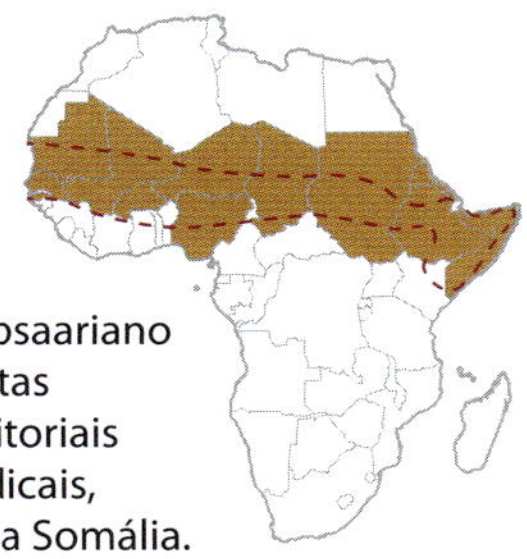

O nordeste subsaariano assiste a disputas políticas e territoriais por grupos radicais, como ocorre na Somália. As tensões crescem com as mudanças climáticas, que reduzem as chuvas e agravam disputas por terra e água potável.

Centro e sul

As regiões tropical e subtropical são as mais populosas da África, têm as jazidas minerais mais ricas e 17 dos 24 países com pior IDH* do mundo – outros cinco estão no Sahel.

As regiões a oeste do Lago Vitória (veja no mapa da página ao lado) possuem instituições enfraquecidas e milícias armadas, financiadas com a exploração de recursos naturais e apoiadas pelas elites locais e estrangeiras. No sul, onde estão as democracias mais sólidas, a violência é menor.

Participação por região no total de conflitos africanos

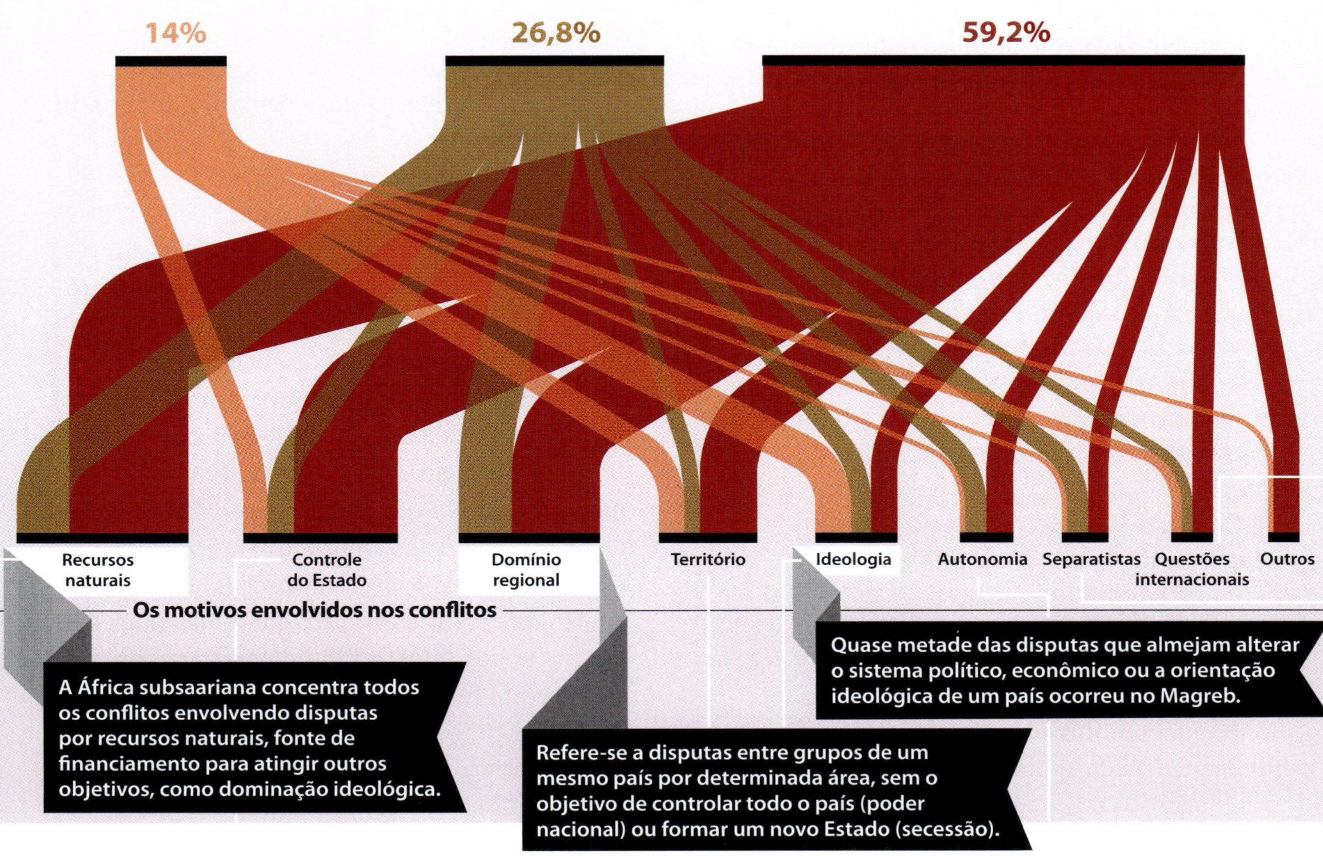

A África subsaariana concentra todos os conflitos envolvendo disputas por recursos naturais, fonte de financiamento para atingir outros objetivos, como dominação ideológica.

Refere-se a disputas entre grupos de um mesmo país por determinada área, sem o objetivo de controlar todo o país (poder nacional) ou formar um novo Estado (secessão).

Quase metade das disputas que almejam alterar o sistema político, econômico ou a orientação ideológica de um país ocorreu no Magreb.

ATIVIDADES

Compreender os conteúdos

1. Identifique a afirmativa incorreta e a corrija em seu caderno.

a) Por meio do movimento conhecido como negritude e dos ideais pan-africanos, o sistema colonial na África passou a ser cada vez mais contestado. Esses movimentos pretendiam resgatar e revalorizar as tradições e a identidade dos povos africanos.

b) A partir dos anos 1930, surgiu nos territórios coloniais da Ásia e da África uma elite local educada na cultura europeia que, por ter laços econômicos e culturais com a metrópole, resistiram à proposta de independência.

c) Após a Segunda Guerra Mundial, os povos colonizados utilizaram-se dos princípios defendidos pelos próprios colonizadores, como autodeterminação dos povos e busca pela liberdade e igualdade, para exigir suas independências.

d) Mahatma Gandhi lançou, na Índia, uma campanha que pregava a ação armada como método de luta contra a dominação britânica. Em 1947, a Índia conquistou sua independência.

e) A conquista da independência na África seguiu caminhos diferentes: em alguns lugares, como na Nigéria e em Gana, ela se concretizou depois de um período de transição política; em outros, como na Argélia, ela só foi obtida após anos de luta entre argelinos e as autoridades francesas.

2. Preencha o texto a seguir, utilizando as palavras do quadro.

Marrocos e Tunísia – hindu – Paquistão
nacionalistas – Mahatma Gandhi
francês – Partido do Congresso
Acordo de Evian – desobediência civil
Índia – britânicos – Argélia

____ foi um dos principais articuladores da independência da Índia. Ele propôs combater os ____ por meio da ____, recebendo o apoio do ____. Em 1947, a Índia tornou-se independente e foi dividida em dois Estados: ____, de maioria ____, e ____, predominantemente muçulmano.

No norte da África, ____, temerosos com os rumos da guerrilha, conquistaram suas independências por meio de negociações com os colonizadores. Na ____, ao contrário, ocorreram inúmeras manifestações ____, que foram reprimidas violentamente pelo exército ____. Somente em 1962, com o ____, o país conquistou sua independência.

3. Responda às questões a seguir.

a) Qual foi a postura assumida pelo governo português diante da descolonização dos territórios africanos e asiáticos?

b) Como as colônias portuguesas na África reagiram diante da postura assumida pela metrópole?

c) Por que a queda do regime salazarista, derrubado pela Revolução dos Cravos, acelerou o processo de independência das colônias portuguesas na África?

Ampliar o aprendizado

4. Leia atentamente o texto a seguir e responda às questões.

"Foi entre o fim da Guerra dos Bôeres (1899-1902) e o início da Segunda Guerra Mundial [...] que se estabeleceram os fundamentos jurídicos e práticos do *apartheid*. Logo que nasceu a União Sul-Africana, como domínio dentro do Império Britânico (1910), o *Mines and Works Act* [Lei das Minas e Obras] (1911) instituiu o *colour bar* [barreira racial] nas minas e na indústria manufatureira. Suas disposições foram estendidas ao conjunto das indústrias em 1926, ligando duravelmente os operários brancos ao patronato contra os operários negros, confinados nos empregos pouco qualificados e mal remunerados. Igualmente fundamental, o *Native Land Act* [Lei de Terras Nativas] (1913) consagrou e agravou as expropriações territoriais de que os africanos tinham sido vítimas, criando 'reservas indígenas', confinadas em 7,5% do território (para 78% da população), enquanto as zonas 'brancas' cobriam 92,5% [...].”

FERRO, Marc (Org.). *O livro negro do colonialismo*. Rio de Janeiro: Ediouro, 2004. p. 544.

a) Segundo o texto, quais foram as primeiras leis segregacionistas na União Sul-Africana? O que essas leis determinavam?

b) De acordo com o *Native Land Act*, de 1913, como ficou distribuído o território sul-africano? Que grupo compunha a maioria da população? A porcentagem de terra destinada a esse grupo era proporcional ao que ele representava em termos de população total? Justifique.

c) Com base no que você estudou neste capítulo sobre a África do Sul, explique o que foi o *apartheid*.

d) Na sua opinião, ainda há no mundo situações de segregação (social, racial, de gênero ou cultural)? Quais são elas? Há iniciativas dos governos e das sociedades para eliminar essas barreiras contrárias à convivência pacífica entre as pessoas?

5. **A fotografia da página 220 revela uma das práticas perversas do colonialismo europeu na África. Aponte essa prática e procure explicar como as potências colonizadoras obtinham a colaboração dos nativos na execução dessa tarefa.**

História feita com arte

6. **A pintura *Ashanti*, reproduzida abaixo, foi feita por Oglafa Ebitari Perrin, um dos maiores artistas contemporâneos da Nigéria. Compare essa pintura à estatueta ao lado dela, que representa a fertilidade e foi feita pelo povo ashanti. No século XIII, os ashantis formaram um império na África ocidental, onde hoje se situa o território de Gana.**

a) Quais semelhanças existem entre a pintura e a estatueta?

b) Como é possível relacionar a ideia de valorização da cultura negro-africana, defendida por povos africanos e afrodescendentes a partir do século XX, à pintura de Oglafa?

OGLAFA EBITARI PERRIN - THE BRIDGEMAN ART LIBRARY/GRUPO KEYSTONE - COLEÇÃO PARTICULAR

Ashanti, pintura do artista nigeriano Oglafa Ebitari Perrin, 2004.

THE BRIDGEMAN ART LIBRARY/GRUPO KEYSTONE - THE ARTHUR AND MADELEINE CHALETTE LEJWA COLLECTION/THE ISRAEL MUSEUM, JERUSALEM, ISRAEL

Estatueta ashanti representando a fertilidade.

CAPÍTULO 12

Os governos militares no Brasil

Chico Buarque (à esquerda), acompanhado por um integrante do Grupo MPB4, durante apresentação no Festival da Música Popular Brasileira da TV Record, em novembro de 1968.

J. FERREIRA DA SILVA/EDITORA ABRIL

Os anos de chumbo

Leia, a seguir, o trecho de uma música composta por Chico Buarque de Hollanda em 1970.

Apesar de você

"Hoje você é quem manda
Falou, tá falado
Não tem discussão
A minha gente hoje anda
Falando de lado
E olhando pro chão, viu
Você que inventou esse estado
E inventou de inventar
Toda a escuridão
Você que inventou o pecado
Esqueceu-se de inventar
O perdão
Apesar de você
Amanhã há de ser
Outro dia
Eu pergunto a você
Onde vai se esconder
Da enorme euforia
Como vai proibir
Quando o galo insistir
Em cantar
Água nova brotando
E a gente se amando
Sem parar [...]"

HOLLANDA, Chico Buarque de. *Apesar de você*. Disponível em www.chicobuarque.com.br. Acesso em 22 jul. 2011.

EVANDRO TEIXEIRA/AGÊNCIA JB

Cavalaria da polícia militar avança contra estudantes na porta da Igreja da Candelária, no Rio de Janeiro, em 4 de abril de 1968.

Você já conhecia essa música? A canção *Apesar de você* foi composta durante a ditadura militar no Brasil. Nesse período, as produções musicais e as informações divulgadas pelos meios de comunicação eram controladas pelos censores do governo, que proibiam qualquer forma de manifestação contra o regime.

Preste atenção na letra dessa música. Podemos perceber que o autor fez algumas críticas à ditadura de forma velada, como se o tema da canção fosse uma briga entre namorados. Você consegue identificar quais são essas críticas? Inicialmente, *Apesar de você* não sofreu qualquer tipo de censura. No entanto, um jornal do Rio de Janeiro publicou uma nota afirmando que o "você" da canção referia-se ao presidente Médici, e não à suposta namorada da canção. Após a repercussão da nota, a música foi proibida.

Ainda hoje muitos compositores usam a crítica social e política como tema de suas canções. Diferente do passado, a produção musical e a imprensa de hoje são livres. Você conhece outras músicas de protesto? Você acha que essas músicas contribuem para conscientizar as pessoas que as ouvem?

Neste capítulo você vai estudar o regime militar no Brasil e perceber a relação entre esse difícil período da nossa história e o contexto da Guerra Fria.

SERGIO SBRAGIA/EDITORA ABRIL

Manifestação pela anistia dos exilados e presos políticos realizada na cidade do Rio de Janeiro, em agosto de 1979.

Os militares no poder

Em 31 de março de 1964, o então presidente do Brasil, João Goulart, foi derrubado por um golpe militar, que contou com o apoio dos setores mais conservadores da sociedade brasileira. Iniciava-se, assim, o regime militar no Brasil, um dos períodos mais autoritários e repressores da história do nosso país.

Os militares alegavam que ficariam no poder até que a "ameaça comunista" fosse eliminada e a ordem restabelecida no país. Depois, seriam organizadas eleições para que os cidadãos escolhessem um novo presidente. Entretanto, não foi isso o que aconteceu.

Em 9 de abril, a junta militar decretou o **Ato Institucional** (AI-1), o primeiro de uma série de decretos que fortaleciam o poder dos militares e os autorizavam a tomar medidas que violavam a Constituição.

Por meio do AI-1, o governo pôde cassar o mandato de diversos deputados federais e suspender os direitos políticos de muitas personalidades públicas do país. Entre eles estavam os ex-presidentes João Goulart e Jânio Quadros, o secretário-geral do PCB, Luís Carlos Prestes, o deputado federal Leonel Brizola e o economista Celso Furtado. Líderes sindicais, estudantes, jornalistas e diversas pessoas ligadas aos grupos de esquerda também foram perseguidos.

Entre 1964 e 1969 foram promulgados, ao todo, dezessete Atos Institucionais. Eles serviram para legitimar o regime e centralizar ainda mais a administração do país nas mãos dos militares. Os Atos Institucionais foram editados por militares pertencentes aos altos escalões do exército, da marinha, da aeronáutica ou pelo próprio presidente da república.

Militares ocupam ruas da cidade do Rio de Janeiro no dia 1º de abril de 1964, na manhã seguinte ao golpe que derrubou o governo de João Goulart.

ARQUIVO/AGÊNCIA O GLOBO

O governo Castello Branco

O marechal **Humberto de Alencar Castello Branco** foi eleito pelo Congresso Nacional e assumiu a presidência do Brasil no dia 15 de abril de 1964. Seu mandato deveria se estender até janeiro de 1966; porém, os militares alegaram que esse prazo era insuficiente para executar reformas e cumprir as medidas do AI-1. Assim, seu mandato foi prorrogado até 1967.

O governo Castello Branco ficou marcado por uma política de segurança e de desenvolvimento nacionais. O principal objetivo era desarticular setores da esquerda e combater a "ameaça comunista". Para investigar a situação política do país e coletar dados daqueles que eram considerados subversivos, foi criado o **Serviço Nacional de Informações** (SNI).

ARQUIVO/AGÊNCIA O GLOBO

Posse do marechal Castello Branco como presidente da república, em 15 de abril de 1964.

O regime se fortalece

No contexto da Guerra Fria, o Brasil alinhou-se ao bloco dos países capitalistas, rompendo relações diplomáticas com Cuba em maio de 1964. Os Estados Unidos chegaram a auxiliar o regime militar brasileiro, fornecendo apoio político, econômico e militar, com o objetivo de evitar o fortalecimento de ideias socialistas no país.

Em 1965, o governo decretou o segundo Ato Institucional. O AI-2 estabeleceu eleições indiretas para a presidência e concedeu ao presidente o poder de intervir nos estados, demitir funcionários civis e militares e baixar decretos-leis sobre a segurança nacional. Além disso, o AI-2 extinguiu os partidos políticos existentes e criou outros dois, os únicos partidos que poderiam existir: a **Aliança Renovadora Nacional** (Arena), base política do governo, e o **Movimento Democrático Brasileiro** (MDB), a oposição consentida. Não era permitido fazer críticas nem incentivar manifestações contrárias ao governo.

Em 1966, o terceiro Ato Institucional (AI-3) determinou eleições indiretas para governador e vice-governador e suspendeu as eleições para prefeitos das capitais, que passaram a ser indicados pelos governadores. Com essas novas medidas, os cidadãos perderam totalmente a liberdade de escolha de seus governantes. Em dezembro de 1966, Castello Branco editou o quarto Ato Institucional (AI-4), que convocava o Congresso para discutir e votar o projeto da nova Constituição do país. Em janeiro do ano seguinte foi promulgada a Constituição de 1967, que fortalecia ainda mais o poder executivo.

O governo Castello Branco procurou promover o crescimento econômico do Brasil e controlar a inflação. Para isso, estimulou a entrada de capital estrangeiro no Brasil e tomou medidas para cortar os gastos públicos, controlar os salários e reduzir os créditos disponíveis para o setor privado.

+ Saiba mais

Censura e repressão

Em março de 1967, Castello Branco adotou várias medidas para garantir a manutenção do regime, como a **Lei de Imprensa**. Essa lei regulou a liberdade de expressão e de informação, censurando os meios de comunicação. O fechamento do regime se acentuou com a **Lei de Segurança Nacional**, que aumentou a perseguição e a repressão àqueles que eram considerados uma ameaça ao governo. As novas medidas provocaram várias manifestações contra o regime, que foram respondidas com o endurecimento das ações da polícia.

FUNDO CORREIO DA MANHÃ/ARQUIVO NACIONAL

Estudantes manifestam apoio à greve de metalúrgicos de Osasco, na Grande São Paulo. Rio de Janeiro, 1968.

O general "linha-dura"

Em outubro de 1966, o general **Arthur da Costa e Silva** foi eleito presidente da república pelo Congresso Nacional, mas foi empossado somente em março de 1967. Costa e Silva prometeu governar para o povo, dialogar com a classe trabalhadora e investir em educação. Seu governo, porém, ficou marcado pelo crescimento dos movimentos de oposição e pela violência da repressão policial.

O movimento estudantil, por exemplo, mesmo ilegal, realizou diversas manifestações exigindo reformas no ensino e ampliação de verba e de vagas nas universidades. Além disso, sindicatos organizaram greves, e músicos, roteiristas, intelectuais e artistas em geral iniciaram um amplo movimento de oposição, confrontando abertamente o regime.

Manifestações contra o regime

Em março de 1968, as tensões entre o governo e seus opositores intensificaram-se com a morte do estudante secundarista Edson Luís Lima Souto. O estudante foi morto durante um confronto entre policiais militares e manifestantes, que realizavam uma passeata contra o aumento do preço das refeições no restaurante Calabouço, localizado no Rio de Janeiro. Nas mobilizações seguintes, diversos estudantes foram mortos ou detidos.

O maior protesto do período ocorreu no dia 26 de junho, na região central do Rio de Janeiro. A **Passeata dos Cem Mil**, como ficou conhecida, reuniu cerca de 100 mil pessoas, entre elas estudantes, trabalhadores, intelectuais e artistas, que protestavam contra as mortes, as prisões e a violência policial. Durante a passeata, não houve conflitos. No entanto, após o evento, o governo iniciou uma operação que prendeu a maioria dos líderes do movimento.

Passeata dos Cem Mil, na cidade do Rio de Janeiro, 26 de junho de 1968.

FOLHA IMAGEM

As greves de Contagem e Osasco

Em abril de 1968, na cidade mineira de Contagem, milhares de operários, principalmente de empresas metalúrgicas e siderúrgicas, decidiram parar suas atividades. Eles reivindicavam reajuste salarial de 25% e liberdade política e civil. A polícia militar, porém, ocupou a cidade e proibiu a realização de assembleias e de panfletagens. Após dez dias de paralisação, os operários aceitaram o abono de 10% e voltaram ao trabalho. A falta de organização e de orientação do movimento impossibilitou uma vitória mais significativa.

Na cidade de Osasco, na Grande São Paulo, em julho do mesmo ano, cerca de três mil metalúrgicos cruzaram os braços e ocuparam seis fábricas. Entre as reivindicações estavam o aumento salarial a cada três meses e um contrato coletivo com vigência de dois anos. A repressão dessa vez foi ainda mais intensa: a polícia militar agiu violentamente, expulsou os trabalhadores das fábricas, invadiu o Sindicato dos Metalúrgicos de Osasco e efetuou dezenas de prisões.

AI-5: poderes presidenciais

- Fechamento do Congresso Nacional
- Intervenção direta do governo federal nos estados e nos municípios
- Cassação de mandatos parlamentares
- Suspensão dos direitos políticos de qualquer cidadão por dez anos
- Suspensão da garantia de *habeas-corpus*

O Ato Institucional nº 5

À medida que cresciam as manifestações, o governo militar reagia com mais censura e repressão. A situação agravou-se com o discurso do deputado Márcio Moreira Alves, que denunciou a violência dos militares e conclamou a população a boicotar as festividades do Dia da Independência.

Em resposta, em dezembro de 1968, o governo decretou o **AI-5**, o mais violento e repressor dos atos institucionais. Com o AI-5, o Congresso foi dissolvido e o presidente da república ganhou amplos poderes (veja o esquema ao lado). Depois disso, o governo intensificou a cassação de mandatos parlamentares e a perseguição de pessoas consideradas subversivas.

Questão

- Na sua opinião, qual foi a intenção do autor ao criar essa charge?

Charge de Ziraldo de crítica à decretação do AI-5, extraída da obra *1964-1984*: 20 anos de prontidão.

DIDA SAMPAIO/AGÊNCIA ESTADO

Escavações realizadas na Fazenda Tabocão, no município de São Domingos do Araguaia, Pará, em agosto de 2009. O objetivo das escavações, realizadas por geólogos, antropólogos e militares, era localizar ossadas de guerrilheiros do Araguaia.

A oposição armada

A repressão que se seguiu à decretação do AI-5 desarticulou os movimentos estudantil e operário. Diante dessa situação, alguns setores da esquerda brasileira recorreram à luta armada para combater o regime, organizando guerrilhas urbanas e rurais.

- **Guerrilha do Araguaia.** Formada por membros do Partido Comunista do Brasil (PC do B), em 1967, o movimento atuou na região próxima ao Rio Araguaia, na divisa dos estados do Pará, Maranhão e Goiás (atual Tocantins). O objetivo da guerrilha era mobilizar os camponeses para iniciar uma revolução socialista na região. Em 1972, o governo cercou a área e prendeu a maior parte dos guerrilheiros. Porém, cerca de setenta deles continuam desaparecidos até hoje.
- **Vanguarda Popular Revolucionária (VPR).** O grupo foi formado em 1968 por estudantes e ex-militares, tendo Carlos Lamarca como principal líder. Alguns membros do grupo defendiam a ação armada, enquanto outros preferiam conscientizar as massas antes de agir. Em razão dessas diferenças ideológicas, a VPR dividiu-se em Comando de Libertação Nacional e Vanguarda Armada Revolucionária-Palmares.
- **Ação Libertadora Nacional (ALN).** Criada em 1968 por dissidentes do PCB, como Carlos Marighella e Joaquim Câmara Ferreira, a ALN via a guerrilha como uma vanguarda revolucionária, que integraria camponeses e operários na luta pela revolução socialista.
- **Movimento Revolucionário 8 de Outubro (MR-8).** Foi criado por membros que se desligaram do PCB, formando a Dissidência da Guanabara. Em parceria com a ALN, o grupo sequestrou o embaixador norte-americano Charles Elbrick em 1969. Durante a operação, o grupo mudou seu nome para Movimento Revolucionário 8 de Outubro, em homenagem a Ernesto "Che" Guevara, morto nessa data.

Com o objetivo de obter recursos para combater o regime, os guerrilheiros organizavam assaltos a bancos, sequestros e atentados contra autoridades ligadas à ditadura. O governo combateu violentamente as guerrilhas, realizando prisões, torturas e assassinatos. Em meados da década de 1970, as guerrilhas tinham sido praticamente eliminadas no Brasil.

Saiba mais

Busca pelos desaparecidos políticos

Com o objetivo de atender às reivindicações dos familiares de desaparecidos na Guerrilha do Araguaia, o governo federal criou, em abril de 2009, o Grupo de Trabalho do Tocantins (GTT), responsável por localizar, recolher e identificar os restos mortais dos desaparecidos nesse período. O GTT colheu mais de 150 depoimentos de camponeses e ex-militares e encontrou diversas ossadas que estão sob análise do Instituto Médico Legal do Distrito Federal, do Instituto de Patologia da Universidade de Brasília e do Instituto Nacional de Criminalística da Polícia Federal. Em maio de 2011, o grupo foi reformulado e ampliado e passou a se chamar Grupo de Trabalho Araguaia (GTA), coordenado pelo Ministério da Defesa, o Ministério da Justiça e a Secretaria de Direitos Humanos.

Governo Médici: o auge da repressão

Em agosto de 1969, o presidente Costa e Silva afastou-se do governo devido a problemas de saúde, e uma junta militar assumiu o comando do país. Em outubro, o general **Emílio Garrastazu Médici** foi eleito pelo Congresso Nacional o novo presidente do Brasil.

Médici institucionalizou a **Operação Bandeirantes** (Oban), que havia sido criada em julho de 1969 para aumentar a repressão e eliminar os focos guerrilheiros. Em 1970, foram criados o Destacamento de Operações e Informações e o Centro de Operações de Defesa Interna, conhecidos como **DOI-CODI**. Milhares de opositores do regime foram perseguidos, torturados ou perderam a vida nas mãos desses organismos de repressão criados pelo regime militar. Leia, a seguir, o depoimento de um estudante que foi preso e torturado no Engenho Noruega, em Pernambuco, em 1969.

Lembranças da ditadura

"Depois que o Petrônio chegou eles começaram a nos espancar com barras de ferro [...] e correias de ventilador de carro [...]. E depois nos levaram lá para fora do Engenho, penduraram, amarraram cordas em volta dos calcanhares, penduraram cada um de nós dois passando a corda por uma linha que tinha uns 2 ou 3 metros de altura e continuaram espancando e deram banho de álcool e ameaçaram tacar fogo e também o revólver enfiando no ouvido e puxando o gatilho mas sem bala no revólver. Depois [...] eles então cortaram as cordas e nós caímos de cabeça no chão. [...]"

Depoimento de Luís Medeiros de Oliveira prestado ao Comitê Brasileiro pela Anistia [1979]. In: Arquidiocese de São Paulo. *Brasil*: nunca mais. Petrópolis: Vozes, 1991. p. 223-224.

Questão

- A atual Constituição do Brasil determina que ninguém será submetido a tortura nem a tratamento cruel ou desumano, além de definir a prática de tortura como um crime inafiançável e imprescritível. O que isso significa? O que deve ser feito quando o próprio Estado pratica esse tipo de crime?

Vale a pena assistir

Batismo de sangue
Nacionalidade: BRA
Direção: Helvécio Ratton
Ano: 2006
Duração: 110 min

O filme narra a história de cinco frades dominicanos, entre eles Frei Betto e Frei Tito, que tiveram contato com militantes da luta armada no combate ao regime militar. Ao longo do filme, você vai ver como esses religiosos apoiaram a Ação Libertadora Nacional, liderada por Carlos Marighella, e acabaram sendo presos e torturados. O filme baseia-se na obra *Batismo de sangue*, de Frei Betto, que relata suas memórias sobre esse período obscuro da história brasileira.

ESTEVAM AVELAR/QUIMERA FILMES

Cena do filme *Batismo de sangue*.

Charge de Chico Caruso satirizando o "milagre econômico", publicada no *Jornal do Brasil* em outubro de 1979. Segundo Delfim Netto, era necessário "fazer o bolo crescer para dividi-lo depois", ou seja, a prioridade do governo era o crescimento econômico do país.

O "milagre econômico"

Durante o regime militar, Antônio Delfim Netto, ministro da fazenda de 1967 a 1974, implementou uma política econômica que impulsionou o crescimento econômico do Brasil. O governo isentou investidores estrangeiros de alguns impostos, concedeu créditos para empresários e controlou rigidamente os reajustes salariais dos trabalhadores.

A nova política econômica brasileira beneficiou, principalmente, setores privados, a indústria automobilística, a construção civil e a agropecuária. O resultado foi o aumento do poder aquisitivo das classes média e alta, o que acelerou o consumo e ampliou o mercado interno. A partir de 1968, o PIB do Brasil cresceu continuamente, até atingir a taxa de 13% em 1973, e a inflação começou a declinar.

Porém, o "milagre econômico" não beneficiou todos os brasileiros. A política econômica do período, de fato, trouxe estabilidade para o país, mas foi responsável por elevar a concentração de renda e o custo de vida dos brasileiros, aumentando a desigualdade social. A concentração de recursos na Região Sudeste acentuou a miséria em regiões brasileiras que já sofriam os efeitos de sucessivas crises econômicas.

Questão

- Relacione a charge e a letra da música com o "milagre econômico" brasileiro.

Brasil, ame-o ou deixe-o

Nos meios de comunicação, o governo alimentava a ideia de que o país estava no caminho certo. Diversas campanhas que exaltavam o Brasil e as ações do governo foram incentivadas, com *slogans* que diziam "Ninguém mais segura este país", "Este é um país que vai pra frente" etc. Em 1970, a conquista do tricampeonato mundial de futebol pela seleção brasileira contribuiu ainda mais para esse clima ufanista.

Tostão e Pelé comemoram o gol de Carlos Alberto, o quarto na vitória de 4 a 1 sobre a Itália, na final da Copa do Mundo de 1970, no México.

Pra frente Brasil

"Noventa milhões em ação
Pra frente Brasil,
Do meu coração [...]

De repente é aquela corrente pra frente
Parece que todo o Brasil deu a mão
Todos ligados na mesma emoção
Tudo é um só coração! [...]"

GUSTAVO, Miguel. *Pra frente Brasil*, 1970. Disponível em letras.terra.com.br. Acesso em 18 ago. 2011.

Assim, embalado pelo "milagre econômico" e pela conquista da Copa do Mundo, o governo omitia a violência que ocorria nos porões da ditadura.

Abertura lenta, gradual e segura

O general **Ernesto Geisel** foi eleito presidente em fevereiro de 1974, vencendo o deputado Ulysses Guimarães, do MDB. Geisel afirmava que iria iniciar uma política de "abertura lenta, gradual e segura".

As eleições legislativas para a escolha de deputados e senadores, realizadas em novembro do mesmo ano, foram favorecidas por essa política de abertura. O governo autorizou a propaganda política de candidatos da Arena e do MDB, inclusive com o uso da televisão. O MDB, partido da oposição, venceu em diversos estados e aumentou o seu número de representantes no Congresso Nacional.

Em decorrência das vitórias da oposição, o governo criou, em 1976, a **Lei Falcão**. A lei estabelecia que somente o rosto do candidato e um pequeno currículo poderiam aparecer nas campanhas feitas na televisão. Além disso, os órgãos de segurança continuaram a existir, reprimindo principalmente políticos ligados ao PCB.

Em 1977, o MDB denunciou o desaparecimento de opositores e criticou a falta de liberdades democráticas. Alegando que a oposição colocava em risco a governabilidade do país, Geisel lançou o **Pacote de Abril**. O Congresso foi fechado por 14 dias, o mandato do presidente aumentou de 5 para 6 anos e um terço dos senadores passaram a ser eleitos pelo voto indireto.

Com essas medidas, as pressões sobre o governo pela prometida abertura política intensificaram-se. O movimento estudantil, por exemplo, reorganizou-se e abraçou a luta pela anistia e pelo fim da ditadura. Em 1978 e 1979, greves de metalúrgicos paralisaram grandes fábricas de automóveis de São Bernardo do Campo, na Grande São Paulo, lutando por melhorias salariais e contra a ditadura. Diante do crescimento das manifestações, Geisel iniciou efetivamente o processo de abertura, afastando militares acusados de tortura e revogando o AI-5 em dezembro de 1978.

Charge de Ziraldo satirizando a propaganda política do regime militar, extraída da obra *1964-1984*: 20 anos de prontidão.

Saiba mais

A morte de Herzog

O jornalista Wladimir Herzog, diretor de jornalismo da TV Cultura, tinha 38 anos quando se apresentou no DOI-CODI de São Paulo, em 24 de outubro de 1975. Convocado a prestar esclarecimentos sobre sua ligação com o PCB, Herzog foi torturado durante o interrogatório e, no dia seguinte, foi encontrado morto na prisão. As autoridades militares negaram o assassinato e afirmaram que Herzog havia cometido suicídio. A missa de sétimo dia do jornalista foi realizada por dom Paulo Evaristo Arns na Catedral da Sé, em São Paulo, e reuniu milhares de pessoas, tornando-se um marco nas manifestações políticas contra a ditadura militar.

Vladimir Herzog, em foto tirada na BBC de Londres, em 1966.

© LUIZ GÊ

Charge de Luiz Gê sobre a Lei da Anistia, publicada no *Shopping City News* em julho de 1979. Você consegue identificar a crítica presente na charge?

Plano Nacional de Desenvolvimento

O "milagre econômico" logo mostrou sua fragilidade. Em 1973, uma guerra contra Israel levou os países árabes exportadores de petróleo a elevar o preço do barril em até 300%. O Brasil, dependente dos créditos internacionais, sofreu um impacto imenso: a dívida externa se multiplicou e a inflação cresceu.

Procurando combater os efeitos da crise internacional do petróleo, o governo Geisel criou O Segundo Plano Nacional de Desenvolvimento, que priorizou investimentos em indústrias de base, energia, comunicação e portos. O Estado passou a ser o principal investidor nos setores petrolíferos, energéticos e de insumos básicos.

No entanto, o crescimento foi menor do que se esperava , pois a dívida externa continuou aumentando, dificultando os investimentos. Além disso, no final do governo Geisel, as taxas de inflação continuavam altas, atingindo 40% em 1978.

A Lei da Anistia

Após ter iniciado o processo de abertura política, Geisel passou o governo para o general **João Baptista Figueiredo**, último presidente militar do Brasil. Figueiredo assumiu a presidência em março de 1979, no momento em que o país estava à beira de uma recessão econômica e de uma crise política.

Para atenuar a situação, Figueiredo deu início a um plano econômico que tinha como objetivo controlar a inflação e retomar o crescimento, ao mesmo tempo em que acelerava o processo de transição democrática.

Em 28 de agosto do mesmo ano foi decretada a **Lei da Anistia**, um grande passo em direção ao fim da ditadura militar. Muitas pessoas que haviam sido exiladas puderam voltar ao país, e aqueles que haviam sido acusados de crimes políticos foram anistiados. A anistia também beneficiou todos os militares e civis acusados de prática de tortura.

Navegue neste *site*

Memórias Reveladas

O Centro de Referência das Lutas Políticas no Brasil, também conhecido como Memórias Reveladas, foi criado em 2009 sob a coordenação do Arquivo Nacional, com o objetivo de disponibilizar para consulta diversos documentos sobre a ditadura militar brasileira. Faça uma visita ao *site* e descubra um pouco mais sobre a história do nosso país.

1. Acesse o *site* www.memoriasreveladas.arquivonacional.gov.br.
2. Para obter informações sobre o Centro, clique no *link* Perfil, na parte superior.
3. No *link* Memórias, também na parte superior, e depois em Multimídias, Exposições, Vídeos e Áudios, você vai encontrar textos, imagens e infográficos sobre diversos acontecimentos ocorridos durante a ditadura militar no Brasil.
4. Você também poderá consultar livros e periódicos sobre o assunto clicando no *link* Publicações.

DELFIM MARTINS/PULSAR IMAGENS

Estação Pinacoteca, edifício do extinto Dops, em São Paulo, em foto de 2008. O prédio abriga hoje o Memorial da Resistência, dedicado a preservar a memória da resistência à ditadura no Brasil.

Continue navegando pelo *site* e conheça mais sobre esse período obscuro da nossa história. Não deixe de clicar na linha do tempo multimídia, que traz fotos e os principais fatos que marcaram o regime militar no Brasil.

A formação de novos partidos

Em novembro de 1979, o governo autorizou a volta do pluripartidarismo. A Arena passou a se chamar Partido Democrático Social (PDS) e o MDB tornou-se o Partido do Movimento Democrático Brasileiro (PMDB). Além desses partidos, foram criados outros. Veja a seguir algum deles.

- Partido Popular (PP), fundado por dissidentes da antiga Arena e emedebistas, como Tancredo Neves.
- Partido Democrático Trabalhista (PDT), liderado por Leonel Brizola.
- Partido Trabalhista Brasileiro (PTB), liderado por Ivete Vargas.
- Partido dos Trabalhadores (PT), fundado por sindicalistas do ABC paulista, intelectuais de esquerda e grupos socialistas.

Em 1982 ocorreram eleições para prefeitos, deputados e senadores e a primeira eleição direta para o governo dos estados desde o início do regime militar. Os partidos de oposição, especialmente o PMDB e o PDT, conquistaram vitórias importantes em vários estados.

FUNDAÇÃO GETÚLIO VARGAS - CPDOC, RIO DE JANEIRO

Cartaz da UNE contra a emenda Anísio de Souza, 1980.
O deputado federal Anísio de Souza apresentou um projeto de emenda constitucional com o objetivo de adiar as eleições municipais de novembro de 1980 para novembro de 1982.

A campanha pelas Diretas Já

Em fevereiro 1983, o deputado do PMDB, Dante de Oliveira, propôs ao Congresso Nacional a aprovação de uma emenda constitucional que propunha o restabelecimento da eleição direta para presidente do Brasil.

Com essa proposta, iniciou-se um importante movimento político que mobilizou milhares de brasileiros, conhecido como **Diretas Já**. Imensos comícios e passeatas foram realizados no país inteiro, com a adesão de trabalhadores, estudantes, músicos, intelectuais, jornalistas e diversos setores da sociedade.

Apesar da pressão, a Emenda Dante de Oliveira não foi aprovada na Câmara dos Deputados. Dessa forma, nas eleições de 1985, o Colégio Eleitoral ainda escolheria o próximo presidente do país.

Manifestação de mulheres pela aprovação da "Emenda das Diretas", em Brasília, 1984. Para ser aprovada, a emenda necessitava de dois terços dos votos da Câmara, ou seja, 320 votos; recebeu 298.

CYNTHIA BRITO/ OLHAR IMAGEM

LEON HIRSZMAN PRODUÇÕES - CINEMATECA BRASILEIRA, SÃO PAULO

Gianfrancesco Guarnieri em cena do filme *Eles não usam black-tie*, dirigido por Leon Hirszman, 1981. Guarnieri interpreta Otávio, um militante sindical que ficou preso por três anos durante o regime militar.

Cultura e sociedade

Na década de 1960, o mundo ocidental viveu uma onda de protestos. Diversos países europeus assistiram a grandes manifestações da juventude, que reivindicava liberdade de expressão, justiça social e clamava pela paz e pela quebra de normas e valores que marcaram a vida das gerações anteriores.

Nesse período, o Brasil também passou por grandes manifestações político-culturais, grande parte delas em protesto contra o regime militar. Os brasileiros souberam enfrentar e muitas vezes enganar a censura imposta pelo governo. A música, o teatro, o cinema, a televisão e a moda, por exemplo, foram alguns dos meios utilizados para contestar a repressão política e a política econômica do governo.

Cinema, teatro e moda

Na década de 1950, um movimento muito importante, conhecido como **cinema novo**, renovou a estética do cinema brasileiro. Caracterizado por abordar criticamente a realidade do Brasil, o cinema novo abordou temas políticos e sociais, como a pobreza, a violência e a falta de investimentos na educação. Os cineastas Glauber Rocha, Nelson Pereira dos Santos, Leon Hirszman e Joaquim Pedro de Andrade foram alguns nomes que marcaram esse movimento.

Ao mesmo tempo, também surgiram muitos grupos teatrais engajados, como o **Teatro Oficina**, dirigido por José Celso Martinez Corrêa, e o **Teatro de Arena**, no qual se destacaram Gianfrancesco Guarnieri e Augusto Boal. Havia também o **Centro Popular de Cultura** (CPC) da UNE, organização criada com o objetivo de conscientizar politicamente as classes trabalhadoras por meio de manifestações artístico-culturais.

Durante o regime militar, a moda também foi um instrumento de manifestação política, apesar de não ter sido muito expressiva. Alguns estilistas, como a carioca **Zuzu Angel**, criaram roupas com detalhes relacionados ao cotidiano de repressão, medo e violência.

Biografia

Zuleika Angel Jones (1921-1976), mais conhecida como Zuzu Angel, foi uma das estilistas precursoras da "moda política" brasileira. Ela criou roupas inspiradas, principalmente, na cultura brasileira. Em uma de suas coleções, Zuzu Angel criou um vestido com estampas de desenhos infantis que mostravam pássaros na gaiola, anjos, crucifixos e tanques de guerra. Segundo ela, as roupas foram feitas em homenagem ao filho, Stuart Angel, assassinado pelo regime militar. Na década de 1970, Zuzu Angel dedicou-se a denunciar as torturas e os desaparecimentos no período.

Em 2006, o drama da mãe em busca do filho desaparecido foi contado no filme *Zuzu Angel*. O corpo de Stuart nunca foi encontrado.

ACERVO INSTITUTO ZUZU ANGEL

Vestido da coleção Anjo desamparado, criada por Zuzu Angel em protesto pela morte e desaparecimento do seu filho. A coleção foi apresentada em desfile na cidade de Nova York, em 1971.

Nas entrelinhas da música

A música foi um dos principais meios de manifestação política durante a ditadura militar no Brasil. As letras criticavam indiretamente o regime, dando margem à dupla interpretação, e insinuavam o descontentamento dos brasileiros com o autoritarismo do governo e as desigualdades sociais no país.

Nos festivais de música, que eram transmitidos pela televisão, diversos intérpretes e compositores destacaram-se no cenário musical, como Chico Buarque e Geraldo Vandré. Conhecidos por compor **músicas de protesto**, que abordavam os problemas sociais e políticos do período, eles e muitos outros artistas tiveram suas canções censuradas.

Outro importante movimento cultural foi o **tropicalismo**, que incorporou à música popular brasileira diversos estilos musicais, como o *rock*, e assimilou alguns aspectos da contracultura *hippie*, como o uso de cabelos longos e de roupas coloridas. Nesse movimento, destacaram-se Caetano Veloso, Gilberto Gil, Gal Costa, Tom Zé, Torquato Neto, Os Mutantes, entre outros.

O protesto contra a repressão política não foi o único tema da produção musical brasileira da época. A **Jovem Guarda**, outro estilo musical de sucesso na época, abordava temas relacionados ao cotidiano dos jovens e às suas aventuras amorosas. O movimento surgiu em um programa de televisão da TV Record, em 1965. Seus principais expoentes foram Roberto Carlos, Erasmo Carlos e Wanderléa.

Muitos músicos, cineastas, compositores, atores etc. foram duramente perseguidos pelos órgãos de repressão do governo. Alguns foram presos e torturados, outros foram expulsos do país. Apesar da perseguição política, as diversas formas de contestação ao regime militar continuaram a surgir.

ANTONIO ANDRADE/EDITORA ABRIL

O cantor e compositor Geraldo Vandré no III Festival Internacional da Canção (FIC), em 1968. A canção *Pra não dizer que não falei das flores* tornou-se um hino da luta contra a ditadura militar. No Festival de Música Popular Brasileira de 1968, a música de Vandré perdeu o primeiro lugar para a canção *Sabiá*, de Tom Jobim e Chico Buarque, que foram vaiados pelo público durante dez minutos.

ARNALDO SILVA/EDITORA ABRIL

Gilberto Gil, Gal Costa, Maria Bethânia e Caetano Veloso, durante apresentação dos Doces Bárbaros, em 1976.

ACERVO UH/FOLHAPRESS

Rita Lee e os irmãos Sérgio e Arnaldo Baptista, integrantes do grupo Os Mutantes, no 3º Festival de Música Popular Brasileira da TV Record, em 1967.

ENQUANTO ISSO...

Ditadura militar no Chile e na Argentina

ROBERT NICKELSBERG/TIME LIFE PICTURES/GETTY IMAGES

Estudantes em manifestação contra o governo de Augusto Pinochet, e em homenagem ao ex-presidente Salvador Allende, Chile, 1985.

Você sabia que, além do Brasil, outros países da América Latina também viveram sob ditaduras militares? O Chile, por exemplo, foi submetido a um regime militar extremamente violento que vigorou de 1973 a 1989.

Salvador Allende foi o último presidente civil do Chile antes do golpe militar. Eleito por uma frente partidária que reunia democratas, socialistas e comunistas, Allende nacionalizou as minas de cobre, estatizou o sistema financeiro e promoveu uma reforma agrária e educacional no país. Essas medidas desagradaram os setores mais conservadores da sociedade chilena e de alguns países, como os Estados Unidos. Assim, com o apoio do governo norte-americano, as forças militares articularam um golpe de estado.

Allende refugiou-se na sede do governo, o Palácio de La Moneda, que foi alvo de bombardeios. Acuado, e antes que as tropas invadissem o local, o presidente cometeu suicídio. O general Augusto Pinochet assumiu o poder e impôs uma ditadura brutal no país.

Na Argentina, a situação também era bastante tensa. A inflação crescia, os salários perdiam o seu poder de compra e as manifestações políticas agitavam o país. Em 1976, os militares depuseram a presidente María Estela Martínez de Perón, conhecida como Isabelita, segunda esposa do ex-presidente Juan Domingo Perón.

A ditadura militar instaurada na Argentina durou até 1983 e é considerada a mais violenta da América Latina. Segundo dados de órgãos humanitários, cerca de 30 mil pessoas foram mortas no país pelo regime militar.

JOHNNY STOCKSHOOTER/AGE/GRUPO KEYSTONE

Palácio Presidencial de La Moneda, em Santiago, Chile, em foto de 2008. No golpe de 11 de setembro de 1973, militares bombardearam o palácio e assumiram o poder.

REUTERS/LATINSTOCK

Manifestação das Mães da Praça de Maio, em foto da década de 1980, com a presidente do grupo, Hebe de Bonafini, ao centro. Semanalmente, o grupo se reúne na Praça de Maio, em frente à Casa Rosada, sede do governo argentino, para exigir notícias de seus filhos desaparecidos.

Movimentos de resistência

Assim como no Brasil, movimentos de contestação também se organizaram no Chile e na Argentina. Em 1971, no Chile, diversos intelectuais e artistas reuniram-se para apoiar o governo de Allende, com a criação de um museu internacional, composto de obras doadas por artistas de todo o mundo. Porém, com o golpe militar, o museu foi extinto, levando à criação de museus em outros países, denominados Museus da Resistência ou Museus de Salvador Allende. Em 1991, o Museu da Solidariedade Salvador Allende foi reinaugurado em Santiago, a capital do país.

Na Argentina, por sua vez, artistas e intelectuais expressavam sua angústia diante da situação dramática do país. Entre eles, pode-se destacar a cantora Mercedes Sosa, que, por defender ideias socialistas, foi perseguida pelos militares e obrigada a se exilar na Europa. O grupo Mães da Praça de Maio, formado por mães e familiares de pessoas desaparecidas durante a ditadura, foi outro importante grupo de resistência. Até hoje as Mães de Maio se reúnem para exigir notícias de seus filhos.

Questões

1. Cite semelhanças e diferenças entre a ditadura militar chilena e a argentina.

2. Como as imagens se relacionam com a história política do Chile e da Argentina nas décadas de 1970 e 1980?

CORTESIA DO PARQUE DE LA MEMORIA - MONUMENTO A LAS VICTIMAS DEL TERRORISMO DE ESTADO

Cartazes da memória, obra do grupo de arte Callejero. Os cartazes fazem uma crítica à violência do Estado durante a ditadura militar na Argentina. As peças fazem parte do Parque de la Memoria, projetado por organizações de defesa dos direitos humanos e inaugurado em 2007.

ATIVIDADES

Compreender os conteúdos

1. **Responda às questões a seguir sobre o golpe militar no Brasil, em 1964.**

a) Quais foram os argumentos utilizados pelas forças armadas do Brasil para justificar a intervenção militar na política brasileira?

b) Identifique os diferentes setores da sociedade brasileira que apoiaram o golpe militar de 1964.

c) Por que os Estados Unidos apoiaram o golpe militar no Brasil?

2. **Redija um pequeno texto sobre as principais medidas políticas e econômicas tomadas pelo presidente Humberto Castello Branco.**

3. **Ordene as frases para que elas formem um texto contínuo e coerente.**

a) O desmantelamento da guerrilha não calou as vozes contra a ditadura. No final dos anos 1970, o governo Figueiredo, pressionado pela mobilização popular e pela crise econômica, aprovou a Lei da Anistia, que permitiu o retorno dos exilados políticos ao país.

b) O golpe de 31 de março de 1964 derrubou o governo de João Goulart e iniciou uma ditadura militar no Brasil, marcada pela repressão política e pelo alinhamento do país ao governo dos Estados Unidos.

c) Enquanto o governo aumentava a repressão, a luta contra a ditadura se radicalizava, surgindo vários grupos que adotavam a luta armada para combater o governo. A repressão à guerrilha foi violenta.

d) A campanha das diretas foi a última e mais expressiva mobilização contra o regime militar no Brasil. Mesmo decretando a falência do regime, a campanha não foi capaz de decidir a sucessão de Figueiredo.

e) A centralização política promovida pelos militares e a crescente supressão das liberdades democráticas foram efetuadas com a publicação de decretos e Atos Institucionais, sendo a edição do AI-5 o ponto mais alto do autoritarismo do governo.

4. **Cite e explique duas medidas do ministro da fazenda Delfim Netto durante o período chamado "milagre econômico" brasileiro.**

5. **Por que a expressão "Esse é um país que vai pra frente" tornou-se um slogan político no início da década de 1970? Qual o significado da expressão, "Brasil, ame-o ou deixe-o"?**

Ampliar o aprendizado

6. **O frade dominicano Tito de Alencar Lima, conhecido como Frei Tito, atuava na defesa dos movimentos sociais e na luta contra o regime militar. Em novembro de 1969, ele foi levado à sede da Operação Bandeirantes (Oban) para ser interrogado. O texto a seguir, publicado por Frei Betto, é um relato de Frei Tito sobre um de seus momentos na prisão.**

"Ao chegar à Oban, fui conduzido à sala de interrogatórios. A equipe do capitão Maurício passou a acarear-me com duas pessoas. O assunto era o congresso da UNE em Ibiúna, em outubro de 1968. Queriam que eu esclarecesse fatos ocorridos naquela época. Apesar de declarar nada saber, insistiam para que eu 'confessasse'. Pouco depois levaram-me para o pau-de-arara. Dependurado, nu, com mãos e pés amarrados, recebi choques elétricos, de pilha seca, nos tendões dos pés e na cabeça. Eram seis os torturadores, comandados pelo capitão Maurício. Davam-se 'telefones' [tapas nos ouvidos] e berravam impropérios. Isso durou cerca de uma hora."

BETTO, Frei. *Batismo de sangue*: os dominicanos e a morte de Carlos Marighella. Rio de Janeiro: Civilização Brasileira, 1983. p. 229.

a) Cite uma passagem do relato de Frei Tito que exemplifica a arbitrariedade instaurada pelo regime militar no Brasil.

b) De que maneira os militares legalizaram os crimes praticados contra os direitos humanos nos porões da ditadura?

c) A Lei da Anistia, aprovada em 1979, beneficiou tanto os presos e exilados políticos quanto os agentes do Estado acusados de crime de tortura. Recentemente, o debate sobre a anistia aos torturadores retornou à cena política brasileira. Qual é a sua opinião sobre o assunto? A lei deve beneficiar os dois lados ou, como ocorreu na Argentina, os torturadores devem ser punidos? Discuta essa questão com os colegas.

7. Leia o trecho da reportagem a seguir para responder às questões.

"Às 11h34 deste 15 de janeiro, explode o grito parado no ar durante 21 anos [...]. A multidão se abraça e chora, ergue os braços e pula, rompe os cordões de isolamento, atravessa as rampas proibidas e escala a cúpula do Senado, agitando faixas e bandeiras.

Trio elétrico, bumba-meu-boi, charanga do Atlético Mineiro, samba, frevo e maracatu, bandeiras do Brasil [...], dos partidos comunistas, do PMDB [...], gente moça e velha, de terno ou de calção, cantando e dançando, um homem grita: a liberdade chegou. [...].

Um último susto: o carro de bombeiros liga a sirene, mas é só para poder levar uma jovem que desmaiou de alegria, primeira vítima da democracia nascente."

KOTSCHO, Ricardo. *Folha de S.Paulo*, 16 jan. 1985. p. 7.

a) Identifique as expressões que o autor utiliza para anunciar o fim do regime militar no Brasil.

b) Qual era a situação política do Brasil no início da década de 1980?

c) De acordo com o texto, em janeiro de 1985, a população brasileira festejava o início de um regime democrático. No entanto, as eleições diretas para presidente da república ocorreram quatro anos depois. Explique por quê.

História feita com arte

8. Durante o regime militar brasileiro, era muito comum a produção de charges que criticavam o autoritarismo do governo. Nos dias atuais, esse período da história do Brasil ainda inspira muitos artistas. Observe atentamente as charges a seguir e explique as críticas presentes em cada uma delas. Em seguida, estabeleça uma relação entre elas.

© CHICO CARUSO

© LEANDRO FRANCO

À esquerda, charge de Chico Caruso, 1º lugar no 3º Salão Internacional de Humor de Piracicaba, 1976. Acima, charge de Leandro Franco, 2011. A Comissão da Verdade é um projeto que visa esclarecer casos de violação de direitos humanos durante as ditaduras militares na América Latina. Ela cumpre uma das ações previstas no Programa Nacional de Direitos Humanos (PNDH-3).

CAPÍTULO

13

Crise e desagregação do bloco soviético

PETER TURNLEY/CORBIS/LATINSTOCK

Os líderes George H. Bush, dos Estados Unidos, e Mikhail Gorbachev, da União Soviética, cumprimentam-se após conferência realizada em Moscou, julho de 1991.

"Um astronauta soviético esteve em órbita, em torno da Terra, durante uma hora e meia, tendo enviado mensagens pelo rádio, durante a viagem, e regressado com êxito, após a primeira incursão humana no espaço cósmico. [...] A façanha também tem grande importância militar e abre perspectiva de maior firmeza soviética no trato dos assuntos mundiais. [...] Considera-se em Washington que a façanha soviética mostrou mais uma vez o considerável atraso dos Estados Unidos em relação à União Soviética, tanto no terreno político-militar como no científico."

Homem soviético voltou vivo do cosmos. In: *Jornal do Brasil*, 13 abr. 1961. p. 2.

"Os ônibus russos de São Petersburgo são altamente inviáveis. Na melhor das hipóteses, datam dos anos cinquenta; e quando chegam, você tem a impressão de que eles não poderiam ter chegado; uma vez que chegaram, você acha que não partirão, se partirem, julgamos que vão parar em algum lugar no meio do caminho, estourados pelo cansaço e pelo tempo de uso. [...] As carências do transporte público mostram uma face cruel do sistema anterior. A persistência dos problemas não evidencia que os interesses da grande massa do povo estejam sendo considerados como prioridade."

REIS FILHO, Daniel Aarão. *De volta à estação Finlândia*: crônica de uma viagem ao socialismo perdido. Rio de Janeiro: Relume Dumará, 1993. p. 67.

O fim de uma grande potência

Você acabou de ler dois textos escritos em momentos distintos da história da União Soviética, no decorrer da segunda metade do século XX.

O primeiro, uma notícia de jornal, descreve um dos eventos políticos e científicos mais importantes do século passado: o envio do primeiro homem ao espaço, o russo Yuri Gagarin, em 1961.

Em seguida, temos o relato de um viajante brasileiro que esteve na Rússia logo após o fim da União Soviética. O texto, escrito com certa dose de humor, nos conta sobre as más condições do transporte público em uma das mais importantes cidades russas.

Como explicar que uma sociedade tenha sido capaz de desenvolver ônibus espaciais e, alguns anos mais tarde, não oferecesse ônibus urbanos decentes para sua população? Como se chegou a essa situação?

A União Soviética saiu da Segunda Guerra como a segunda maior potência econômica e militar do mundo, atrás apenas dos Estados Unidos. Nos trinta anos seguintes, os soviéticos expandiram seu modelo de Estado por vários países, assombrando o mundo capitalista.

O que teria causado o fim dessa grande potência e, com ela, de quase todo o bloco socialista? Como esse fato repercutiu na política e na economia mundial? Troque ideias com seus colegas sobre o assunto antes de iniciar o estudo deste capítulo.

Lançamento da nave Vostok-1, em Baikonur, na república soviética do Cazaquistão, em 12 de abril de 1961. O voo transportava o cosmonauta russo Yuri Gagarin, primeiro homem a viajar pelo espaço.

RIA NOVOSTI/AFP

AKG-IMAGES/ALBUM/LATINSTOCK

Cartaz soviético de W. A. Nikolajev, com os dizeres "Avante, vamos destruir os ocupantes alemães e levá-los para longe das fronteiras de nossa pátria", 1944.

A União Soviética sob a ditadura de Stalin

Criada em 1922, a União Soviética era uma federação de Estados politicamente dominada pela Rússia, que incluía as repúblicas da Ucrânia, Bielorrússia, Geórgia, Armênia e Azerbaijão. A essa federação se juntaram o Uzbequistão e o Tadjiquistão (1924), o Turcomenistão (1925), o Cazaquistão e o Quirguistão (1936) e a Moldávia (1939). Em 1940, a Estônia, a Letônia e a Lituânia foram incorporadas. A União Soviética tornou-se o maior Estado do mundo, com mais de 22 milhões de km^2 de extensão e mais de uma centena de grupos étnicos diferentes.

A partir de 1924, com a morte de Lênin, o poder na União Soviética passou a ser exercido por Joseph Stalin, secretário-geral do Partido Comunista. O governo stalinista reprimiu críticos e opositores, estabeleceu uma censura severa no país e criou medidas para garantir a hegemonia política e étnica dos russos. Também instituiu o russo como língua oficial de toda a União Soviética e incentivou a migração de russos para as demais repúblicas do país.

Com base no modelo de economia planificada, o regime stalinista promoveu um grande desenvolvimento industrial, tecnológico e científico que fez da União Soviética uma superpotência mundial capaz de fazer frente ao capitalismo norte-americano.

A forte propaganda estatal elevou Stalin à condição de "pai dos povos", como ficou conhecido. A sua figura foi transformada em símbolo do regime soviético e de praticamente todo o movimento comunista internacional da época. Com a sua morte, em 1953, criou-se um clima de incertezas quanto ao futuro político da União Soviética.

UNIÃO SOVIÉTICA (1945-1991)

ALESSANDRO PASSOS COSTA

Fonte: CHALIAND, Gérard; RAGEAU, Jean-Pierre. *Atlas stratégique*. Paris: Complexe, 1988. p. 91.

Kruschev e a desestalinização

Apesar de a morte de Stalin ter causado grande comoção na União Soviética, a sucessão do governo foi tranquila. Ainda em 1953, Nikita Kruschev assumiu a liderança do Partido Comunista da União Soviética. Ele deu início a um programa de reformas que ficaram conhecidas como **desestalinização**, pois modificavam políticas importantes do governo stalinista.

O marco do processo de desestalinização da União Soviética foi o XX Congresso do Partido Comunista, ocorrido em 1956. Nesse evento, Kruschev denunciou os crimes cometidos pela ditadura stalinista, como perseguições, torturas e assassinatos, além da política de culto à personalidade promovida por Stalin.

Iniciou-se, assim, uma política controlada de liberalização do regime. Kruschev diminuiu a repressão aos opositores do governo, anistiou presos políticos e concedeu maior liberdade de imprensa. O processo de abertura política, chamado **degelo**, impulsionou a produção cultural e intelectual no país e o intercâmbio com outros países. O impacto desse processo no mundo socialista foi imenso, provocando várias dissidências em alguns países da Europa oriental, como Polônia e Hungria, e o afastamento da China socialista.

No plano internacional, uma das medidas mais importantes foi a distensão das relações com os Estados Unidos. Nikita Kruschev foi o primeiro líder soviético a visitar o país rival, em 1959, iniciativa que era um exemplo da política de **coexistência pacífica**.

No entanto, com o passar dos anos, as dificuldades do governo cresceram. No plano econômico, apesar dos investimentos, a agricultura e a produção industrial de bens de consumo continuaram insuficientes. No campo político, muitos se mostravam contrariados com as medidas democratizantes adotadas por Kruschev. Com o fortalecimento de seus opositores, Nikita Kruschev foi derrubado em 1964 por um golpe de Estado.

Tanques de guerra soviéticos nas ruas de Budapeste, Hungria, outubro de 1956. Apesar da política de desestalinização, quando a Hungria anunciou a saída do Pacto de Varsóvia, as tropas soviéticas foram acionadas para reprimir a mobilização húngara.

AKG-IMAGES/ALBUM/LATINSTOCK

VLADIMIR FEDORENKO/RIA NOVOSTI/GRUPO KEYSTONE

Estudantes prestam exame de admissão para a Universidade Estatal de Moscou, na Rússia, em 1975. Até a década de 1980 houve um investimento expressivo na qualificação da mão de obra soviética, que passou a ser composta, majoritariamente, por trabalhadores com curso superior ou segundo grau completo. Na sua opinião, como essa mudança pode ter influenciado a transformação da sociedade soviética?

O governo de Brejnev

No lugar do reformista Kruschev, assumiu o governo soviético o conservador Leonid Brejnev. Sua proposta era mobilizar esforços para solucionar problemas diagnosticados desde os anos 1950, como a dificuldade de aumentar a produção agrícola e de introduzir novos métodos de gestão e de organização do trabalho.

Afastando-se da política de afrouxamento do seu antecessor, Brejnev reafirmou o poder do Partido Comunista da União Soviética e a sua supremacia sobre os demais partidos comunistas do Leste Europeu. As ordens de Moscou foram impostas aos países do bloco socialista, muitas vezes pelo uso da força.

Um bom exemplo da política de Brejnev em relação aos países da área de influência soviética foi a invasão da Tchecoslováquia, em 1968. As tropas do Pacto de Varsóvia colocaram fim às pretensões de abertura política desse país, durante o movimento conhecido como a Primavera de Praga.

Contudo, à medida que o Estado fortalecia sua política centralizadora, a sociedade soviética passava por um rápido processo de urbanização e escolarização. No início da década de 1980, cerca de 66% da população total da União Soviética vivia em cidades, um crescimento de 17% em vinte anos. O analfabetismo tinha sido praticamente erradicado do país.

O Estado exaltava as conquistas soviéticas no campo da ciência, da educação e da tecnologia. Muito forte entre os mais velhos, a propaganda estatal não tinha o mesmo apelo entre os mais jovens, que cobiçavam o padrão de consumo ocidental, divulgado pelas músicas, filmes e notícias vindas do mundo capitalista.

Dentro do próprio Estado surgiram grupos que criticavam duramente a centralização e as instituições soviéticas. De modo geral, a sociedade promoveu mudanças de comportamento e de mentalidade que, lentamente, contribuíram para agravar a crise do regime.

Sinais da crise soviética

Os primeiros indícios do empobrecimento da economia soviética apareceram na década de 1970 e se agravaram nos anos seguintes. Entre 1981 e 1985, o crescimento industrial registrou taxas médias de 3,5%, bem inferiores aos índices de 8% registrados entre 1965 e 1970.

A agricultura, apesar dos grandes investimentos, também não conseguia se recuperar e os problemas de infraestrutura se multiplicavam: ausência de locais adequados para o armazenamento dos produtos, meios de transporte precários e desorganização no abastecimento das cidades. Para evitar uma situação de colapso, o governo soviético teve de aumentar as importações de cereais e de subsidiar a produção de alimentos.

Enquanto os países capitalistas avançados davam saltos de produtividade no contexto de uma nova revolução científica e tecnológica, descobrindo novos materiais e explorando novas áreas, como a informática, as telecomunicações, a robótica e a biotecnologia, a União Soviética se deixava ultrapassar em quase todos esses setores. O país mantinha padrões tecnológicos e métodos de gestão do Estado e de organização do trabalho ultrapassados. Os Estados socialistas pareciam incapazes de acompanhar a revolução científico-tecnológica em curso no bloco capitalista.

Do ponto de vista da política externa, a passagem da década de 1970 para a de 1980 foi marcada por tensões crescentes. No bloco capitalista, a política foi caracterizada por uma forte onda **neoliberal**, representada principalmente pela eleição de Margaret Thatcher, na Grã-Bretanha (1979), e de Ronald Reagan (1981), nos Estados Unidos. Juntos, eles pregavam um novo modelo de Estado e de sociedade marcadamente antissoviético.

Saiba mais

Neoliberalismo

É o termo utilizado para designar o conjunto de práticas econômicas inspiradas no liberalismo clássico do século XVIII. Adotadas pelos governos conservadores a partir do fim da década de 1970, as políticas neoliberais defendem a plena liberdade do mercado e combatem a intervenção do Estado na economia. Para os neoliberais, a participação do Estado na economia deve restringir-se ao mínimo necessário, por isso defendem a privatização de empresas e a remoção de leis trabalhistas.

WALLY MCNAMEE/CORBIS/LATINSTOCK

O então presidente dos Estados Unidos, Ronald Reagan, e a primeira-ministra do Reino Unido, Margaret Thatcher, cumprimentam-se após encontro na cidade de Londres, em junho de 1984. Os dois líderes coordenaram ações políticas conjuntas para combater a influência soviética no mundo.

Mujahidin celebram a destruição de helicóptero soviético durante a invasão do Afeganistão. Foto da década de 1980. Durante a guerra civil no Afeganistão, os *mujahidin* dividiram-se em várias facções, apoiadas e armadas pelos norte-americanos para combater os soviéticos. Entre elas, estava o Taliban, milícia fundamentalista islâmica que tomou o poder no Afeganistão em 1996.

ALAIN DEJEAN/SYGMA/CORBIS/LATINSTOCK

A invasão do Afeganistão (1979-1989)

Desde 2001, quando tropas norte-americanas invadiram o Afeganistão com o objetivo de encontrar Osama Bin Laden, esse pequeno e distante país da Ásia central passou a ocupar quase diariamente os noticiários. Mas talvez pouca gente saiba que era a segunda invasão estrangeira a esse país em menos de trinta anos.

A primeira delas ocorreu em 1979, quando uma insurreição interna passou a ameaçar o governo pró-soviético estabelecido no país. Interessado em preservar o regime instituído no Afeganistão, Brejnev ordenou a entrada de tropas soviéticas no país em dezembro daquele ano.

A guerra no Afeganistão pode ser considerada um dos últimos conflitos da Guerra Fria. No ano seguinte, a crise política foi levada para os esportes, destruindo o sonho de milhares de atletas olímpicos. Os Estados Unidos responderam à ação soviética no Afeganistão com o boicote às Olimpíadas de Moscou, em 1980, decisão que foi seguida por 69 países.

Durante os três primeiros anos de conflito, a ofensiva soviética estendeu-se por todo o país. Nos anos seguintes, os soviéticos perderam dois terços de seus aliados afegãos para a resistência local, dirigida pelos *mujahidin*, os combatentes do islã. Apoiados e armados pelos Estados Unidos, os *mujahidin* assumiram progressivamente o controle da maior parte do território.

O conflito no Afeganistão estimulou a retomada da corrida armamentista entre soviéticos e norte-americanos. Para financiar a guerra e oferecer oposição aos Estados Unidos na corrida armamentista, a União Soviética aumentou seus investimentos na área militar. A economia soviética, que já estava em dificuldades, quase entrou em colapso.

AFP/GETTY IMAGES

O urso Misha, mascote das Olimpíadas de Moscou, na cerimônia de Abertura dos Jogos Olímpicos, no estádio Lênin, Moscou, 19 de julho de 1980. O evento foi cuidadosamente planejado para levar ao mundo uma imagem grandiosa do regime soviético.

O governo Gorbachev: reformas decisivas

Mikhail Gorbachev assumiu o cargo de secretário-geral do Partido Comunista Soviético em março de 1985. O novo líder começou seu governo com medidas ousadas, sobretudo em relação à corrida armamentista.

Os gastos militares vinham agravando imensamente a economia soviética. A competição militar com o adversário capitalista impedia a aplicação de importantes recursos em outros setores da sociedade carentes de investimentos, como a indústria de bens de consumo, os transportes e a tecnologia de ponta.

Assim, Gorbachev decretou a suspensão dos testes nucleares, reduziu pela metade os investimentos em armamentos estratégicos, instituiu o controle rigoroso da produção de armas convencionais e determinou a destruição dos arsenais nucleares do país até o ano 2000. Defendeu também a delicada questão da retirada soviética do Afeganistão, concluída em 1989.

As medidas ousadas de Gorbachev fizeram com que o líder soviético conquistasse a simpatia de nações do mundo inteiro. A opinião internacional favorável ajudava também a legitimar a liderança de Gorbachev na própria União Soviética.

O novo governante pretendia modernizar o Estado soviético, sem abandonar o socialismo. Tendo em vista um regime político renovado, adotou medidas que reestruturavam a economia soviética e ampliavam as liberdades políticas no país.

RIA NOVOSTI/AFP

Mikhail Gorbachev em pronunciamento durante o 27º Congresso do Partido Comunista Soviético, em fevereiro de 1986. Nesse evento, o líder soviético apresentou medidas da nova política para o Estado soviético.

AFP

Mikhail Gorbachev, da União Soviética, e Ronald Reagan, dos Estados Unidos (ambos em pé, no centro), durante encontro na cidade de Genebra, na Suíça, em novembro de 1985. Esse foi o primeiro encontro entre os líderes das duas superpotências mundiais. O motivo principal da reunião foi o fim da corrida armamentista, um dos primeiros passos para o final da Guerra Fria.

TAYLOR JONES/WWW.POLITICALCARTOONS.COM

Charge de Taylor Jones, 2009. Que situação foi representada nessa charge? Qual seria a intenção do chargista ao produzi-la?

Reestruturação da economia

O governo Gorbachev avaliou que os principais problemas da economia soviética eram o desperdício dos recursos públicos e a centralização excessiva da produção nas mãos do Estado. Era preciso, então, reformar a economia, torná-la mais produtiva e autônoma. O conjunto de medidas adotadas para modernizar a economia do país ficou conhecido como ***perestroika*** (reestruturação).

Além do corte dos gastos com armas, a *perestroika* incluía o estímulo à produção de bens de consumo, como eletrodomésticos; a liberdade de ação para os pequenos negócios, como estabelecimentos comerciais; a evolução dos salários de acordo com a produtividade do trabalhador; e o controle da qualidade dos produtos. A reforma também liberou a entrada de empresas estrangeiras no país.

Questões

1. O que é uma usina nuclear? Por que ela divide a opinião pública?
2. Você tem notícias de outro acidente nuclear? Onde e quando ocorreu? No Brasil já houve algum? Onde?

Transparência política

Em abril de 1986, um acidente na usina nuclear de Chernobyl, na Ucrânia, expôs as dificuldades da administração soviética. Somente trinta horas depois do acidente, o governo admitiu a explosão do reator. Para os críticos, o desastre poderia ter sido evitado se houvesse transparência na gestão da usina. Surgiu, então, um novo termo para designar as medidas que se seguiriam: a ***glasnost*** (transparência).

Além de garantir liberdade de expressão e de libertar presos políticos, a *glasnost* permitiu que as informações referentes à administração do Estado fossem levadas a público. Dessa maneira, abriu-se um amplo debate a respeito dos problemas econômicos, políticos e sociais do país, acirrando as críticas ao sistema soviético.

Saiba mais

O acidente nuclear de Chernobyl

No dia 26 de abril de 1986, o reator número 4 da usina nuclear de Chernobyl, na Ucrânia, explodiu, liberando na atmosfera uma imensa nuvem radioativa. Esse foi o maior acidente nuclear ocorrido no planeta, o único que atingiu nível superior a 7 na escala internacional de eventos nucleares. Um relatório de 2005 estimou que o acidente de Chernobyl pode ter matado cerca de 4 mil pessoas. Esse número, porém, pode ser muito maior. Além das mortes, a radiação liberada provocou milhares de casos de câncer e de deformações físicas.

KYODO/AP/GLOWIMAGES

Vista de Pripyat, na Ucrânia, na antiga União Soviética, em abril de 2011. A cidade, que fica a apenas 3 quilômetros da usina de Chernobyl, transformou-se em cidade-fantasma.

População de Moscou enfrenta fila para comprar pães em uma padaria, durante a crise econômica que marcou o último ano de existência da União Soviética. Rússia (URSS), em novembro de 1991.

Durante a ditadura stalinista, as religiões foram violentamente perseguidas na União Soviética: templos foram fechados, as publicações religiosas, proibidas, e muitos sacerdotes foram presos e encaminhados para campos de trabalho forçado. A abertura promovida por Gorbachev reabilitou as religiões no país.

A religião nos tempos da glasnost

"Templos foram devolvidos às igrejas, o ensino das religiões e a edição de textos sacros deixaram de sofrer restrições, todos os cultos ganharam o direito de prática livre. A televisão abriu espaço para a transmissão de cerimônias do culto e de propaganda religiosa, principalmente da Igreja Ortodoxa."

GORENDER, Jacob. *O fim da URSS*: origens e fracasso da *perestroika*. 2. ed. São Paulo: Atual, 1992. p. 52. (Série História viva)

Do consenso à contestação

Se no começo havia um grande apoio da sociedade a Gorbachev e à *perestroika*, aos poucos as ações do governo tornaram-se motivos de críticas, até mesmo dentro do próprio governo. Os trabalhadores temiam o desemprego, e entre a população mais jovem crescia a simpatia pelo reformismo radical, que questionava o próprio socialismo.

Nesse contexto de crise, as contradições nacionais ganharam força. Desde a sua formação, a União Soviética abrigava uma grande variedade de povos, línguas e religiões, submetidas ao domínio político e cultural da Rússia. Com o avanço da *glasnost* e o agravamento da crise econômica, as rivalidades nacionais começaram a abalar a unidade política soviética.

Os conflitos nacionais explodiram em 1987, opondo nacionalidades rivais ou nacionalidades e o poder central. Os conflitos mais sangrentos, no ano seguinte, foram travados entre armênios e azerbaijanos pelo controle da região fronteiriça de Nagorno-Karabach. No mesmo ano, a Estônia proclamou a supremacia das leis estonianas sobre as leis soviéticas.

Nos países do Cáucaso, os conflitos também se multiplicavam: em 1989, na Geórgia, o exército soviético abriu fogo contra manifestantes, deixando 16 mortos. Na Ásia central, a identidade muçulmana ressurgiu e passou a se impor com força.

Refugiados na fronteira sul da Armênia, durante conflito entre armênios e azerbaijanos pelo controle da região de Nagorno-Karabach, fevereiro de 1988.

DESAGREGAÇÃO DA UNIÃO SOVIÉTICA (1989-1991)

1989
Queda do Muro de Berlim (novembro)

1990
Independências
Lituânia (março)

1991
Geórgia (9/4)

Estônia (20/8)

Letônia (21/8)

Ucrânia (24/8)

Bielorrússia (25/8)

Moldávia (27/8)

Azerbaijão (30/8)

Quirguistão e Uzbequistão (31/8)

Tadjiquistão (9/9)

Armênia (21/9)

Turcomenistão (26/10)

Cazaquistão (16/12)

A desintegração da União Soviética

Mesmo entre as repúblicas eslavas (Rússia, Ucrânia e Bielorrússia), consideradas as bases mais fortes de apoio da União Soviética, apareciam forças separatistas. Nessas repúblicas, os parlamentos proclamaram a soberania das leis nacionais sobre as leis soviéticas.

O avanço dos movimentos separatistas levou Gorbachev a nomear, em fins de 1990, um governo formado por pessoas decididas a impedir o fim da União Soviética. No entanto, as reformas de Gorbachev iniciaram um movimento que já não podia ser contido. Em 12 de junho de 1991, Boris Yeltsin, ex-dirigente comunista, foi escolhido presidente da república em eleições diretas, inéditas no país, obtendo 57,3% dos votos.

O golpe final

A eleição de Yeltsin foi a oportunidade que faltava para os membros conservadores do Partido Comunista, contrários às reformas, articularem um golpe para depor Gorbachev. O esquema golpista foi derrotado por um movimento em defesa da legalidade, liderado pelo próprio Yeltsin, que conclamou o Parlamento a não reconhecer o golpe.

Aproveitando a crise política, as repúblicas soviéticas, numa reação em cadeia, oficializaram suas independências (veja a linha do tempo ao lado). No final de 1991, concluiu-se a desagregação daquela que havia sido, durante mais de meio século, a segunda superpotência mundial.

Diante desse quadro, Boris Yeltsin tratou de consolidar seu poder. Em dezembro de 1991, apoiado pelos presidentes da Bielorrússia e da Ucrânia, anunciou a criação da **Comunidade dos Estados Independentes** (CEI). Dias depois, onze repúblicas da extinta União Soviética formalizaram sua adesão à CEI. No Natal de 1991, Gorbachev renunciou.

A União Soviética deixou de existir. O mundo conheceria, a partir de então, uma **nova ordem mundial**.

DESINTEGRAÇÃO DA UNIÃO SOVIÉTICA

Fonte: DUBY, Georges. *Atlas historique mondial*. Paris: Larousse, 2003. p. 263.

O fim do bloco socialista na Europa

As reformas de Gorbachev e a crise das nacionalidades na União Soviética repercutiram em todos os países socialistas do Leste Europeu. Em todos eles, mobilizações populares, guerras civis ou acordos políticos resultaram no fim do socialismo e na progressiva inserção desses países na economia de mercado.

Na Hungria, em 1988, e na Polônia, em 1989, antigos governos comprometidos com Moscou foram substituídos. Em ambos os casos, o resultado foi o fim do sistema político de partido único. Os partidos comunistas desses países passaram a dividir o poder com novos partidos. Com o aprofundamento das reformas democráticas, os comunistas foram definitivamente derrotados em eleições livres nesses países, em 1990.

A mobilização popular logo eclodiu na República Democrática Alemã (RDA), o país de economia mais próspera da Europa oriental. Movimentos e agitações de ruas tomaram conta do país. Assim, em 9 de novembro de 1989, a Alemanha Oriental anunciou a abertura de todas as suas fronteiras com a República Federal Alemã (RFA), mais conhecida como Alemanha Ocidental, incluindo o **Muro de Berlim**, erguido em 1961 para dividir a cidade. O muro foi derrubado e milhares de pessoas, dos dois lados da cidade, celebraram o evento, que foi um dos mais importantes do século XX.

Em outubro de 1990, após a realização de eleições, concluiu-se o processo de reunificação da Alemanha, dividida desde o fim da Segunda Guerra Mundial.

Alemães sentam no Muro de Berlim, um dia após a sua abertura, 10 de novembro de 1989. A destruição do Muro de Berlim representou o marco simbólico do fim da Guerra Fria.

AP/GLOWIMAGES

Vale a pena assistir

Adeus, Lênin!
Nacionalidade: ALE
Direção: Wolfganger Becker
Ano: 2003
Duração: 121 min

A senhora Kerner sempre foi uma entusiasta do regime socialista e militou ativamente em defesa da Alemanha Oriental. Em 1989, pouco antes da queda do Muro de Berlim, ela adoece, entra em coma e fica desacordada durante todo o período que marcou o fim do socialismo em seu país. Quando ela desperta, em meados de 1990, Berlim Oriental, onde vive, está sensivelmente modificada. O capitalismo transformou a vida e a paisagem da cidade muito rapidamente. Seu filho, Alexander, temendo que a saúde da mãe pudesse ser abalada pelas drásticas mudanças, decide não revelar a ela os acontecimentos.

SONY PICTURES CLASSICS/ALBUM/LATINSTOCK

Cena do filme *Adeus, Lênin!* Nesse filme, conseguimos perceber os sentimentos contraditórios de perda, incerteza e esperança que os alemães orientais devem ter vivido nos dias em que uma nova Alemanha nascia na Europa.

LUBOMIR KOTEK/AFP/GETTY IMAGES

Estudantes tchecos em manifestação de apoio à candidatura de Vaclav Havel, líder da Revolução de Veludo, à presidência do país. Praga, Tchecoslováquia, dezembro de 1989.

O avanço da onda democrática

Os efeitos da queda do muro logo chegaram à vizinha Tchecoslováquia. Em dezembro de 1989, após dois meses de intensas manifestações, caiu o regime pró-soviético no país. Por ter sido rápido e pacífico, o movimento ficou conhecido como **Revolução de Veludo**. A luta política, porém, ajudou a despertar o sentimento nacionalista eslovaco. Assim, em 1993 a Tchecoslováquia dividiu-se em dois países: República Tcheca e Eslováquia.

Na Romênia, ao contrário, o movimento de contestação ao governo de Nicolae Ceausescu foi muito violento. Embora tenha reagido com força, o ditador não conseguiu frear as manifestações. Em dezembro de 1989, Ceausescu e sua esposa foram presos, julgados por um tribunal popular e executados.

Entre 1989 e 1992, todos os países do chamado Leste Europeu abandonaram o socialismo como projeto de sociedade. O caso mais dramático aconteceu na Iugoslávia, onde o movimento das nacionalidades desencadeou uma violenta guerra civil.

A desintegração da Iugoslávia

A República Socialista e Federativa da Iugoslávia era formada por seis repúblicas: Sérvia, Croácia, Bósnia-Herzegovina, Macedônia, Montenegro e Eslovênia, além de duas regiões autônomas, Kosovo e Voivodina.

A Iugoslávia abrigava uma diversidade de povos e culturas: seis nacionalidades (sérvios, croatas, eslovenos, macedônios, montenegrinos e bósnio-muçulmanos), cerca de uma dezena de minorias nacionais (albaneses e húngaros, entre outros), três línguas oficiais (servo-croata, esloveno e macedônio) e três grupos religiosos (cristãos ortodoxos, católicos e muçulmanos). As seis principais nacionalidades tinham em comum o fato de serem eslavas.

Como nos demais países do Leste Europeu, as reformas promovidas por Gorbachev na União Soviética também repercutiram na Iugoslávia. Nesse país, às aspirações democráticas somava-se uma grave crise econômica, que se tornou alarmante nos anos 1980: queda da atividade industrial, crescimento do desemprego e da dívida externa e aumento da inflação. A combinação da questão democrática com dificuldades econômicas despertou as rivalidades nacionais que levaram à desintegração da Iugoslávia.

A partir de 1991, começou o processo de desmembramento do país, que resultou na formação de sete novos países. O esfacelamento da Iugoslávia teve início com a independência da Eslovênia, em 1991, e teve seu último capítulo em 2008, quando a região de Kosovo tornou-se uma nação soberana. Nesse intervalo, uma guerra civil explodiu no antigo país, com ações de crueldade que chocaram o mundo.

A DIVISÃO DA IUGOSLÁVIA

ALESSANDRO PASSOS COSTA

Fonte: FERREIRA, Graça M. L. *Atlas geográfico*: espaço mundial. São Paulo: Moderna, 2010. p. 90.

ROBERT ATANASOVSKI/AFP/GETTY IMAGES

Montenegrinos festejam o resultado do referendo que decidiu pela independência em relação à Sérvia. Cetinje, Montenegro, maio de 2006.

Forças das Nações Unidas patrulham rua completamente destruída em área muçulmana na Bósnia. Srebenika, Bósnia--Herzegovina, abril de 1993. A tragédia da limpeza étnica na Bósnia teve como símbolo a cidade de Srebenika, onde, em apenas cinco dias, milícias sérvias assassinaram cerca de 8 mil muçulmanos.

A Guerra da Bósnia

A Bósnia-Herzegovina reunia os principais grupos étnicos da Iugoslávia. Os muçulmanos eram a maioria (40%), seguidos por sérvios (32%), a maioria cristãos ortodoxos, e croatas adeptos do catolicismo (20%). Havia também muitas famílias mistas.

Em 1991, o Parlamento bósnio manifestou a intenção de separar-se da Iugoslávia. Naquele momento, Eslovênia, Croácia e Macedônia já haviam declarado a independência, e a Iugoslávia estava reduzida a Sérvia e Montenegro. A minoria sérvia não aceitou a separação.

Em março de 1992, o governo da Bósnia convocou um plebiscito para definir os destinos do país. Muçulmanos e croatas votaram pela independência. Os sérvios, ao contrário, decidiram ir à guerra, apoiados pelo governo da Sérvia.

Os três anos de guerra foram marcados pelas chacinas promovidas pelos sérvios contra muçulmanos e croatas e pela criação de campos de concentração, expediente que ficou conhecido como **limpeza étnica**. Em menor escala, muçulmanos e croatas também fizeram uso da limpeza étnica.

O agravamento do conflito levou a ONU a enviar uma força de paz para a região com o intuito de proteger a população civil, especialmente os muçulmanos. Organizações independentes e grupos socialistas também promoveram ações de solidariedade, como o envio de comboios de ajuda humanitária aos bósnios.

A guerra só terminou em novembro de 1995, quando os Estados Unidos, com o apoio da União Europeia, forçaram os dois lados a assinar o **Acordo de Dayton**. A Bósnia foi dividida em duas partes: **República Sérvia** e **Federação Bósnio-Croata**. O acordo também estabeleceu que a reconstrução da Bósnia-Herzegovina ficaria a cargo da ONU.

A BÓSNIA APÓS O ACORDO DE DAYTON (1995)

Fonte: FERREIRA, Graça M. L. *Atlas geográfico: espaço mundial*. São Paulo: Moderna, 2010. p. 90.

Vale a pena assistir

Terra de ninguém
Nacionalidade: FRA/ESL/ITA/GBR/BEL
Direção: Danis Tanovic
Ano: 2001
Duração: 98 min

A Guerra da Bósnia tornou-se tema de vários livros e filmes. O premiado *Terra de ninguém*, vencedor do Oscar de melhor filme estrangeiro e do Globo de Ouro, traça mais um relato dessa tragédia balcânica. A história se desenrola em torno de três personagens principais, dois muçulmanos e um sérvio que, por uma dessas ironias do destino, ficam isolados entre duas frentes inimigas (a terra de ninguém). As situações vividas pelos protagonistas, muitas vezes cômicas, se tornam bizarras com a intervenção de soldados da ONU e com o empenho da imprensa em explorar, a todo custo, as tragédias humanas.

REPRODUÇÃO

Os novos caminhos do Leste Europeu

Mais de duas décadas após a queda do Muro de Berlim e o fim da União Soviética, grande parte dos países do antigo bloco socialista na Europa ingressou na União Europeia e na Otan, a aliança militar dos Estados capitalistas. A Rússia mantém-se fora desses dois organismos e atua para preservar alguns ex-países do bloco soviético sob sua esfera de influência geopolítica.

Na década de 1990 e no início do século XXI, os países da região viveram um período turbulento, que expressava as dificuldades de transição de uma economia estatizada para uma economia de mercado. Atualmente, a maioria dos cidadãos da União Europeia identificada como pobre vive em países do Leste Europeu. Para se ter uma ideia das disparidades, o PIB *per capita* da Romênia é cerca de sete vezes menor que o de Luxemburgo.

Para minimizar essas diferenças no interior da UE, a estratégia tem sido transferir recursos dos países mais ricos para as áreas mais pobres. A medida tem feito crescer a insatisfação nos países mais desenvolvidos, situação que se agrava com a crise econômica internacional, que atingiu fortemente os países do bloco. Prova disso são as crescentes manifestações nos países mais ricos contra a imigração de pessoas vindas do leste e até pelo fim da União Europeia.

Imigrantes romenos ilegais detidos pela polícia suíça aguardam decisão das autoridades sobre sua possível repatriação. Thierrens, Suíça, setembro de 2002. Com o fim da Guerra Fria, novos "muros" tentam separar os povos do leste e os do oeste da Europa.

FABRICE COFFRINI/AFP

ATIVIDADES

Compreender os conteúdos

1. **Joseph Stalin tornou-se o principal símbolo do regime soviético entre 1924 e 1953. Até a sua morte, ele foi um dos elementos mais importantes para a coesão da União Soviética e de todo o movimento comunista internacional. Relacione as medidas do governo de Stalin que o colocaram nessa condição.**

2. **Responda às questões sobre o governo de Nikita Kruschev (1953-1964).**

a) O que foi a desestalinização?

b) Quais foram as consequências das denúncias dos crimes cometidos por Stalin, feitas por Kruschev?

c) O que caracterizou a coexistência pacífica?

d) Quais motivos levaram à derrubada de Kruschev do governo soviético?

3. **Os países do quadro a seguir, exceto um, estão relacionados a um tema estudado neste capítulo. Elimine o país que não faz parte do grupo e identifique o tema que eles representam.**

Hungria – Tchecoslováquia – Bulgária
Alemanha Oriental – Ucrânia
Iugoslávia

4. **Aponte três indícios da crise econômica soviética a partir dos anos 1970.**

5. **Explique por que a guerra no Afeganistão agravou a crise soviética.**

6. **Mikhail Gorbachev assumiu a liderança política na União Soviética em março de 1985. Tentando reverter a situação de crise em que se encontrava o país, implementou as reformas que ficaram conhecidas como *perestroika* e *glasnost*. Em seu caderno, copie e complete o quadro abaixo.**

	Perestroika	*Glasnost*
Significado	—	—
Objetivo	—	—
Principais medidas	—	—

Ampliar o aprendizado

7. **Na charge a seguir, vemos dois personagens defendendo o gol, enquanto o terceiro, no ataque, se prepara para cobrar o pênalti. Com base no que você estudou neste capítulo, responda às questões.**

NICHOLAS GARLAND/TELEGRAPH MEDIA GROUP LIMITED 1985 – BRITISH CARTOON

Charge de Nicholas Garland, 1985.

a) Você consegue identificar os personagens representados na charge? Quem são eles?

b) Qual foi o contexto histórico que inspirou a criação dessa charge?

c) Na sua opinião, atualmente existe um esforço internacional para evitar as guerras? Justifique.

8. **O texto a seguir é um trecho do livro *Perestroika*, escrito por Mikhail Gorbachev quando governava a União Soviética. Leia-o para responder às questões propostas.**

"A política da reestruturação coloca tudo em seu devido lugar, pois estamos restaurando o princípio socialista: de cada um de acordo com sua capacidade, a cada um de acordo com seu trabalho. Procuramos também assegurar a justiça social para todos, iguais direitos, uma única lei, um só tipo de disciplina e altas responsabilidades para todos [...]. É essencial que olhemos para frente. Precisamos ter suficiente experiência política, perspectiva teórica e coragem cívica para obter sucesso, para garantir que a *perestroika* satisfaça os altos padrões morais do socialismo. [...] Em resumo, precisamos da ampla democratização de todos os aspectos da sociedade. Esta democratização é também a principal garantia de irreversibilidade do curso atual."

GORBACHEV, Mikhail. *Perestroika*: novas ideias para meu país e o mundo. São Paulo: Nova Cultural, 1987. p. 31-32.

a) Qual era o objetivo das reformas adotadas por Mikhail Gorbachev?

b) De acordo com a visão de Gorbachev, quais seriam os princípios do socialismo? Quais dificuldades vividas pela sociedade soviética indicavam que esses princípios teriam sido abandonados?

c) Os objetivos de Gorbachev ao implementar as reformas, expostos nesse texto, foram atingidos? Justifique.

9. **Observe novamente os mapas das páginas 260 e 263, que representam o desmembramento da União Soviética e da Iugoslávia, respectivamente. Considerando o estudo feito no capítulo e as informações dos dois mapas, responda.**

a) Que características políticas, econômicas e culturais os dois países tinham em comum?

b) Os mapas revelam que as mudanças no início dos anos 1990 tiveram um resultado semelhante nos dois países. Você concorda com isso? Justifique.

c) O desaparecimento da Iugoslávia, ao contrário do processo soviético, foi marcado por acontecimentos muito trágicos, que lembram as atrocidades cometidas na Segunda Guerra Mundial. Explique essa afirmação.

História feita com arte

10. **Em novembro de 2009, a cidade de Berlim comemorou os vinte anos da queda do muro que dividiu a cidade durante grande parte da Guerra Fria. Um dos destaques da comemoração foi a instalação de mil peças gigantes de dominó, que foram distribuídas ao longo da trajetória do antigo muro. As peças foram feitas em isopor e plástico e decoradas por pinturas de artistas e de crianças em idade escolar. A derrubada dessa gigantesca instalação artística criou um efeito visual belíssimo e foi euforicamente comemorada por milhares de europeus que acompanhavam o evento, apesar do mau tempo.**

FABRIZIO BENSCH/REUTERS/LATINSTOCK

Comemoração do 20º aniversário da queda do Muro de Berlim, próximo ao Portão de Brandemburgo. Alemanha, 9 de novembro de 2009.

a) Em que contexto histórico o Muro de Berlim foi construído?

b) Quando e por que o muro foi derrubado?

c) Por que a queda do muro ainda é comemorada?

d) Em grupo, criem uma instalação artística criticando ou celebrando um acontecimento recente no Brasil ou no mundo.

CAPÍTULO 14

A volta da democracia no Brasil

Novas eleições

Carros de som, comícios, *jingles*, megafones, faixas com cores que identificam esse ou aquele partido, cavaletes nas calçadas com fotos e mensagens de candidatos, horário eleitoral gratuito. Em ano de eleições, nossos olhos e ouvidos são repetidamente estimulados por uma intensa propaganda eleitoral, seja no caminho da escola ou do trabalho, seja assistindo à televisão no ambiente íntimo de nossa casa.

Panfletos e "santinhos" são jogados nas ruas, pessoas que não conhecemos nos abordam para fazer propaganda de seu candidato, o horário das novelas e de outros programas televisivos é alterado, mudando nossa rotina e nossos hábitos.

Tudo isso pode ser verdade. Mas e se não houvesse eleições? E se vivêssemos em um regime político no qual os cidadãos não tivessem o direito de escolher seus governantes? E se a opinião de cada indivíduo devesse se adequar ao pensamento difundido pelo Estado?

Os candidatos a presidente José Serra (PSDB), Marina Silva (PV), Dilma Rousseff (PT) e Plínio de Arruda Sampaio (PSOL) no último debate antes do primeiro turno das eleições. Rio de Janeiro, 30 de setembro de 2010.

FELIPE DANA/AP/GLOWIMAGES

Muitos dizem que em um regime forte, opressor e ditatorial haveria menos crimes e mais segurança e que o retorno dos militares ao poder traria mais ordem à sociedade. Esquecem-se, entretanto, de que a suposta ordem que os militares trouxeram à sociedade brasileira durante o período ditatorial (1964-1985) foi baseada na opressão, na tortura e no medo.

Mas a sociedade brasileira preferiu a liberdade! Se hoje muitos cidadãos podem protestar contra a corrupção, por melhores salários e por uma educação de qualidade é porque vivem sob uma democracia. Isso não é possível em um regime ditatorial.

Talvez as eleições não sejam o momento mais engraçado e divertido de um país. Porém, mesmo que elas não resolvam os principais problemas do Brasil, como pobreza, violência e corrupção, vale a pena saber que sempre existe uma alternativa, uma possibilidade de mudança e de melhora.

LUCIANO DA MATTA/AGÊNCIA A TARDE/AGÊNCIA ESTADO

Estudantes reivindicam passe livre no transporte coletivo e contratação de professores, em frente à reitoria da Universidade Federal da Bahia (UFBA), em Salvador, 2009.

MAURICIO SIMONETTI/PULSAR IMAGENS

Habitações populares contrastam com prédios sofisticados no bairro nobre de Pituba, em Salvador, foto de janeiro de 2011.

JUCA MARTINS/PULSAR IMAGENS

Comício da campanha Diretas Já realizado na Praça da Sé, na cidade de São Paulo, em 1984. Grandes manifestações reivindicando eleições diretas para presidente da república ocorreram em todo o país. Porém, apesar de toda a mobilização popular, a emenda Dante de Oliveira, que propunha o retorno das eleições diretas para presidente, não foi aprovada na Câmara dos Deputados.

A transição para a democracia

As eleições presidenciais de janeiro de 1985 ainda foram disputadas de forma indireta, via Colégio Eleitoral. Os candidatos eram Paulo Maluf, do Partido Democrático Social (PDS), apoiado pelos militares, e o governador de Minas Gerais Tancredo Neves, integrante do Partido do Movimento Democrático Brasileiro (PMDB), político experiente e de perfil conservador e conciliador. Lideranças de projeção nacional, como o então senador Fernando Henrique Cardoso, presidente do PMDB em São Paulo, Leonel Brizola, governador do Rio de Janeiro, e outros políticos manifestaram apoio ao político mineiro.

O candidato a vice de Tancredo Neves era José Sarney, ex-presidente do PDS que rompeu com o partido para formar, com outros políticos dissidentes, o Partido da Frente Liberal (PFL). Para disputar as eleições, o PMDB e o PFL se uniram e formaram a **Aliança Democrática**. Tancredo Neves derrotou Paulo Maluf na eleição do dia 15 de janeiro de 1985 disputada no Colégio Eleitoral. Desde o golpe militar de 1964, era a primeira vez que a presidência da república do Brasil era ocupada por um civil. Vários brasileiros saíram às ruas para comemorar o fim da ditadura militar.

CARLOS NAMBA/EDITORA ABRIL

Tancredo Neves (à direita) e José Sarney (à esquerda), candidatos da Aliança Democrática à eleição para presidente, em 1984, meses antes da votação feita no Colégio Eleitoral.

A morte do presidente eleito

Tancredo Neves visitou, em pouco mais de duas semanas, sete países, nos quais se reuniu com diversas lideranças mundiais. O objetivo de Tancredo era conquistar o reconhecimento internacional e legitimar a sua eleição. Assim, evitaria qualquer resistência dos militares à sua posse. Prestigiado no Brasil e no exterior, Tancredo Neves retornou ao país uma semana antes da posse. Conseguiu articular apoios até mesmo entre os militares.

Tancredo já estava doente durante a campanha, mas só em março de 1985 a enfermidade se agravou. Com a doença do presidente eleito, o vice-presidente, José Sarney, foi empossado em 15 de março de 1985. Durante quase quarenta dias, a população acompanhou apreensiva as notícias sobre o estado de saúde do presidente eleito, temendo pelo pior. Tancredo Neves morreu em 21 de abril, no Instituto do Coração em São Paulo, provocando grande comoção nacional.

DANIEL AUGUSTO JR./PULSAR IMAGENS

Multidão acompanha o cortejo fúnebre de Tancredo Neves em São Paulo, em abril de 1985. O corpo do presidente seguiu para Brasília e, depois de uma cerimônia no Palácio do Planalto, foi enviado para Minas Gerais, passando pela capital mineira e por São João del-Rei, onde foi enterrado. Por todo o percurso, ocorreram cenas como esta.

O governo José Sarney

O governo de José Sarney teve início com pouco apoio popular. Movimentos sociais e partidos de oposição questionavam a legitimidade de sua eleição. As palavras de ordem eram fortes: "O povo não esquece, Sarney é PDS". Outros, mais radicais, não só o associavam à ditadura militar como também propunham a sua deposição: "Sarney não dá, Diretas Já". Ligado à antiga Arena, partido de sustentação do regime militar, Sarney não tinha o prestígio nem a força política de Tancredo Neves.

José Sarney restabeleceu, em todo o território nacional, as eleições diretas para todos os cargos eletivos; concedeu direito de voto aos maiores de 16 anos; legalizou os partidos políticos clandestinos; convocou eleições para a Assembleia Nacional Constituinte, encarregada de elaborar uma nova Constituição para o país. Uma das maiores prioridades do governo Sarney, contudo, foi o controle da inflação, principal foco de tensão e insatisfação social.

ADAUTO CRUZ/CB/D.A. PRESS

Manifestação durante instalação da Assembleia Nacional Constituinte, na Esplanada dos Ministérios, Brasília, em fevereiro de 1987.

Plano Cruzado

- Substituição monetária do cruzeiro pelo cruzado
- Congelamento de preços por tempo indeterminado
- Reajuste de 15% do salário mínimo
- Criação do "gatilho salarial", medida que previa o reajuste dos salários sempre que a inflação atingisse 20%

O Plano Cruzado

O combate à inflação era a principal tarefa do ministro da Fazenda Dílson Funaro. Foi com esse objetivo que ele elaborou o **Plano Cruzado**, um pacote de medidas que foi anunciado em fevereiro de 1986 (conheça algumas medidas desse plano no organograma ao lado). Inicialmente, o êxito do plano foi indiscutível. Da noite para o dia, Sarney transformou-se em herói nacional. A população, com as tabelas oficiais de preços nas mãos, converteu-se em "fiscais do Sarney", convocados a vigiar o comércio e denunciar os estabelecimentos que ameaçavam o sucesso do Plano Cruzado.

Os brasileiros, aproveitando os juros baixos, a valorização artificial do cruzado e os preços congelados, foram às compras com grande entusiasmo. A alegria, porém, não durou muito. Depois de cinco meses de vigência do Plano Cruzado, a situação tornou-se insustentável. As contas externas ficaram desequilibradas, devido ao aumento das importações, o congelamento dos preços começou a ser violado, pois muitas mercadorias só podiam ser adquiridas com o pagamento de uma taxa adicional, e muitos produtos sumiram das prateleiras.

Muitos planos, poucas realizações

Mesmo com o Plano Cruzado dando sinais claros de fracasso, o governo conseguiu, com algumas medidas, adiar a queda definitiva. Dessa forma, o congelamento pôde ser mantido até as eleições de novembro de 1986, quando o PMDB, na esteira do sucesso inicial do Plano Cruzado, elegeu todos os governadores do país, com exceção do estado de Sergipe, além de obter maioria absoluta na Câmara e no Senado.

Outros dois planos econômicos foram criados durante o governo Sarney: o Plano Bresser (1987) e o Plano Verão (1989). Nenhum dos dois, entretanto, conseguiu evitar o avanço da inflação. Os planos fracassaram em seus objetivos, e a inflação disparou no último ano do governo José Sarney.

AGÊNCIA ESTADO

Consumidora passa por prateleiras vazias de um supermercado na cidade de São Paulo, em 1986. Uma das consequências do Plano Cruzado foi uma grave crise de abastecimento, que atingiu todo o país.

A Constituição de 1988

Os deputados federais e os senadores eleitos em novembro de 1986 formaram uma **Assembleia Nacional Constituinte**, que tinha a tarefa de elaborar uma nova Constituição para o Brasil. Com um novo conjunto de leis esperava-se completar a transição democrática no país.

Os brasileiros foram incentivados a participar da elaboração da nova Constituição por meio de propostas, que deveriam ser assinadas por, no mínimo, 30 mil pessoas e apresentadas por alguma entidade (sindicatos, entidades religiosas etc.)

Avanços da nova Constituição

A nova Constituição, a sétima depois da independência do Brasil, foi promulgada em 1988. Em relação aos documentos anteriores, a Constituição de 1988 determinou avanços importantes no estabelecimento de garantias e direitos individuais. Entre as conquistas mais importantes estão a liberdade de expressão, religião e manifestação política; a criminalização da tortura e do racismo; o direito de voto para os analfabetos; o voto facultativo para jovens entre 16 e 18 anos e para os que têm mais de 70 anos.

As questões sociais também tiveram avanços importantes. Vários direitos dos trabalhadores rurais e urbanos passaram a ser aplicados também aos empregados domésticos. Foram estabelecidos o direito de greve, a liberdade de associação sindical, a diminuição da jornada de trabalho de 48 para 44 horas semanais, as licenças maternidade e paternidade, o abono de férias, o seguro-desemprego, as férias remuneradas e o décimo terceiro salário para os aposentados.

Abono de férias
Adicional de um terço, pago nas férias, sobre o salário normal do empregado.

Solenidade de promulgação da Constituição da República Federativa do Brasil, em 5 de outubro de 1988. A elaboração do documento, que ficou conhecido como "Constituição cidadã", contou com a participação de amplos setores da sociedade brasileira.

PAULA SIMAS/PULSAR IMAGENS

SALOMON CYTRYNOWICZ/PULSAR IMAGENS

Índios durante uma sessão da Assembleia Constituinte, Brasília, 1988. Representantes dos povos indígenas participaram do processo de elaboração da Constituição apresentando propostas e mobilizando a opinião pública em defesa dos direitos dos povos indígenas.

A Constituição e os povos indígenas

Até a década de 1970, alguns estudiosos acreditavam que os povos indígenas do Brasil seriam progressivamente assimilados pelo restante da população do país, até serem extintos. Contrariando tal previsão, muitos povos indígenas conseguiram manter sua identidade, preservando línguas, costumes e tradições.

Lideranças de diferentes povos indígenas estiveram presentes nas discussões da Assembleia Constituinte. Como resultado, a Constituição de 1988 apresentou importantes avanços relacionados aos direitos desses povos. O documento reconhece o direito dos povos indígenas às terras que tradicionalmente ocupam, assim como determina que é dever do Estado proteger o patrimônio linguístico, artístico, cultural e tecnológico desses povos.

Apesar dos avanços presentes na Constituição, os indígenas ainda lutam para garantir que seus direitos sejam respeitados, sobretudo no que se refere à saúde, à educação e, principalmente, à defesa de suas terras. Conheça um pouco mais sobre o assunto no texto a seguir.

Situação dos índios fora da Amazônia

“Enquanto 291 TIs [Terras Indígenas] da Amazônia Legal já estão homologadas e registradas, a situação nos estados da Região Sul – Rio Grande do Sul, Santa Catarina e Paraná – e ainda de São Paulo e do Rio de Janeiro é diferente. De acordo com o Conselho Indigenista Missionário (Cimi), das 186 Terras Indígenas dessa área, 29% não iniciaram ainda qualquer estudo de identificação – a primeira das sete etapas do processo demarcatório. [...]

Segundo Clovis Brighenti, antropólogo e membro do Cimi, apesar de o Sul ser a região com o maior Índice de Desenvolvimento Humano (IDH) do país, os indígenas que ali vivem enfrentam uma situação precária. [...] Eles perderam as terras e, hoje, os poucos hectares que recebem de volta não bastam para garantir sua sobrevivência. [...]

Os guaranis mbya e ñandeva, de Morro dos Cavalos, Santa Catarina, por exemplo, esperam há 18 anos pela demarcação dos seus quase 2 mil hectares de terras. [...] ‘a gente precisa de mais lugar para morar, está muito complicado’, disse o cacique Teófilo Gonçalves [...]. Sem a compreensão da sociedade, os índios enfrentam a especulação fundiária, a falta de espaço e a miséria dela proveniente.”

Situação dos índios brasileiros é crítica também fora da Amazônia. *Deutsche Welle*, 9 ago. 2011. Disponível em www.dw-world.de. Acesso em 1º set. 2011.

Questões

1. Quais avanços a Constituição de 1988 trouxe para os povos indígenas?
2. Segundo o texto, qual é a situação atual dos povos indígenas das regiões Sul e Sudeste do Brasil?

JUVENAL PEREIRA/PULSAR IMAGENS

Moradia guarani na zona rural de Diamante D'Oeste, estado do Paraná, em foto de janeiro de 2010.

Enfim, eleições diretas para presidente

Em 1989, já no fim do governo de José Sarney, uma crise hiperinflacionária abalou a economia brasileira. Com a inflação na casa dos 85% ao mês, a popularidade do presidente era baixíssima. Pesquisas feitas na época revelaram que 68% dos entrevistados consideravam a administração de Sarney ruim ou péssima.

Foi nesse contexto que se iniciou a campanha eleitoral para a presidência da república, a primeira que seria decidida pelo voto direto desde o início do regime militar. Muitos representantes históricos da política nacional estavam no pleito, como Lula, Brizola, Mário Covas, Ulisses Guimarães, Roberto Freire e Paulo Maluf.

Um candidato pouco conhecido se destacou entre os demais pelo discurso moralizador e pela imagem de administrador moderno e dinâmico: Fernando Collor de Mello, do Partido da Reconstrução Nacional (PRN). Nascido no Rio de Janeiro, mas com carreira política construída em Alagoas, Collor ganhou repercussão nacional com seus ataques à ineficiência e aos altos salários da elite do funcionalismo público. Com esse discurso, o candidato do PRN tornou-se conhecido como o "caçador de marajás".

JOEL ROCHA/EDITORA ABRIL

Eleitora votando em cabine eleitoral na eleição presidencial de 1989. Curitiba, estado do Paraná.

A vitória do "caçador de marajás"

Praticamente desconhecido no início da campanha, Fernando Collor ganhou, repentinamente, projeção nacional, beneficiado pelo apoio da mídia e de representantes da elite e da direita conservadora. Seus principais opositores eram Leonel Brizola (PDT) e Luiz Inácio Lula da Silva (PT).

Como nenhum candidato obteve a maioria exigida para vencer no primeiro turno, Collor e Lula, os mais bem votados, decidiriam a eleição no segundo pleito. Na campanha final, os dois candidatos permaneceram tecnicamente empatados. A eleição só foi decidida na última semana, quando acusações sobre a vida particular de Lula e uma edição do último debate dos dois candidatos na televisão, exibida em horário nobre para todo o Brasil, desequilibraram a disputa. Collor venceu as eleições com 35 milhões de votos, contra 31 milhões do seu adversário.

ORLANDO BRITO/EDITORA ABRIL

Fernando Collor de Mello durante juramento em sua cerimônia de posse na presidência da república, no Congresso Nacional. Brasília, 15 de março de 1990.

O governo de Fernando Collor

Collor chegou ao poder referendado pelos votos de 35 milhões de brasileiros, na primeira eleição direta para presidente da república ocorrida no Brasil desde 1960. Com 40 anos, era também o mais jovem presidente da república da história do Brasil. Como estratégia de *marketing* político, o presidente aparecia na mídia pilotando aviões de caça, praticando caratê e fazendo exercícios físicos usando camisetas com frases de efeito. Essa estratégia ajudava o presidente a personificar o projeto de modernização do Brasil em torno da sua imagem.

Mais um plano econômico

Fernando Collor sabia que a maior preocupação dos brasileiros naquele momento era a crise financeira e a hiperinflação. Com uma inflação de 85% ao mês, eram necessárias medidas drásticas para conter o processo inflacionário e recolocar a economia brasileira nos eixos.

Um dia depois da posse, em março de 1990, Fernando Collor anunciou o Plano Brasil Novo, conhecido como **Plano Collor**. Entre outras medidas, o plano substituiu o cruzado novo pelo cruzeiro, congelou novamente preços e salários, aboliu restrições às importações e cortou subsídios. No entanto, a medida que surpreendeu toda a população brasileira foi o confisco dos depósitos em contas correntes, cadernetas de poupança e outras aplicações financeiras: todos os valores superiores a 50 mil cruzeiros (cerca de 1.250,00 dólares) foram bloqueados pelo governo.

© GLAUCO/FOLHAPRESS

Charge de Glauco sobre a política salarial durante o Plano Collor, publicada em junho de 1990. Qual é a crítica ao plano feita pelo cartunista?

O confisco dos depósitos bancários causou um impacto muito forte na população. Muitos brasileiros que pouparam durante anos para adquirir a casa própria tiveram retidas, com o decreto, praticamente todas as economias. Porém, como muito dinheiro saiu de circulação, o plano atingiu seu principal objetivo, derrubar a inflação, que foi reduzida imediatamente de 70% para 10% ao mês. Reafirmando seu compromisso com uma política econômica liberal, foi criado o **Programa Nacional de Desestatização** (PND). Nesse plano de privatização, foram incluídas 34 empresas estatais e 32 outras empresas em que o governo tinha participação.

As medidas, contudo, não foram bem-sucedidas. No final do primeiro ano do governo Collor, a inflação estava novamente acima de 25% mensais. O país voltava a sofrer os efeitos da terrível combinação de recessão econômica e inflação alta. O PIB encolheu mais de 5% em 1990, quando, apenas na indústria do estado de São Paulo, houve quase 200 mil demissões. A recessão se desenhava como a pior da história recente do Brasil.

Corrupção e poder

A crise econômica não era o único problema enfrentado pelo governo Collor. Suspeitas de corrupção e de mau uso do dinheiro público indignavam a população. As denúncias atingiam altos funcionários do governo, ministros e até mesmo a primeira-dama, Rosane Collor.

Em maio de 1992, um acontecimento definiu o futuro político de Fernando Collor. Seu irmão, Pedro Collor, denunciou em uma entrevista à imprensa a existência de um esquema de tráfico de influência e corrupção generalizada no governo. Paulo César Farias, conhecido como "PC" Farias, tesoureiro da campanha de Collor e amigo íntimo do presidente, seria o articulador de todas essas operações irregulares.

O chamado "esquema PC" dominou o noticiário nacional. Poucos dias depois das denúncias de Pedro Collor, o Congresso Nacional instalou uma **Comissão Parlamentar de Inquérito** (CPI) para investigar as acusações. O movimento estudantil se fortaleceu e organizou manifestações de repúdio, pedindo o afastamento do presidente.

Em um ato desesperado para reverter a crise política, em uma quinta-feira do mês de agosto, Collor, em rede nacional, convocou a população a sair às ruas no domingo vestindo as cores da bandeira nacional, num gesto de apoio ao governo. A reação da população em todo o país foi o reverso do esperado por Collor: o povo saiu às ruas vestido de preto, em sinal de protesto contra o presidente.

A intensificação dos protestos e dos trabalhos da CPI levou a Câmara dos Deputados a votar, em setembro de 1992, o afastamento de Collor até que o Senado julgasse o pedido de *impeachment* do presidente. Para não perder seus direitos políticos, Fernando Collor renunciou ao cargo em 29 de dezembro de 1992, antes da votação no Senado. Ainda assim, foi julgado pelo Senado por crime de responsabilidade. Considerado culpado, teve seus direitos políticos suspensos por oito anos.

Tráfico de influência
Uso ilegal de posição privilegiada, em uma empresa ou em um governo, por exemplo, para obter benefícios.

Impeachment
Processo político instaurado para afastar do cargo o chefe do poder executivo, que pode ser o presidente da república, o governador ou o prefeito.

Manifestação estudantil contra Fernando Collor em frente ao Congresso Nacional, Brasília, em 1º de setembro de 1992. A mobilização da juventude foi uma das principais forças que levaram ao afastamento de Fernando Collor e à sua renúncia.

NÉLIO RODRIGUES/EDITORA ABRIL

JUCA MARTINS/OLHAR IMAGEM

Vista da Companhia Siderúrgica Nacional (CSN), em Volta Redonda, Rio de Janeiro, em 1994. Um dos recursos utilizados pelo Estado para enxugar as contas públicas foi a privatização de empresas estatais. Uma das mais polêmicas, a venda da CSN, ocorrida em 1993, dividiu opiniões em todo o Brasil.

O governo Itamar Franco

Desde a abertura do processo de *impeachment* de Fernando Collor, o vice-presidente Itamar Franco já governava interinamente o Brasil. Em dezembro de 1992, com a saída definitiva de Collor, Itamar foi empossado na presidência da república. Ele recebeu apoio de partidos da oposição, pois havia rompido com Collor e abandonado o PRN desde o início das denúncias contra o presidente.

Itamar deu prosseguimento ao programa de privatizações iniciado no governo Collor. Grandes empresas foram privatizadas nesse momento, como a Embraer, a Açominas e a Companhia Siderúrgica Nacional. Porém, o controle da inflação continuava a ser o grande desafio para o governo brasileiro. Assim, em 1994, sob a coordenação do novo ministro da Fazenda, o sociólogo Fernando Henrique Cardoso, foi proposto um novo plano de estabilização econômica, chamado **Plano Real**.

O plano logo se mostrou um sucesso. A substituição dos cruzeiros reais pela nova moeda, o real, não foi apenas simbólica: numa grande operação, que surpreendeu pelo grau de organização e de adesão popular, todas as notas e moedas do país foram substituídas. A inflação diminuiu e o poder de compra da população aumentou.

Aproveitando o êxito e a popularidade do Plano Real, Fernando Henrique deixou o Ministério da Fazenda para disputar as eleições presidenciais pelo Partido da Social Democracia Brasileira (PSDB). Seu principal adversário era Luiz Inácio Lula da Silva, candidato pelo Partido dos Trabalhadores (PT). Lula focou sua campanha no ataque ao Plano Real, que, segundo ele, levaria o país à recessão. A estratégia, como o próprio Lula admitiria mais tarde, foi equivocada. Com os índices de inflação caindo e o poder de compra da população aumentando, Fernando Henrique Cardoso foi eleito, no primeiro turno, presidente da república.

WILSON PEDROSA/AGÊNCIA ESTADO

Itamar Franco, vice de Fernando Collor, em outubro de 1992, depois de ter assumido, interinamente, a presidência do Brasil.

O governo FHC

LULA MARQUES/FOLHAPRESS

Fernando Henrique Cardoso em fotografia de outubro de 2002, já no final de seu segundo mandato presidencial.

Fernando Henrique Cardoso foi empossado presidente do Brasil em 1995. O presidente tinha como principais desafios dar continuidade ao Plano Real, manter a estabilidade econômica do país e aumentar o poder de compra dos assalariados brasileiros. Além disso, a equipe econômica de seu governo trabalhou para restaurar a confiança dos investidores externos no Brasil.

A política econômica do governo também ficou marcada pelo enxugamento da máquina administrativa e pela continuidade do programa de privatizações. O fim do monopólio da Petrobras na exploração do petróleo e as reformas previdenciária e tributária, contudo, foram motivos de controvérsias e sofreram reações de diversos setores da sociedade, principalmente dos aposentados e do funcionalismo público federal.

Uma das ações mais polêmicas do governo foi a apresentação da emenda constitucional que estabelecia a reeleição para os cargos executivos no Brasil. O escândalo da compra de votos para a aprovação da emenda no Congresso não impediu que Fernando Henrique fosse reeleito, derrotando, novamente, Luiz Inácio Lula da Silva.

O segundo mandato presidencial

O segundo mandato de Fernando Henrique, iniciado em 1999, foi profundamente afetado pela conjuntura internacional. A crise econômica que abalou a Rússia, em 1998, levou esse país a decretar moratória, ou seja, a suspensão do pagamento de suas dívidas. Temendo que o Brasil fizesse o mesmo, investidores estrangeiros retiraram repentinamente bilhões de dólares que haviam aplicado no país. Os índices financeiros das bolsas de valores da América Latina despencaram. Para reduzir seus custos, muitas empresas realizaram demissões em massa.

Para contornar a situação, o governo recorreu a um empréstimo do Fundo Monetário Internacional (FMI), que exigiu, em troca, o corte de gastos e o aumento da receita. Para cumprir o acordo, o governo desvalorizou o real e elevou a taxa de juros, o que levou à redução do crédito e do poder de compra dos brasileiros. Resultado: a atividade econômica diminuiu e o desempregou cresceu.

EVARISTO SÁ/AFP

Manifestação de funcionários públicos federais em greve, Brasília, setembro de 2001. A política de cortes dos gastos públicos atingiu os ganhos do funcionalismo federal, que realizou sucessivas mobilizações durante o segundo mandato de Fernando Henrique Cardoso.

Saiba mais

Medicamento genérico

Medicamento genérico é aquele que contém o mesmo princípio ativo (substância responsável pelo efeito terapêutico) e na mesma dosagem que o medicamento de marca. Ele é produzido após a expiração ou renúncia da patente, o que significa que a fórmula do produto deixa de ser protegida por direitos de exclusividade e pode ser copiada por outros fabricantes. A lei que instituiu a produção de medicamentos genéricos no Brasil entrou em vigor em 10 de fevereiro de 1999.

Balanço do governo FHC

Além da estabilidade econômica, podemos destacar outros avanços nos oito anos do governo FHC. Na área social, tivemos a queda na mortalidade infantil e a redução dos níveis de analfabetismo. A criação do Fundo de Desenvolvimento e Manutenção do Ensino Fundamental (Fundeb) e a implantação do Programa Bolsa-Escola resultaram na quase universalização das matrículas no ensino fundamental e na queda da evasão escolar. No setor da saúde, os dois grandes avanços foram o controle da aids e a implantação dos medicamentos genéricos, medida que resultou no barateamento expressivo dos remédios comercializados no país.

O controle da inflação, a grande conquista econômica do governo FHC, foi pago, no entanto, com o aumento do desemprego, que cresceu de 10,7% em 1995 para 15,3% em 2002. Quanto à concentração de renda, uma das mais altas do mundo, a queda foi muito pequena. Segundo o índice Gini, que mede a desigualdade social, ela passou de 0,592, em 1995, para 0,573, em 2002.

Eleições presidenciais de 2002

Com taxas altas de desemprego, o segundo mandato de FHC terminou com índices de aprovação muito baixos. Foi nesse cenário de dificuldades que o PSDB lançou como candidato à sucessão de Fernando Henrique o então ministro da Saúde, José Serra. O mais forte adversário seria, mais uma vez, Luiz Inácio Lula da Silva.

O candidato a vice-presidente escolhido para a chapa de Lula foi o empresário e senador mineiro José Alencar Gomes da Silva, do Partido Liberal (PL), partido de centro-direita que representava os interesses do empresariado. José Alencar seria o intermediador entre o futuro governo Lula e os setores conservadores.

Com roupas mais elegantes, discurso ponderado e conciliador, Lula pretendia apagar a imagem de petista intransigente e radical, construída nas lutas sindicais no ABC paulista. Evitando ataques pessoais aos adversários, Lula se apresentou como candidato de oposição mais confiável ao empresariado e às camadas médias da população.

JORGE ARAÚJO/FOLHAPRESS

Os candidatos José Serra (PSDB), à esquerda, e Luiz Inácio Lula da Silva (PT), à direita, em debate durante o primeiro turno da campanha presidencial de 2002.

ORLANDO KISSNER/AFP

Luiz Inácio Lula da Silva recebe a faixa presidencial de Fernando Henrique Cardoso durante a cerimônia de posse, Brasília, 1º de janeiro de 2003.

A vitória de Lula

Além de conquistar a simpatia da classe média, o nome de Lula precisava ainda tranquilizar os mercados financeiros do Brasil e do exterior. Assim, o candidato da coligação de esquerda assinou um texto, chamado Carta ao Povo Brasileiro, assegurando que cumpriria todos os compromissos assumidos com os credores nacionais e internacionais.

A estratégia deu certo. Lula obteve, no segundo turno, 60% dos votos válidos, derrotando José Serra. Pela primeira vez, um candidato de esquerda e de origem operária era eleito presidente do Brasil.

Logo após as eleições, criou-se um sistema inédito de compartilhamento de dados entre a antiga e a nova equipe de governo que ficou conhecido como **Governo de Transição**.

O governo Lula

Lula encontrou o país com estabilidade econômica, superávit na balança comercial e inflação controlada. Diante do otimismo econômico, o governo disponibilizou uma parcela do orçamento para desenvolver programas sociais.

Com o objetivo de combater a pobreza e a desigualdade social no país, em 2003 o governo Lula lançou o **Programa Fome Zero**, que tinha como foco principal o Nordeste, onde se concentrava a metade dos setores mais pobres do Brasil. Dois anos depois foi criado o **Programa Bolsa Família**, integrando o Fome Zero e programas sociais herdados do governo Fernando Henrique.

O Bolsa Família é um programa de transferência de renda que beneficia famílias em situação de pobreza e de extrema pobreza, com renda limitada a 140,00 reais por pessoa. O programa exige, porém, que as crianças e os adolescentes da família frequentem a escola, estejam em dia com o cartão de vacinação e recebam acompanhamento médico e social.

Na educação, o governo instituiu o **Programa Brasil Alfabetizado** (PBA) e o **Programa Universidade para Todos** (Prouni). O primeiro destina-se a apoiar a Educação de Jovens e Adultos (EJA) em municípios com elevado índice de analfabetismo. O segundo foi criado para ampliar o acesso de estudantes de baixa renda ao ensino superior por meio da concessão de bolsas de estudo em instituições privadas. A seleção dos candidatos é feita mediante a análise da situação socioeconômica e o resultado obtido no Exame Nacional do Ensino Médio (Enem).

Saiba mais

Críticas ao Bolsa Família

O Bolsa Família é visto pelo Banco Mundial como modelo de programa social de combate à pobreza e de inclusão dos mais pobres no mercado consumidor. Mas essa visão não é unânime. Muitos críticos do programa argumentam que a assistência prestada às famílias mais carentes, que deveria ser temporária, estaria se tornando permanente. Em segundo lugar, por não contribuir para a inserção dos membros da família no mercado de trabalho, os participantes do Bolsa Família recebem dinheiro do governo sem nada produzir. Por fim, os críticos alertam que a fiscalização do programa não seria capaz de evitar as fraudes.

DANIEL AGUILAR/REUTERS/LATINSTOCK

Soldado brasileiro da missão de paz da ONU no Haiti, chefiada pelo Brasil, observa aglomeração de pessoas em frente ao estádio Sylvio Cator. Porto Príncipe, Haiti, em 2004.

Política externa

No plano internacional, o governo brasileiro assumiu uma posição de liderança na América Latina. Defendeu a integração dos países latino-americanos para reduzir as barreiras alfandegárias e ampliar o comércio entre eles. Desde 2004, o Brasil também vem comandando as forças de paz da Organização das Nações Unidas (ONU) no Haiti. O papel do Brasil é garantir a paz e promover a estabilidade política no Haiti depois da derrubada do presidente Jean Bertrand Aristide.

O Brasil também passou a reivindicar um assento permanente no Conselho de Segurança da ONU. O órgão é composto por quinze Estados-membros, sendo cinco permanentes e os demais eleitos para um mandato de dois anos. As decisões tomadas pelo Conselho de Segurança são obrigatórias para todos os Estados-membros das Nações Unidas e o voto negativo de um membro permanente tem poder de vetar qualquer resolução do órgão. A importância desse organismo no cenário internacional explica por que Lula assumiu a defesa da reforma da ONU e da ampliação dos assentos permanentes.

O "mensalão" e o fim do governo Lula

No primeiro mandato, o governo Lula foi marcado por uma série de denúncias de corrupção. O presidente do Partido Trabalhista Brasileiro (PTB), Roberto Jefferson, fez uma denúncia envolvendo o tesoureiro do PT, Delúbio Soares, em um esquema de pagamento de "mesadas" a deputados em troca de apoio nas votações de interesse do presidente, o chamado **mensalão.** Embora tenha sido o período mais crítico do governo, Lula conseguiu se reeleger e permanecer mais quatro anos no poder.

O segundo mandato de Lula foi marcado pela criação do Plano de Aceleração do Crescimento (PAC), um conjunto de medidas que visavam estimular o crescimento econômico brasileiro, lançado em janeiro de 2007. O plano previa investimentos em torno de 500 bilhões de reais em infraestrutura (saneamento, rodovias, portos, geração de energia etc.), a maior parte em parceria com a iniciativa privada. A execução lenta de algumas obras e medidas como o uso de recursos do Fundo de Garantia do Tempo de Serviço do trabalhador (FGTS) para financiar projetos do PAC criaram muita polêmica em torno do plano.

No fim do segundo mandato de Lula e com a proximidade das eleições presidenciais de 2010, o PT escolheu Dilma Rousseff como sua candidata para disputar a presidência da república. Dilma chefiou dois ministérios durante os dois mandatos de Lula, primeiro o de Minas e Energia e, após o escândalo do "mensalão", o da Casa Civil. Lula participou ativamente da campanha de Dilma Rousseff e a sua popularidade (80% de aprovação no final do mandato) foi fundamental na eleição da primeira mulher para o cargo de presidente do Brasil. Dilma foi eleita, no segundo turno, com mais de 55 milhões de votos.

Saiba mais

A crise de 2008 no Brasil

Em 2008, a falência de um importante banco de investimentos nos Estados Unidos desencadeou uma grave crise econômica, que teve alcance mundial. Muitas empresas fecharam suas portas e milhões de pessoas ficaram desempregadas, principalmente nos Estados Unidos e na Europa. No Brasil e em outros países emergentes, porém, os efeitos da crise foram menos intensos do que se esperava. O governo lançou um pacote de incentivo ao consumo, com a redução de algumas taxas, e incentivou a construção civil e a produção de grãos.

RICARDO TRIDAI/DIÁRIO DO GRANDE ABC/AGÊNCIA ESTADO

A presidenta Dilma Rousseff e o ex-presidente Luiz Inácio Lula da Silva, acompanhados da ex-primeira-dama Marisa Letícia e do vice-presidente Michel Temer, descem a rampa do Palácio do Planalto, em Brasília, para cumprimentar a população após a solenidade de posse, em 1º de janeiro de 2011.

O governo Dilma Rousseff

Em 2011, Dilma Rousseff tomou posse na presidência da república. Uma das questões polêmicas enfrentadas pela presidenta em seu primeiro ano de governo foi a construção da Usina Hidrelétrica de Belo Monte, no estado do Pará. O projeto da construção de Belo Monte tem gerado discussões há mais de vinte anos. Ambientalistas, representantes de movimentos sociais e lideranças indígenas se opõem à construção da usina, alegando que os impactos ambientais e sociais serão desastrosos para a região.

Em abril de 2010, a Organização dos Estados Americanos (OEA) solicitou ao Brasil a suspensão imediata do processo de licenciamento da Usina Hidrelétrica de Belo Monte. Em resposta, o governo brasileiro declarou que as medidas solicitadas pela OEA eram "precipitadas e injustificáveis" e que a construção de Belo Monte cumpre as leis do Brasil, tendo sido submetida a uma avaliação técnica rigorosa.

A presidenta também pode enfrentar problemas de outra ordem. Dilma Rousseff é a primeira mulher a ocupar o mais alto cargo do poder executivo no Brasil. Apesar de representar uma vitória a favor da participação feminina na política brasileira, a presidenta pode encontrar resistências num meio ocupado principalmente por homens.

Outro obstáculo de Dilma é a corrupção na política brasileira. Com apenas sete meses de governo, respondendo às denúncias e às acusações que eram feitas, quatro ministros pediram demissão, e uma série de funcionários deixaram suas funções. Em um país em que a corrupção tem raízes históricas, a presidenta tinha a difícil tarefa de conciliar a necessária "faxina" administrativa com o desafio de garantir a estabilidade política e a continuidade do crescimento econômico, em um cenário de desemprego e crise de endividamento no mundo desenvolvido.

Saiba mais

A presidenta ou a presidente?

A norma culta da língua portuguesa admite como corretas tanto a forma presidente, como substantivo de dois gêneros, quanto presidenta, substantivo feminino. Segundo o dicionário *Houaiss*, a palavra presidenta tem como acepções "mulher que se elege para a presidência de um país ou de uma instituição" ou "esposa do presidente". Até 2011, Dilma Rousseff manifestava a preferência pelo termo "presidenta", embora a mídia em geral não tenha popularizado a expressão.

O abismo entre negros e brancos no Brasil

O Brasil é o país do *apartheid* não declarado. Ao contrário da África do Sul dos anos 1940-1990, onde a segregação era lei, o racismo é um crime inafiançável no Brasil. Mas a lei esbarra em uma mentalidade de raiz aristocrática, formada em séculos de escravidão, que nos deixaram uma herança perversa. Esse legado pode ser constatado nos indicadores relacionados ao ensino, ao mundo do trabalho, à saúde e à violência urbana.

Segundo dados da Síntese dos Indicadores Sociais de 2010, que reuniu dados colhidos pelo IBGE em 2009, a taxa de analfabetismo da população brasileira com 15 anos de idade ou mais era de 5,9% para brancos e 13,3% para pretos. O mesmo relatório revelou que a média de anos de estudo dos brancos com 10 anos de idade ou mais era de 8,4 anos, enquanto a dos pretos e pardos era de 6,7 anos.

Pnad
Pesquisa Nacional por Amostra de Domicílios, pesquisa anual feita pelo IBGE das características gerais da população brasileira, com base em uma amostra de domicílios. Os dados estatísticos levantados pelo instituto são usados para a elaboração de políticas públicas voltadas para a melhoria das condições de vida da população.

Os índices relacionados à renda confirmam o mesmo quadro de desigualdade racial. Segundo dados preliminares do Censo 2010, o total de brasileiros vivendo na miséria (com renda *per capita* de até 70,00 reais) somava 16,2 milhões, o equivalente a 8,5% da população. Desses, 70,8% eram pardos ou pretos. Os dados sobre a renda revelam ainda que pretos e pardos somavam apenas 16% da camada mais rica do Brasil que representava apenas 1% da população.

Os dados, tanto de educação como de renda, melhoraram em relação ao Censo 2000, mas ainda estamos longe de uma democracia racial.

A falsa democracia racial

“A intensa miscigenação da população, a ausência de ódio racial, de manifestações abertas de racismo e de segregação legal ou explícita – enfim a aparência de ‘democracia racial’ da sociedade – ocultam aos olhos do observador externo, e mesmo de muitos brasileiros, o grande abismo existente entre as condições econômicas e sociais dos seus dois maiores grupos étnicos: os *brancos*, de origem europeia, e os *negros*, ou afrodescendentes.”

MARTINS, Roberto Borges. Desigualdades raciais e políticas de inclusão racial: um sumário da experiência brasileira recente. Divisão de Desenvolvimento Social da Comissão Econômica para América Latina e Caribe (Cepal). Nações Unidas, abr. 2004. Disponível em www.eclac.org.br. Acesso em 13 set. 2011.

REPRODUÇÃO - COLEÇÃO GEORGE ERMAKOFF

Duas crianças brancas posam para foto com sua babá negra, 1890. Após a abolição, a maior parte dos negros continuou exercendo os mesmos ofícios de quando eram escravos.

Os negros e as políticas afirmativas

CAIO GUATELLI/FOLHAPRESS

Alunos da primeira turma da Unipalmares em cerimônia de formatura em São Paulo, 2008. A universidade, que é privada, reserva metade de suas vagas para afrodescendentes.

Indicadores tão evidentes de um muro racial no Brasil obrigaram os governos a criar programas de ações afirmativas para promover a inclusão socioeconômica da população negra. **Ação afirmativa** consiste em um conjunto de políticas destinadas a combater a discriminação (étnica, sexual, etária etc.) e a reparar os efeitos de práticas discriminatórias construídas historicamente. Com isso, pretende-se eliminar definitivamente a ideia de supremacia racial *versus* submissão racial, para que a diversidade seja compreendida como uma característica central da espécie humana.

A demarcação de terras indígenas e a criação de cotas para as mulheres nas candidaturas partidárias e para deficientes em empresas do setor privado e nos concursos públicos são exemplos de ações afirmativas voltadas, respectivamente, para a valorização dos indígenas, das mulheres e dos deficientes físicos no Brasil. Uma ação afirmativa que vem sendo experimentada no país é o polêmico programa de cotas para negros nas universidades públicas. A Universidade Estadual do Rio de Janeiro (Uerj), a Universidade Estadual do Norte Fluminense (UENF) e a Universidade de Brasília (UnB) foram pioneiras na iniciativa de reservar um percentual de vagas para alunos negros, indígenas e egressos de escolas públicas.

Os primeiros resultados dessa iniciativa já podem ser sentidos. Em 2010, formou-se a primeira turma de medicina da Uerj com alunos selecionados pelo sistema de cotas. Dos 94 ingressantes na turma de 2004, 43 eram cotistas. Do total de alunos ingressantes, 80 concluíram o curso, sendo 35 cotistas. A visão de que os alunos favorecidos pelas cotas teriam dificuldades para acompanhar o curso não parece ter se confirmado com a maior parte dos cotistas desta turma. Prova disso é que 25 dos 35 cotistas formandos passaram nas provas de residência, muito difíceis e feitas sem a reserva de vagas.

O sistema de cotas divide a sociedade e há argumentos fortes a favor e contra. O importante é reconhecer o grande avanço que separa a realidade dos negros no Brasil de 150 anos atrás, quando não passavam de uma mercadoria, e a de hoje, em que muitos deles fizeram grandes conquistas, como a relatada neste trecho de uma reportagem:

> “Monique, negra, cotista e uma das melhores alunas da sala, foi eleita oradora da turma de medicina da Uerj 2010, apesar de a maioria dos alunos não ter entrado pelo sistema de cotas.”
>
> VIEIRA, Márcia. Médicos põem à prova sistema de cotas. *O Estado de S. Paulo*, 8 maio 2011.

POPULAÇÃO BRASILEIRA VIVENDO COM MENOS DE US$ 1,25/DIA/*PER CAPITA* (SEGUNDO RAÇA, EM %)

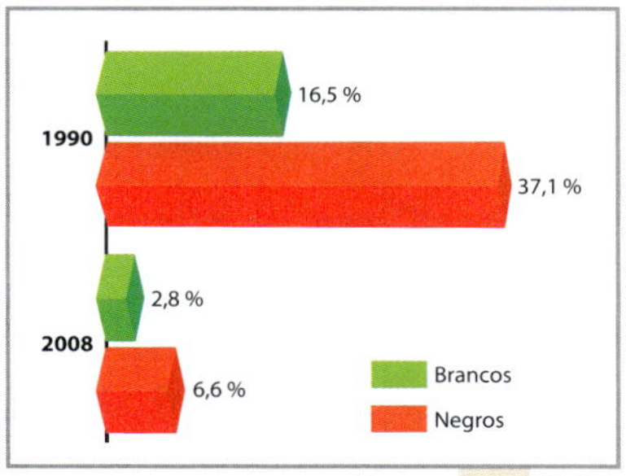

ANDERSON DE ANDRADE PIMENTEL

Fonte: Pnad/IBGE.

Questão

- Há muitas críticas ao sistema de cotas. Alguns dizem que as cotas priorizam a origem étnico-social em prejuízo do esforço. Outros afirmam que o caminho para democratizar o ensino superior é elevar a qualidade do ensino fundamental e médio das escolas públicas. O que você pensa a respeito do assunto? Elabore argumentos para defender a sua posição e debata o tema com os colegas.

ATIVIDADES

Compreender os conteúdos

1. **Em seu caderno, defina os termos a seguir.**

a) Plano Cruzado.
b) Plano Collor.
c) Plano Real.
d) Programa Bolsa Família.

2. **A Constituição de 1988 marcou um momento importante no processo de redemocratização do Brasil, não apenas do ponto de vista das liberdades políticas, mas também dos direitos sociais e das reivindicações dos povos indígenas. Sobre esse assunto, responda às questões a seguir.**

a) Explique como se deu a elaboração da Constituição de 1988 e indique o principal avanço democrático que caracterizou o processo.
b) Quais conquistas relacionadas às liberdades políticas e garantias individuais foram fixadas na lei de 1988?
c) Cite alguns direitos dos trabalhadores brasileiros que foram assegurados pela carta constitucional de 1988.
d) Por que a lei significou um grande avanço na relação do Estado com os povos indígenas?

3. **Identifique as afirmações incorretas e, em seu caderno, reescreva-as corretamente.**

a) Fernando Collor era um político pouco conhecido, mas ganhou apoio das elites brasileiras e dos meios de comunicação, conquistando projeção nacional.
b) Privatização das empresas estatais e nacionalização da economia brasileira foram políticas do governo Collor.
c) Fernando Collor foi acusado de corrupção, irregularidades financeiras e tráfico de influência. Renunciou e foi substituído pelo vice-presidente Itamar Franco.
d) O Plano Real foi implementado no primeiro mandato de Fernando Henrique. O sucesso do plano garantiu a reeleição do então presidente.
e) A estagnação econômica e as altas taxas de desemprego contribuíram para diminuir a popularidade de Fernando Henrique em seu segundo mandato.

4. **Relacione a adoção do Plano Real no governo Itamar Franco à eleição de Fernando Henrique ao cargo de presidente da república.**

5. **Quais foram as medidas adotadas durante o governo Lula para combater a pobreza? Quais são as principais críticas feitas a essas medidas?**

Ampliar o aprendizado

6. **Leia o texto abaixo sobre uma sequência do filme *Terra estrangeira*, do brasileiro Walter Salles, produzido em 1996, e responda às questões.**

> "Maria almeja voltar a ver a terra de seu pai, San Sebastian, no país basco, Espanha. [...] Quando [seu filho] Paco lhe explica que, por causa dos juros altos praticados no Brasil, eles não podem pagar a viagem em prestações, ela procura explicar a necessidade que tem de voltar a ver sua terra de origem. Enquanto Paco assiste furtivamente e embevecido a um ensaio de 'Hamlet', sua mãe, em frente ao aparelho de TV, assiste estarrecida à ministra Zélia Cardoso de Mello anunciar o bloqueio de todas as aplicações financeiras, incluindo a poupança, onde ela guarda suas economias."

JORGE, Marina Soler. A imagem da nação em Terra Estrangeira. *Rumores* – Revista *Online* de Comunicação, Linguagem e Mídias. Disponível em www.usp.br. Acesso em 18 ago. 2011.

a) Qual é o período da história recente do Brasil em que a trama do filme se desenvolve? Justifique sua resposta.

b) Por que os juros altos impediriam Paco e sua mãe de pagar a viagem em prestações? Se necessário, consulte seu professor de matemática para responder a essa questão.

c) De acordo com a história transcrita nesse relato, a ministra Zélia Cardoso de Mello anunciou aos brasileiros o bloqueio de todas as aplicações financeiras, incluindo a poupança. Pesquise qual cargo Zélia ocupava no governo e qual objetivo se esperava atingir por meio dessas medidas. Esse objetivo foi atingido? Justifique.

7. O gráfico a seguir mostra a evolução da população de negros e pardos matriculados no ensino superior. Que mudança houve, segundo o gráfico, de 2002 para 2006? Que políticas públicas ajudam a explicar essa mudança?

BRASIL: TOTAL DE PRETOS E PARDOS NO ENSINO SUPERIOR — 2002 E 2006

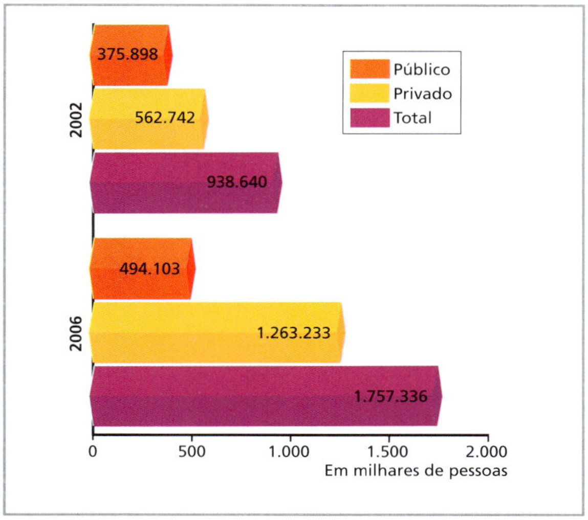

ANDERSON DE ANDRADE PIMENTEL

Fonte: PAIXÃO, Marcelo; CARVALHO, Luiz M. (Org.). *Relatório anual das desigualdades raciais no Brasil 2007-2008*. Rio de Janeiro: Garamond/Laeser/Instituto de Economia da UFRJ, 2008. p. 82.

História feita com arte

8. Observe a charge abaixo e responda às questões.

© LUTE

Charge de Lute, publicada em junho de 2011 no jornal mineiro *Hoje em dia*.

a) Descreva a charge.

b) A funcionária do caixa, ao questionar o cliente sobre a nota apresentada por ele, insinua a prática de que tipo de crime? Justifique.

c) O cliente, ao responder ao questionamento feito pela atendente, está se referindo ao mesmo tipo de crime? Justifique.

d) Com base no que você estudou, dê exemplos de crimes políticos que aparecem em várias denúncias feitas no Brasil.

Debater

9. Em agosto de 2011, em votação secreta, a Câmara dos Deputados rejeitou o pedido de cassação do mandato da deputada federal Jaqueline Roriz (PMN-DF), flagrada, em 2006, recebendo dinheiro não declarado à Justiça Eleitoral para sua campanha nas eleições legislativas. Por 265 votos contra 166, o plenário da Câmara entendeu que a deputada não podia ter seu mandato cassado por um episódio ocorrido antes da atual legislatura. A decisão da Câmara causou uma grande polêmica no Brasil. Por que a vida pregressa de um ocupante de cargo eletivo, parlamentar ou executivo, não pode levar à cassação do seu mandato? Por que votações desse tipo não podem ser feitas em sessões abertas? Discuta essas questões com seus colegas.

Pesquisar

10. Em 2011 o IBGE divulgou a Sinopse do Censo Demográfico 2010, com os primeiros resultados definitivos do XII recenseamento geral do Brasil. Para conhecer o mapeamento das características gerais da população brasileira, acesse o *site* do censo 2010 do IBGE (www.censo2010.ibge.gov.br). Após levantar os dados a seguir, elabore um texto expositivo sobre o perfil da população brasileira.

a) Domicílios visitados e número de recenseadores; domicílios em que houve entrevista e domicílios classificados como fechados; metodologia utilizada para estimar os moradores dos municípios fechados.

b) População brasileira total; proporção de homens e mulheres e de jovens e idosos; moradores das áreas urbanas e moradores das áreas rurais.

c) Analfabetos com 15 anos de idade ou mais; jovens no ensino fundamental, no médio e no superior por sexo ou raça.

d) Participação das religiões no Brasil.

CAPÍTULO

15

O mundo contemporâneo

As contradições do século XXI

Chegamos ao último capítulo deste livro, depois de estudarmos muitos acontecimentos do século XX, um século de muitas guerras, revoluções, ditaduras, disputas ideológicas, mobilizações e, principalmente, sonhos: de jovens contestadores, povos colonizados, cidadãos reprimidos, trabalhadores explorados, artistas rompedores.

Vista de Manila, capital das Filipinas, janeiro de 2007. Observe o contraste entre os barracos e os edifícios de luxo no distrito financeiro de Makati.

Pense agora no século XXI, que é a época em que vivemos. O que tem sido o mundo nos primeiros anos deste século? Que palavra seria mais adequada para resumir a sociedade em que vivemos hoje? Talvez você tenha pensado em outra coisa, mas não pode negar que a palavra *contraste* diz muito sobre o mundo que vemos todos os dias.

Se você observasse um planisfério representando os índices de desenvolvimento nos países do globo, notaria uma grande diferença entre a situação da União Europeia, da América do Norte e do Japão em relação aos demais países, como o que você vê na foto destas duas páginas. O que provavelmente chamaria sua atenção? Por que esta imagem é um retrato do nosso tempo?

Pensando agora no Brasil, recorde o que você já sabe sobre os estados brasileiros; pense no município onde você vive e nas ruas por onde anda. Todos os brasileiros vivem em moradias seguras e adequadas? Seus rendimentos garantem uma condição digna de vida? Todas as crianças estudam, são bem alimentadas e recebem cuidados e proteção?

Depois de fazer esse exercício de reflexão, você deve compreender por que o *contraste* é uma das características tão marcantes da sociedade atual, que nos surpreende todos os dias com inovações no campo da biotecnologia, da microeletrônica, da robótica e das comunicações, mas não é capaz de erradicar muitas doenças, o analfabetismo, a pobreza e as guerras. O mundo de hoje, com todas essas contradições, é o tema deste último capítulo.

JAY DIRECTO/AFP

Saiba mais

A internet

A internet popularizou-se na década de 1990 com o lançamento do sistema www (sigla em inglês para a expressão "rede de abrangência mundial"). Os bilhões de usuários que acessam a rede diariamente obtêm e divulgam informações, trocam experiências e mensagens, compartilham opiniões, desenvolvem *hobbies* etc. O acesso à rede, porém, não significa que as pessoas estão de fato "conectadas" socialmente. É preciso ficar atento para que as relações virtuais não substituam as experiências do mundo real. Além disso, a internet é um espaço que também pode ser utilizado para a prática de crime e de manipulação, como roubo de dados bancários e disseminação de pornografia infantil. A internet tornou-se um dos principais símbolos do mundo globalizado, uma ferramenta que a cada dia nos apresenta novas possibilidades de uso.

A globalização

O termo **globalização** tem sido um dos mais utilizados pela mídia em geral nas duas últimas décadas. Pode-se definir globalização como um processo bastante amplo, que se caracteriza pelo intenso intercâmbio mundial de mercadorias, capitais, pessoas e serviços.

Antes de 1991, esse termo era muito pouco utilizado. Ele passou a ser frequentemente empregado por pesquisadores, jornalistas e pessoas em geral após o fim da União Soviética, quando as principais barreiras para a expansão do capitalismo pareciam ter sido eliminadas.

Embora o termo globalização seja relativamente novo, muitos especialistas consideram que o fenômeno teria se iniciado com as grandes navegações dos séculos XV e XVI. A diferença entre as "globalizações do passado" e a globalização dos dias atuais é que em nenhuma outra época se produziu um volume tão grande de riquezas e houve uma integração econômica tão intensa entre os países quanto nas duas últimas décadas.

A globalização foi impulsionada pela chamada **Terceira Revolução Industrial**, iniciada na década de 1970, que se caracterizou pelo desenvolvimento de tecnologias que modificaram profundamente os métodos e as relações de trabalho, as comunicações, os transportes e toda a vida social.

A biotecnologia, a robótica e a informática foram os motores dessa revolução tecnológica, que resultou no aumento extraordinário da produtividade, na extinção de empregos tradicionais e no barateamento de milhares de produtos.

A integração econômica mundial e o interesse dos Estados nacionais em ampliar sua participação no comércio globalizado explicam a expansão dos blocos econômicos regionais, como o Mercosul (1991) e o Nafta (1994). Além de ampliar o comércio entre os países-membros, a formação desses blocos visava buscar soluções comuns para os problemas econômicos de seus associados.

WARNER BROS./EVERETT COLLECTION/GRUPO KEYSTONE

Emma Watson, Rupert Grint e Daniel Radcliffe em cena do filme *Harry Potter e as relíquias da morte*: parte 2, lançado em julho de 2011 em diversos países. Em agosto de 2011, o filme alcançou a marca de US$ 1,01 bilhão, a terceira maior bilheteria da história do cinema.

A União Europeia

A **União Europeia**, um dos principais blocos econômicos da atualidade, tem sua origem no **Mercado Comum Europeu**, criado em 1957 por meio do Tratado de Roma. Inicialmente, apenas seis países faziam parte do bloco. Em 1992, o **Tratado de Maastricht** substituiu o de Roma e o antigo Mercado Comum Europeu passou a se chamar **União Europeia** (UE).

Entre as mudanças propostas pelo novo tratado estava a criação de uma União Econômica Monetária cujo ponto central era a criação de uma moeda comum entre os Estados-membros, o euro, que começou a circular em 2002. Em 2011, apenas 16 dos 27 integrantes da UE adotavam o euro.

WILFRIED WIRTH/ALAMY/OTHER IMAGES

Edifícios do Parlamento europeu, em Estrasburgo, na França, abril de 2011. O Parlamento europeu representa os cidadãos da UE e tem a tarefa de debater e aprovar leis e orçamentos e de fiscalizar as instituições do bloco.

Na parte ocidental da Europa, somente a Suíça, a Islândia e a Noruega não fazem parte do bloco. Em 2004 foram incorporados República Tcheca, Eslováquia, Eslovênia, Estônia, Hungria, Letônia, Lituânia e Polônia, países que pertenciam ao antigo grupo dos Estados socialistas na Europa. Chipre e Malta também aderiram ao bloco no mesmo ano. A Bulgária e a Romênia entraram no grupo em 2007, e há expectativas de que o bloco se amplie com a incorporação de Bielorrússia, Moldávia e Ucrânia.

Nos Bálcãs, a sensação é de frustração. Com exceção da Eslovênia, nenhuma das repúblicas da antiga Iugoslávia integra o bloco, mesma situação da Albânia, um dos países mais pobres da Europa.

Saiba mais

A Turquia e a União Europeia

Em 2004, a Turquia apresentou formalmente sua intenção de ingressar na UE. Para as elites do país, a adesão significava o acesso sem restrições ao mercado europeu, aos fundos de apoio para os países menos desenvolvidos do bloco e a uma moeda forte. Mas, sobretudo, representava a definição de uma identidade europeia para a Turquia, algo muito valorizado entre os empresários e a classe média urbana do país.

Nas últimas décadas, os países da UE produziram argumentos de todos os tipos para não abrir negociações com a Turquia. Alegam que o país não é geograficamente europeu, pois apenas 3% de seu território está situado na Europa, nem tem raízes culturais europeias, em virtude de suas antigas tradições muçulmanas.

Provavelmente os países da UE temem a incorporação dos quase 80 milhões de turcos, pois sabem que, empurrada por seu crescimento demográfico, a Turquia seria em pouco tempo o país mais populoso do bloco e teria direito a mais votos que a Alemanha, por exemplo, nas instituições europeias.

GAVIN HELLIER/JAI/CORBIS/LATINSTOCK

Vista de Istambul, a maior cidade da Turquia, maio de 2008.

Em 2011, menos da metade da opinião pública turca aprovava a entrada do país no bloco. A crise econômica europeia, o crescente aumento da xenofobia nos países da Europa ocidental e a aproximação da Turquia com os países árabes têm desestimulado os turcos a lutarem por seu ingresso na União Europeia.

JIANAN YU/REUTERS/LATINSTOCK

Usina de energia a carvão próxima ao Rio Yang-tsé, em Tongling, na China, setembro de 2009.

Os Brics entram em cena

Em 1991, quando a União Soviética deixou de existir, economistas, especialistas em relações internacionais e outros estudiosos divergiam ao tentar caracterizar a nova ordem mundial que estava nascendo. Os Estados Unidos seriam a potência hegemônica ou surgiriam vários blocos de poder?

Passados vinte anos, novas forças emergiram no cenário econômico internacional, dificultando a elaboração de um prognóstico mais assertivo. Em 2001, por exemplo, o economista Jim O'Neill identificou um grupo heterogêneo de quatro economias emergentes: Brasil, Rússia, Índia e China. Utilizava-se, assim, pela primeira vez, a sigla **Bric** (iniciais de cada país envolvido). Porém, somente em 2006 o conceito formulado por O'Neill deu origem a um grupo propriamente dito. Em 2010, os integrantes do grupo decidiram agregar um novo país, a África do Sul, incluindo um s (de South Africa, em inglês) à sigla original. Os Brics não constituem um bloco formal. Os países do grupo apenas trabalham conjuntamente para apresentar reivindicações de interesse comum relativas a diversos temas.

Na última década, os Brics têm apresentado taxas de crescimento superiores às dos países desenvolvidos, o que lhes garante um poder maior na formulação de políticas globais. Segundo as previsões originais de O'Neill, em 2040, o PIB combinado desse grupo de países poderia ultrapassar o do G-8 (Grupo dos 8), composto por Estados Unidos, Japão, Alemanha, Grã-Bretanha, França, Itália, Canadá e Rússia.

Porém, tudo indica que essas previsões serão ultrapassadas. Desde 2009, a China já detém o segundo maior PIB do mundo. Atualmente, os Brics representam quase 20% do PIB mundial, têm participação crescente no comércio internacional e abrigam cerca de dois quintos da população do planeta.

Vista da Praia de Copacabana e, ao fundo, favela Pavão-Pavãozinho, no Rio de Janeiro, fevereiro de 2010. Apesar do crescimento econômico, os Brics ainda apresentam altos níveis de desigualdade social, como podemos observar nesta foto.

ISMAR INGBER/PULSAR IMAGENS

Crises da economia globalizada

Todo processo inovador, como tem sido o caso da globalização, traz desafios e oportunidades, mas também pode gerar crises profundas. Foi assim no México, em 1994, nos novos países industrializados da Ásia oriental (1997), na Rússia (1998), no Brasil (1999), na Argentina (2001) e novamente no Brasil, no ano seguinte.

Os governos desses países, sem condições de honrar suas dívidas, assinaram novos acordos com o **Fundo Monetário Internacional** (FMI) para a liberação de empréstimos emergenciais necessários para financiar a recuperação econômica. Em contrapartida, o FMI exigiu a adoção de políticas muito duras de austeridade fiscal e de combate à inflação.

A partir de 2008, uma nova crise do capitalismo estourou, atingindo, dessa vez, as economias mais desenvolvidas. Tendo como epicentro os Estados Unidos, a crise financeira se alastrou, atingindo o Japão e vários países da União Europeia pertencentes à zona do euro, principalmente Grécia, Portugal, Irlanda, Espanha e Itália. Essa crise revelou a existência de bolsões de pobreza nos países desenvolvidos.

A dinâmica da globalização recente também gerou fortes impactos sociais. De 1990 para 2008, a riqueza movimentada pelo comércio mundial saltou de 4 trilhões de dólares para quase 13 trilhões de dólares. No entanto, mais da metade dessa riqueza ficou concentrada no grupo dos países desenvolvidos. Esse dado demonstra que o processo de globalização econômica, especialmente na década de 1990, promoveu o aumento das disparidades sociais no mundo. Essas disparidades se verificaram tanto no distanciamento entre países ricos e pobres como no interior dos países ricos.

Todavia, a partir dos primeiros anos do século XXI, embora as disparidades permanecessem, o número de miseráveis do mundo – pessoas que vivem com menos de US$ 1,25 por dia – diminuiu. No Brasil, a população vivendo em extrema pobreza caiu de 36,2 milhões, em 1990, para 8,9 milhões, em 2008.

FILIPPO MONTEFORTE/AFP/GETTY IMAGES

Cartaz em que a Terra é representada como uma maçã mordida, em manifestação contra o então presidente dos Estados Unidos, George W. Bush, promovida por movimentos pacifistas e de antiglobalização. Roma, Itália, junho de 2007. Você consegue identificar a crítica presente nesse cartaz?

DOMICÍLIOS BRASILEIROS COM RENDA *PER CAPITA* DE ATÉ 1/4 DO SALÁRIO MÍNIMO

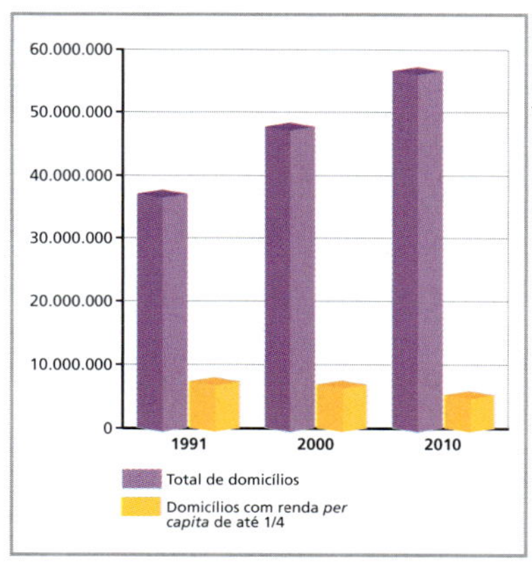

FERNANDO JOSÉ FERREIRA

Fonte: Censos demográficos do IBGE (1991, 2000 e 2010).

ENRIQUE MARCARIAN/REUTERS/LATINSTOCK

Manifestação na Avenida de Mayo, no centro de Buenos Aires, Argentina, durante a crise econômica de 2001. Os manifestantes criticavam as medidas de austeridade econômica do governo, que incluíam cortes no salário dos funcionários públicos e nas pensões.

O comércio globalizado

Questão

- Redija um texto relacionando um produto representado no quadro a cada um dos três grupos de países listados no gráfico. Justifique a escolha.

Desde 2000, o comércio internacional mudou bastante. Os países desenvolvidos ainda acumulam a maior parte do que se compra e se vende no mundo, mas outros países têm aumentado sua participação. Veja a seguir.

Década de 1990

O comércio globalizado

Com o fim da Guerra Fria, a abertura econômica e a assinatura de acordos regionais, as relações comerciais aumentaram no mundo todo. Além disso, a internet criou outro segmento o comércio eletrônico.

As vendas de artigos de informática e telecomunicações foram as que mais cresceram nos anos 1990, período de grandes avanços nessas áreas.

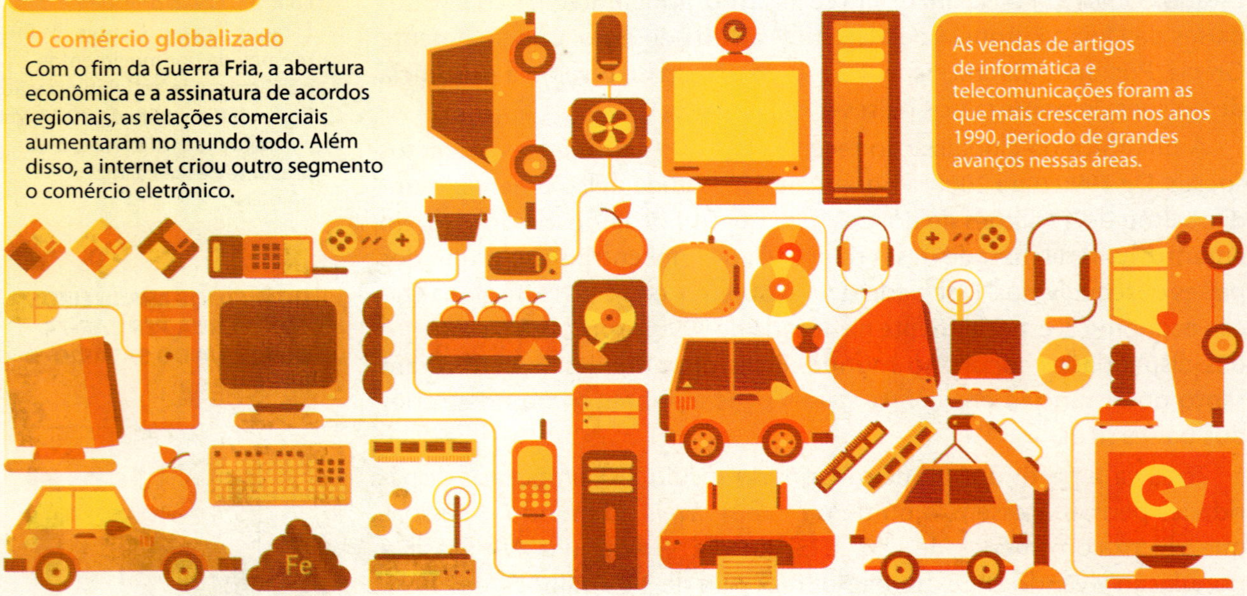

O comércio mundial (em trilhões de US$)

O gráfico abaixo representa a soma do fluxo de bens e serviços de todos os países do mundo entre 1990 e 2009.

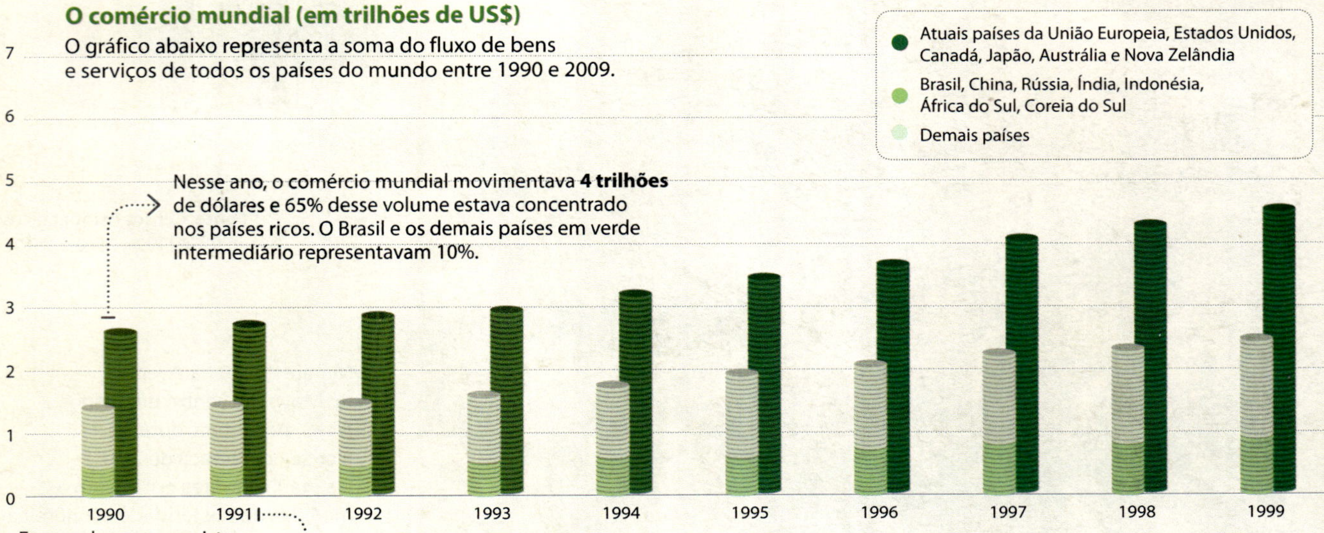

Em geral, os economistas consideram a década de 1980 uma "década perdida" por causa da estagnação do comércio internacional e da crise da dívida externa.

A partir da criação do Mercosul, em 1991, o comércio entre a Europa e a América do Sul cresceu continuamente.

Os países da União Europeia, maior bloco econômico do mundo, bem como os demais países desenvolvidos, estão representados em verde-escuro.

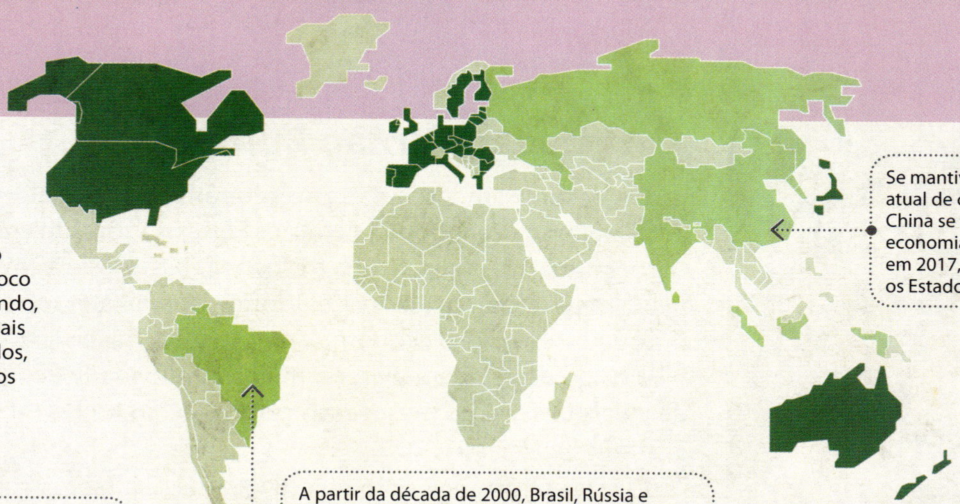

Se mantiver o ritmo atual de crescimento, a China se tornará a maior economia do mundo em 2017, superando os Estados Unidos.

Os sete países em verde intermediário reúnem cerca de 45% da população mundial.

A partir da década de 2000, Brasil, Rússia e África do Sul exportaram mais *commodities*, como alimentos e combustíveis. China, Índia e Indonésia venderam mais bens industrializados.

Fontes: Banco Mundial. *Multipolarity:* the new global economy. Disponível em www.worldbank.com. Acesso em 14 jul. 2011; Organização Mundial do Comércio (OMC). *International Trade Statistics 2010*. Disponível em www.wto.org. Acesso em 23 ago. 2011.

Década de 2000

Novas forças econômicas

Na década de 2000, a economia dos países em verde intermediário cresceu muito mais do que a dos outros dois grupos de países. A força econômica desses países fez deles líderes regionais.

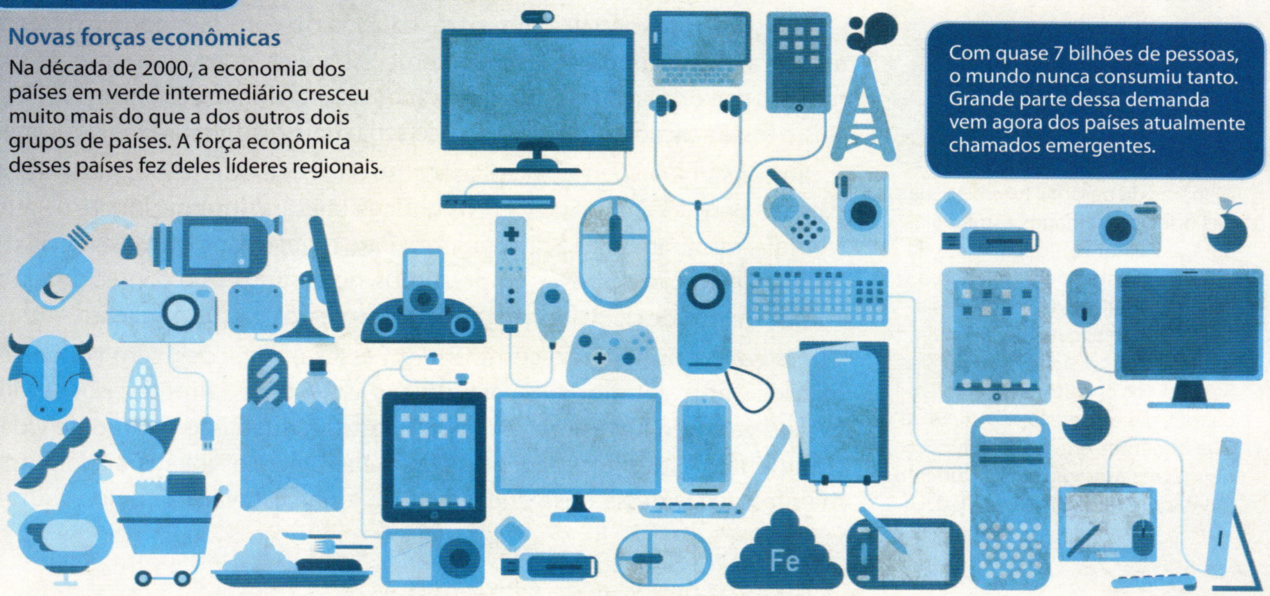

Com quase 7 bilhões de pessoas, o mundo nunca consumiu tanto. Grande parte dessa demanda vem agora dos países atualmente chamados emergentes.

As vendas dos sete países em verde intermediário foram as que mais cresceram, passando de 10% para 23% dos **11,4 trilhões** comercializados em 2009. Os países desenvolvidos reduziram suas vendas para 53%.

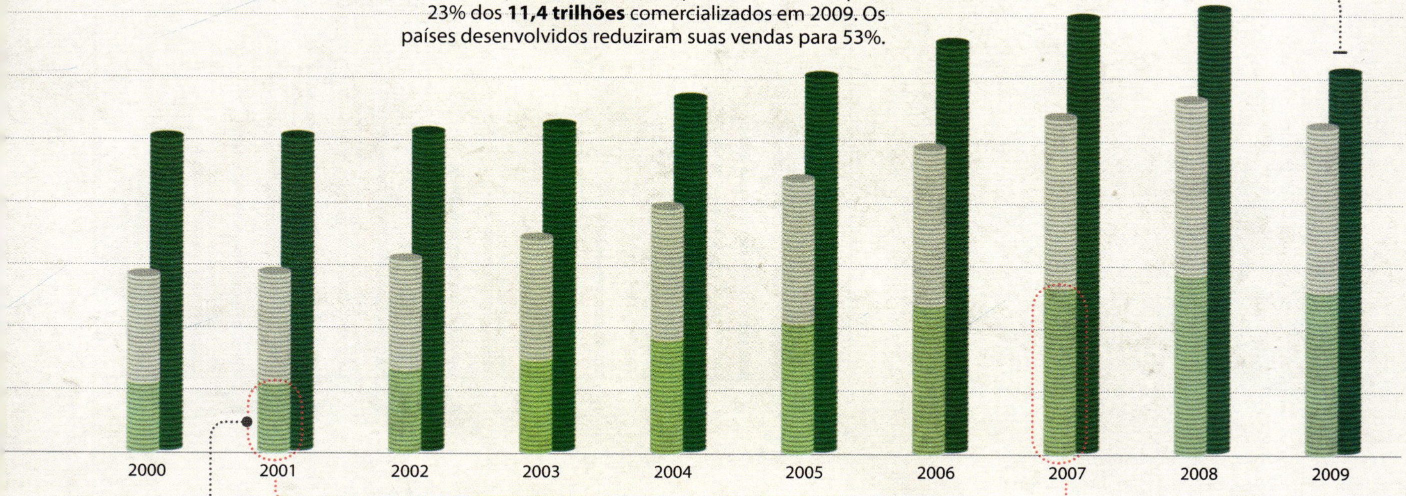

Entre 2001 e 2007, o comércio desses países aumentou **142%**, contra **37%** dos países desenvolvidos. Observe o gráfico e compare a evolução desses países.

A crise econômica mundial abalou mais intensamente o comércio dos países ricos, que retornou ao nível de 2005.

DANI POZO/AFP

Milhares de pessoas foram às ruas das principais cidades espanholas para protestar contra o projeto de reforma constitucional, elaborado por uma coalizão de socialistas e conservadores, que previa um limite máximo de endividamento público. Segundo os opositores, o objetivo da reforma era legalizar o corte de investimentos em saúde, educação, emprego e moradia para acalmar o mercado. Madri, junho de 2011.

A crise na União Europeia

Os desdobramentos da crise econômica mundial que eclodiu em 2008 afetaram a economia de vários países da zona do euro. Cinco deles, Portugal, Irlanda, Itália, Grécia e Espanha (PIIGS – sigla em inglês formada pelas letras iniciais desses países), foram os mais afetados. Isso aconteceu porque esses países, economicamente mais frágeis, não tinham mecanismos de defesa para evitar a queda da atividade econômica e a fuga de investidores e, ao mesmo tempo, manter as metas estabelecidas pelo **Tratado de Maastricht**.

O tratado estabelecia que a dívida pública (soma total devida pelo Estado a credores públicos e privados) e o déficit do orçamento (diferença entre a arrecadação e os gastos do governo por ano) não poderiam ultrapassar, respectivamente, 60% e 3% do PIB. Portugal e os demais países citados superaram esse teto.

Se esses países não fizessem parte da zona do euro, eles poderiam tentar recuperar suas economias usando como estratégia a desvalorização de suas moedas nacionais, como o Brasil fez várias vezes ao longo dos anos 1980. Mas, se isso fosse aplicado, em última análise, seria o início do fim da União Europeia.

Para evitar a suspensão do pagamento da dívida externa por parte desses países, o Banco Central Europeu, o Fundo Monetário Internacional e o Banco Mundial iniciaram uma ação conjunta para renegociar a dívida externa dos PIIGS. A liberação de novos empréstimos, no entanto, está condicionada ao cumprimento de rigorosas metas de controle dos gastos públicos.

Os governos, visando cumprir com essas obrigações, têm congelado salários e aposentadorias e cortado os gastos, especialmente nos setores sociais, gerando fortes protestos populares. A queda do padrão de vida e o aumento do desemprego, principalmente entre os jovens, são algumas manifestações dessa crise que, em 2011, ainda estava em curso.

TAXAS DE DESEMPREGO (2007-2010)

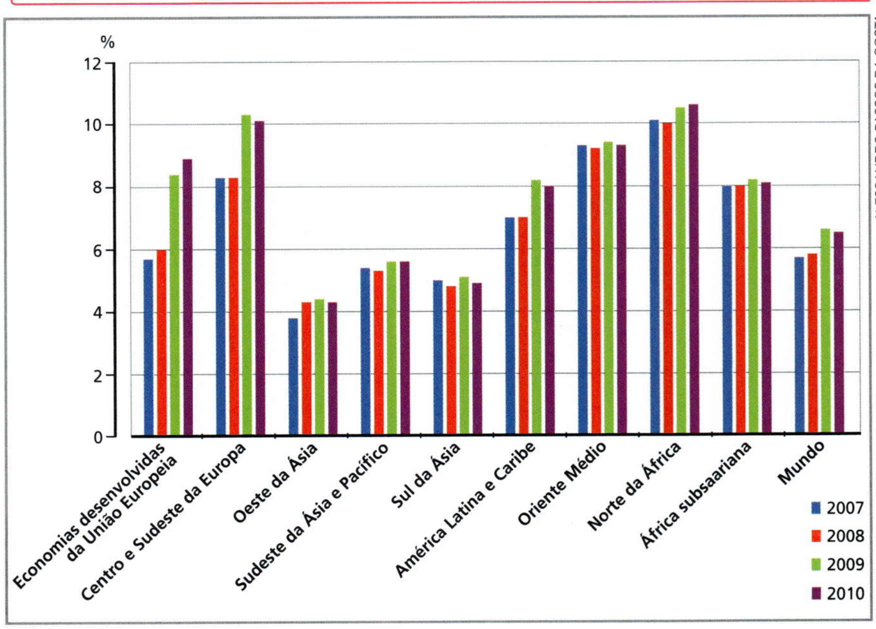

ALESSANDRO PASSOS DA COSTA

Fonte: *Global Employment Trends 2010*. Organização Internacional do Trabalho (OIT). Disponível em http://ilo.org. Acesso em 22 ago. 2011.

Os estrangeiros na União Europeia

Em 2011, pouco mais de 25 milhões de estrangeiros legalizados (cerca de 5% da população total do bloco), europeus e não europeus, viviam nos países da UE. Na Alemanha, o país da UE com o maior número de estrangeiros (quase 7 milhões), essa participação era de 8%. França, Grã-Bretanha, Espanha e Itália tinham o maior número de estrangeiros depois da Alemanha.

Na Grã-Bretanha, França, Bélgica e Holanda, boa parte dos estrangeiros é originária das antigas colônias: por exemplo, 95% dos imigrantes argelinos e 70% dos tunisianos que vivem na Europa estão estabelecidos na França; a maior parte de indianos e paquistaneses imigrantes vive na Grã-Bretanha. A Alemanha não se enquadra nesse padrão: a maioria dos estrangeiros é constituída por imigrantes do Oriente Médio, especialmente da Turquia.

ODD ANDERSEN/AFP/GETTY IMAGES

Tributo às vítimas dos ataques na Noruega, em frente à Catedral de Oslo, agosto de 2011. No cartaz, os dizeres "[...] o maior de todos é o amor".

Xenofobia e islamofobia

Nas últimas décadas, houve um aumento expressivo do fluxo migratório em direção aos países da Europa ocidental, impulsionado pelas dificuldades econômicas nos países do antigo bloco soviético, pelas guerras civis na Ásia e na África e pelo fechamento de postos de trabalho em todo o mundo. No entanto, à medida que aumentou a população imigrante nos países da UE, cresceu também a intolerância em relação a ela, o que levou à aprovação de uma série de leis restritivas à entrada de imigrantes ilegais.

A xenofobia tem feito crescer movimentos de extrema direita, assim como manifestações preconceituosas e anti-islâmicas. Jogadores de futebol de origem africana e latino-americana, brasileiros inclusive, têm sido alvos de manifestações racistas em estádios de vários países europeus.

O mais recente e dramático caso de islamofobia ocorreu na Noruega, em julho de 2011, quando os atentados praticados por um extremista causaram a morte de 77 pessoas, a maior parte delas norueguesa. Preso pela polícia, o terrorista declarou que seu alvo eram as lideranças do Partido Trabalhista Norueguês, que, com suas ideias liberais, seriam as responsáveis pela "invasão" de imigrantes muçulmanos no país. Para ele, esses imigrantes estariam desfigurando a identidade e os valores religiosos da Noruega.

CARLO HERMANN/AFP

Imigrantes tunisianos desembarcam na Ilha de Lampedusa, Itália, março de 2011. A ilha italiana tem sido o destino de imigrantes ilegais que tentam entrar na Europa.

LUKE MACGREGOR/REUTERS/LATINSTOCK

Policiais da tropa de choque bloqueiam rua em Hackney, na terceira noite de revoltas nos subúrbios de Londres, agosto de 2011.

Imigrantes, pobreza e conflitos sociais

Em agosto de 2011, graves distúrbios irromperam em Londres, a capital britânica. Várias lojas e carros foram queimados por manifestantes após a morte de um jovem negro pela polícia no bairro londrino de Tottenham. Quatro anos antes, eventos semelhantes haviam ocorrido em áreas periféricas de Paris.

As causas que explicam esses acontecimentos são múltiplas. Em épocas de grave crise econômica e desemprego, como a que se observa atualmente, a disputa por postos de trabalho se torna ainda mais acirrada, o que intensifica as tensões sociais existentes.

Além disso, nas periferias de cidades como Londres e Paris vivem grandes comunidades de imigrantes e seus descendentes. Nessas áreas há uma sensação persistente de falta de perspectivas, principalmente entre os jovens. Nelas os índices de desemprego chegam a ser o dobro da média nacional.

Miséria e crime nas periferias britânicas

"Poucos na Grã-Bretanha duvidam que haja uma 'cultura de violência' entre jovens das periferias do país. As divergências são sobre a origem dessa fratura social. Enquanto o chefe de governo [David Cameron] critica a falta de repressão por parte da polícia e fala em negligência familiar e 'imoralismo', seus críticos alertam para a desesperança criada por 30 anos de abandono do Estado e pelo aumento da desigualdade, acentuados pela crise econômica. Indiferente às críticas, Cameron anunciou que manterá os cortes de US$ 130 bilhões nos gastos públicos até 2015. [...] Há ainda os cortes em programas sociais. Tottenham, por exemplo, perderá US$ 66 milhões de seu orçamento, redução que chega a 75% do montante disponível para programas de empregos para jovens e para bolsas de estudos."

NETTO, Andrei. Distúrbios colocam Cameron sob pressão. *O Estado de S. Paulo*, 14 ago. 2011. Caderno Internacional. Disponível em www.estadao.com.br. Acesso em 6 set. 2011.

Os paradoxos da imigração

Atualmente, em diversos países da Europa, o número de mortes é maior que o de nascimentos. Estima-se que, em 2050, o total da população dos países da União Europeia diminuirá cerca de 2 milhões em relação ao efetivo atual. A Alemanha poderá perder quase 10% de sua população; enquanto a Itália, cerca de 9%. Na França, por volta de 2030, metade da população terá mais de 50 anos e 10% desse total terá mais de 80 anos.

Para compensar o envelhecimento demográfico, que se reflete na queda da população economicamente ativa e na elevação do custo da previdência social, a Europa deveria, necessariamente, abrir suas fronteiras. No entanto, ela tem se recusado a ver o problema por esse ângulo, preferindo inseri-lo na agenda das questões ligadas à segurança.

Questões

1. Segundo os críticos do governo britânico, qual é a situação econômica e social na Grã-Bretanha?
2. Que medidas o governo britânico tem adotado? Elas têm contribuído para a eclosão de distúrbios sociais no país? Por quê?

Os Estados Unidos na nova ordem mundial

Com o fim da Guerra Fria, os Estados Unidos consolidaram-se como a maior potência econômica, financeira, militar, tecnológica e cultural do mundo, com poder para decidir as questões geopolíticas mais importantes do mundo. Assim, a palavra **hiperpotência** passou a designar a supremacia planetária dos Estados Unidos.

As crises internacionais mais importantes que ocorreram na década de 1990, como a guerra na Bósnia, só foram encerradas por intervenções lideradas pelos Estados Unidos, reforçando o papel do país nas decisões adotadas pelo Conselho de Segurança da ONU.

A crise da hiperpotência

Ao longo da primeira década do século XXI, os Estados Unidos se mantiveram como a maior potência do mundo. Porém, os graves equívocos da política externa norte-americana – especialmente a invasão do Afeganistão (2001) e a do Iraque (2003) – e o crescimento dos chamados países emergentes mostraram uma perda relativa do poder dos Estados Unidos.

Do ponto de vista econômico, o mundo atual é marcado pela multipolaridade, ou seja, pela existência de vários centros econômicos, em que se destacam os países do Nafta, a União Europeia, o Japão e o grupo dos Brics, liderado pela China.

RYAN ANSON/AFP

Sede da empresa multinacional Apple, na Califórnia, Estados Unidos, março de 2011.

Apesar de ter sido o epicentro da grave crise econômica que abalou o mundo a partir de 2008, não se pode falar num declínio acelerado dos Estados Unidos. O país ainda está na vanguarda dos avanços e inovações em áreas estratégicas, como a ciência e a tecnologia, e sua importância na economia global ainda é enorme. Como se pode ver no mapa abaixo, as maiores empresas transnacionais do mundo têm sua sede nos Estados Unidos.

No plano das relações internacionais, a liderança dos Estados Unidos vem se tornando menor. O país já não pode tomar decisões unilaterais, como foi feito na invasão do Iraque, e percebeu que a única forma de tratar problemas como terrorismo, narcotráfico, proliferação nuclear e mudanças climáticas é por meio da cooperação entre governos.

SEDES DAS MAIORES EMPRESAS TRANSNACIONAIS NÃO FINANCEIRAS DO MUNDO (2008)

ALESSANDRO PASSOS DA COSTA

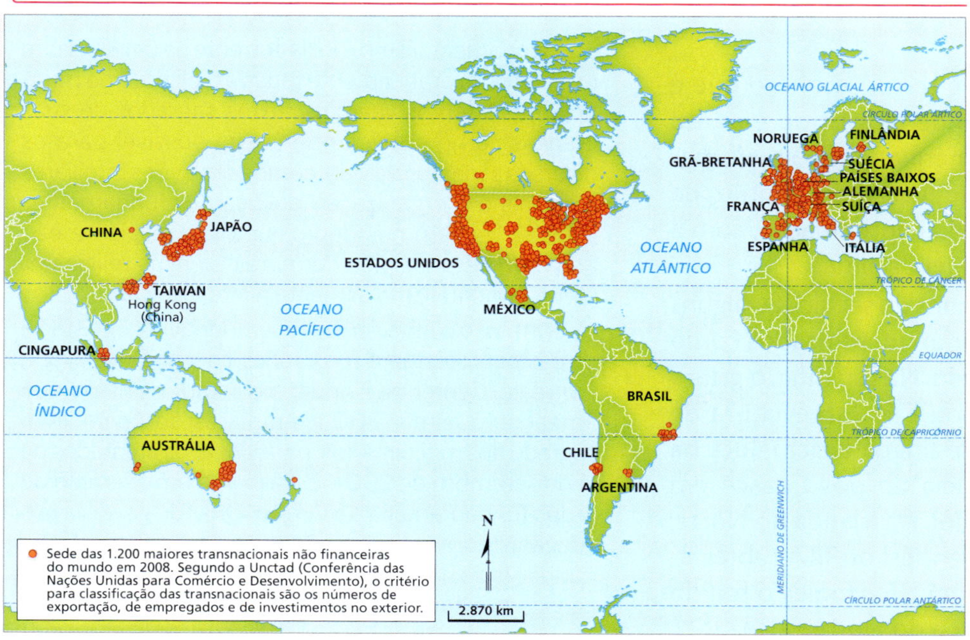

Empresa transnacional
Empresa que tem sua matriz no país de origem, mas atua em diversos países por meio da instalação de filiais. A expansão das transnacionais foi impulsionada pelas inovações tecnológicas na área de transportes e comunicações e pelo processo de globalização.

Fonte: *World Investment Report 2009. Transnational Corporations, Agricultural Production and Development*. United Nations Conference on Trade and Development (Unctad). Disponível em www.unctad.org. Acesso em ago. 2011.

As torres gêmeas do World Trade Center, em Nova York, nos Estados Unidos, durante os atentados de 11 de setembro de 2001.

O terrorismo

A disseminação do terrorismo tem sido um dos fenômenos mais importantes do início do século XXI. Essa nova era do terrorismo teve seu momento de maior impacto nos atentados de 11 de setembro de 2001. Nessa data, dois aviões foram lançados contra as torres gêmeas do World Trade Center, em Nova York, e um outro sobre o Pentágono, na Virgínia, símbolos do poder econômico e militar dos Estados Unidos. O responsável pelo ataque seria o grupo extremista islâmico Al-Qaeda, liderado pelo saudita Osama Bin Laden.

Você sabe dizer o que é terrorismo? E o que é um terrorista? A definição de terrorismo é muito polêmica. De maneira genérica, pode-se afirmar que terrorismo é um tipo de ação violenta utilizada para criar situações de medo e intimidação, com a finalidade de atingir uma meta política.

Nos últimos cinquenta anos do século XX, alguns grupos ou organizações foram identificados como terroristas em todo o mundo. Na Espanha, o grupo Pátria Basca e Liberdade, ou ETA (abreviatura de *Euskadi Ta Azkatasuna*, em língua basca), luta há décadas pela independência do povo basco em relação ao domínio espanhol. Na Irlanda do Norte, o Exército Republicano Irlandês, ou IRA (abreviatura de *Irish Republican Army*), reivindica o fim do domínio britânico na Irlanda do Norte.

A partir de 2005, o IRA fez acordos com o governo britânico e decidiu atuar no terreno das instituições democráticas. O ETA, por sua vez, recusou-se a deixar as armas e chegou a promover alguns atentados nos últimos anos. A maioria do povo basco, porém, deixou de apoiar a luta armada e optou pelo caminho das negociações políticas com o governo de Madri.

Saiba mais

O fundamentalismo religioso

O fundamentalismo é uma corrente de pensamento existente em praticamente todas as religiões do mundo. Seus adeptos veem os textos sagrados de suas crenças como a única orientação possível para os diversos aspectos da vida, como as relações familiares e sociais e a organização política. Os fundamentalistas se fecham nos dogmas da sua religião e não admitem os princípios de outras crenças religiosas. O fundamentalismo alimenta a intolerância.

Um caso conhecido de fundamentalismo cristão é do pastor protestante Terry Jones, líder da Dove World Outreach Center, na Flórida, nos Estados Unidos, que ameaçou queimar 200 exemplares do *Corão*, livro sagrado dos muçulmanos, para vingar os atentados de 11 de setembro de 2001. O Taliban é um exemplo de grupo fundamentalista islâmico. Quando governava o Afeganistão, a milícia impôs o uso da burca a todas as mulheres do país e proibiu formas de entretenimento ligadas à cultura do Ocidente.

Conflitos no Oriente Médio

Grande parte dos conflitos de grande repercussão que ocorrem atualmente tem como palco o Oriente Médio. Alguns deles, como a chamada Questão Palestina, vêm se arrastando sem solução há mais de sessenta anos. Afeganistão e Iraque também têm vivido conflitos e tensões geopolíticas constantes nos últimos trinta anos.

Guerra no Afeganistão

A localização geográfica do Afeganistão, rota de passagem entre o Oriente Próximo, a Índia e a China, e as múltiplas influências sofridas ao longo de sua história ajudam a explicar por que o país converteu-se numa colcha de retalhos étnica. O único traço aparente de unidade entre as principais etnias que habitam o país é a religião islâmica, professada por mais de 90% da população. Os sunitas representam cerca de 85% dos muçulmanos do país.

Como você estudou no capítulo 13, tropas soviéticas invadiram o Afeganistão em 1979 e só se retiraram do país depois de uma guerra que durou dez anos. Livres do inimigo comum, os diferentes grupos afegãos que lutaram contra a União Soviética se envolveram numa guerra interna pela disputa do poder. Em 1994, surgiu o **Movimento Taliban,** uma nova força político-militar que mudou os rumos da guerra civil.

Após tomar o poder, em 1996, o Taliban promoveu profundas mudanças nos costumes da população, baseadas na interpretação radical das leis islâmicas. O regime implantado pelo grupo proibia uma série de atividades, como ouvir música, tirar fotografias, assistir a programas na televisão e a filmes, brincar com bonecas ou soltar pipas.

MARAI SHAH/AFP

Mulheres utilizam burcas para votar nas eleições parlamentares no Afeganistão, setembro de 2010. O uso da burca tornou-se obrigatório durante o regime do Taliban. Mesmo com a queda do regime, em 2001, a maioria das mulheres afegãs continuou a utilizá-la.

Dogma
Doutrina ou interpretação de uma doutrina religiosa, política ou filosófica que não admite opiniões divergentes.

CONFLITOS ARMADOS NO MUNDO (2010)

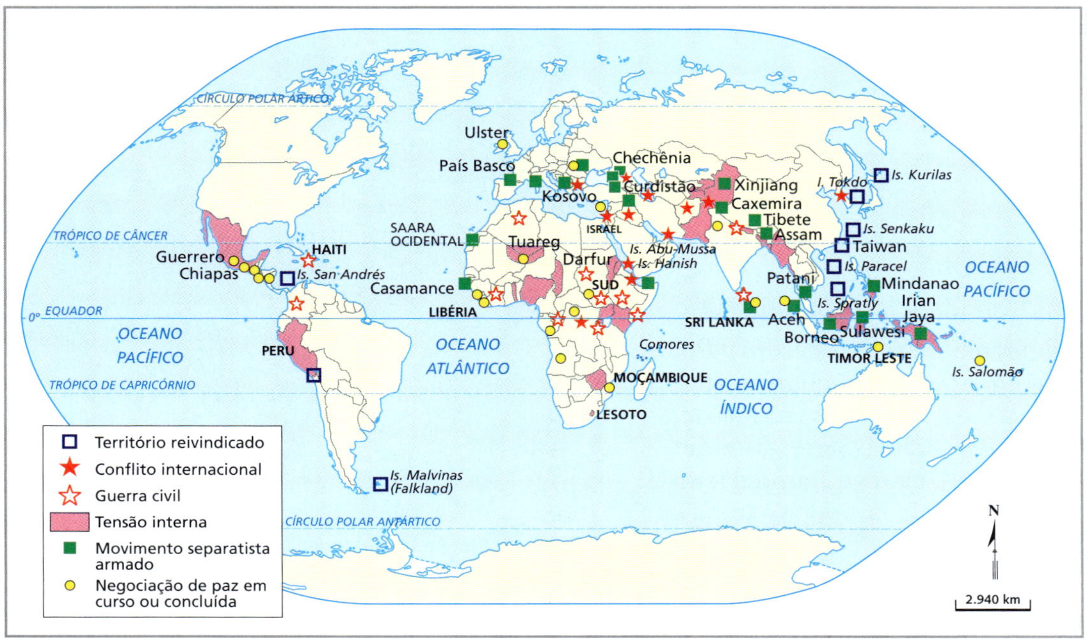

ALESSANDRO PASSOS DA COSTA

Fonte: FERREIRA, Graça Maria Lemos. *Atlas geográfico*: espaço mundial. 3. ed. São Paulo: Moderna, 2010. p. 59.

AP/GLOWIMAGES

Osama Bin Laden, líder da rede terrorista internacional Al-Qaeda, acusado de ser o autor dos atentados de 11 de setembro de 2001 nos Estados Unidos. Foto de 1998.

O alvo da guerra ao terror

As pressões contra o regime afegão aumentaram quando o Taliban deu abrigo ao saudita Osama Bin Laden, acusado planejar os atentados contra embaixadas norte-americanas na África (1998) e de liderar uma rede internacional de terrorismo antiocidental, a Al-Qaeda, a partir de bases no Afeganistão.

As suspeitas sobre a autoria dos ataques contra os Estados Unidos, em 11 de setembro de 2001, recaíram diretamente sobre Bin Laden e sua organização. Diante da negativa do Taliban em entregá-lo para ser julgado, uma coalizão de forças militares comandada pelos Estados Unidos iniciou uma ação militar contra o Afeganistão, em outubro daquele ano.

Em dois meses, o Taliban foi derrotado, mas Bin Laden não foi encontrado. Em seguida, com a supervisão dos Estados Unidos, foi montado um governo provisório, que posteriormente se manteve no poder após a realização de eleições.

A situação no país, no entanto, não se estabilizou, em razão da crise econômica e dos constantes atentados praticados tanto pelos membros do Taliban quanto por seus aliados da Al-Qaeda. Para conter a violência, o efetivo militar da coalizão no Afeganistão chegou a 130 mil soldados, sendo 100 mil deles norte-americanos.

Em maio de 2011, na cidade de Abbotabad, no Paquistão, Bin Laden foi morto durante uma operação sigilosa comandada pelos Estados Unidos. Depois disso, os governos dos países que integravam a coalizão decidiram retirar gradativamente suas forças do Afeganistão. O presidente dos Estados Unidos, Barack Obama, determinou que os últimos soldados norte-americanos deveriam deixar o país até 2014.

Vale a pena assistir

O caçador de pipas
Nacionalidade: EUA
Direção: Marc Forster
Ano: 2007
Duração: 122 min

Baseado no livro de mesmo título do escritor afegão Khaled Hosseini, o filme conta a história de dois garotos afegãos, Amir e Hassan, que têm em comum o gosto por filmes americanos de ação e por pipas. As turbulências políticas no Afeganistão e os dramas pessoais levam à separação dos dois amigos. Amir foge com sua família e passa a viver nos Estados Unidos, onde se torna um bem-sucedido escritor. Anos depois, ele retorna ao Afeganistão com o objetivo de corrigir os erros do passado.

DREAMWORKS/EVERETT COLLECTION/GRUPO KEYSTONE

Cena do filme *O caçador de pipas*, que mostra os amigos Amir e Hassan se divertindo ao ver as pipas no céu.

Conflitos no Iraque

Importante país produtor e exportador de petróleo, o Iraque foi uma criação do imperialismo britânico do início do século XX. A arbitrariedade das fronteiras traçadas pelo colonialismo está entre as razões que levaram o país a se envolver em conflitos contra o Irã (1980-1988) e o Kuwait (1990-1991).

As fronteiras iraquianas foram estabelecidas para acomodar os interesses britânicos na região e também para conter os três grupos étnico-religiosos predominantes no Iraque: xiitas, sunitas e curdos. Desde que o Iraque se constituiu como Estado nacional, em 1932, até 2003, os sunitas – cerca de 20% da população – exerceram o poder sobre os outros grupos, especialmente a maioria xiita, que corresponde a cerca de 60% do efetivo demográfico do país.

Desde o final da década de 1970 até 2003, o Iraque foi governado pela ditadura de Saddam Hussein. Foi nesse período que o país se envolveu em três conflitos. O primeiro deles se estendeu de 1980 a 1988 e ficou conhecido como **Guerra Irã-Iraque**.

A segunda guerra, conhecida como **Guerra do Golfo**, teve início em 1990, quando o Iraque invadiu o vizinho Kuwait. Saddam Hussein justificou o ataque acusando o Kuwait de vender petróleo a preços mais baixos, além de questionar as fronteiras entre os dois países, estabelecidas pelos britânicos.

No início de 1991, depois de várias tentativas diplomáticas em fazer o Iraque recuar, o Conselho de Segurança da ONU aprovou a resolução que autorizava o uso da força para expulsar as tropas iraquianas do país vizinho.

Sob o comando dos Estados Unidos, uma coalizão de forças militares de trinta países atacou o Iraque e obrigou Saddam Hussein a retirar suas tropas do Kuwait. Os ataques noturnos lançados sobre Bagdá, a capital do país, foram as imagens marcantes desse conflito.

GRUPOS ÉTNICO-RELIGIOSOS NO IRAQUE

ALESSANDRO PASSOS DA COSTA

Fonte: OLIC, Nelson Bacic; CANEPA, Beatriz. *Conflitos do mundo*: um panorama das guerras atuais. 2. ed. São Paulo: Moderna, 2009. p. 156.

LAURENT VAN DER STOCKT/GAMMA-RAPHO/GETTY IMAGES

Ataque aéreo noturno a Bagdá, no Iraque, pela coalizão liderada pelos Estados Unidos, em janeiro de 1991.

PATRICK BAZ/AFP

Fuzileiros navais norte-americanos realizam ataque em Al-Nasr Wa Al-Salam, no Iraque, durante a invasão liderada pelas forças dos Estados Unidos e da Grã-Bretanha, março de 2004.

A invasão do Iraque em 2003

De 1991 a 2003, o Iraque viveu em constante atrito com os Estados Unidos e a comunidade internacional. Por conta disso, o país sofreu embargos econômicos impostos pelo Conselho de Segurança da ONU.

Em 2003, sob a alegação de que o Iraque possuía armas de destruição em massa e fornecia ajuda bélica e econômica para grupos radicais islâmicos, como a Al-Qaeda, tropas novamente lideradas pelos Estados Unidos invadiram o país. Saddam Hussein foi deposto e permaneceu foragido até ser capturado em uma operação conjunta dos Estados Unidos com rebeldes curdos. Foi julgado e condenado à morte.

A ação militar dos Estados Unidos e de seus aliados ocorreu sem o consentimento da ONU. As armas de destruição em massa nunca foram encontradas, fato que causou grande constrangimento internacional para os Estados Unidos.

MAHMOUD RAOUF MAHMOUD/REUTERS/LATINSTOCK

Crianças passam em frente a um veículo blindado dos Estados Unidos, em Bagdá, no Iraque, janeiro de 2008. Na sua opinião, a guerra pode comprometer a formação de uma criança que a vivencia?

Desafios do Iraque

Após a queda de Hussein, os xiitas iraquianos assumiram o poder e criaram um governo de coalizão com outros grupos. Todavia, o novo governo não conseguiu estabilizar o país. Grupos insurgentes passaram a promover atentados contra as forças estrangeiras presentes no Iraque e uma guerra civil eclodiu entre grupos xiitas e sunitas, marcada muitas vezes por atentados suicidas. Essa situação perdurou com intensidade até 2008.

Em 2009, o governo dos Estados Unidos deu início à retirada gradativa de seus efetivos militares no Iraque, transferindo as tarefas de segurança para as autoridades do país. A aventura americana nessa guerra foi devastadora. Os custos materiais, com a destruição de casas, estradas e serviços de infraestrutura urbana no Iraque, só perdem para os custos humanos da guerra: mais de 100 mil pessoas morreram no conflito desde 2003.

A Questão Palestina

A Questão Palestina é o mais persistente foco de tensão no Oriente Médio. Basicamente, o conflito refere-se à luta de judeus e árabes palestinos pela ocupação de uma área, a Palestina, sobre a qual ambos julgam ter direitos históricos.

Os conflitos armados entre judeus e árabes começaram após a criação do Estado de Israel, por decisão da ONU, em 1948. A expansão da colonização judaica num território onde vivia cerca de 1,4 milhão de palestinos motivou uma série de guerras entre Israel e países árabes vizinhos, todas vencidas pelo Estado judeu. Você vai saber mais sobre o assunto na página seguinte.

Desde a guerra de 1967 até 2011, os sucessivos governos israelenses implementaram uma política de assentamentos de colonos judeus nos territórios ocupados da Faixa de Gaza e da Cisjordânia. Ao longo do tempo, foram construídos nos territórios palestinos ocupados pelo menos 150 assentamentos, que abrigavam mais de 150 mil pessoas.

A política de colonização judaica nos territórios ocupados na guerra de 1967 impulsionou o movimento nacional palestino. Na década de 1980, com o apoio do grupo fundamentalista islâmico Hamas, a população palestina deflagrou uma tenaz resistência contra a ocupação israelense. A revolta começou de forma espontânea, tendo à frente jovens palestinos da Faixa de Gaza e da Cisjordânia, e ficou conhecida como **Intifada**, a "guerra das pedras".

ELIANA APONTE/REUTERS/LATINSTOCK

Muro que separa as colônias israelenses dos territórios palestinos na Cisjordânia, junho de 2008.

Tentativas de estabelecer a paz

A Intifada palestina revelou a incapacidade de Israel de estabilizar a ocupação e evidenciou a necessidade de um acordo político com os palestinos. Foi nesse contexto que, em 1993, a **Organização para a Libertação da Palestina** (OLP), principal representante dos palestinos, e o governo de Israel firmaram, na Noruega, os **Acordos de Oslo**, feitos com o consentimento e a supervisão dos Estados Unidos.

O acordo previa a concessão de autonomia administrativa limitada para algumas áreas da Cisjordânia e da Faixa de Gaza e a negociação posterior de um acordo de paz definitivo, cujo objetivo final seria, num prazo de alguns anos, a criação de um Estado palestino na região.

A maior parte dos pontos propostos nos Acordos de Oslo praticamente não foi colocada em prática. Essa situação de paralisia de um evento que parecia tão promissor para a paz resultou da combinação de causas complexas e variadas. Entre elas estão o radicalismo nacionalista e religioso, tanto de setores israelenses quanto de grupos palestinos, a intransigência e o oportunismo político de líderes dos dois lados e as interferências externas, em que se destaca a influência dos Estados Unidos.

Os atentados suicidas de palestinos, a violência utilizada pelas forças israelenses, a recusa de grupos palestinos radicais em reconhecer o Estado de Israel e deste em devolver os territórios ocupados, a construção de um muro de segurança para proteger os colonos israelenses na Cisjordânia e o bloqueio econômico decretado por Israel à Faixa de Gaza, depois que o grupo Hamas conquistou o poder na região, parecem impossibilitar a assinatura de qualquer tipo de acordo.

SAID KHATIB/AFP

Defesa civil palestina utiliza escavadeiras para tentar conter o fogo em um edifício após ataque aéreo israelense, em Rafah, cidade no sul da Faixa de Gaza, dezembro de 2008.

A cronologia de um conflito

Com mais de meio século de existência, a Questão Palestina prossegue como um dos conflitos mais complexos no cenário mundial. Cisões no movimento palestino evidenciam a crescente popularidade de facções radicais. Do lado israelense, governos intransigentes congelaram as negociações, fecharam o cerco aos palestinos e priorizaram medidas unilaterais e violentas.

PALESTINA (1947)

Até 1947

Ao final da Primeira Guerra Mundial, a Palestina passou a ser controlada pela Grã-Bretanha. Naquela época, os árabes palestinos representavam cerca de 85% da população da região. Durante o domínio britânico, a migração de judeus para a Palestina aumentou bastante. Um pouco antes da Segunda Guerra, eles já representavam cerca de 30% da população do território. O crescimento da migração judaica alimentou as tensões entre árabes e judeus.

PALESTINA: PLANO DE PARTILHA DA ONU (1947)

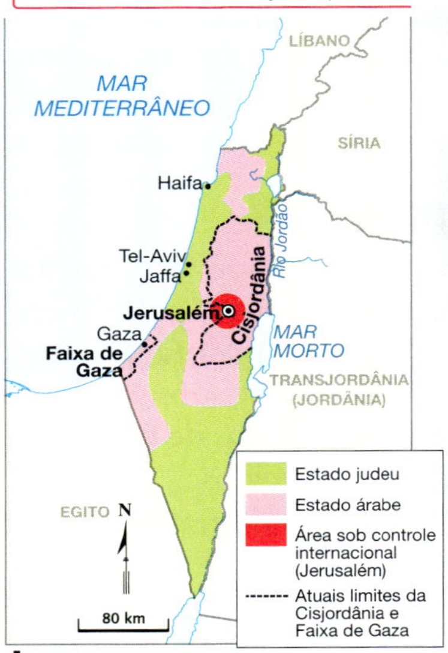

1947-1948

Após o término da Segunda Guerra, muitos judeus dirigiram-se para a Palestina, agravando os conflitos com a população árabe. Em 1947, a Grã-Bretanha transferiu a questão para a ONU, que elaborou um plano de partilha da Palestina em dois Estados. A proposta foi aprovada pela Assembleia Geral da ONU em maio de 1948, mas foi rejeitada pelos países árabes e por grande parte da população árabe da Palestina. Imediatamente após a aprovação do plano, os líderes judeus proclamaram seu Estado, que passou a se chamar Israel. Em reação, os árabes foram à guerra contra o novo país.

Manifestante com a bandeira palestina corre em meio à fumaça de gás lacrimogêneo lançado pelas forças israelenses durante protesto contra a construção do muro entre a Cisjordânia e Israel. Bilin, na Cisjordânia, em junho de 2011.

ABBAS MOMANI/AFP/GETTY IMAGES

PALESTINA (1967)

1949-1967

O conflito entre árabes e israelenses se estendeu até 1949. Quando foi assinado o cessar-fogo, Israel já dominava 78% do território da Palestina. Muitos árabes da Palestina, que a partir de então passaram a ser chamados de **palestinos**, se refugiaram em países vizinhos ou se estabeleceram em áreas não conquistadas por Israel. Começava aí a chamada Questão Palestina, isto é, a luta dos palestinos pela criação de um Estado nacional. Em 1964, o nacionalismo palestino concretizou-se na criação da **Organização para a Libertação da Palestina** (OLP). A OLP reunia várias organizações palestinas, sendo a mais importante a Al Fatah, do líder Yasser Arafat. Cerca de duas décadas mais tarde, surgiu o grupo Hamas, que incorporou muitos palestinos descontentes com a política de conciliação da OLP.

No ano de 1967, Israel venceu uma coalizão de países árabes (Egito, Síria e Jordânia) na Guerra dos Seis Dias e ocupou a Faixa de Gaza, a Cisjordânia, Jerusalém Oriental, as Colinas de Golã, que pertenciam à Síria, e o Sinai, posteriormente devolvido ao Egito. Com as novas ocupações israelenses, a população de palestinos refugiados cresceu ainda mais.

PALESTINA ATUAL

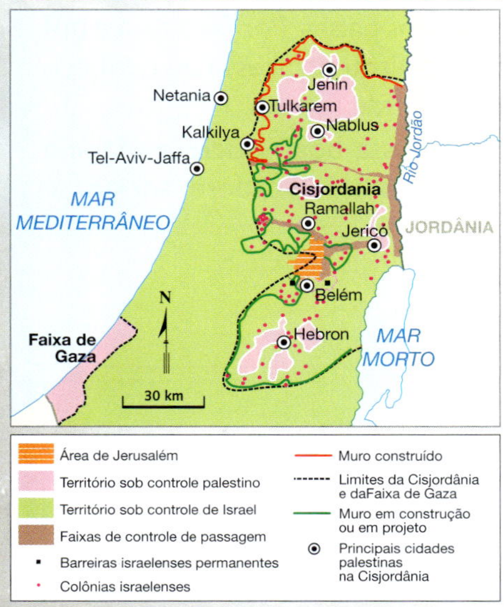

Fonte: OLIC, Nelson Bacic; CANEPA, Beatriz. *Conflitos do mundo*: um panorama das guerras atuais. 2. ed. São Paulo: Moderna, 2009. p. 133-150

1967 até a atualidade

De 1967 até 2011, os sucessivos governos israelenses implementaram uma política de assentamentos de colonos judeus nos territórios ocupados da Faixa de Gaza e da Cisjordânia com o objetivo de reduzir a população de origem palestina à condição de minoria.

Em 1993, os acordos assinados em Oslo, na Noruega, previram, entre outras resoluções, a criação da Autoridade Nacional Palestina (ANP), que administraria partes da Cisjordânia e a Faixa de Gaza até a criação do Estado Palestino, o que deveria ter ocorrido em maio de 1999. Porém, até 2011, a questão ainda não havia sido definida. Mahmoud Abbas, presidente da ANP, reivindica o fim da colonização israelense e o restabelecimento das fronteiras anteriores a 1967.

A legitimidade do Estado Palestino é reconhecida por mais de 100 países, inclusive o Brasil. A reunião da Assembleia Geral da ONU que vai decidir sobre a criação do novo país estava prevista para ocorrer em setembro de 2011. Se a proposta palestina tendia a receber a aprovação da Assembleia Geral, o mesmo não deveria acontecer no Conselho de Segurança das Nações Unidas. Os Estados Unidos, o mais forte aliado de Israel, já tinham declarado seu veto à criação do novo país.

Questões

1. Com um colega, elaborem uma linha do tempo com os principais acontecimentos que marcaram os conflitos entre judeus e povos de origem árabe na Palestina.
2. Façam uma pesquisa em jornais, revistas e *sites* sobre a situação atual de palestinos e israelenses. Redijam um relatório com o resultado da pesquisa.

Avanços e dilemas da África contemporânea

Saiba mais

Os desafios da África

Ao longo da primeira década do século XXI, as matrículas no ensino fundamental na África cresceram quase 15%. Houve queda importante na mortalidade infantil e uma ampliação na oferta de água potável. Embora o continente ainda concentre cerca de 70% das pessoas do mundo infectadas com o vírus HIV, o número anual de contaminados está diminuindo, principalmente em países como Uganda e África do Sul. Porém, alguns desafios ainda persistem no continente. Cerca da metade dos habitantes da África vive abaixo da linha de pobreza - menos de US$ 1,25 por dia - e a subnutrição afeta aproximadamente um quarto da população.

Entre 1990 e 2000, a África foi a única região do mundo onde os índices de desenvolvimento humano não haviam apresentado melhoras significativas. Durante essa década, era comum se afirmar que o continente tinha ficado à margem da globalização.

Apesar da persistência de alguns problemas, como a pobreza extrema, a propagação de doenças, os conflitos e as multidões de refugiados vagando sem rumo em busca de auxílio e proteção, pode-se afirmar que houve melhorias significativas na economia, no avanço das liberdades políticas e na diminuição das imensas desigualdades sociais. A escolha da África do Sul como primeiro país do continente a sediar uma Copa do Mundo, em 2010, talvez tenha sido uma forma de valorizar esse novo momento vivido pela África.

Entre 2000 e 2010, com exceção do Zimbábue, todos os países africanos tiveram melhoras em seus índices de desenvolvimento humano. Outro dado importante é que os maiores avanços ocorreram na África subsaariana, região que abriga 48 países do continente e concentra grandes problemas sociais.

Esse saldo positivo deve-se fundamentalmente a três fatores. O primeiro deles é o crescimento do PIB da maioria dos países africanos. Um segundo fator foi a ajuda financeira internacional, acompanhada de programas de anistia das dívidas externas dos países. Por fim, houve um maior investimento no setor social, que resultou no acesso ao conhecimento e na melhoria dos cuidados com a saúde.

Todavia, deve-se lembrar que, apesar dessa boa notícia, a maioria dos países africanos ainda apresenta os menores indicadores sociais, se comparados aos de outras regiões do mundo.

Este gráfico será explorado nas Atividades

TAXA MÉDIA DE CRESCIMENTO POPULACIONAL DAS REGIÕES NO MUNDO (2005-2010)

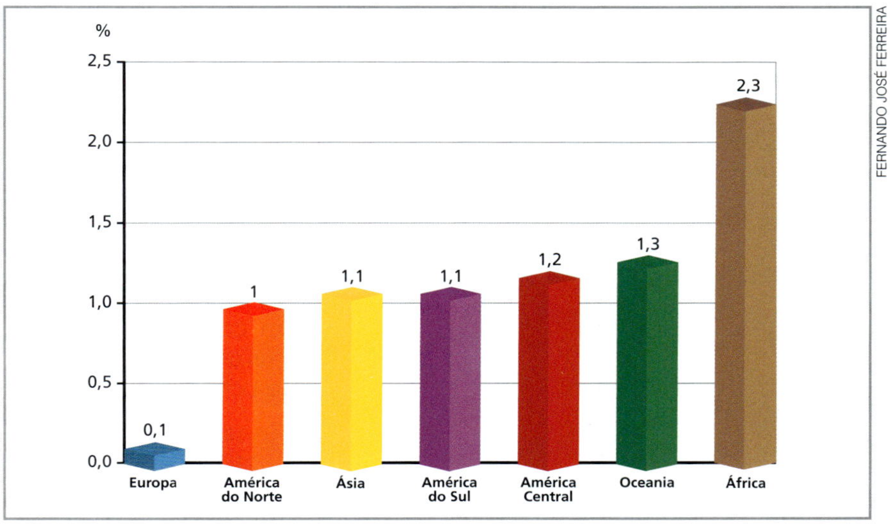

Fonte: *Almanaque Abril 2011*. São Paulo: Abril, 2010. p. 345.

A população africana em 2010 era pouco superior a 1 bilhão de pessoas, correspondendo a cerca de 15% do efetivo demográfico mundial. Estima-se que esse contingente dobrará até 2050, o que representará cerca de 22% do total mundial. Tudo indica que parte considerável das pessoas que nascerão na África nas próximas décadas ainda será pobre ou muito pobre.

A história recente dos conflitos africanos

A África é o continente com a maior ocorrência de guerras civis e também a recordista em número de mortes causadas por esses conflitos. Na região norte, área predominantemente muçulmana, a maior preocupação dos governos estava centrada no avanço do fundamentalismo islâmico. Na Argélia, um conflito iniciado em 1992 entre o governo e o Grupo Islâmico Armado (GIA) prolongou-se por uma década.

No final de 2010, uma série de revoltas populares eclodiu na Tunísia, no Egito e na Líbia. Esses movimentos, denominados pela imprensa "Primavera Árabe", levaram à derrubada de regimes autoritários no Egito, na Tunísia e na Líbia.

Em vários países do centro-sul do continente, a incapacidade dos governos, aliada às rivalidades étnicas e à abundância de recursos naturais valiosos, têm provocado alguns dos mais sangrentos conflitos contemporâneos. Esses conflitos ocorreram principalmente em Serra Leoa, Libéria e Costa do Marfim, na África ocidental, e em Ruanda e na República Democrática do Congo, na região dos Grandes Lagos Africanos.

ÁFRICA OCIDENTAL: CONFLITOS E RECURSOS

ALESSANDRO PASSOS DA COSTA

Fonte: OLIC, Nelson Bacic; CANEPA, Beatriz. *Conflitos do mundo*: um panorama das guerras atuais. 2. ed. São Paulo: Moderna, 2009. p. 66.

FEISAL OMAR/REUTERS/LATINSTOCK

Refugiados em campo provisório de Hodan, na Somália, agosto de 2011. Milhares de pessoas têm se deslocado das áreas mais atingidas pela seca, a maior parte delas sob controle de rebeldes, para a capital, Mogadíscio, em busca de alimentos e medicamentos.

O drama da Somália

Outro país africano em conflito permanente é a Somália. Localizada na região conhecida como Chifre da África, a Somália é, desde 1991, um Estado fragmentado politicamente em várias regiões que funcionam, em muitos casos, como se fossem países independentes.

Especialmente no centro-sul, vários grupos lutam pelo poder, alguns deles visando à instauração de um governo regido pelas leis islâmicas. A ausência de um governo central efetivo possibilitou o desenvolvimento de um novo estilo de pirataria ao longo do extenso litoral do país.

Os piratas somalis, munidos de armamentos pesados e sofisticados instrumentos de localização, agem numa área correspondente a 25% da extensão do Oceano Índico, uma das principais vias de transporte marítimo do mundo e também a mais perigosa. As embarcações sequestradas são ancoradas no porto de Eyl, onde os reféns são feitos prisioneiros e aguardam o pagamento do resgate. Esses criminosos são muito rápidos e, normalmente, agem à noite, o que dificulta a captura deles. O dinheiro arrecadado nessas ações normalmente financia novos ataques.

Saiba mais

O Protocolo de Kyoto

Na Eco-92, 155 países assinaram a Convenção Sobre Mudanças Climáticas Globais. Por meio dele, os países desenvolvidos se comprometeram a não aumentar, até o século XXI, as emissões de dióxido de carbono, tendo como referência os níveis de 1990.

O não cumprimento dessas metas, especialmente por parte dos Estados Unidos - o maior emissor de gases de efeito estufa (GEE) -, e alarmantes registros sobre o aquecimento global mostraram a necessidade de se criar um novo tratado, que foi firmado, em 1997, em Kyoto (Japão).

O Protocolo de Kyoto fixou a meta de redução de 5% sobre os níveis de emissões de 1990, índice que deveria ser alcançado entre 2008 e 2012 e variava de país para país.

Questões ambientais contemporâneas

Nas últimas décadas, o modelo de desenvolvimento econômico surgido com a industrialização, baseado na produção e no consumo em larga escala, tem recebido muitas críticas também pelos fortes impactos causados ao ambiente. Problemas que extrapolam as fronteiras dos países, como o aquecimento global, a destruição das florestas, a escassez de água e a diminuição da biodiversidade, entraram na pauta de discussões de diversos organismos internacionais e diplomáticos.

Em 1992, na cidade do Rio de Janeiro, ocorreu a **Eco-92**, conferência organizada pelas Nações Unidas que estabeleceu mais claramente as relações entre meio ambiente, desenvolvimento e pobreza. Foi quase um consenso a constatação de que as ameaças ambientais globais estavam relacionadas principalmente aos padrões de produção e consumo existentes nos países ricos.

A manutenção desse modelo de produção e consumo em massa tem sido responsável pelo depredação dos de recursos naturais, pelo aumento da concentração de gases de efeito estufa e pela produção de dejetos poluentes dos mais variados tipos.

A adoção de um modelo de desenvolvimento sustentável implica obter o equilíbrio entre crescimento econômico e a conservação dos recursos e das condições ambientais necessárias para melhorar o padrão de vida das sociedades atuais e garantir o bem-estar das gerações futuras. Com base nessas ideias, a Eco-92 aprovou a **Agenda 21**, um amplo programa de ação a ser implementado ao longo do século XXI, pelos governos e entidades da sociedade civil, visando promover o desenvolvimento sustentável.

RODRIGO BALEIA/LATINCONTENT/GETTY IMAGES

Área desmatada na Floresta Amazônica para plantio de soja. Mato Grosso, setembro de 2009.

O aquecimento global

O aquecimento global é o aumento da temperatura média do planeta causado pelo aumento da concentração de gases de efeito estufa, fenômeno natural indispensável para a existência de vida na Terra. Os gases da atmosfera, especialmente o dióxido de carbono, impedem a dispersão do calor acumulado pelo planeta, conservando a média térmica global em torno de 15 °C.

Há pelo menos duas correntes que explicam o aquecimento global. Uma delas defende que o aumento da emissão de GEE é causado fundamentalmente por fatores naturais, entre eles, a dinâmica das massas de ar e as correntes marítimas. A outra, com um número maior de adeptos, acredita que a intensificação do fenômeno deve-se à ação humana.

As atividades agropecuárias e a queima de florestas geram importantes quantidades de dióxido de carbono. Mas cerca de 60% do total das emissões é causado pela queima de combustíveis fósseis, como petróleo e carvão. Esses dois produtos são responsáveis por pelo menos 80% das fontes primárias de energia do mundo.

As previsões iniciais sobre o aquecimento global indicavam um aumento entre 1 °C e 3,5 °C das temperaturas médias do planeta durante o século XXI. Dados mais recentes têm apontado para um aumento que poderá variar de 1,4 °C até 5,0 °C. Esse eventual aumento poderia provocar inundações catastróficas em algumas regiões, secas muito fortes em outras, derretimento de geleiras e elevação do nível médio dos oceanos.

Como mais da metade da população mundial vive à beira de regiões litorâneas, muitas delas seriam atingidas pelas inundações. Cidades importantes poderiam ficar parcialmente submersas e vários países insulares, especialmente na Oceania, desapareceriam.

Água: entre a abundância e a escassez

Cerca de 75% da superfície do planeta está coberta por massas líquidas, mas a água doce representa apenas 2,5% desse total. Apenas uma minúscula parcela – aproximadamente 1% – da água doce se encontra em rios, lagos e aquíferos e pode ser consumida pelo homem. O restante desse "estoque" se encontra em locais de difícil acesso, como geleiras, calotas polares e lençóis subterrâneos profundos.

JOÃO PRUDENTE/PULSAR IMAGENS

Pivô irrigando uma plantação de milho na zona rural do município de Sousa, na Paraíba, abril de 2011. A agropecuária é a atividade econômica que mais consome água no Brasil.

Ao longo do século XX, a população mundial triplicou e o consumo global de água foi multiplicado por sete. Nas últimas cinco décadas, a poluição dos mananciais reduziu as reservas hídricas em um terço. Atualmente, cerca de 50% das terras emersas já enfrentam escassez crônica de água. Pelo menos 20% da população mundial não tem acesso a água de boa qualidade para consumo.

A escassez de água resulta da combinação de aspectos naturais, demográficos, socioeconômicos e culturais. Os estoques de água potável hoje disponíveis para uso humano dariam para sustentar o dobro da população atual. O problema é que os recursos hídricos não se distribuem de forma igual pela superfície da Terra.

Nas áreas desérticas e semiáridas, como o norte da África e o Oriente Médio, as chuvas são inexistentes, escassas ou irregulares. Juntam-se a esses fatores o alto crescimento demográfico, a poluição de mananciais e a má utilização dos recursos hídricos. Esses problemas acabam provocando um "estresse hídrico", situação na qual os habitantes de uma determinada área consomem em média menos de 2 mil litros de água por ano.

A escassez de água tem criado tensões e conflitos entre países pelo controle e utilização de fontes de águas superficiais, especialmente rios, quando estes atravessam territórios de duas ou mais nações. As tensas relações entre palestinos e israelenses, no Vale do Rio Jordão, ou entre Síria, Iraque e Turquia, nos vales dos rios Tigre e Eufrates, são exemplos dessas situações denominadas **hidroconflitivas**.

ATIVIDADES

Compreender os conteúdos

1. Responda às questões sobre a União Europeia.

a) O que é a União Europeia? Cite o ano em que o bloco foi criado, seus objetivos e os atuais países-membros.

b) A crise econômica de 2008 afetou a União Europeia? Por quê?

2. Observe o gráfico da página 310 e responda às questões.

a) O que ele representa?

b) Identifique no gráfico continentes que apresentam a maior e a menor taxa de crescimento populacional.

c) Qual é o continente mais populoso?

d) Relacione a baixa taxa de crescimento populacional da Europa com a crescente onda migratória para o continente e o aumento da xenofobia.

3. Relacione cada letra a um número correspondente.

a) Iraque.
b) Afeganistão.
c) África.
d) Estados Unidos.

1. Apesar de ter sido o epicentro da crise econômica mundial em 2008, o país está na vanguarda dos avanços e das inovações em áreas estratégicas, como a ciência e a tecnologia, e ainda é considerado a maior potência do mundo.
2. O primeiro conflito entre esse país e os Estados Unidos se deu em 1991, quando tropas sob o comando do ditador Saddam Hussein invadiram o Kuwait. O segundo conflito começou em 2003, quando o governo de George W. Bush classificou o país como um dos integrantes do "eixo do mal" e o acusou de fabricar armas de destruição em massa.
3. Apesar do avanço nos índices de desenvolvimento humano entre 2000 e 2010, a maioria dos países do continente ainda possui baixa industrialização e urbanização e altos índices de pobreza e analfabetismo. A economia do continente é fraca e altamente dependente da exportação de matérias-primas. Em 2011, diversas revoltas, denominadas pela mídia de "Primavera Árabe", ocorreram em alguns países desse continente.
4. País situado na Ásia central, com população de maioria islâmica e formada por diversas etnias, como os pashtuns, os tajiques, os hazaras e os uzbeques. As divisões étnicas têm provocado constantes conflitos pelo poder. Em 1994, surgiu no país um movimento chamado Taliban, com o objetivo de implantar um regime radical baseado nas leis islâmicas.

Ampliar o aprendizado

4. Observe a charge e responda às questões.

Charge de Rico, 2009. Nas lixeiras, da esquerda para a direita, podemos ler: vidro, papel, plástico, metal e orgânico.

a) O título dessa charge é *Globalização*. Qual é o significado desse conceito? Dê exemplos de efeitos econômicos e socioculturais que, segundo muitos críticos, são causados por esse fenômeno.

b) Descreva o personagem sentado ao lado dos cestos de lixo reciclável. O que ele representa?

c) Qual seria a intenção do cartunista ao representar a globalização dessa forma? Você concorda com essa ideia?

5. Leia atentamente os textos a seguir para responder às questões.

"'Justiça foi feita.' A frase marcou os discursos do presidente dos Estados Unidos, Barack Obama, e da secretária de Estado americana, Hillary Clinton, após o anúncio da morte do líder da rede terrorista Al-Qaeda, Osama Bin Laden, no domingo 1º [maio de 2011]. À luz do direito internacional, no entanto, a declaração é falaciosa, alerta o colunista Wálter Fanganiello Maierovitch, desembargador aposentado [...].

'Obama deu continuidade à Doutrina Bush, de dar licença para matar, em vez de capturar e julgar os acusados de envolvimento com o terrorismo. [...] Trata-se de um ataque, e não de defesa. À luz do direito internacional, a morte de Bin Laden não pode ser considerada legítima defesa, porque ele poderia ser capturado e acabou executado.'"

MARTINS, Rodrigo. Wálter Maierovitch: justiça feita ou licença para matar? *Carta Capital*, 2 maio 2011. Disponível em www.cartacapital.com.br. Acesso em 18 ago. 2011.

"'Ele era o líder da Al-Qaeda, uma organização que conduziu os ataques de 11 de setembro. Ele admitiu seu envolvimento. A operação contra Bin Laden foi justificada como um ato de autodefesa nacional', disse [Eric] Holder, em audiência na Comissão de Justiça do Senado americano."

CORRÊA, Alessandra. Morte de Bin Laden foi ato legítimo de autodefesa, dizem EUA. *BBC Brasil*, 4 maio 2011. Disponível em www.bbc.co.uk. Acesso em 18 ago. 2011.

a) Pesquise em livros, jornais e na internet o que foi a Doutrina Bush, apontada no primeiro texto.

b) Identifique as diferentes visões que os textos expressam sobre a operação que resultou na morte de Osama Bin Laden.

c) O governo dos Estados Unidos acusou a rede terrorista Al-Qaeda, liderada por Osama Bin Laden, de planejar os ataques de 11 de setembro de 2001. Explique a relação entre os atentados e a invasão do Afeganistão, no mesmo ano, e do Iraque, em 2003, pelas forças dos Estados Unidos.

d) Você já ouviu outras notícias sobre ataques terroristas na atualidade? Cite exemplos.

História feita com arte

6. **Observe as imagens a seguir. A primeira é uma intervenção artística feita pelo britânico Banksy no muro que separa as colônias israelenses dos territórios palestinos na Cisjordânia. A segunda é uma obra da artista palestina Laila Shawa sobre o destino das crianças nos conflitos entre palestinos e israelenses.**

MARCO DI LAURO/GETTY IMAGES

LAILA SHAWA - COLEÇÃO PARTICULAR / FOTO: CORTESIA DA OCTOBER

À esquerda, grafite do artista britânico Banksy, agosto de 2005; à direita, *Crianças da guerra, crianças da paz,* obra de Laila Shawa, 1995.

a) Descreva a obra de Banksy. O artista parece ser a favor ou contra a construção do muro?

b) O que Laila Shawa denuncia em sua obra?

c) Explique os motivos dos conflitos entre palestinos e israelenses que levaram à construção do muro mostrado na imagem.

AVALIE O SEU APRENDIZADO

Aplique o que você aprendeu

1. Sobre o pan-africanismo, responda.

a) Qual é a origem do movimento?

b) Quais eram os principais objetivos do Primeiro Congresso Pan-africano?

c) Que outro movimento ligado à comunidade africana surgiu na década de 1930? Comente suas características.

2. Identifique as afirmativas incorretas e corrija-as.

a) Em 1885, uma rica burguesia indiana fundou o Partido do Congresso com a pretensão de ocupar cargos administrativos na colônia. Porém, em 1919, os britânicos decidiram conceder um poder mínimo ao vice-rei indiano. A medida provocou uma série de revoltas, que deram início às lutas pela independência da Índia.

b) A Conferência de Bandung ocorreu na Indonésia em 1955 com o objetivo de garantir o reconhecimento das independências dos países asiáticos e africanos e o direito dos novos Estados à soberania.

c) Durante a década de 1930, um governo democrático foi constituído em Portugal, que respeitou a decisão da ONU pelo fim do neocolonialismo em diversos países da África e da Ásia.

d) A industrialização ocorrida durante a Segunda Guerra provocou o crescimento urbano na África do Sul e o aumento da população negra nas cidades. Nesse contexto, o sindicalismo africano ganhou certo espaço e conseguiu impedir que o Partido Nacional, de maioria branca, ganhasse as eleições e estabelecesse o regime de segregação racial do *apartheid* no país.

3. Defina os termos a seguir relacionados ao período da ditadura militar no Brasil.

a) Arena.

b) MDB.

c) AI-5.

d) DOI-CODI.

e) Milagre econômico.

f) Lei Falcão.

4. Leia, a seguir, o trecho de uma música composta no final da década de 1970 e responda às questões.

"Nos dias de hoje é bom que se proteja
Ofereça a face pra quem quer que seja
Nos dias de hoje esteja tranquilo
Haja o que houver pense nos seus filhos
Não ande nos bares, esqueça os amigos
Não pare nas praças, não corra perigo
Não fale do medo que temos da vida
Não ponha o dedo na nossa ferida
Nos dias de hoje não lhes dê motivo
Porque na verdade eu te quero vivo [...]"

LINS, Ivan; MARTINS, Victor. Cartomante. Álbum *Nos dias de hoje*, 1978.

a) Qual era o contexto político e econômico vivido no Brasil no período em que a música foi composta?

b) O que os compositores aconselhavam nessa música?

c) Na sua opinião, o pronome "lhes", na penúltima frase, se refere a quem? Explique.

d) Em agosto de 1979, foi decretada a Lei da Anistia. Explique o que foi essa lei e por que ela ainda é motivo de grandes debates no Brasil.

5. Organize os acontecimentos a seguir em ordem cronológica.

a) Brejnev reafirma o poder do Partido Comunista da União Soviética e a sua supremacia sobre os demais partidos comunistas do Leste Europeu.

b) Depois do acidente nuclear na usina de Chernobyl, na Ucrânia, o governo soviético decide criar a *glasnost*, permitindo que as informações referentes à administração do Estado fossem levadas a público.

c) Boris Yeltsin anuncia a criação da Comunidade dos Estados Independentes (CEI).

d) Gorbachev propõe a *perestroika*, com o objetivo de descentralizar a produção, evitar o desperdício de dinheiro público e aumentar a capacidade de produção e a competitividade da economia soviética.

e) Nikita Kruschev inicia um programa de desestalinização e denuncia crimes cometidos pela ditadura stalinista.

6. **Responda às questões a seguir sobre o retorno da democracia no Brasil.**

a) Explique o que foi o Plano Cruzado.

b) Quais foram as principais mudanças aprovadas na Constituição de 1988?

c) Fernando Collor de Mello foi o primeiro presidente eleito pelo voto direto no Brasil depois da queda do regime militar. Houve, em seu governo, dois acontecimentos marcantes, um econômico e outro político. Sintetize esses dois acontecimentos.

7. **Copie as afirmativas em seu caderno e escreva 1 nas relacionadas ao governo FHC e 2 nas que dizem respeito ao governo Lula.**

a) Instituiu o Prouni com o objetivo de ampliar o acesso de estudantes de baixa renda ao ensino superior por meio da concessão de bolsas de estudo integrais ou parciais em instituições privadas.

b) Assumiu a presidência em 1995 e deu continuidade ao Plano Real. Seu governo também ficou marcado pelo programa de privatizações.

c) Em 2003, lançou o Programa Fome Zero, incorporado, dois anos depois, ao programa Bolsa Família, que recebeu críticas de diversos setores da sociedade.

d) O primeiro mandato de seu governo foi marcado por denúncias de corrupção relacionadas ao chamado esquema do "mensalão".

e) Em seu governo, foram aprovados o fim do monopólio da Petrobras na exploração do petróleo e a emenda constitucional que estabelecia a possibilidade de reeleição para cargos executivos.

8. **Os países do quadro a seguir, exceto um, estão relacionados a um tema em comum. Elimine o país que não faz parte do grupo e caracterize o grupo formado por esses países.**

Estados Unidos – Rússia – Índia
China – Brasil – África do Sul

9. **O texto dissertativo caracteriza-se pelo uso de uma linguagem impessoal e objetiva, com a finalidade de transmitir um conjunto de informações. Nesse tipo de texto, é necessário expor com clareza o tema e adotar uma posição crítica diante dele, organizando os argumentos com clareza e coesão. Ao final, deve-se elaborar uma conclusão retomando o ponto de vista inicial. Sabendo disso, escolha um dos temas a seguir e elabore um texto dissertativo sobre ele.**

a) Desenvolvimento sustentável é o equilíbrio entre crescimento econômico, proteção ambiental e bem-estar social.

b) O maior paradoxo do mundo globalizado de hoje é o extraordinário desenvolvimento científico, industrial e tecnológico em meio a situações de pobreza extrema.

c) A intolerância é uma das maiores ameaças à sobrevivência da liberdade e da democracia.

O que eu sei

10. **Avalie o seu aprendizado nos objetivos a seguir. A aprendizagem pode ser plena, suficiente ou insuficiente.**

	Aprendizagem plena	Aprendizagem suficiente	Aprendizagem insuficiente
1. Compreender os processos de descolonização na África e na Ásia e os principais conflitos.	______	______	______
2. Identificar as principais características políticas, econômicas, sociais e culturais da ditadura militar no Brasil.	______	______	______
3. Elaborar um texto dissertativo sobre uma das principais questões do mundo contemporâneo, exposto com clareza e coesão.	______	______	______
4. Compreender o processo de redemocratização no Brasil e as características dos novos governos.	______	______	______
5. Identificar as mudanças políticas, econômicas e culturais que caracterizam o mundo globalizado.	______	______	______

Sugestões

Para ler

Capítulo 1

Rudyard Kipling. ***O homem que queria ser rei e outras histórias***. Rio de Janeiro: Best Bolso, 2011.

O escritor Rudyard Kipling, filho de ingleses nascido na Índia, conta histórias que são retratos típicos do colonialismo europeu no continente asiático.

Capítulo 2

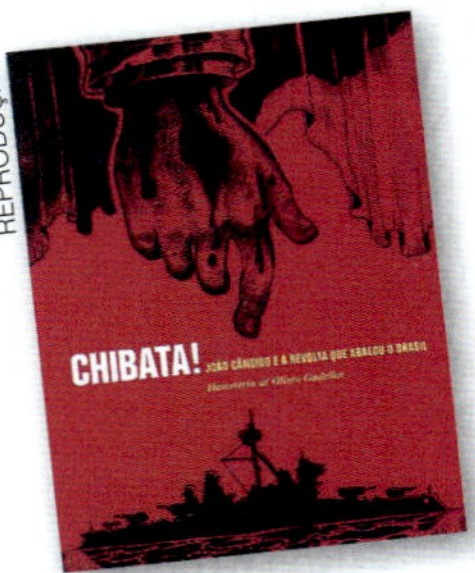

REPRODUÇÃO

Olinto Gadelha e Hemeterio. ***Chibata! João Cândido e a revolta que abalou o Brasil***. São Paulo: Conrad, 2008.

Em 1910, o marinheiro João Cândido liderou uma revolta contra os castigos físicos que, embora proibidos, ainda existiam na marinha brasileira. A história de João Cândido é recontada desde sua vida de marinheiro até sua velhice como carregador no Rio de Janeiro.

Capítulo 4

Michael Howard. ***A Primeira Guerra Mundial***. Porto Alegre: LP&M, 2010.

O livro conta a história de uma guerra que começou como um conflito na região dos Balcãs e terminou com mais de oito milhões de mortos. A Primeira Guerra mudou a configuração da Europa, com o fim dos impérios Otomano, Russo e Austro-Húngaro.

Capítulo 7

REPRODUÇÃO

Art Spiegelman. ***Maus*: a história de um sobrevivente**. São Paulo: Companhia das Letras, 2005.

Art Spiegelman conta em quadrinhos a história de seu pai, um sobrevivente do holocausto. Todos os personagens são retratados como animais: enquanto os nazistas são gatos, os judeus são ratos.

Josué Montello. ***Antes que os pássaros acordem***. Rio de Janeiro: Nova Fronteira, 1987.

Um romance do escritor brasileiro Josué Montello, que tem como pano de fundo a ocupação de Paris pelos nazistas durante a Segunda Guerra Mundial. Esse cenário é utilizado pelo autor para discutir as angústias e as perplexidades de nosso tempo.

Capítulo 11

Mia Couto. ***Terra sonâmbula***. São Paulo: Companhia das Letras, 2008.

Duas histórias paralelas que se cruzam, em meio à destruição provocada por longos anos de guerra anticolonial e de guerra civil em Moçambique.

Capítulo 12

Stanislaw Ponte Preta (Sérgio Porto). ***Febeapá***. Rio de Janeiro: Ediouro, 2006.

O jornalista Sérgio Porto assumiu o pseudônimo de Stanislaw Ponte Preta para contar as anedotas mais engraçadas sobre o apoio de parte da população brasileira ao golpe militar de 1964.

Capítulos 12 e 14

Renato Tapajós. ***Carapintada***. São Paulo: Ática, 2007.

Durante as manifestações contra o presidente Fernando Collor de Mello, o personagem Rodrigo sente-se mal e, sem perceber, é transportado para a época das manifestações contra a ditadura, em 1969.

Capítulos 13 e 15

Nelson Bacic Olic e Beatriz Canepa. ***Conflitos do mundo*: um panorama das guerras atuais**. São Paulo: Moderna, 2009.

O livro explica as motivações étnicas, econômicas e políticas dos conflitos contemporâneos na Ásia e na África, como as guerras que surgiram em consequência da desagregação do bloco soviético e as contínuas hostilidades entre árabes e judeus na Palestina.

Capítulo 15

Joe Sacco. ***Palestina***. São Paulo: Conrad, 2011.

Utilizando a linguagem em quadrinhos, o livro é uma grande reportagem sobre a Palestina. O autor reconta histórias da parte árabe da região, coletadas nas ruas, nos hospitais e nas escolas.

REPRODUÇÃO

Deborah Ellis. ***A outra face*: história de uma garota afegã**. São Paulo: Ática, 2002.

A história de Parvana é um triste retrato da situação da mulher no Afeganistão durante o regime do taliban. Disfarçada de menino, ela trabalha para ajudar no sustento da família.

Para assistir

Capítulo 5

Reds. Direção de Warren Beatty. Estados Unidos, 1981.

O filme narra a história do jornalista norte-americano John Reed, que foi para a Rússia no calor da Revolução de Outubro e pôde assistir à tomada do poder pelos bolcheviques.

Capítulo 6

Meia noite em Paris. Direção de Woody Allen. Estados Unidos, França, 2010.

Gil é um jovem escritor norte-americano que viaja para Paris com sua noiva. Ao caminhar pela cidade durante a noite, é levado para a Paris dos anos 1920 e tem a oportunidade de encontrar escritores e artistas do período.

Capítulo 9

REPRODUÇÃO

Dr. Fantástico. Direção de Stanley Kubrick. Estados Unidos, 1964.

O filme mostra com humor a paranoia nuclear desencadeada pela Guerra Fria. Um general americano quer bombardear a União Soviética e começar a Terceira Guerra Mundial sem que seus superiores saibam.

Capítulo 10

***1958*: o ano em que o mundo descobriu o Brasil**. Direção de José Carlos Asbeg. Brasil, 2008.

Os jogadores que formaram a equipe da seleção brasileira campeã do mundo em 1958 são o foco desse documentário. Cinquenta anos depois da conquista, os ex-atletas remanescentes relembram sua trajetória durante o campeonato na Suécia.

Capítulo 12

REPRODUÇÃO

O ano em que meus pais saíram de férias. Direção de Cao Hamburger. Brasil, 2006.

Pouco tempo antes do início da Copa do Mundo de 1970, os pais do garoto Mauro são obrigados a fugir da repressão militar e o deixam com o avô em São Paulo. Pouco tempo depois, o avô morre e ele acaba sob os cuidados de Shlomo, um velho judeu que vive no mesmo prédio.

Capítulos 12 e 14

Peões. Direção de Eduardo Coutinho. Brasil, 2004.

Durante a greve dos metalúrgicos de 1980, a manifestação do 1º de maio reuniu mais de 150 mil pessoas, desafiando a ditadura militar. O documentário mostra os relatos dos participantes dessa greve e como eles avaliam os mais de vinte anos transcorridos desde então.

Capítulo 15

Entre os muros da escola. Direção de Laurent Cantet. França, 2008.

Filme baseado no livro homônimo de François Bégaudeau, em que o autor, professor de francês em uma escola no subúrbio de Paris, interpreta ele próprio, tentando lidar com a diversidade cultural e as tensões sociais da França contemporânea, reproduzidas no interior da escola.

***Super size me*: a dieta do palhaço**. Direção de Morgan Spurlock. Estados Unidos, 2004.

O documentarista Morgan Spurlock faz de seu próprio corpo o objeto de um experimento. O que aconteceria com sua saúde se ele fizesse as três refeições do dia, por um mês, nas lanchonetes da rede McDonald's?

Para acessar

Laboratório de Estudos sobre a Intolerância
www.rumoatolerancia.fflch.usp.br

Programa das Nações Unidas para o Desenvolvimento – Pnud Brasil
www.pnud.org.br

Instituto Moreira Salles
www.ims.uol.com.br

Arquivo do Estado de São Paulo
www.arquivoestado.sp.gov.br

Museu da Imagem e do Som do Estado do Rio de Janeiro
www.mis.rj.gov.br

Museu da República
www.museudarepublica.org.br

Referências bibliográficas

ADORNO, Theodor. *Educação e emancipação*. Rio de Janeiro: Paz e Terra, 1995.

ALMEIDA, Angela Mendes de. *A República de Weimar e a ascensão do nazismo*. São Paulo: Brasiliense, 1982. (Coleção Tudo é história)

ARENDT, Hannah. *Origens do totalitarismo*: antissemitismo, imperialismo, totalitarismo. São Paulo: Companhia das Letras, 1989.

ARELLANO, Alejandro B.; OLIVEIRA, Ariovaldo U. (Orgs.). *Chiapas*: construindo a esperança. São Paulo: Paz e Terra, 2002.

ARGAN, Giulio C. *Arte moderna*: do iluminismo aos movimentos contemporâneos. São Paulo: Companhia das Letras, 1992.

ARIÈS, Philippe; DUBY, Georges (Dir.). *História da vida privada*: da Primeira Guerra a nossos dias. São Paulo: Companhia das Letras, 1992. v. 5.

_____. *História da vida privada*: da Revolução Francesa à Primeira Guerra. São Paulo: Companhia das Letras, 1995. v. 4.

ARNS, Paulo Evaristo (Org.). *Brasil:* nunca mais. 18. ed. Petrópolis: Vozes, 1986.

ARRIGHI, Giovanni. *O longo século XX*. Dinheiro, poder e as origens de nosso tempo. São Paulo: Contraponto/Editora Unesp, 1996.

ASH, Timothy Garton. *Nós, o povo*: a revolução de 1989 em Varsóvia, Budapeste, Berlim e Praga. São Paulo: Companhia das Letras, 1992.

ASHCROFT, B.; GRIFFITHS G.; TIFFIN, H. *The Empire Writes Back*: Theory and Practice in Post-colonial Literatures. Nova York: Routledge, 2002.

ATABAKI, Touraj (Dir.). *Iran and the First World War.* Battleground of the Great Powers. London: Tauris, 2006.

ATLAS da história do mundo. São Paulo: Times/Folha de S.Paulo, 1995.

ATLAS geográfico escolar. Rio Janeiro: IBGE, 2006.

ATLAS histórico escolar. Rio de Janeiro: FAE, 1991.

ATLAS of World History. Skokie: Rand McNally, 1995.

BACELLAR, Carlos; BASSANEZI, Maria; SCOTT, Ana. *Atlas da imigração internacional em São Paulo* (1850-1950). São Paulo: Editora Unesp, 2008.

BARBOSA, Carlos Alberto S. *A Revolução Mexicana*. São Paulo: Editora Unesp, 2010. (Coleção Revoluções do século XX)

BARBOSA, Lívia. *Sociedade de consumo*. Rio de Janeiro: Jorge Zahar, 2008.

BATALHA, Claudio. *O movimento operário na Primeira República*. Rio de Janeiro: Jorge Zahar, 2000.

BEIRED, José Luis Bendicho. *Breve história da Argentina*. São Paulo: Ática, 1996.

BENEVIDES, Maria Victoria. *O governo Jânio Quadros*. São Paulo: Brasiliense, 1981.

BERNSTEIN, Serge; MILZA, Pierre (Dir.). *História do século XX*: de 1973 aos dias atuais. A caminho da globalização e do século XXI. São Paulo: Nacional, 2007. v. 3.

BETHELL, Leslie (Org.). *História da América Latina*: de 1870 a 1930. São Paulo: Edusp/Imprensa Oficial do Estado de São Paulo; Brasília: Fundação Alexandre de Gusmão, 2008. v. 4.

BLOCH, Marc. *Apologia da história ou o ofício do historiador*. Rio de Janeiro: Jorge Zahar, 2002.

_____. *L'étrange défaite*. Paris: Gallimard, 1990.

BOSI, Ecléa. *Memória e sociedade*: lembranças de velhos. São Paulo: Companhia das Letras, 1998.

_____. *O tempo vivo da memória*: ensaios de psicologia social. Cotia: Ateliê, 2003.

BRAUDEL, F. *História e ciências sociais*. Lisboa: Presença, 1986.

BURKE, P. (Org.). *A escrita da história*: novas perspectivas. São Paulo: Editora Unesp, 1992.

CAMÍN, Héctor Aguilar; MEYER, Lorenzo. *À sombra da Revolução Mexicana*. História mexicana contemporânea, 1910-1989. São Paulo: Edusp, 2000.

CAPELATO, Maria Helena R. *Multidões em cena*: propaganda política no varguismo e no peronismo. Campinas: Papirus, 1998.

CARMO, Sonia I.; CARMO, Valdizar P. *A Rússia dos sovietes*. São Paulo: Atual, 1996. (Coleção História em documentos)

CARONE, Edgard. *A República Velha*. Instituições e classes sociais. São Paulo: Difel, 1975.

CARR, Edward. *Revolução Russa de Lênin a Stalin*: 1917-1929. Rio de Janeiro: Jorge Zahar, 1981.

CASALECCHI, José E. *O Brasil de 1945 ao golpe militar.* São Paulo: Contexto, 2002.

CHALHOUB, Sidney. *Trabalho, lar e botequim.* O cotidiano dos trabalhadores no Rio de Janeiro na *Belle Époque.* Campinas: Editora Unicamp, 2001.

CHALIAND, Gérard; RAGEAU, Jean-Pierre. *Atlas stratégique*: géopolitique des rapports de forces dans le monde. Paris: Complexe, 1988.

CHÂTELET, François. *História das ideias políticas.* Rio de Janeiro: Jorge Zahar, 1994.

CHAVOT, Pierre; MORRENNE, Jean-Dennis. *L'abc'daire de la Première Guerre Mondiale.* Paris: Flammarion, 2001.

COGGIOLA, Osvaldo (Org.). *Segunda Guerra Mundial*: um balanço histórico. São Paulo: Xamã/FFLCH-USP, 1995. (Série Eventos)

_____. *América Latina*: encruzilhada da história contemporânea. São Paulo: Editora Xamã, 2003.

_____. *A Revolução Iraniana.* São Paulo: Editora Unesp, 2008. (Coleção Revoluções do século XX)

COHEN, Ilka Stern. *Bombas sobre São Paulo*: a Revolução de 1924. São Paulo: Editora Unesp, 2007.

COLETÂNEA de documentos históricos para o 1º grau: 5ª a 8ª séries. São Paulo: SE/Cenp, 1980.

COLIN, Ronan. *História ilustrada da ciência.* Rio de Janeiro: Jorge Zahar, 2002. v. 4.

CONCEIÇÃO, José Maria N. P. *África*: um novo olhar. Rio de Janeiro: Ceap, 2006.

CONRAD, Joseph. *O coração das trevas.* Rio de Janeiro: Ediouro, 1996.

CORDOVA, Arnaldo. *La ideología de la Revolución Mexicana.* La formación del nuevo régimen. Cidade do México: Era, 1973.

CORRÊA, Anna Maria Martinez. *A Revolução Mexicana.* São Paulo: Brasiliense, 1982.

DANIEL, Elton. *The History of Iran.* Westport: Greenwood Press, 2000.

DAVIDSON, Basil. *A descoberta do passado de África.* Lisboa: Sá da Costa, 1981.

DE DECCA, Edgar. *1930*: o silêncio dos vencidos. 6. ed. São Paulo: Brasiliense, 1994.

DE DECCA, Maria Auxiliadora Guzzo. *Cotidiano de trabalhadores na república.* São Paulo (1889-1940). São Paulo: Brasiliense, 1990.

_____. *Indústria, trabalho e cotidiano.* Brasil (1889-1930). São Paulo: Contexto, 1991.

DRUMMOND, José Augusto. *A Coluna Prestes.* Rebeldes errantes. São Paulo: Brasiliense, 1985.

DUBY, Georges. *Atlas historique mondial.* Paris: Larousse, 2003.

DUBY, G.; PERROT, M.; THEBAUD, F. *História das mulheres no Ocidente*: o século XX. Porto: Afrontamento, 1995. v. 5.

FAIRBANK, John K.; MERLE, Golden. *China*: uma nova história. Porto Alegre: LP&M, 2007.

FAURÉ, Christine. *Mai 68 jour et nuit.* Paris: Gallimard, 2008.

FAUSTO, Boris; DEVOTO, Fernando J. *Brasil e Argentina.* Um ensaio de história comparada (1850-2002). São Paulo: Editora 34, 2004.

_____. *História do Brasil.* São Paulo: Edusp, 1995.

FAUSTO, Boris (Org.). *História geral da civilização brasileira.* Estrutura de poder e economia (1889-1930). Rio de Janeiro: Bertrand Brasil, 2006. v. 8.

_____. *História geral da civilização brasileira.* Sociedade e instituições (1889-1930). Rio de Janeiro: Bertrand Brasil, 2006. v. 9.

FERNANDES, Florestan. *Da guerrilha ao socialismo*: a Revolução Cubana. São Paulo: Expressão Popular, 2007.

FERREIRA, Graça Maria Lemos. *Atlas geográfico*: espaço mundial. 3. ed. São Paulo: Moderna, 2010.

FERRO, Marc. *História da Primeira Guerra Mundial.* Lisboa: Edições 70, 1992.

_____. *A Revolução Russa de 1917.* São Paulo: Perspectiva, 1988.

_____. *História da Segunda Guerra Mundial*: século XX. São Paulo: Ática, 1995.

FLANDRIN, Jean-Louis; MONTANARI, Massimo (Dir.). *História da alimentação.* São Paulo: Estação Liberdade, 1998.

FRANCO JÚNIOR, Hilário. *A dança dos deuses*: futebol, cultura, sociedade. São Paulo: Companhia das Letras, 2007.

GOMBRICH, Ernest H. *A história da arte*. Rio de Janeiro: LTC, 2008.

GORBACHEV, Mikhail. *Perestroika*: novas ideias para meu país e o mundo. São Paulo: Nova Cultural, 1987.

GORENDER, Jacob. *A burguesia brasileira*. São Paulo: Brasiliense, 1986.

GRONKE, Monika. *Iran*: a Short History. From islamization to the Present. Princeton: Markus Wiener Publishers, 2008.

HALPERÍN DONGUI, Tulio. *História da América Latina*. Rio de Janeiro: Paz e Terra, 1975.

HARDMAN, Francisco Foot. *Trem fantasma*: a modernidade na selva. São Paulo: Companhia das Letras, 1988.

HERNANDEZ, Leila Leite. *A África na sala de aula*: visita à história contemporânea. 2. ed. São Paulo: Selo Negro, 2008.

HERRERA-SOBEK, María. *The mexican corrido*: a feminist analysis. Bloomington: Indiana University Press, 1993.

HOBSBAWM, Eric J. *Era dos extremos*: o breve século XX (1914-1991). São Paulo: Companhia das Letras, 2002.

_____. *A era dos impérios (1875-1914)*. São Paulo: Paz e Terra, 2007.

_____. *Globalização, democracia e terrorismo*. São Paulo: Companhia das Letras, 2008.

_____. *História do marxismo*. Rio de Janeiro: Paz e Terra, 1989. v. 2.

HOLANDA, Sérgio Buarque de. *Raízes do Brasil*. 24. ed. Rio de Janeiro: José Olympio, 1992.

JANOTTI, Maria de Lourdes M. *O coronelismo*, uma política de compromissos. São Paulo: Brasiliense, 1984.

JORGE, Janes. *Tietê*: o rio que a cidade perdeu. São Paulo: 1890-1940. São Paulo: Alameda/Fapesp, 2006.

JUDT, Tony. *Pós-guerra*: uma história da Europa desde 1945. Rio de Janeiro: Objetiva, 1945.

JUNQUEIRA, Mary A. *Estados Unidos*: a consolidação da nação. São Paulo: Contexto, 2001. (Coleção Repensando a história)

KARNAL, Leandro; FERNANDES, Luiz Estevam; MORAIS, Vinícius de; PURDY, Sean. *História dos Estados Unidos*: das origens ao século XXI. São Paulo: Contexto, 2008.

KEEGAN, John. *Uma história da guerra*. São Paulo: Companhia de Bolso, 2006.

_____. *História ilustrada da Primeira Guerra Mundial.* Rio de Janeiro: Ediouro, 2003.

_____. *The Second World War*. Nova York: Penguin, 2005.

KINDER, Herman; HILGEMANN, Werner. *Atlas histórico mundial*. Madri: Istmo, 1983.

KLEIN, Herbert S. *A Concise History of Bolivia*. 2. ed. Cambridge: Cambridge University Press, 2011.

KRACAUER, Siegfried. *De Caligari a Hitler*: uma história psicológica do cinema alemão. Rio de Janeiro: Jorge Zahar, 1988.

KUNDERA, Milan. *A insustentável leveza do ser*. São Paulo: Companhia das Letras, 2008.

LAPA, José Rodrigues do Amaral. *A economia cafeeira*. 2. ed. São Paulo: Brasiliense, 1983.

LE GOFF, Jacques. *História e memória*. Campinas: Editora da Unicamp, 2003.

LENHARO, Alcir. *Sacralização da política*. Campinas: Papirus, 1986.

LOPEZ, Adriana; MOTA, Carlos Guilherme. *História do Brasil*: uma interpretação. São Paulo: Senac, 2008.

LUCA, Tânia Regina de. *Indústria e trabalho na história do Brasi*l. São Paulo: Contexto, 2001.

LUSTOSA, Isabel. *Histórias de presidentes*. Rio de Janeiro: Agir, 2008.

MAGNOLI, Demétrio. *Da Guerra Fria à détente*. Campinas: Papirus, 1988.

MAGÓN, Ricardo Flores. *La Revolución Mexicana*. México: Grijalbo, 1970.

MARIÁTEGUI, José Carlos. *Sete ensaios de interpretação da realidade peruana*. São Paulo: Alfa-Omega, 1975.

MARQUES, Adhemar Martins; FARIA, Ricardo de Moura; BERUTTI, Flávio Costa. *História contempo-*

rânea através de textos. São Paulo: Contexto, 1991. (Coleção Textos e documentos)

_____. *História do tempo presente*. São Paulo: Contexto, 2003. (Coleção textos e documentos)

MASON, Antony. *Picasso*: uma introdução à vida e obra de Pablo Picasso. São Paulo: Callis, 1997.

MENDES, Murilo. *Poesia completa e prosa*. Rio de Janeiro: Nova Aguilar, 1994.

MENDES JÚNIOR, Antônio; MARANHÃO, Ricardo. *Brasil história*: era de Vargas. São Paulo: Brasiliense, 1982. v. 4.

MICELI, Sergio. *Intelectuais e classe operária no Brasil*. Rio de Janeiro: Difel, 1979.

MISHRA, Pankay. *Tentações do Ocidente*: a modernidade na Índia, no Paquistão e mais além. São Paulo: Globo, 2007.

MOKHTAR, Gamal. *História geral da África*: África sob dominação colonial (1880-1935). Brasília: Unesco, 2010. v. 7.

_____. *História geral da África*: África desde 1935. Brasília: Unesco, 2010. v. 8.

MORAES, José Geraldo V. de. *Cidade e cultura urbana na Primeira República*. São Paulo: Atual, 1994.

MORAIS, Fernando. *Olga*. São Paulo: Alfa-Omega, 1985.

MORALES, Waltraud Q. *A Brief History of Bolivia*. New York: Facts on File, 2010.

MOTA, Carlos Guilherme (Org.). *Viagem incompleta*. A grande transação. São Paulo: Senac, 2000.

_____. *Ideologia da cultura brasileira (1933-1974)*. 4. ed. São Paulo: Ática, 1978.

MOTTA FILHO, Cândido. *Uma grande vida*: biografia de Bernardino de Campos. São Paulo: Edição de Política, 1931.

NAPOLITANO, Marcos. *Cultura brasileira*: utopia e massificação (1950-1980). São Paulo: Contexto, 2001. (Coleção Repensando a história)

NARO, Nancy Priscilla S. *A formação dos Estados Unidos*. São Paulo: Atual, 1986.

NEIBURG, Federico. *Os intelectuais e a invenção do peronismo*. São Paulo: Edusp, 1997.

NOVAES, Fernando (Dir.). *História da vida privada no Brasil*: da *Belle Époque* à era do rádio. São Paulo: Companhia das Letras, 1998. v. 3.

_____. *História da vida privada no Brasil*: contrastes da vida contemporânea. São Paulo: Companhia das Letras, 1998. v. 4.

OLIC, Nelson Bacic. *A desintegração do leste*: URSS, Iugoslávia, Europa oriental. São Paulo: Moderna, 1993. (Coleção Polêmica)

_____. *A Guerra do Vietnã*. São Paulo: Moderna, 1988. (Coleção Polêmica)

PARIS, Robert. *As origens do fascismo*. São Paulo: Perspectiva, 1976. (Coleção Khronos)

PARKER, Geoffrey. *Atlas Verbo de história universal*. Lisboa: Verbo, 1996.

PILAGALLO, Oscar. *O Brasil em sobressalto*: 80 anos de história contados pela Folha. São Paulo: Publifolha, 2002.

PINHEIRO, Paulo Sérgio; HALL, Michael. *A classe operária no Brasil*: documentos (1889-1930). São Paulo: Alfa-Omega, 1979. v. 1.

PINSKY, Carla B. (Org.). *Fontes históricas*. São Paulo: Contexto, 2005.

PINSKY, Carla B.; LUCA, Tania R. *O historiador e suas fontes*. São Paulo: Contexto, 2009.

POMAR, Wladimir. *A Revolução Chinesa*. São Paulo: Editora Unesp, 2004. (Coleção Revoluções do século XX)

PRADO, Maria Ligia C. *O populismo na América Latina*. São Paulo, Brasiliense, 1995.

_____. América Latina no século XIX. São Paulo: Edusp, 2004.

PRIORE, Mary Del (Org.). *História das mulheres no Brasil*. São Paulo: Contexto/Editora Unesp, 2009.

REED, John. *Dez dias que abalaram o mundo*. São Paulo: Penguin/Companhia das Letras, 2010.

REIS FILHO, Daniel Aarão. *De volta à estação Finlândia*: crônica de uma viagem ao socialismo perdido. Rio de Janeiro: Relume Dumará, 1993.

_____. *Uma revolução perdida*: a história do socialismo soviético. São Paulo: Fundação Perseu Abramo, 1997.

_____. *As revoluções russas e o socialismo soviético*. São Paulo: Editora Unesp, 2004. (Coleção Revoluções do século XX)

_____. FERREIRA, J. L.; ZENHA, C. (Orgs.). *O século XX*. O tempo das dúvidas: do declínio das utopias à globalização. Rio de Janeiro: Civilização Brasileira, 2000.

ROSA, Virginio S. *O sentido do tenentismo*. São Paulo: Alfa-Omega, 1976.

SAID, Edward. *Orientalismo*: o Oriente como invenção do Ocidente. São Paulo: Companhia das Letras, 2007. (Coleção Companhia de Bolso)

_____. *Cultura e imperialismo*. São Paulo: Companhia das Letras, 1995.

SALLES, Manuel Ferraz de Campos. *Manifestos e mensagens*. São Paulo: Fundap/Imprensa Oficial do Estado de São Paulo, 2007.

SANTOS, Marcelo. *O poder norte-americano e a América Latina no pós-Guerra Fria*. São Paulo: Fapesp/Anablume, 2007.

SCHORSKE, Carl. *Viena fin-de-siècle*. Política e cultura. Campinas: Editora da Unicamp; São Paulo: Companhia das Letras, 1988.

SEGRILLO, Ângelo. *Um brasileiro na* perestroika. Rio de Janeiro: Serthel, 1992.

SEVCENKO, Nicolau. *A corrida para o século XXI*: no *loop* da montanha-russa. São Paulo: Companhia das Letras, 2003.

_____. *A Revolta da Vacina*: mentes insanas em corpos rebeldes. São Paulo: Brasiliense, 1984.

_____. *Orfeu extático na metrópole*: São Paulo, sociedade e cultura nos frementes anos 20. São Paulo: Companhia das Letras, 1998.

SILVA, Paulo R. *A Constituição brasileira de 1937*: um retrato com luz e sombra. São Paulo: Editora Unesp, 2008.

SILVA, Sérgio. *Expansão cafeeira e origens da indústria no Brasil*. São Paulo: Alfa-Omega, 1976.

SILVEIRA, Joel. *Segunda Guerra*: momentos críticos. Rio de Janeiro: Mauad, 1995.

SKIDMORE, Thomas E. *De Getúlio a Castelo (1930-1964)*. São Paulo: Paz e Terra, 2000.

_____. *De Castelo a Tancredo (1964-1985)*. São Paulo: Paz e Terra, 2000.

SPENCE, Jonathan. *Em busca da China moderna*. São Paulo: Companhia das Letras, 1996.

STEINBECK, John. *As vinhas da ira*. Rio de Janeiro: Record, 2001.

THOMPSON, Edward (Org.). *Exterminismo e Guerra Fria*. São Paulo: Brasiliense, 1985.

TINHORÃO, José Ramos. *História social da música popular brasileira*. São Paulo: Editora 34, 1998.

TOLEDO, Caio Navarro de. *O governo Goulart e o golpe de 64*. São Paulo: Brasiliense, 1988.

TOTA, A. Pedro. *O imperialismo sedutor*: a americanização do Brasil na época da Segunda Guerra. São Paulo: Companhia das Letras, 2000.

VIDAL-NAQUET, Pierre; BERTIN, Jacques. *Atlas histórico*: da pré-história aos nossos dias. Lisboa: Círculo de Leitores, 1990.

VILLA, Marco Antonio. *A Revolução Mexicana*. São Paulo: Ática, 1993.

_____. *Canudos*. O povo da terra. São Paulo: Ática, 1995.

_____. *Jango, um perfil (1945-1964)*. São Paulo: Globo, 2004.

WEBER, Eugen. *França fin-de-siècle*. São Paulo: Companhia das Letras, 1988.

WERNET, Augustin. *A Primeira Guerra Mundial*. São Paulo: Contexto, 1991. (Coleção Repensando a história)

WINN, Peter. *A Revolução Chilena*. São Paulo: Editora Unesp, 2010. (Coleção Revoluções do século XX)

YAZBEK, Mustafa. *A Revolução Argelina*. São Paulo: Editora Unesp, 2010. (Coleção Revoluções do século XX)

ZIZEK, Slavoj. *Bem-vindo ao deserto do real*: cinco ensaios sobre o 11 de setembro. São Paulo: Boitempo, 2003.

EUROPA POLÍTICO (2010)

Fonte: FERREIRA, Graça Maria Lemos. *Atlas geográfico*: espaço mundial. 3. ed. São Paulo: Moderna, 2010. p. 89.

PLANISFÉRIO POLÍTICO (2010)